Alkoholismus –
Mißbrauch und Abhängigkeit

Alkoholismus – Mißbrauch und Abhängigkeit

Entstehung – Folgen – Therapie

Wilhelm Feuerlein

Mit einem Beitrag von
B. Schulte, W. Laubichler und R. Müller

4., überarbeitete Auflage

12 Abbildungen, 14 Tabellen

1989
Georg Thieme Verlag Stuttgart · New York

Prof. Dr. med. Wilhelm Feuerlein
ehem. Leiter der Psychiatrischen Poliklinik
des Max-Planck-Instituts für Psychiatrie München
Kraepelinstraße 10
D-8000 München 40

CIP-Titelaufnahme der Deutschen Bibliothek

Feuerlein, Wilhelm:
Alkoholismus – Mißbrauch und Abhängigkeit :
Entstehung – Folgen – Therapie / Wilhelm Feuerlein.
Mit e. Beitr. von B. Schulte ... –
4., überarb. Aufl. – Stuttgart ; New York : Thieme, 1989

1. Auflage 1975
2. Auflage 1979
1. spanische Auflage 1982
1. japanische Auflage 1986
3. Auflage 1984

Wichtiger Hinweis: Medizin als Wissenschaft ist ständig im Fluß. Forschung und klinische Erfahrung erweitern unsere Kenntnisse, insbesondere was Behandlung und medikamentöse Therapie anbelangt. Soweit in diesem Werk eine Dosierung oder eine Applikation erwähnt wird, darf der Leser zwar darauf vertrauen, daß Autoren, Herausgeber und Verlag größte Mühe darauf verwandt haben, daß diese Angabe genau dem **Wissensstand bei Fertigstellung des Werkes** entspricht. **Dennoch ist jeder Benutzer aufgefordert,** die Beipackzettel der verwendeten Präparate zu prüfen, um in eigener Verantwortung festzustellen, ob die dort gegebene Empfehlung für Dosierungen oder die Beachtung von Kontraindikationen gegenüber der Angabe in diesem Buch abweicht. Das gilt besonders bei selten verwendeten oder neu auf den Markt gebrachten Präparaten und bei denjenigen, die vom Bundesgesundheitsamt (BGA) in ihrer Anwendbarkeit eingeschränkt worden sind. Benutzer außerhalb der Bundesrepublik Deutschland müssen sich nach den Vorschriften der für sie zuständigen Behörde richten.

Geschützte Warennamen (Warenzeichen) werden *nicht* besonders kenntlich gemacht. Aus dem Fehlen eines solchen Hinweises kann also nicht geschlossen werden, daß es sich um einen freien Warennamen handele.

Das Werk, einschließlich aller seiner Teile, ist urheberrechtlich geschützt. Jede Verwertung außerhalb der engen Grenzen des Urheberrechtsgesetzes ist ohne Zustimmung des Verlages unzulässig und strafbar. Das gilt insbesondere für Vervielfältigungen, Übersetzungen, Mikroverfilmungen und die Einspeicherung und Verarbeitung in elektronischen Systemen.
© 1975, 1989 Georg Thieme Verlag, Rüdigerstraße 14, D-7000 Stuttgart 30
Printed in Germany
Satz und Druck: Druckhaus Götz KG, D-7140 Ludwigsburg (Linotype System 5 [202])

ISBN 3-13-520904-0   1 2 3 4 5 6

Vorwort zur 4. Auflage

Alle Kapitel wurden eingehend überarbeitet und aktualisiert. Manche Abschnitte (z. B. über kanzerogene und immunsuppressive Wirkungen des Alkohols, über Rückfälle und ihre Vermeidung) wurden neu eingefügt. Dafür wurden andere Abschnitte gestrafft bzw. ganz gestrichen. Die Abfolge der Kapitel wurde etwas umgestellt. Das Kapitel über Rechtsfragen wurde an das Ende des Buches gestellt, die Kapitel über soziale Folgen bzw. den Verlauf des Alkoholismus wurden ausgetauscht. Die Abschnitte über die Rechtsverhältnisse in der Bundesrepublik Deutschland und Österreich wurden, entsprechend den dort veränderten gesetzlichen Vorschriften, neu gefaßt. Die juristische Überarbeitung besorgten Dr. jur. B. Schulte (Max-Planck-Institut für ausländisches und internationales Sozialrecht, München) bzw. Univ.-Prof. Dr. med. W. Laubichler (Institut für gerichtliche Medizin der Universität Salzburg), die schon in der 3. Auflage das Kapitel über Rechtsfragen für ihre jeweiligen Länder betreut hatten. Ich möchte ihnen für ihre Mühe sehr herzlich danken.

Entsprechend der ständig zunehmenden Zahl von Veröffentlichungen wurde auch das Literaturverzeichnis erweitert. Alles in allem ist das Buch nochmals etwas umfangreicher geworden. Trotzdem kann es nicht den Anspruch erheben, das derzeitige Schrifttum (etwa im Sinne eines Handbuches) auch nur annähernd vollständig wiederzugeben. Es wurde vielmehr wiederum nur versucht, auf wissenschaftlicher Grundlage einen einigermaßen umfassenden und dennoch relativ leicht lesbaren Überblick über das Gesamtproblem des Alkoholismus zu geben, wobei die verschiedenen in Frage kommenden Fachdisziplinen einbezogen wurden. Freilich sind, entsprechend meinem psychiatrisch-klinischen Erfahrungshintergrund, Schwerpunktbildungen erkennbar. Im übrigen verweise ich auf die entsprechenden Ausführungen im Vorwort zur 1. Auflage.

Das Buch wendet sich wieder in erster Linie an klinisch bzw. therapeutisch tätige Fachleute der verschiedenen Disziplinen. Es soll aber auch anderen wissenschaftlich interessierten Personen, die in irgendeiner Weise mit dem Alkoholproblem zu tun haben, eine Orientierungshilfe auf diesem komplexen Gebiet geben.

Bei der Vorbereitung des Manuskripts für die 4. Auflage haben mir zusätzlich zu den vielen, die schon bei früheren Auflagen mitgeholfen haben, noch beratend zur Seite gestanden: Prof. Dr. J. Gerchow, Direktor des Zentrums für Rechtsmedizin der Universität Frankfurt am Main, Dr.-Ing. H. Barthelmes, Max-Planck-Institut für Psychiatrie, München, EDV-Abteilung, last not least meinem früheren Mitarbeiter Dr. phil. H. Küfner (jetzt Institut für Therapieforschung, München). Ich danke ihnen für ihre Hilfe. Außerdem möchte ich dankend Frau A. Kaufmann, die Leiterin der Bibliothek des Max-Planck-Instituts für Psychiatrie, erwähnen, die mir bei der Beschaffung der Literatur große Dienste geleistet hat. Den Mitarbeitern des Georg Thieme Verlag, Stuttgart, danke ich für die sorgfältige und großzügige Ausstattung des Buches.

München, im Sommer 1989   W. Feuerlein

Vorwort zur 1. Auflage

Alkoholmißbrauch und Alkoholabhängigkeit sind Phänomene, die eine Reihe von Disziplinen der Wissenschaft und Praxis angehen. Sofern sich die Darstellung nicht bewußt auf einzelne Teilgebiete beschränken will, wird sie versuchen müssen, diese verschiedenen Aspekte aufzuzeigen. Dabei sieht man sich gezwungen, aus dem Feld des eigenen Fachgebietes herauszutreten. Ein solches Vorgehen birgt freilich die Gefahr in sich, auf fremdem Areal den Überblick zu verlieren und Wichtiges zu übersehen. Dieses, wie mir scheint, nicht vermeidbare Risiko der Grenzüberschreitungen mahnt zur Vorsicht bei den Aussagen und gibt Veranlassung, um Nachsicht des kritischen Lesers zu bitten.

Zwar sollte ein möglichst umfassender Überblick über das Gebiet des Alkoholmißbrauchs und der Alkoholabhängigkeit gegeben werden, doch liegt der Schwerpunkt auf klinischem Gebiet, insbesondere auf der Therapie. Um den Umfang des Buches nicht weiter auszudehnen, mußte allenthalben auf ausführliche Darstellungen verzichtet werden. Wer an Einzelheiten interessiert ist, findet in der angegebenen Literatur weitere Hinweise. Einige Gebiete sind unter diesen Umständen besonders knapp abgehandelt worden, so die Kapitel über Biochemie, Soziologie, gerichtliche Medizin, insbesondere die Blutalkoholbestimmung und die forensische Beurteilung der Straßenverkehrsdelikte unter Alkoholeinfluß sowie über Prävention.

Das Buch wendet sich an Fachleute, die mit Alkoholikern in irgendeiner Weise beruflich zu tun haben. Es strebt nicht die Ausführlichkeit eines Handbuches an. Dementsprechend sind die Literaturangaben sicher nicht vollständig. Andererseits will das Buch aber auch keine Aufklärungsschrift und kein Rezeptbuch sein, das vordergründige Erklärungen und Handanweisungen für die Therapie gibt. Vielmehr ist es mein Bestreben gewesen, auch die Probleme aufzuzeigen, die die Forschung zur Zeit beschäftigen. Dementsprechend werden Meinungen diskutiert, die noch umstritten sind und von denen sich manche evtl. in Zukunft als falsch oder zumindest praktisch undurchführbar erweisen werden. Trotz allem Bemühen um eine neutrale Darstellung wird man aus dem Buch vielleicht eine gewisse subjektive Stellungnahme herauslesen und kritisieren. Sie wurde bewußt nicht vermieden, wenn dies aus wissenschaftlichen oder praktischen Gründen vertretbar und geboten erschien. Das Buch bezieht sich im wesentlichen auf die Ergebnisse wissenschaftlicher Forschung und auf bereits realisierte Institutionen. Auf Planungen wurde nur ausnahmsweise eingegangen, abgesehen von dem Kapitel über die Prävention. Hier schien angesichts des Mangels an bestehenden Maßnahmen der Verzicht auf Anregungen und Vorschläge, wie sie in der Literatur seit Jahren zum Ausdruck gebracht werden, nicht gerechtfertigt. In dem Buch haben sich zahllose Diskussionen mit vielen Menschen niedergeschlagen, die sich mit dem Alkoholismusproblem befaßt haben, aber auch Gespräche mit vielen Alkoholikern, die über ihren leidvollen Lebensweg mit dem Alkohol berichteten. Ihnen allen fühle ich mich zu Dank verpflichtet. Besonders danken möchte ich Herrn Prof. Dr. D. Ploog, dem Geschäftsführenden Direktor des Max-Planck-Instituts für Psychiatrie, für seine Unterstützung und manche Grundsatzdiskussion zum Suchtproblem, ferner den Herren Prof. Dr. König, Vorstand der 2. Medizinischen Abteilung des Städt. Krankenhauses München-Schwabing, Dr. Keller, 1. Oberarzt der 1. Medizinischen Abteilung des Städt. Krankenhauses München-Schwabing, Prof. Dr. Mende, Leiter der Abteilung für Forensische Psychiatrie an der Nervenklinik der Universität München für die Durchsicht einzelner Kapitel des Buches. Des weiteren möchte ich besonders Herrn Dipl.-Psychol. Dr. Antons, Stuttgart, für Beratung und Mitarbeit in psychologischen Fragen, und Frau Elvira Dürr, Sozialarbeiterin am Max-Planck-Institut für Psychiatrie, für Beratung und Mithilfe auf dem Gebiet der Sozialarbeit danken. Nicht minder großer Dank gebührt allen gegenwärtigen und früheren Mitarbeitern des Max-Planck-Instituts für Psychiatrie, die durch eigene wissenschaftliche und praktische Arbeit an Teilfragen des Alkoholismus wertvolle Beiträge gegeben haben: die Dres. R. Brinkmann, München, H. Busch, Berlin, Dipl.-Psychol. F. Dittmar, München, Dres. G. Kockott, München, E. Körmendy, Bonn, G. Kunstmann, Günzburg, Dipl.-Psychol. H. Pohl, München, Dres. D. Voit, München, und D. Wilchfort, München, Herrn Direktor W. Holzgreve, Hauptgeschäftsführer der Deutschen Hauptstelle gegen die Suchtgefahren, danke ich für die Überlassung von Daten. Last not least möchte ich meiner langjährigen Sekretärin, Frau I. Vogl, für die unermüdliche Arbeit bei der Anfertigung des Manuskriptes danken.

München, im Sommer 1975 W. Feuerlein

Inhaltsverzeichnis

	Einleitung	1
1.	Begriffsbestimmungen	3
1.1	Alkoholismus: Alkoholmißbrauch, Alkoholabhängigkeit	3
1.2	Allgemeine Definitionen von Mißbrauch, Sucht und Abhängigkeit	3
1.3	Alkoholismus – Definition	7
1.4	Zum Krankheitskonzept des Alkoholismus	9
2.	Bedingungsgefüge des Alkoholismus	12
2.1	Allgemeines	12
2.2	Droge Alkohol	13
2.2.1	Drogen mit „hohem Mißbrauchs- bzw. Abhängigkeitspotential"	13
2.2.2	Exkurs: Alkoholische Getränke	14
2.2.2.1	Biere	15
2.2.2.2	Weine	15
2.2.2.3	Destillierte Alkoholika („gebrannte Wässer")	17
2.2.2.4	Begleitstoffe	18
2.2.3	Grundbegriffe der Chemie und Pharmakologie des Alkohols	19
2.2.4	Pharmakokinetik des Alkohols	19
2.2.4.1	Invasion	19
2.2.4.2	Verteilung	20
2.2.4.3	Stoffwechsel	21
2.2.5	Pharmakologisch-toxische Wirkung des Alkohols im allgemeinen	24
2.2.6	Wirkung auf das Zentralnervensystem (ZNS)	25
2.2.6.1	Allgemeines	25
2.2.6.2	Morphologie	25
2.2.6.3	Biochemie	26

2.2.6.4	Neurophysiologie	29
2.2.6.5	Sensorische Funktionen	30
2.2.6.6	Intellektuelle Leistungen	31
2.2.6.7	Gedächtnis und Lernen	31
2.2.6.8	Emotionalität und Kreativität	32
2.2.7	Wirkung auf innere Organsysteme	33
2.2.7.1	Atmung, Herz- und Kreislaufsystem	33
2.2.7.2	Muskulatur	34
2.2.7.3	Gastrointestinales System	34
2.2.7.4	Nierensystem	35
2.2.7.5	Stoffwechsel	35
2.2.7.6	Endokrinium	38
2.2.8	Mutagene und teratogene Wirkungen	39
2.2.9	Karzinogene Wirkung	39
2.2.10	Alkohol und andere Drogen	41
2.2.10.1	Gemeinsamkeiten	41
2.2.10.2	Kombinierte Wirkung	42
2.2.10.3	Alkohol und Drogen mit alkoholsensibilisierender Wirkung	43
2.2.11	Exkurs: Therapeutische Anwendung des Alkohols	46
2.3	**Individuum**	**46**
2.3.1	„Familienbild"	46
2.3.2	Genetik	47
2.3.2.1	Untersuchungen an Zwillingen	47
2.3.2.2	Untersuchungen an Adoptivkindern	48
2.3.2.3	Genetische Markierung	49
2.3.2.4	Rassische Unterschiede	50
2.3.3	Prä- und postnatale Einflüsse	51
2.3.4	Tiermodelle	51
2.3.4.1	„Appetit auf Alkohol" (Selbstanwendung)	51
2.3.4.2	Erzeugung von langdauerndem exzessivem Alkoholkonsum	52
2.3.5	Psychische Disposition	54
2.3.5.1	Prämorbide Persönlichkeitsstruktur	54
2.3.5.2	Beschreibung der Alkoholikerpersönlichkeit	55
2.3.5.3	Alkoholismus und Schizophrenie	58
2.3.5.4	Alkoholismus und affektive Störungen	58
2.3.5.5	Alkoholismus und andere psychische Störungen	59
2.4	**Soziales Umfeld**	**60**
2.4.1	Soziokulturelle Einflüsse	60
2.4.1.1	Einstellungen zum Alkoholkonsum	60
2.4.1.2	Regionale Unterschiede (Kulturkreise)	62

2.4.2	Epochale Einflüsse	64
2.4.3	Sozialprozeß und Sozialschicht	64
2.4.3.1	Allgemeines	64
2.4.3.2	Arbeitssituation	65
2.4.3.3	Herkunftsfamilie	67
2.4.3.4	Primärgruppen	68
2.4.4	Änderungen gesellschaftlicher Faktoren	70
2.4.5	Einflüsse der modernen Industriegesellschaft	70
2.5	**Suchttheorien**	71
2.5.1	Biologische Suchttheorien	71
2.5.2	Nichtbiologische Suchttheorien	74
2.5.2.1	Anthropologische Theorien	74
2.5.2.2	Lern- und Verhaltenstheorien	74
2.5.2.3	Psychodynamische Theorien	81
2.5.2.4	Weitere nichtbiologische Theorien	83
2.5.3	Zusammenfassende Theorien	84
3.	**Epidemiologie**	86
3.1	**Allgemeines**	86
3.1.1	Prävalenz – Inzidenz	86
3.1.2	Methoden	87
3.2	**Trinkverhalten der Gesamtbevölkerung**	87
3.3	**Prävalenz von Alkoholmißbrauch und -abhängigkeit in verschiedenen Regionen und Subpopulationen**	91
3.4	**Geschlechts- und Altersunterschiede**	93
3.4.1	Geschlechtsunterschiede	93
3.4.2	Altersunterschiede	93
3.5	**Lebenserwartung der Alkoholiker**	95
3.5.1	Methodische Probleme	95
3.5.2	Mortalitätsziffer	96
4.	**Medizinisch-psychologische Folgeschäden des Alkohols**	98
4.1	**Vorbemerkungen**	98
4.2	**Akute Alkoholintoxikation (Alkoholrausch)**	98
4.2.1	Akute Toxizität des Alkohols	98
4.2.1.1	„Einfacher Rausch" (Klinik)	99
4.2.3	„Komplizierter Rausch" (alkoholischer Dämmerzustand)	101

4.3	**Alkoholentzugssyndrom**	102
4.3.1	Akutes Alkoholentzugssyndrom	102
4.3.2	Protrahiertes Alkoholentzugssyndrom	106
4.4	**Folgekrankheiten bei chronischem Alkoholmißbrauch**	106
4.4.1	Störungen im Bereich der inneren Medizin	108
4.4.1.1	Leberstörungen	108
4.4.1.2	Pankreasstörungen	115
4.4.1.3	Gastrointestinale Störungen	118
4.4.1.4	Kardiovaskuläre Störungen	120
4.4.1.5	Störungen des respiratorischen Systems (einschließlich Tuberkulose)	121
4.4.1.6	Hämatologische Störungen und Störungen des Immunsystems	122
4.4.1.7	Stoffwechselstörungen	123
4.4.1.8	Störungen des Endokriniums	124
4.4.1.9	Störungen des Muskelsystems	125
4.4.2	Neurologische Störungen	127
4.4.2.1	Allgemeine Hirnveränderungen	127
4.4.2.2	Wernicke-Korsakow-Syndrom	128
4.4.2.3	Alkoholische Kleinhirnatrophie	130
4.4.2.4	Alkoholische Polyneuropathie	131
4.4.2.5	Alkoholischer Tremor und andere extrapyramidale Störungen	132
4.4.2.6	Seltenere neurologische Störungen	133
4.4.2.7	Anfallszustände bei chronischem Alkoholmißbrauch	136
4.4.2.8	Pachymeningosis haemorrhagica interna	137
4.4.2.9	Schlaganfälle	137
4.4.3	Psychiatrische Störungen	138
4.4.3.1	Alkoholdelir (Delirium tremens)	138
4.4.3.2	Alkoholhalluzinose	141
4.4.3.3	Sonstige Wahnkrankheiten der Alkoholiker	142
4.4.3.4	Nichtpsychotische psychische Störungen bei chronischem Alkoholmißbrauch	142
4.4.3.5	Suizidhandlungen	144
4.4.4	Störungen in sonstigen Bereichen	145
4.4.4.1	Störungen im Bereich der Dermatologie	145
4.4.4.2	Störungen im Bereich der Chirurgie und Orthopädie	145
4.4.5	Alkoholembryopathie (= fetales Alkoholsyndrom)	146

5.	**Soziale Folgen des Alkoholismus**	148
5.1	**Familie**	148
5.1.1	Auswirkungen auf die Familie als Ganzes	148
5.1.2	Auswirkungen auf die Kinder	149
5.2	**Beruf und wirtschaftliche Situation**	149
5.3	**Volkswirtschaftliche Kosten des Alkoholismus**	151
5.4	**Verkehrstüchtigkeit**	152
5.5	**Kriminalität**	153
5.5.1	Unmittelbare Alkoholbeeinflussung zur Tatzeit	153
5.5.2	Auswirkungen des chronischen Alkoholismus	154
5.5.3	Typologie der Alkoholtäter	154
6.	**Formen und Verlauf des Alkoholismus**	155
6.1	**Typologie der Alkoholiker**	155
6.2	**Verlaufsphasen des Alkoholismus**	159
6.3	**„Natürlicher Verlauf" und Spontanremission des Alkoholismus**	159
6.4	**Rückfälle**	162
7.	**Diagnose des Alkoholismus**	164
7.1	**Allgemeines**	164
7.2	**Wege der Diagnostik**	165
7.2.1	Trinkmenge und -frequenz, abnormes Trinkverhalten	166
7.3	**Entwicklung von Diagnoseinstrumenten**	167
7.3.1	Klinische Tests	167
7.3.2	Klinisch-chemische Tests	168
7.3.3	Fragebogentests	168
7.3.4	Tests zur speziellen Erfassung des Abhängigkeitssyndroms	169
7.3.5	Umfassende Tests	170
8.	**Therapie des Alkoholismus**	171
8.1	**Allgemeines**	171
8.1.1	Vorbemerkungen	171
8.1.2	Therapieziele	171

8.1.3	Therapeuten	173
8.1.4	Einstellungen zur Therapie	174
8.1.4.1	Einstellungen der Therapeuten	174
8.1.4.2	Einstellungen der Patienten	175
8.2	**Behandlungsablauf**	**175**
8.2.1	Beginn und Dauer der Behandlung	175
8.2.2	Kontaktphase	176
8.2.3	Entgiftungs- oder Entziehungsphase	177
8.2.4	Entwöhnungsphase	178
8.2.5	Weiterbehandlungs-, Rehabilitations- und Nachsorgephase	179
8.3	**Somatische (medikamentöse) Therapie**	**179**
8.3.1	Akute Alkoholintoxikation	179
8.3.2	Komplizierter Rausch	180
8.3.3	Entzugserscheinungen und Alkoholdelir	180
8.3.4	Alkoholhalluzinose und alkoholische Wahnerkrankungen	184
8.3.5	Wernicke-Korsakow-Syndrom	184
8.3.6	Anfallszustände	184
8.3.7	Entwöhnungsbehandlung mit alkoholsensibilisierenden Medikamenten	184
8.3.8	Sonstige somatische Behandlung	187
8.4	**Psychotherapie**	**188**
8.4.1	Einzeltherapie	188
8.4.2	Gruppentherapie	189
8.4.2.1	Sonderformen der Gruppentherapie	191
8.4.2.2	Therapeutische Gemeinschaft	192
8.4.2.3	Psychodrama und Soziodrama	192
8.4.2.4	Kombinierte Verfahren	193
8.4.3	Familientherapie	193
8.4.4	Verhaltenstherapie	198
8.4.4.1	Allgemeines	198
8.4.4.2	Aversionstherapie	200
8.4.4.3	Desensibilisierungsbehandlung	201
8.4.4.4	Münz- bzw. Punkte-Belohner-Verfahren	201
8.4.4.5	Selbstkontrolltechniken	202
8.4.4.6	„Breitbandprogramme"	202
8.4.5	Kognitive Therapie	202
8.4.6	Analytische Psychotherapie	203
8.4.7	Psychotherapie in Verbindung mit Halluzinogenen	204
8.4.8	Pragmatische Psychotherapie	204

8.4.9	Sonstige Methoden	205
8.4.9.1	Arbeitstherapie	205
8.4.9.2	Beschäftigungstherapie	206
8.4.9.3	Sport und Physiotherapie	206
8.4.9.4	Musiktherapie	207
8.5	**Verfahren für spezielle Behandlungsziele**	207
8.5.1	Einübung des kontrollierten Trinkens bei Alkoholikern	207
8.5.2	Vermeidung von Rückfällen und Einüben des Umgangs mit Rückfällen	207
8.6	**Behandlungsinstitutionen**	208
8.6.1	Behandlungsnetz	208
8.6.2	Ambulante Behandlung	210
8.6.2.1	Niedergelassener Arzt	211
8.6.2.2	Ambulante Beratungs- und Behandlungsstellen	211
8.6.3	Stationäre Behandlung	212
8.6.3.1	Fachkliniken für Suchtkranke	213
8.6.3.2	Psychiatrische Krankenhäuser	213
8.6.4	Teilstationäre Einrichtungen	214
8.7	**Weiterbehandlung, Rehabilitation und Nachsorge**	214
8.7.1	Weiterbehandlung	214
8.7.2	Rehabilitation	215
8.7.2.1	Rehabilitation im Beruf	215
8.7.2.2	Rehabilitation im Bereich der Primärgruppen	216
8.7.2.3	Rehabilitation im Wohnbereich	216
8.7.2.4	Rehabilitation im Freizeitbereich	216
8.7.3	Nachsorge	217
8.7.3.1	Allgemeines	217
8.7.3.2	Nachsorgeinstitutionen	217
9.	**Behandlungsergebnisse, Prognose und Indikationsstellung**	221
9.1	**Probleme bei der Beurteilung von Behandlungsergebnissen**	221
9.2	**Statistiken über Behandlungsergebnisse**	222
9.2.1	Kurz- und mittelfristige Katamnesendauer	222
9.2.2	Langzeitkatamnesen	224
9.2.3	Faktoren, die die Verlaufsprognose beeinflussen	225
9.3	**Indikationsstellung**	226

10.	**Prävention**	228
10.1	**Allgemeines**	228
10.2	**Ziele**	228
10.3	**Methoden der Primärprävention**	229
10.3.1	Strukturelle Maßnahmen	229
10.3.2	Kommunikative Maßnahmen	230
10.3.3	Allgemeine sozialhygienische Maßnahmen	231
10.4	**Sekundärprävention**	232
11.	**Rechtsfragen**	233
11.1	**Zivilrechtliche Aspekte**	233
11.1.1	Entmündigung, Vormundschaft und Pflegschaft	233
11.1.1.1	Bundesrepublik Deutschland	233
11.1.1.2	Österreich	234
11.1.1.3	Schweiz	236
11.1.2	Geschäftsfähigkeit	236
11.1.2.1	Bundesrepublik Deutschland	236
11.1.2.2	Österreich	237
11.1.2.3	Schweiz	237
11.1.3	Reformbestrebungen	237
11.1.3.1	Bundesrepublik Deutschland	237
11.1.4	Eherecht	239
11.1.4.1	Bundesrepublik Deutschland	239
11.1.4.2	Österreich	240
11.1.4.3	Schweiz	240
11.2	**Strafrechtliche Aspekte**	240
11.2.1	Schuldunfähigkeit, verminderte Schuldfähigkeit und Vollrausch	240
11.2.1.1	Bundesrepublik Deutschland	240
11.2.1.2	Österreich	243
11.2.1.3	Schweiz	244
11.3	**Straßenverkehrsrecht**	245
11.3.1	Bundesrepublik Deutschland	245
11.3.1.1	Führung eines Fahrzeuges unter Alkoholeinfluß	245
11.3.1.2	Unfallflucht	247
11.3.2	Österreich	247
11.3.3	Schweiz	248
11.4	**Untersuchung auf Beeinflussung durch Alkohol**	250
11.4.1	Allgemeines	250

11.4.2	Durchführung der Untersuchung auf Alkoholeinwirkung, Ausführung der Blutentnahme	250
11.4.3	Zu den rechtlichen Grundlagen der Blutentnahme und der Untersuchung	251
11.4.3.1	Bundesrepublik Deutschland	251
11.4.3.2	Österreich	252
11.4.3.3	Schweiz	253
11.4.4	Nachweis des Blutalkohols	254
11.5	**Unterbringungsrechtliche Aspekte**	**255**
11.5.1	Bundesrepublik Deutschland	255
11.5.1.1	Unterbringungs- bzw. Psychisch-Kranken-Gesetze der Länder	255
11.5.1.2	Bürgerlich-rechtliche Unterbringung	256
11.5.2	Österreich	258
11.5.3	Schweiz	260
11.6	**Maßregeln der Besserung und Sicherung**	**260**
11.6.1	Bundesrepublik Deutschland	260
11.6.2	Österreich	261
11.7	**Sonstige gesetzliche Bestimmungen**	**262**
11.7.1	Bundesrepublik Deutschland	262
11.8	**Sozialrecht in der Bundesrepublik Deutschland**	**262**
11.8.1	Sozialgesetzbuch (SGB)	262
11.8.2	Recht der Gesetzlichen Krankenversicherung (GKV)	263
11.8.3	Recht der Gesetzlichen Rentenversicherung (GRV)	265
11.8.4	Recht der Gesetzlichen Unfallversicherung (GUV)	266
11.8.5	Sozialhilferecht	267
11.8.6	Sonstige Sozialleistungen	268
11.9	**Privatversicherung**	**269**
	Literatur	270
	Anhang	307
	Sachverzeichnis	311

Einleitung

Alkoholismus (Alkoholmißbrauch und Alkoholabhängigkeit) können nicht losgelöst vom Mißbrauch und von der Abhängigkeit von anderen Drogen gesehen werden. Im Gegenteil, vieles ist ihnen allen gemeinsam. Die enge Verbindung zeigt sich in den Entstehungsbedingungen, in den klinischen Manifestationen und nicht zuletzt in der Tatsache, daß viele Alkoholiker gleichzeitig andere Drogen mißbräuchlich benutzen und von ihnen abhängig sind oder später vom Alkohol auf andere Drogen „umsteigen". Die Polytoxikomanie scheint gerade in den letzten Jahrzehnten zuzunehmen. Dennoch hat es sich als notwendig erwiesen, einzelne Typen der Abhängigkeit, je nach ihrer Drogenart, aufzuzeigen, da diese Typen doch erhebliche Unterschiede aufweisen. Die Unterschiede hängen mit der Eigenwirkung der Drogen, der sozialen und psychologischen Struktur der Konsumenten, dem bevorzugten Lebensalter und anderen klinischen Daten der Betroffenen, den Folgeerscheinungen und nicht zuletzt den therapeutischen Zugangsmöglichkeiten zusammen. Deswegen erscheint es vom theoretischen wie vom praktischen Standpunkt aus berechtigt, den Alkoholismus getrennt von anderen Suchtkrankheiten zu beschreiben. Der Alkoholismus ist keine „naturgegebene Krankheit wie die meisten Körperkrankheiten und die „endogenen" Psychosen. Es gibt Kulturkreise und Länder, in denen der Alkohol (auch heute noch) keine nennenswerte Rolle spielt und in denen dementsprechend auch kaum Alkoholprobleme bestehen. Andererseits, wo immer im Laufe der Jahrtausende alkoholische Getränke in großem Umfang produziert wurden, gab es auch Alkoholismus. Die Ausbreitung des Welthandels und die immer engeren Verflechtungen und Assimilationen der einzelnen Kulturkreise bringen es mit sich, daß das Problem des Alkoholismus auch diejenigen Völker bedroht, die bisher mehr oder minder davon verschont geblieben sind.

Der Alkohol ist seit eh und je ein umstrittenes Getränk. In der Antike als Heilmittel hochgepriesen und auch heute noch in weiten Kreisen als solches angesehen, ist er doch schon frühzeitig, seit den ersten Anfängen geschichtlicher Aufzeichnungen, als gefährliche Droge bekannt. Eine Unzahl von Versuchen ist im Laufe der Zeit unternommen worden, die Menschen zu veranlassen, ihren Alkoholkonsum unter Kontrolle zu halten. Bisher wurde keine „große Lösung" gefunden, die sich auf die Dauer bewährt hätte und die der Mehrfachfunktion des Alkohols als Energieträger, Genußmittel, Rauschmittel und Gift gerecht geworden wäre. Die Geschichte zeigt, soweit sie sich rekonstruieren läßt, unterschiedliche Häufigkeit und Schwere des Alkoholismus bei den verschiedenen Völkern und in den verschiedenen Zeiten.

Dem entspricht ein Wechsel in der Einstellung der Öffentlichkeit zum Problem des Alkoholkonsums und des Alkoholismus, ein Hinundherpendeln zwischen Liberalität und puritanischem Rigorismus.

Die Beurteilung des Alkoholkonsums und des Alkoholmißbrauchs war früher so gut wie immer mit Wertungen besetzt. Diese wertenden Vorurteile bestehen aber auch heute noch, im positiven wie im negativen Sinn. Sie stellen eine beträchtliche Erschwerung der Prävention des Alkoholismus, ebenso wie der Behandlung der Rehabilitation des einzelnen Alkoholikers dar. Die wissenschaftliche Bearbeitung des Alkoholismus begann erst im vergangenen Jahrhundert. Die Verhältnisse liegen also ähnlich wie bei anderen sozialmedizinischen Problemen, die erst verhältnismäßig spät wissenschaftliche Aufmerksamkeit gefunden haben. In den letzten Jahrzehnten hat die Alkoholismusforschung auf verschiedenen Gebieten einen großen Aufschwung genommen, vor allen Dingen in den USA. Das Interesse der Öffentlichkeit hat in den letzten Jahren zugenommen, wie sich auch aus den Aktivitäten der Medien und aus demographischen Untersuchungen (z. B. Arbeitskreis Alkohol 1979) ergibt. Auch von sozialpolitischer Seite wird dem Alkoholismus mehr Beachtung geschenkt und seine Erforschung und Bekämpfung gefördert.

1 Begriffsbestimmungen

1.1 Alkoholismus: Alkoholmißbrauch, Alkoholabhängigkeit

„Alkoholismus" stellt einen etwas verschwommenen Begriff dar, der verschiedene Phänomene umfaßt, deren Grenzen sich allerdings oft verwischen, die aber keineswegs identisch sind: Alkoholmißbrauch und Alkoholabhängigkeit. Dabei ist zu erwähnen, daß logischerweise der Alkoholmißbrauch die Alkoholabhängigkeit mit einschließt (Alkoholabhängigkeit wäre als synonym mit dem alten Begriff der Trunksucht zu erachten, auf den aber heute verzichtet werden sollte, entsprechend den Empfehlungen der Weltgesundheitsorganisation, das Wort „Sucht" im Zusammenhang mit Drogen zu vermeiden).

Da der Terminus „Alkoholismus" (Huss 1852) seit mehr als hundert Jahren (s. 4.1) im deutschen wie im internationalen Sprachgebrauch eingebürgert ist und in gebräuchlichen Definitionen (s. 1.2) benutzt wird, sollen im folgenden die Worte „Alkoholismus" und „Alkoholiker" weiter verwendet werden.

1.2 Allgemeine Definitionen von Mißbrauch, Sucht und Abhängigkeit

Unter *Mißbrauch* versteht man den Gebrauch einer Sache in einer Weise, die vom üblichen Gebrauch bzw. vom ursprünglich dafür gesetzten Zweck abweicht, und zwar in qualitativer und/oder quantitativer Hinsicht. Bei Medikamenten oder Rauschmitteln wird der Gebrauch ohne medizinische Indikation als Mißbrauch bezeichnet. Beim Alkohol, der ja auch als eine Droge anzusehen ist, bestehen besondere Verhältnisse.

Alkohol ist

- ein Energieträger mit erheblichem Joulegehalt und damit ein *Nahrungsmittel* (s. 2.2.3),
- als Bestandteil von zahlreichen, in unserem Kulturkreis allgemein üblichen durstlöschenden Getränken ein *Genußmittel,*
- ein *Rauschmittel,*
- ein *Gift,* dessen toxische Wirkung sich bei akuter oder chronischer Überdosierung manifestiert.

Wegen dieser Eigenschaften wurde (und wird) Alkohol auch als Kultmittel und als Heilmittel verwendet. Unter Alkoholmißbrauch soll ein gegenüber den jeweiligen soziokulturellen Normen überhöhter Konsum von Alkohol verstanden werden. Ein Alkoholmißbrauch kann auch dann vorliegen, wenn Alkohol bei unpassenden Gelegenheiten (z. B. im Straßenverkehr) getrunken wird, wobei die dabei konsumierten Mengen unter denen liegen können, die bei anderen Situationen durchaus toleriert werden. Ein Mißbrauch ist ferner anzunehmen, wenn es durch die Alkoholwirkung zu vorübergehenden deutlich sichtbaren Veränderungen der psychischen und/oder physischen Funktionen des Konsumenten kommt (z. B. Rauschzustand).

Der Begriff der *Sucht* ist mehrdeutig. Etymologisch hängt er zusammen mit dem Wort „siech". „Sucht" ist einmal gleichbedeutend mit Krankheit (z. B. Wassersucht, Gelbsucht), zum anderen hat sie die Bedeutung eines Lasters (z. B. Habsucht, Eifersucht). „Als keinesfalls naturgegebenes, schicksalhaftes Krankheitsgeschehen entwickelt sich die potentiell in jedem Menschen keimende Fähigkeit zum Süchtigsein im Schnittpunkt individualpsychologischer, biologischer und sozialer Bereiche" (Böning 1989).

Eine wichtige Voraussetzung für die Entstehung der Sucht ist die Gewöhnung (habituation), sowohl in pharmakologischer wie in anthropologischer und psychologischer Hinsicht. Bei der Gewöhnung handelt es sich um eine graduelle Reaktionsminderung nach fortgesetzter Reizwiederholung (Levy 1958). Die Gewöhnung ist kein Lernvorgang im engeren Sinn. Sie ist spezifisch und führt zu einer zwangsläufigen Verminderung der Reaktion auf den Reiz oder die Reizgruppe. Dabei tritt keine Generalisierung auf. In der „gewohnten Reizsituation" verlieren z. B. angeborenermaßen wirksame Schlüsselreize ihre auslösende Wirkung, behalten sie aber in allen anderen (Lorenz 1973). Durch zentralnervöse Aktivitäten können Gewöhnungsprozesse gehemmt werden.

Im Gegensatz zur Gewöhnung steht die Bildung von Gewohnheiten (habits). Darunter werden relativ automatisierte Reaktionsabläufe verstanden, die in der Terminologie der Lerntheorie (s. Abschn. 2.5.2.2) entweder als eingeschliffene Antwort auf einen diskriminativen Stimulus oder als operantes Verhalten mit hoher Auftretenswahrscheinlichkeit aufzufassen sind. Gewohnheiten entstehen durch Konditionierung einer spezifischen Reaktionsweise, die die Wahrscheinlichkeit des Auftretens anderer möglicher Verhaltensweisen verringert. Ob eine Reaktion in einer konkreten Situation eintritt, hängt zusätzlich von der gegenwärtigen Bedürfnisspannung ab. Für die Entstehung einer Gewohnheit ist aber nicht entscheidend, ob der Reiz in einer adäquaten Zweckmäßigkeit zur Bedürfnisspannung steht (z. B. Rauchen nach der Mahlzeit). Es genügt eine Konditionierung nach den Gesetzmäßigkeiten des „Reinforcement" (Lennertz 1974). Die Gewohnheitsbildung kann für die Entstehung des Mißbrauchs bedeutsam sein.

Vom psychiatrischen Standpunkt aus ist unter Sucht ein psychopathologisches Phänomen zu verstehen (psychische Abhängigkeit s. u.). Es gibt auch nicht-stoffgebundene Süchte (sogen. Tätigkeitssüchte, z. B.

im Zusammenhang mit Glücksspiel und sexuellen Perversionen), so daß die Formulierung sicher zu Recht besteht, daß „jede Form menschlicher Tätigkeit süchtig entarten" kann (v. Gebsattel 1958).

Da der unscharfe Begriff der Sucht schwer zu definieren ist, hat die Weltgesundheitsorganisation (WHO) 1964 vorgeschlagen, auf ihn im Zusammenhang mit der Einnahme von chemischen Substanzen (Drogen) völlig zu verzichten und ihn durch den Begriff der Abhängigkeit zu ersetzen. In den folgenden Jahrzehnten hat sich die begriffliche Abtrennung der Abhängigkeit vom Mißbrauch weitgehend durchgesetzt.

Von der WHO werden sieben Stoffgruppen mit hohem Mißbrauchspotential aufgezählt (s. 2.2.1):

- Morphine
- Barbiturate und Alkohol
- Kokain
- Cannabis
- Amphetamine
- Khat
- Halluzinogene

Die „Schnüffelstoffe" (organische Lösungsmittel) werden ihrer Wirkung nach den Stoffen vom Barbiturat-Alkohol-Typ zugerechnet. Als achte Gruppe wären noch die spezifischen Opiatantagonisten zu erwähnen.

In dem DSM III R (revidierte Ausgaben des Diagnostic and Statistical Manual der American Psychiatric Association von 1987, Wittchen u. Mitarb. 1989), das, zumindest im wissenschaftlichen Bereich, inzwischen weltweit Anwendung gefunden hat, werden folgende Stoffe mit Abhängigkeitspotential unterschieden:

- Alkohol
- Amphetamine und verwandte Substanzen
- Cannabis
- Kokain
- Halluzinogene
- Schnüffelstoffe
- Nikotin
- Opioide
- Phencyclidin (PCP) und verwandte Substanzen
- Sedativa, Hypnotika und Anxiolytika

Alkohol und Sedativa, Kokain und Amphetamine sowie Halluzinogene und PCP werden jeweils zu einer Gruppe zusammengefaßt.

Man unterscheidet zwischen körperlicher/physischer und psychischer Abhängigkeit. Die körperliche Abhängigkeit ist durch das Auftreten von Entziehungserscheinungen (Symptomen, die nach längerem Gebrauch und deren nachfolgendem plötzlichem Absetzen auftreten) und von Toleranz (um die gleiche Wirkung zu erzielen, wird bei längerem Gebrauch eine steigende Dosis erforderlich) gekennzeichnet. Die psychische Abhängigkeit ist schwerer zu definieren. Nach älterer Definition der WHO versteht man darunter das unwiderstehliche Verlangen nach einer weiteren oder dauernden Einnahme der Substanz, um Lust zu erzeugen oder Mißbehagen zu vermeiden (Eddy u. Mitarb. 1965). Neuere Definitionen geben genauere Beschreibungen.

In dem DSM III R wird zwischen körperlicher und psychischer Abhängigkeit nicht mehr unterschieden, aber den Symptomen auf der psychischen Ebene und der Verhaltensebene wird ein breiter Raum zugemessen.

Die Symptome sind (zusammengefaßt):

- Einnahme von größeren Mengen des Mittels häufiger oder über eine längere Periode hin, als von dem Konsumenten ursprünglich beabsichtigt war,
- anhaltendes Verlangen oder ein oder mehrere erfolglose Versuche, den Konsum des Mittels einzuschränken oder unter Kontrolle zu bringen,
- hoher Zeitaufwand für Aktivitäten, die für die Beschaffung und den Konsum des Mittels oder zur Erholung von den Wirkungen der Mitteleinnahme notwendig sind,
- häufiges Auftreten von Räuschen oder Entzugserscheinungen während der Tätigkeit im Beruf, in der Schule oder zu Hause oder Situationen, wo der Mittelgebrauch körperliche Gefahren mit sich bringt (z. B. beim Lenken von Fahrzeugen),
- Aufgabe oder Reduktion wichtiger Aktivitäten im Beruf, im sozialen Leben oder in der Freizeit wegen des Mittelgebrauchs,
- Fortsetzung des Mittelgebrauchs trotz besseren Wissens um die damit verbundenen sozialen, psychologischen und körperlichen Folgeerscheinungen,
- Auftreten von deutlicher Toleranz (Verbrauchsteigerung um mindestens 50%, um einen Rausch oder die sonstige gewünschte Wirkung zu erzielen),
- Auftreten von Entzugserscheinungen,
- Einnahme des Mittels, um die Entzugserscheinungen zu bekämpfen.

Einige Symptome haben mindestens einen Monat angedauert oder haben sich während eines längeren Zeitraums häufig wiederholt. Mindestens drei dieser Symptome müssen vorhanden sein, damit die Diagnose Abhängigkeit gestellt werden darf. Die beiden letzten Symptome treffen nicht für Cannabis, Halluzinogene und PCP zu.

Die psychische Abhängigkeit wird vom pharmakologischen Standpunkt aus mit (mindestens) einem „endogenen" Belohnungssystem in Verbindung gebracht (s. 2.5.1).

1.3 Alkoholismus – Definition

Es gibt eine Reihe von Definitionen des Alkoholismus, die voneinander z. T. erheblich differieren. In den älteren Definitionen (z. B. der der WHO von 1952) wird auf die Folgen des exzessiven Trinkens auf körperlichem, geistigem, sozialem und wirtschaftlichem Gebiet abgehoben, wobei schon das Wort „Abhängigkeit" verwendet wird, allerdings ohne nähere Erläuterung. Diese Definitionen haben in den folgenden Jahren erhebliche Kritik erfahren. 1977 wurde von einer Expertenkommission der WHO (Edwards u. Mitarb. 1977) vorgeschlagen, zwischen alkoholbezogenen Folgeschäden und Alkoholabhängigkeit zu unterscheiden.

Unter Alkoholfolgeschäden wird eine Verschlechterung in den körperlichen, psychischen und sozialen Funktionen des Menschen verstanden, wie sie gemäß dem Alter, dem Geschlecht und der normativen sozialen Rolle des Betreffenden als wesentliche Grundkomponenten des täglichen Lebens angesehen werden. Die Alkoholfolgeschäden können bloße Konsequenz eines Alkoholmißbrauchs sein und haben begrifflich mit der Alkoholabhängigkeit nichts zu tun.

Das Abhängigkeitssyndrom tritt in Veränderungen auf der Verhaltensebene, der subjektiven Ebene und der psychobiologischen Ebene in Erscheinung. Es ist eine besondere Art der Alkoholfolgeschäden insofern, als es die Wahrscheinlichkeit des Auftretens von (pathologischem) Trinkverhalten in (fernerer) Zukunft vorhersagen läßt.

Die Unterscheidung zwischen Alkoholmißbrauch und Alkoholabhängigkeit hat sich als sehr fruchtbar erwiesen. Sie hat auch Eingang in die neueren Klassifikationsschemata gefunden.

Nach dem DSM III R ist Alkoholmißbrauch anzunehmen, wenn mindestens eines der nachfolgend genannten Symptome wenigstens einen Monat lang oder wiederholt innerhalb längerer Zeit aufgetreten ist:

– fortgesetzter Gebrauch trotz besseren Wissens über dauernde oder immer wiederkehrende Probleme auf sozialem, beruflichem, psychologischem oder körperlichem Gebiet, die durch Alkohol verursacht sind,
– wiederholter Gebrauch in Situationen, in denen er körperlich gefährlich ist (z. B. Lenken von Fahrzeugen).

Die Definition der Alkoholabhängigkeit entspricht der in Abschn. 1.2 erwähnten Definition der Substanzabhängigkeit im allgemeinen.

Der Terminus „Alkoholismus" wird inzwischen häufig der Alkoholabhängigkeit vorbehalten. Der in den letzten Jahrzehnten vor allem von anglo-amerikanischen Autoren häufig verwendete Begriff „Problem drinking" (Trinken in einem Ausmaß, das zu Problemen auf körperlichem, psychischem oder sozialem Gebiet führt) wird in den neueren Klassifikationen (ICD 9, DSM III, DSM III R) nicht aufgeführt.

Zusammengefaßt lassen sich unter klinischen Gesichtspunkten fünf Definitionskriterien für Alkoholismus bestimmen (Abb. 1):

1. abnormes (bzw. pathologisches) Trinkverhalten (nach Menge und Modalität des Alkoholkonsums),
2. somatische alkoholbezogene Schäden,
3. psychosoziale alkoholbezogene Schäden,
4. Entwicklung von Toleranz und Entzugssyndrom („körperliche Abhängigkeit"),

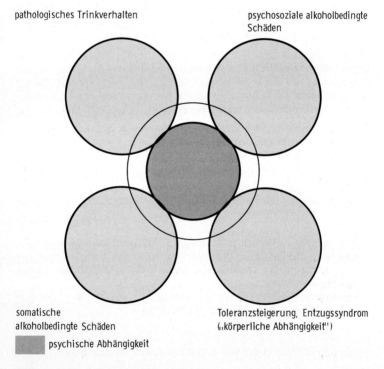

Abb. 1 Alkoholabhängigkeit (aus: W. Feuerlein: Zur Diagnostik des chronischen Alkoholismus. Öff. Gesundh.-Wes. 49 [1987] 522–527).

5. Entwicklung von „Entzugssymptomen auf der subjektiven Ebene" (Kontrollverlust, gesteigertes Verlangen nach Alkohol, Zentrierung des Denkens und Strebens auf Alkohol; „psychische Abhängigkeit").

Sind nur die Merkmale der Kriterienkreise 1–3 vorhanden, so kann Mißbrauch angenommen werden. Auch die Symptome des Kreises 4 können als Folge eines längerdauernden exzessiven Alkoholmißbrauchs auftreten. Erst das Syndrom der psychischen Abhängigkeit (Kreis 5), das unabhängig von der körperlichen Abhängigkeit auftreten kann, konstituiert Abhängigkeit im klinisch-psychiatrischen Sinn.

1.4 Zum Krankheitskonzept des Alkoholismus

Das Krankheitskonzept des Alkoholismus geht auf den englischen Arzt Trotter (Ende des 18. Jahrhunderts) zurück. Es wurde vor allem von Jellinek (1960) wieder aufgegriffen. In den letzten Jahren wurde es, von verschiedenen Standpunkten aus, wieder angezweifelt.

Die Verhaltenstherapeuten sehen in dem Alkoholmißbrauch (das Wort „Alkoholismus" wird von ihnen möglich vermieden) ein erlerntes Fehlverhalten, das wieder „verlernt" werden kann. In die gleiche Richtung weist die Kritik der „Anti-Psychiater" (z. B. Szasz 1972), die Alkoholismus als „schlechte Angewohnheit" auffassen. Auch die Pharmakologen haben früher, allerdings von ganz anderer Sicht, das Krankheitsmodell und insbesondere die psychische Abhängigkeit in Frage gestellt. Wie erwähnt, werden jetzt neuerdings gerade von pharmakologischer Seite somatische Erklärungsmodelle dafür diskutiert. Die Epidemiologen lassen nur die Operationalisierung anhand von quantitativen und qualitativen Charakteristika des Alkoholkonsums gelten, wobei sie fließende Übergänge zwischen „sozialem Trinken", „schwerem Trinken" und „pathologischem" Trinken postulieren. Weitere Einwände kommen von soziologischer Seite. Vor allem wird auf die unerwünschte Auswirkungen der „Krankenrolle" hingewiesen, die den Alkoholiker aus seinen normativen Rollenverpflichtungen entlasse und seiner Verantwortlichkeit enthebe. Dies führe zu einer passiven Haltung, in der die Heilung allein von der Aktivität des Therapeuten erwartet werde (Robinson 1972).

Diesen Einwänden gegenüber ist auf folgendes hinzuweisen:

o Es besteht ein semantisches Problem: Das von Jellinek verwendete Wort „disease" bedeutet im Englischen körperliche Krankheit (im Gegensatz zu „illness") (Gross 1988). Das deutsche Wort „Krankheit" hat nicht diese ausgesprochen somatische Bedeutung (vgl. Definition des Krankheitsbegriffs im Versicherungsrecht).

- Die Kritik am Krankheitsmodell orientiert sich meist am klassischen medizinisch-naturwissenschaftlichen Modell. Die beiden anderen Modelle des Alkoholismus (das psychologische und das soziologisch-juristische Modell) werden dabei nicht berücksichtigt, auch nicht bei Kritik aus dem psychologischen Lager. Das naturwissenschaftliche Modell ist aber in der klinischen Medizin und erst recht in der Psychiatrie nicht ausreichend und deswegen ungeeignet (vgl. Engel 1977). Es führt entweder zu einem reduktionistischen oder zu einem exklusionistischen Vorgehen: Verhaltensstörungen werden dann entweder in physiochemische Begriffe gefaßt (wobei die Relevanz psychischer oder sozialer Einflußvariablen in Frage gestellt wird) oder sie werden aus dem Bereich der Krankheiten ausgeschlossen (schließlich als „Mythen" betrachtet). Zu fordern ist vielmehr ein biopsychosoziales Krankheitsmodell (etwa im Sinne von Engel).
- Selbst wenn man von dem naturwissenschaftlichen Modell ausgeht, so zeigt gerade die neuere Forschung, daß der Alkoholismus ein multikonditionales und in seinen Implikationen vielfältiges Problem ist (s. 2.1). Des weiteren weisen verschiedene naturwissenschaftliche Forschungsergebnisse (im Bereich der Genetik und der Tiermodelle, s. 2.3.2 und 2.3.4) auf die somatische Komponente in den Entstehungsbedingungen des Alkoholismus hin. Diese Ergebnisse sind aber bei den Kritikern nicht genügend berücksichtigt.
- Gegen die Auffassung, Alkoholismus sei lediglich Folge einer andersartigen zugrundeliegenden (psychischen) Störung spricht die vielfach bestätigte Tatsache, daß keine spezifischen Persönlichkeitsstörungen bei Alkoholikern gefunden werden konnten.
- Der therapeutische Ansatz schließt den Krankheitsbegriff ein; ohne ihn könnte von Therapie im eigentlichen Sinn nicht gesprochen werden, sondern nur von „Verhaltensmodifikation".
- Das lerntheoretische Konzept des Alkoholismus beinhaltet nicht zwangsläufig eine Ablehnung des Krankheitskonzeptes, zumal des tiefenpsychologischen Konzeptes.
- Die Krankenrolle im Sinne Parsons (1951) bringt dem Alkoholiker zwar eine Entlastung seiner Verantwortung und eine Dispensierung von seinen normativen Rollenverpflichtungen. Zugleich impliziert die Krankenrolle aber auch die Verpflichtung, kompetente Hilfe zu suchen, sie zu akzeptieren und bei erforderlichen Gegenmaßnahmen gegen den Alkoholabusus zu kooperieren, d. h. also aktiv an seiner Heilung mitzuwirken.
- Das Krankheitsmodell des Alkoholismus stellt durch seine Wertneutralität einen Fortschritt dar, während andere Erklärungsmodelle des Alkoholmißbrauchs (z. B. als „schlechte Angewohnheit") zwangsläufig wertbezogen sind. Die Wertneutralität hilft aber, die

Tabuisierung des Alkoholismus aufzuheben und den therapeutischen Zugang zu erleichtern.
o Schließlich kann noch darauf verwiesen werden, daß sich die Entscheidung des Bundessozialgerichts von 1968, den Alkoholismus als Krankheit anzuerkennen, sich in sozialer und administrativer Hinsicht zumindest überwiegend positiv ausgewirkt hat (s. 11.8).

2 Bedingungsgefüge des Alkoholismus

2.1 Allgemeines

Zur Erklärung der Entstehung des Alkoholismus wurden verschiedene Modelle entwickelt, die für die Entstehung von Drogenabhängigkeit im allgemeinen Geltung haben (Feuerlein 1969, Kielholz u. Ladewig 1972). Darin zeigt sich die enge Verbindung zwischen dem Alkoholismus und der Drogenabhängigkeit. Allen Modellen gemeinsam ist die Betonung der Multikonditionalität und der Interaktion zwischen den einzelnen Faktorengruppen. Im allgemeinen werden drei große Faktorengruppen angegeben:

– die spezifische Wirkung der Drogen,
– die spezifischen Eigenschaften des konsumierenden Individuums,
– die Besonderheiten des Sozialfeldes.

Diese drei Bedingungen sind aber je nach Droge, Individuum und je nach den Verhältnissen des Sozialfeldes in unterschiedlichem Ausmaß wirksam. Sie lassen sich graphisch in folgendem Schema darstellen (Abb. 2).

Einzelne andere Modelle werden in den folgenden Kapiteln besprochen.

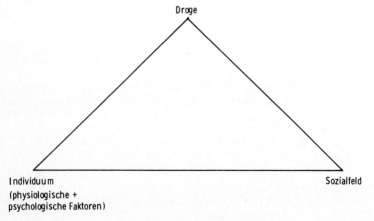

Abb. 2 Modell für die Entstehung der Drogenabhängigkeit.

2.2 Droge Alkohol

2.2.1 Drogen mit hohem „Mißbrauchs- bzw. Abhängigkeitspotential"

Das Mißbrauchspotential einer Droge wird bestimmt (Way u. Herz 1975) durch

- deren unmittelbare psychotrope Wirkungen: Entwicklung von psychischer Abhängigkeit durch Beeinflussung von Stimmung, Wahrnehmung, Antrieb (s. 1.2). Dazu kommt die Fähigkeit, zustandsabhängiges Lernen (state dependent learning) zu ermöglichen s. 2.2.6.7,
- die Entwicklung von physischer Abhängigkeit (Entzugserscheinungen) und Toleranz. (Physische Abhängigkeit und Toleranz sind oft miteinander verbunden, aber nicht identisch.)

Toleranzsteigerung liegt dann vor, wenn eine erhöhte Drogenmenge erforderlich ist, um den gleichen spezifischen Wirkungsgrad zu erreichen, oder, anders ausgedrückt, wenn die gleiche Drogenmenge einen geringeren Effekt bewirkt. Toleranzsteigerung beruht auf verschiedenen physiologischen Mechanismen, die hier nur angedeutet werden können:

- *Dispositionelle Toleranz:* Sie entsteht z. B. durch Änderung der Drogenabsorption, der Verbreitung im Körper, der Ausscheidung, vor allen Dingen in der Veränderung der Metabolisierung. Hier ist in erster Linie die Induktion von Enzymen zu nennen, die Fremdstoffe entgiften. Eine solche Beschleunigung des Stoffumsatzes wird auch bei chronischer hoher Alkoholzufuhr angenommen. Sie ist durch das MEOS bedingt (s. 2.2.4.3).
- *Funktionelle Toleranz:* Man versteht darunter eine Änderung der Eigenschaften bzw. Funktionen des Zielgewebes. Die zelluläre Toleranz wurde in erster Linie bei Opiaten untersucht, für die spezifische Rezeptoren aufgezeigt werden konnten. Es bestehen verschiedene Parallelen zwischen der Toleranz gegenüber Alkohol (und anderen Sedativa) und Opiaten (Kalant 1977). Die Beziehungen zwischen zellulärer Toleranz und den klinischen Phänomenen der Entwicklung von Toleranz und Entzugserscheinungen sind noch keineswegs völlig geklärt. Unter molekularbiologischen Aspekten unterscheidet man zwischen „decremental adaptation", die nur das Auftreten klinischer Toleranz, und „oppositional adaptation", die auch das Auftreten von Entzugserscheinungen erklären könnte (Littleton 1989).

Die Entwicklung von Alkoholtoleranz und Auftreten von Entzugssymptomen ist ein komplexes Phänomen, bei dem verschiedene neuronale und hormonelle Systeme beteiligt sind. In erster Linie spielen die

Neurotransmitter Katecholamine, Serotonin, Azetylcholin sowie GABA (s. 2.2.6.3) eine Rolle.

Nach dem Modell von Siggins besteht eine homöostatische Modulation des Noradrenalin-cAMP-Systems. Im Regelfall führt Noradrenalin zu einer Hemmung und Azetylcholin zu einer Erregung der Pyramidenzellen. Noradrenalin kann epileptische Aktivität unterdrücken, Azetylcholin vermehren oder „triggern". In diesem System würde Alkohol eine vermehrte Freisetzung von Noradrenalin bewirken, bei chronischer Einwirkung würde das Noradrenalin-cAMP-System aktiviert und mit einer Spareinstellung reagieren. Bei abruptem Absetzen des Alkohols wäre das reduzierte Noradrenalin-cAMP-System nicht in der Lage, das aktivierte exzitatorische azetylcholinergische System „im Zaum zu halten", mit dem Ergebnis, daß Krämpfe auftreten.

Auch Dopamin und Serotonin spielen eine Rolle, ferner das wichtigste hemmende Transmittersystem, das GABA-System, letzteres vor allem im Zusammenhang mit dem Auftreten von Krämpfen beim Entzugssyndrom. Bei akuter Alkoholanwendung kommt es zu einer Vermehrung von GABA-Rezeptoren, bei chronischer Anwendung sinkt deren Zahl, vor allem z. Z. des Auftauchens des Entzugssyndroms. Besondere Beachtung hat der intraneurale Elektrolytstoffwechsel gefunden (s. auch 2.2.6.3). Die Vermehrung der GABA auf den Chlorid-Zufluß führt zu einer Verminderung der Fähigkeit eintreffender Stimuli, die neuronale Membran zu depolarisieren. Das bedeutet, daß damit eine Hemmung der Natrium- und Kalzium-Kanäle verbunden ist. Eine entsprechende Adaptation, die die neuronale Erregbarkeit wiederherstellt, führt hingegen zu einer Vermehrung der Aktivität bzw. der Zahl der Kanäle, vor allem der Kalzium-Kanäle.

Allerdings haben Tierversuche gezeigt, daß neben all diesen biochemischen Phänomenen bei der Entwicklung der Alkoholtoleranz auch Lerneffekte eine Rolle spielen.

Die Toleranz steigert sich in den ersten Phasen des Alkoholismus. Ihre max. Zunahme beträgt beim Alkohol 60–100% (d. h. Rückkehr der Alkoholkonzentration zum Nullwert) bei Toleranzpersonen im Vergleich zu normalen Versuchspersonen. Die Toleranz nimmt in späteren Phasen des Alkoholismus wieder ab („Toleranzbruch"), so daß schon nach geringen Alkoholmengen Intoxikationserscheinungen auftreten. Dies dürfte in erster Linie mit der Herabsetzung der Induzierbarkeit des MEOS zusammenhängen (s. 2.2.4.3).

2.2.2 Exkurs: Alkoholische Getränke
(Bonte 1987a, Wallgren u. Barry 1970a)

Die meisten alkoholischen Getränke enthalten neben Alkohol eine Reihe von Begleitstoffen, die dem jeweiligen Getränk die spezifische

Geschmacks- bzw. Duftqualität verleihen. Die wichtigsten Begleitstoffe sind neben Methanol höherkettige aliphatische Alkohole („Fuselöle", z. B. Propanol, Isobutanol), ferner Carbonylverbindungen (z. B. Azetaldehyd), Carbonsäuren und Ester, aber auch Indolverbindungen, Amine, Fluor und schweflige Säure.

2.2.2.1 Biere (Tab. 1)

Nach deutschem Recht darf Bier nur aus Malz (meistens Gerstenmalz), Hopfen, Hefe und Wasser hergestellt werden. Der Alkohol des Bieres entsteht durch Gärung „der aus Malz gewonnenen Würze" unter Zusatz von Hefe. Bei der Untergärung (Lagerbier) wird die Würze gekocht, beim obergärigen Bier (Weißbier, „Kölsch", Altbier, englische Biere) wird die Würze meistens nicht gekocht. Sie enthält Milchsäure, die dem Bier den charakteristischen Geschmack verleiht. Bier enthält geringe Mengen von Vitaminen der B-Gruppe (im Durchschnitt 50 mg/l), außerdem Phosphorsäure und eine Reihe von anorganischen Säuren.

In den letzten Jahren werden in steigendem Umfang sog. alkoholfreie Biere auf den Markt gebracht. Sie dürfen nach deutschem Recht maximal 0,5 Vol.% Alkohol enthalten (also eine Menge, wie sie auch in manchen Fruchtsäften vorkommt; der Energiegehalt dieser Biere ist dementsprechend niedriger (zwischen 84 und 126 kJ $\triangleq$ 20 und 30 kcal).

Tabelle 1 Alkohol- und Energiegehalt verschiedener Biersorten

	Vol. %	Gew. %	kJ	kcal
Export hell	4,8 –6,0	3,8–4,8	197	(47)
Weißbier	4,8 –5,8	3,8–4,6	218	(52)
Doppelbock dunkel	5,8 –9,3	4,6–6,7	439	(105)
Pils	4,15–5,5	3,3–4,4	172	(41)

2.2.2.2 Weine

Wein ist das durch alkoholische Gärung aus dem Saft von frischen Weintrauben hergestellte Getränk.

Die Duftstoffe (Aroma, „Bukett") bestehen vorwiegend aus höheren Alkoholen und deren Ester, Furfurol u. a. (s. 2.2.2.4).

Tafelwein, wie Qualitäts- und Prädikatsweine sind ohne Zusatz von Alkohol, d. h., der Alkohol stammt lediglich aus der Gärung. Durchschnittswerte: Alkohol: 10,5–11,8 Vol.% (8,5–9,5 g%); Energie: 293 kJ ($\triangleq$ 70 kcal)/0,1 l.

Rotwein enthält mehr Säureester, Kalium und Tannin, weniger Zukker (0,2%), Azetaldehyd, Schwefeldioxyd und Natrium, außerdem relativ hohe Mengen Eisen (bis 6 mg/l), hohe Mengen von Methanol (bis 125–200 mg/l) und Histamin (s. 2.2.2.4).

Weißwein enthält mehr Zucker (0,3%) Azetaldehyd, Natrium, Schwefeldioxid, weniger Ester und Kalium.

Schaumwein (Sekt)

Herstellung aus Wein, der mit Zucker, Likör oder Weinbrand versetzt und nochmals vergoren wird. Die dabei entstehende Kohlensäure bleibt in der Lösung unter Druck. Der Name „Champagner" ist dem französischen Schaumwein bestimmter Provenienz vorbehalten. Alkoholgehalt: 9,4–12,4 Vol.% (7,5–10,0 g%); Energie 335–460 kJ (80–110 kcal), Zuckergehalt 2,5% (trockener Sekt), bei anderen Sektarten höher.

„Arzneiweine"

Arzneien, die durch Mischung von Weinen und Branntwein mit Arzneimitteln und Gewürzen hergestellt werden, z. B. Wermut, Pepsin, Condurango. Wermutwein kommt in zwei Formen in den Handel: italienischer Typ mit 12–19% Zucker, französischer Typ mit 4% Zucker, Alkoholgehalt 15–18 Vol.%. Mit Wermutwein sind andere, appetitanregende Weine verwandt (z. B. Campari, Byrrh, Dubonnet).

Sonstige weinähnliche Getränke

Getränke, die nicht durch Gärung aus Trauben, sondern durch Gärung aus Fruchtsäften anderer Früchte, Malzauszügen usw. hergestellt werden.

Beispiele:

Apfelwein: Alkoholgehalt 3,5–13,5 Vol.% (2,8–10,8 g%); Energie 193 kJ (46 kcal) je 0,1 l, Zuckergehalt 2–5%.

Met: hergestellt aus vergorenem Honig: Alkoholgehalt 10 Vol.% (8 g%), Zuckergehalt 5–10%.

Sake (japanischer Reiswein): gelblich-blasses Getränk, hergestellt durch Fermentation eines Zuckers, der aus Kohlenhydraten von Reis stammt. Alkoholgehalt 12–16 Vol.% (9,6–12,8 g%), Zuckergehalt 0,5–5%.

Dessert- und Cocktailweine: Weine mit einem Zusatz von Alkohol bis zu einem Gesamtalkoholgehalt von 20 Vol.% (16 g%) („fortified wines"). Die Zubereitung der einzelnen Spezialitäten ist z. T. sehr kompliziert. Alle enthalten in mehr oder minder großem Umfang Zucker (2,5–11 Vol.%, bei Marsala bis 20 Vol.%). Hauptvertreter: Sherry, Portwein, Marsala, Malaga.

Liköre: alkoholhaltige Getränke, hergestellt aus Alkoholauszügen von Kräutern oder Früchten (z. B. Orangen) bzw. Fruchtsäften oder Emulsionen von Farbstoffen (Eier, Schokolade). Die Liköre enthalten 20–50% Zucker. Alkoholgehalt: Emulsionsliköre 20–25 Vol.% (16–20 g%), Fruchtsaftliköre 33 Vol.% (24 g%), Kräuterliköre 30–38 Vol.% (24–30 g%); Energiegehalt: (0,1 l) Eierlikör (20 Vol.%) 1398 kJ (334 kcal), Fruchtsaftlikör (30 Vol.%) 1406 kJ (33 kcal), Kräuterlikör (33 Vol.%) 1548 kJ (370 kcal).

2.2.2.3 Destillierte Alkoholika („gebrannte Wässer")

Alkoholische Getränke, die durch Destillation alkoholischer Flüssigkeiten gewonnen werden, die ihrerseits aus Früchten, Wurzeln, Zuckerrohr usw. hergestellt werden. Die Destillation wurde Mitte des 11. Jahrhunderts erstmals beschrieben. In den Destillaten findet sich eine mehr oder minder große Menge von Begleitstoffen (Fuselöle, Azetaldehyd, Formaldehyd, Methylalkohol, Nitrosamin) (Wallgren u. Barry 1970a), die durch einen speziellen Destillationsprozeß weitgehend wieder entfernt werden (s. 2.2.2.4).

Branntweine: Man unterscheidet verschiedene Arten von Branntweinen, u. a. Edelbranntweine: aus Wein oder Maischen destilliert, die durch den Rohstoff oder das Gärverfahren dem Destillat besondere Geruchs- und Geschmackseigenschaften verleihen (z. B. Kirschwasser), Branntweine besonderer Art: hergestellt teils aus Destillaten vergorener oder unvergorener Rohstoffe mit Sprit, teils aus vergorener Maische (z. B. Wacholder, Genever, Kirschgeist. – Die Bezeichnung „Geist" betrifft Getränke, bei denen keine Gärung stattgefunden hat. Vielmehr werden Früchte [oder deren Aromaträger] mit Alkohol übergossen und darin liegengelassen [extrahiert]. Der Fachausdruck ist „abgezogen". Die so erhaltene Flüssigkeit ist dann der „Geist").

Weinbrand: Destillat aus Wein (die Bezeichnungen „Cognac" und „Armagnac" sind Branntweinen vorbehalten, die aus Weinen bestimmter Regionen Frankreichs unter Beachtung besonderer Bestimmungen hergestellt werden). Alkoholgehalt 40–50 Vol.% (32–40 g%), Energie 1189 kJ (248 kcal) je 0,1 l bei 40 Vol.% Alkoholgehalt.

Obstbranntwein (z. B. Kirschwasser, Zwetschgenwasser, Sliwowitz): Alkoholgehalt 32–36 g%, 1339 kJ (320 kcal) je 0,1 l. Sliwowitz enthält relativ viel Methylalkohol (bis zu 4‰).

Whisky (gälisch = „Lebenswasser"): Destillat aus einer bierähnlichen Zuckerlösung, die aus der Stärke von verschiedenen Getreidearten gewonnen wird: Scotch aus Gerstenmalz („Malt") oder ungemälzten Getreiden („Grain"), Alkoholgehalt 50 Vol.% (40 g%); Irish aus Mais, geschälter und ungeschälter Gerste, Alkoholgehalt 50 Vol.%;

Bourbon aus Mais mit Roggen- und Gerstenmalz, Alkoholgehalt 50 Vol.% (40 g%), Energie 1486 kJ (355 kcal) je 0,1 l.

Kornschnäpse: Destillat aus Getreide, Mindestalkoholgehalt 32 Vol.%.

Gin: Das Ausgangsdestillat aus Gerste ist ohne Geschmack. Geschmacksstoffe, die aus Wacholderbeeren und anderen Beeren stammen, werden später hinzugefügt. Alkoholgehalt: 35–50 Vol.% (28–40 g%), Energie 1042–1485 kJ (240–355 kcal) je 0,1 l.

Wodka (russ. = „Wässerchen"): Destillat aus Stärke verschiedener Herkunft (Kartoffeln, früher auch Getreide). Alkoholgehalt 40–57 Vol.% (32–40 g%), Energie 1188–1485 kJ (284–355 kcal) je 0,1 l.

Rum: Destillat aus Melasse, dem Abfallsaft, der bei der Zuckerproduktion entsteht. Alkoholgehalt 40–80 Vol.% (32–64 g%), Energiegehalt 1188–2376 kJ (284–568 kcal) je 0,1 l.

2.2.2.4 Begleitstoffe
(Bonte 1987a, Müller-Limmroth 1982, Wallgren u. Barry 1970a)

Einige Gruppen alkoholischer Getränke, vor allen Dingen Wein und Spirituosen, enthalten eine mehr oder minder große Zahl von Begleitstoffen, die entweder schon in den Ausgangsprodukten enthalten sind (z. B. Fluor) oder bei der Gärung neben Äthanol entstehen und auch bei der Destillation in das Destillat übergehen. Außerdem können bei unsachgemäßer Kellerbehandlung Stoffe entstehen, die für die Bekömmlichkeit des Weines von Bedeutung sein können.

Die Begleitstoffe lassen sich durch die in den letzten Jahren vervollkommneten Analysemethoden so genau bestimmen, daß damit die einzelnen alkoholischen Getränke spezifisch erfaßt werden können. Der Gehalt an Begleitstoffen ist bei den einzelnen Spirituosen und Weinen sehr unterschiedlich. Wodka enthält die wenigsten Begleitstoffe, Cognac, Whisky (vor allen Dingen Bourbon-Whisky) die meisten. Die Begleitstoffe sind als solche stark toxisch. Grundsätzlich gilt für alle Fuselöle das Richardson-Gesetz: Je höher die Zahl der Kohlenstoffatome, desto höher die Toxizität. Eine Ausnahme bildet das Methanol, dessen Toxizität durch den Metaboliten Formaldehyd bedingt ist. Die unterschiedliche Toxizität einzelner Spirituosenarten (in Abhängigkeit von ihren Begleitstoffen) wurde durch Tierversuche und durch Leistungstests an Menschen erwiesen, so z. B. schlechtere Leistungen nach Bourbongenuß als nach Wodkagenuß (beim Reaktionszeittest und beim Spiegelzeichentest) (Wallgren u. Barry 1970a). Die pharmakologische Wirkung der Begleitstoffe ist unterschiedlich. So führt Äthylazetat zu einer Blutzuckersenkung. Manche Begleitstoffe können den Abbau von Alkohol verlangsamen. Methanol wird sehr langsam im Körper abgebaut, weswegen kumulative Wirkungen nicht auszuschließen sind; Fuselöle sind leicht lipoidlöslich, reichern sich deswegen in zentralnervösen Strukturen an. Neuerdings wird die toxische Wirkung alkoholischer Getränke besonders dem Begleitstoff Methanol zugeschrieben (Bonte 1987b). Als klinische Symptome ihrer Einwirkung werden Vasodilatation der oberen Körperhälfte, Benommenheit, Schwindel, Doppeltsehen genannt, also Symptome, die auch durch Äthanol allein hervorgerufen werden können. Die Fuselöle sollen die „Kater"-Erscheinungen verlängern und verstärken. Der Histamingehalt des Weines hängt von der Kellerbehandlung ab, er ist bei vorbildlichen Kellerbedingungen praktisch null, kann aber bis zur Höhe von 20 mg/l ansteigen. Histamin wird in Gegenwart von Alkohol rascher und intensiver resorbiert. Die klinischen Folgen können neben Gesichtsrötung, Kopfschmerzen, Schwindel und Sodbrennen sein. Die beim Schwefeln des Weines entstehende schweflige Säure wird im Körper metabolisiert. Über die dem Menschen zumutbare Höchstmenge gibt es seit Jahren eine intensive Diskussion. Der Gehalt an Fluor hängt von der Bodenbeschaffenheit und Kellerbehandlung ab (lavahaltige Böden).

2.2.3 Grundbegriffe der Chemie und Pharmakologie des Alkohols

Alkohol (aus arabisch alkul = ursprünglich: das Feinste, der feinste Puder, die Augenschminke). Chemische Bezeichnung: Äthylalkohol (Äthanol) (C_2H_5OH). (Im nachfolgenden wird unter Alkohol immer Äthanol verstanden.) Alkohol ist eine farblose, brennend schmeckende Flüssigkeit, spezifisches Gewicht 0,79 (1 Vol.% = 0,8 g), Siedepunkt 78,3 °C. Sie ist in Wasser wie in Fetten löslich. Alkohol entsteht, allerdings in sehr kleinen Mengen, „endogen" im Organismus: im Intermediärstoffwechsel sowie durch bakterielle Fermentation im Gastrointestinaltrakt. Alkohol wird gewöhnlich durch Gärung von Zuckerarten, die durch Hefe in Alkohol und Kohlensäure gespalten werden. Trinkalkohol darf nur durch Hefevergärungen von Pflanzenteilen, Melasse, Stärke oder Zucker gewonnen werden. Alkohol ist ein Energieträger: 1 g enthält 29,6 kJ ($\triangleq$ 7,07 kcal), (s. 2.2.4.3).

2.2.4 Pharmakokinetik des Alkohols

2.2.4.1 Invasion (Wallgren u. Bary 1970a u. 1970b)

Alkohol wird von den Schleimhäuten relativ rasch resorbiert*, am langsamsten noch von der Magenschleimhaut, wesentlich schneller

---

* Der Ausdruck „Resoption" ist eigentlich unkorrekt, da es sich praktisch nur um Diffusionsvorgänge handelt.

von der Schleimhaut des Dünndarms. Bei oraler Gabe werden etwa 20% durch den Magen, der Rest durch den Dünndarm aufgenommen. Alles, was die Entleerung des Magens verzögert, verlangsamt auch die Resorption des per os zugeführten Alkohols. Geringe Mengen Alkohols können schon nach 10 Minuten resorbiert sein. Resorptionsverzögerungen sind durch starkes Rauchen und bestimmte scharfe Gewürze (z. B. Sangrita) möglich (Hemmung der Magenmotilität, Pylorospasmus). Ebenso dämpft Atropin die Alkoholresorption, während Doryl sie vermehrt (Forster u. Joachim 1975). Die Resorption ist abhängig von der Alkoholkonzentration bzw. den Begleitstoffen (Mallach u. Mitarb. 1987): Konzentrierte Alkoholika werden rascher resorbiert als weniger konzentrierte. Allerdings wird die Muskulatur der Magenwand durch Flüssigkeiten mit einer Alkoholkonzentration von über 5% in ihrer Funktion eingeschränkt und damit die Entleerung des Magens verlangsamt. Auch der Füllungszustand des Magens ist von Einfluß auf die Resorption. Der resorptionsverzögernde Adsorptionseffekt zeigt sich am deutlichsten, wenn erst 60 Minuten nach Nahrungsaufnahme getrunken wird. Höhere Dosen Alkohol verursachen dur Pylorospasmus eine Verzögerung der Magenentleerung (Ritchie 1970). Bei verzögerter Alkoholresorption kann ein Teil des Alkohols der Resorption vollständig entgehen. Das „Resorptionsdefizit" hängt nicht nur von den genannten Faktoren ab, sondern vielleicht auch von einer Veresterung von Alkohol mit Aminosäuren.

2.2.4.2 Verteilung

Alkohol wird nach der Resorption durch den Blutstrom und durch Diffusion im Gewebe verteilt. Die Alkoholverteilung folgt den Regeln des Fließgleichgewichts (Näheres s. Mallach u. Mitarb. 1987). Bei guter Vaskularisation aller Gewebe kann es zu einer raschen Verteilung (Diffusion) im gesamten Körperwasser kommen, was zu einem raschen Abfall des Blutalkoholspiegels führt („Diffusionssturz"). Die Verteilung des Alkohols in den einzelnen Geweben ist unterschiedlich hoch, vor allem abhängig von deren Wassergehalt. Dies gilt allerdings nur für die postresorptive Phase. Während der Resorptionsphase spielt die Durchblutungsgröße der verschiedenen Organe eine wesentliche Rolle.

30–60 Minuten nach der oralen Aufnahme ist die höchste Konzentration des Alkohols im Blut erreicht. Die Verteilung geschieht dann relativ rasch und gleichmäßig über den ganzen Körper. Der Alkohol passiert auch die Plazenta, so daß ein Übergang in den fetalen Kreislauf möglich ist. Die Konzentration des Alkohols in der Frauenmilch entspricht der im Plasma (Hövels u. Eckert 1978). (Näheres s. Oemichen u. Schmidt 1984.) Die Verteilung des Alkohols im gesamten Körper ist etwa 60–90 Minuten nach dem letzten Trunk abgeschlossen.

Von diesem Zeitpunkt an entspricht die Alkoholkonzentration des Blutes weitgehend der des Gewebes. Sie ist abhängig

- von der Alkoholmenge,
- von der Resorptionsgeschwindigkeit,
- vom Körpergewicht bzw. von der Menge des Körperwassers,
- von der Geschwindigkeit der Alkoholelimination.

Der Alkoholgehalt des Gehirns entspricht im wesentlichen dem Blutalkoholspiegel. Anstieg und Abfall der Alkoholkonzentration im Liquor hinken der des Blutes zeitlich etwas nach. In dler Hirnrinde ist die Alkoholkonzentration am größten. Die Alkoholkonzentration in der Leber ist besonders niedrig. Man bezieht dies auf den hohen Gehalt der Leber an Alkoholdehydrogenase (ADH), (s. 2.2.4.3). Die Alkoholkonzentration im Harn steht in keinem konstanten Verhältnis zum Blutalkoholspiegel. In der Resorptionsphase ist sie niedriger als im Blut, in der Eliminationsphase ist der Urinalkohol höher als der Blutalkoholspiegel. Hier spielen noch zusätzliche Faktoren (z. B. Diurese, Zeitpunkt der letzten Miktion) eine Rolle. Ein sicherer Rückschluß von der Urinalkoholkonzentration auf die jeweilige Phase des Blutalkoholspiegels ist nicht möglich. Dagegen steht der Alkoholgehalt der Ausatemluft in enger Relation zum Blutalkoholspiegel (vgl. 11.4.4).

2.2.4.3 Stoffwechsel

Alkohol wird im Körper durch Oxidation abgebaut. Grundsätzlich stehen dafür vier Wege zur Verfügung:

- über die Alkoholdehydrogenase (ADH),
- über die Katalase,
- über das mikrosomale alkoholoxidierende System (microsomal ethanoloxidising system = MEOS),
- über die Bindung an Glucuronsäure.

Etwa 90–95% des zugeführten Alkohols werden auf diese Weise eliminiert (vorwiegend in der Leber). Der Rest verläßt den Körper durch die Nieren (0,5–2%, maximal 5 g/l Urin), durch die Lungen (1,6–6%) und durch die Haut (Schweiß, maximal 0,5%). Ein ganz geringer Teil wird bakteriell im Gastrointestinaltrakt abgebaut.

Die Alkoholelimination beginnt sofort nach der Alkoholzufuhr. Alkohol aus Bier wird rascher abgebaut als Alkohol, der aus destillierten Getränken stammt. Der Stundenabfallwert des Alkohols (als β_{60} bezeichnet) wird mit 0,150‰ für Männer und 0,156‰ für Frauen angegeben, d. h., es werden bei durchschnittlichem Körpergewicht pro Stunde etwa 6–9 g Alkohol abgebaut. Der maximale Alkoholabbau (bei hohen Alkoholkonzentrationen) beträgt 400–500 ml (in 24 Std.).

Die Elimination des Alkohols geschieht nicht exponentiell, sondern zeitlinear. Die Eliminationsrate ist offenbar zur Hälfte genetisch bedingt (v. Wartburg 1987). Es bestehen offenbar nur geringe intraindividuelle Schwankungen, dagegen größere interindividuelle und rassische Unterschiede. Ostasiaten vertragen schlechter Alkohol als Angehörige anderer Rassen (s. 2.3.2.4). Im Hungerzustand ist die Elimination des Alkohols verzögert, unter Insulinwirkung gering gesteigert. Veränderungen der Alkoholkinetik durch Erbrechen sind aufgrund der veränderten Magen-Darm-Motilität diskutierbar, aber praktisch ohne Bedeutung (Mallach u. Mitarb. 1987). Die Angaben über die Verzögerung des Alkoholabbaus durch Leberstörungen sind widersprüchlich. Bei ausgeprägter Leberzirrhose scheint es nach manchen Autoren zu einer Verminderung des Alkoholabbaus (in Abhängigkeit vom Schweregrad der Zirrhose) zu kommen. Durch Muskelarbeit oder Fieber wird der Alkoholabbau nicht erhöht, d. h. der Blutalkoholspiegel (BAS) nicht gesenkt, auch nicht durch Schlaf oder Bewußtlosigkeit. Dagegen kann bei stärkerer Unterkühlung der Abbau reduziert werden.

Der *oxidative Abbau* vollzieht sich in drei Schritten (Abb. 3)

1. Oxidation zu Azetaldehyd (vorwiegend in der Leber).
2. Oxidation von Azetaldehyd zu Azetat bzw. Azetyl-Koenzym A mit Hilfe der Azetaldehyddehydrogenase (ALDH). Es sind mehrere Formen der ALDH bekannt, die sich durch zahlreiche Eigenschaften unterscheiden. Sie sind genetisch bedingt.
3. Oxidation des Azetyl-Koenzym A im Trikarbonsäurezyklus zu Kohlensäure bzw. Wasser.

Es wird also bei der Reaktion Wasserstoff vom Äthanolmolekül auf NAD^+ übertragen. Das gebildete NADH wird oxidiert (in den Mito-

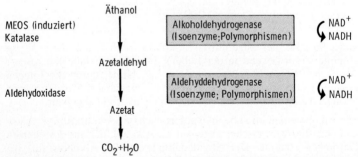

Abb. 3 Der Stoffwechsel von Alkohol und seine Enzyme (aus: J. P. v. Wartburg: Biochemie des Alkoholismus. In: K. P. Kisker, H. Lauter, J.-E. Meyer, C. Müller, E. Strömgren [Hrsg.]: Abhängigkeit und Sucht [Psychiatrie der Gegenwart, Bd. 3]. Springer, Berlin 1987).

chondrien). Dabei wird in der damit verbundenen oxidativen Phophorylierung Energie (als ATP) gewonnen (s. 2.2.3).

Der Hauptabbau verläuft über die ADH. Sie ist kein einheitliches Enzym; es bestehen vielmehr eine größere Zahl von Isoenzymen und ein atypisches Enzym. Die Isoenzyme sind genetisch determiniert. Die ADH erreicht erst beim fünfjährigen Menschen den Wert des Erwachsenen. Es wird angenommen, daß nicht die ADH-Aktivität, sondern die Verfügbarkeit von NAD^+, d. h. die Rückoxidationsrate von NADH zu NAD^+ der geschwindigkeitsbestimmende Schritt der Reaktion ist. Die ADH kommt nicht nur in der Leber vor, sondern auch in anderen Organen (z. B. Herz, Lunge, Niere). Die ADH enthält vier Zinkatome. Sie kann durch verschiedene Substanzen gehemmt werden, z. B. durch Pyrazol, aber auch durch Chlorpromazin und Trichloräthan.

Während der Athanolabbau durch Katalase (und über Glucuronsäure) quantitativ keine wesentliche Rolle spielt, hat das MEOS in den letzten Jahren zunehmend Beachtung gefunden. Es wurde erst in den späten sechziger Jahren beschrieben. Es benötigt NADPH und Sauerstoff und ist induzierbar durch Alkohol, aber auch durch Fremdstoffe. (Darauf wird der verstärkte Alkoholabbau bei höheren BAS und die Toleranzsteigerung bei chronischen Alkoholikern zurückgeführt.) Die Zunahme der MEOS-Aktivität ist mit einer Proliferation der entsprechenden ultramikroskopisch nachweisbaren Strukturen verbunden, ferner mit einer Zunahme des mikrosomalen Zytochrom P_{450}.

Zusammenfassend läßt sich sagen, daß bei niedrigem BAS und normalen Bedingungen die ADH allein für die Elimination des Alkohols verantwortlich ist. Erst bei höherem BAS sowie bei chronischer Alkoholzufuhr bzw. bei der Zufuhr von Fremdstoffen kommt es via MEOS zu einem zusätzlichen Abbau des Alkohols.

Metaboliten (Abb. **4**)

Azetaldehyd ist der primäre Metabolit des Äthanols. Aus technischen Gründen ist er schwer im Blut nachweisbar. Er wird sehr rasch durch die Azetaldehyddehydrogenase (ALDH) abgebaut, von der es mehrere Isoenzyme mit unterschiedlicher Wirksamkeit gibt. Diese Unterschiede der Isoenzyme der ALDH werden zur Erklärung der unterschiedlichen Verträglichkeit des Alkohols (bei Ostasiaten gegenüber Kaukasiern) herangezogen (s. 2.3.2.4).

Azetyldehyd ist eine toxische Substanz, deren Einwirkung für eine Reihe von Schädigungen verantwortlich gemacht wird, die nach Einnahme von Alkohol auftreten („chronisches Azetaldehydsyndrom").

Azetaldehyd spielt eine wesentliche Rolle im intermediären Stoffwechsel. Azetaldehyd kann mit den Katecholaminen Noradrenalin

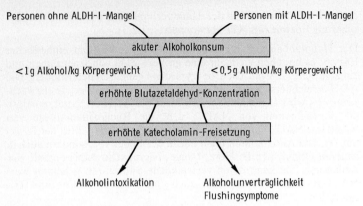

Abb. 4 (aus: D. P. Agarwal, H. W. Goedde: Alkoholmetabolisierende Enzyme. In: K. D. Zang: Klinische Genetik des Alkoholismus. Kohlhammer, Stuttgart 1984).

und Dopamin zu morphinähnlichen Substanzen: Tetrahydroisoquinolinen (THIQ), Salsolinol und Tetrahydropapaverolin (THP) bzw. mit Indolaminen (Serotonin, Tryptamin) zu Beta-Carbolinen (BC) reagieren bzw. kondensiert werden (durch Hemmung der Azetaldehyddehydrogenase). Diese biosynthetische Leistung wurde inzwischen auch bei Säugetieren nachgewiesen. Bei weiteren Untersuchungen ergaben sich verschiedene widersprüchliche Befunde, z. B. über die Ausscheidung von THIQ und BC bei Alkoholikern gegenüber Nichtalkoholikern. Wahrscheinlich dienen neben Azetaldehyd auch andere Substanzen (z. B. Pyruvat) als Vorstufen. Bei Alkoholikern hängt die Konzentration der im Gehirn aufgefundenen THIQ von der jeweiligen Blutalkoholkonzentration ab. Bei Detoxikation scheiden Alkoholiker größere Mengen BC aus als Kontrollpersonen, wobei die Höhe der Konzentration mit dem Beginn des Alkoholmißbrauchs, wahrscheinlich auch mit Alkoholmißbrauch in der Familienvorgeschichte zusammenhängt.

2.2.5 Pharmakologisch-toxische Wirkung des Alkohols im allgemeinen

Die pharmakologisch-toxische Wirkung des Alkohols kommt vor allem über vier Wege zustande:

– durch die *direkte Einwirkung* auf Zellen und ihre Übertragungssysteme (die direkte toxische Einwirkung auf Leberzellen und Nervenzellen wurde durch verschiedene Untersuchungen nachgewiesen [Lieber 1977, Tarter u. Edwards 1987]), ferner durch lokale Gewebsschädigung,

- durch die *Veränderungen des Stoffwechsels* (Energiezufuhr, Eiweiß-, Vitamin- und Mineralstoffwechsel),
- durch die *Bildung von Metaboliten:*
  - Azetaldehyd,
  - NADH:NAD-Verhältnis (Lipogenese, Glykoneogenese),
  - Enzyminduktion,
- durch *physiologische Wirkungen:*
  - Durchblutungsstörungen,
  - ZNS-„Depression".

Es ist oft schwierig, die direkten von den indirekten Wirkungen zu unterscheiden. Außerdem sind in der Regel die Wirkungen bei akuter und bei chronischer Anwendung unterschiedlich; schließlich bestehen oft Unterschiede je nach Tierspezies und Tierstamm.

Es gibt kaum ein Organsystem, das durch Alkoholmißbrauch nicht direkt oder indirekt geschädigt werden kann.

2.2.6 Wirkung auf das Zentralnervensystem (ZNS)

2.2.6.1 Allgemeines

Alkohol führt zu vielfältigen Veränderungen des ZNS: auf morphologischem, biochemischem, pharmakologischem und elektrophysiologischem Gebiet. Noch breiter ist das Spektrum der Alkoholwirkungen auf physiologisch-psychologischem Gebiet, die sich als Störungen der Aufnahme, Übertragung und Verarbeitung von Informationen auffassen lassen. Zur Zeit lassen sich die gegenseitigen Beziehungen der Alkoholwirkungen auf den genannten Gebieten noch nicht umfassend erklären.

Alkohol entwickelt seine Aktivität weniger auf die Hirnrinde als vielmehr auf die tieferen Hirnabschnitte, besonders auf das retikuläre aktivierende System (RAS), wodurch dessen integrierende Rolle auf die Hirnrinde sowie den Thalamus und Hypothalamus beeinträchtigt wird. Alkohol erhöht die Schmerzschwelle, seine therapeutische Breite ist jedoch gering, so daß es als Narkotikum nicht geeignet ist (vgl. 2.2.11). Im Tierversuch führt Alkohol zu einer vermehrten Durchlässigkeit der Blut-Hirn-Schranke.

2.2.6.2 Morphologie

Chronischer übermäßiger Alkoholkonsum führt vor allem zu Schädigungen

- des periventrikulären Graus: Strukturen rund um den 3. Ventrikel, den Aquädukt und den Boden des 4. Ventikels,

- bestimmter Abschnitte der Großhirnrinde, vor allem des frontalen Kortex; hier kommt es nach neueren Untersuchungen (Harper 1988) zu einer Verminderung der Neuronen um 22%; außer den Großhirnneuronen sind die des Kleinhirns (Purkinje- und Körner-Zellen) sowie die des Hippokampus offenbar besonders alkoholempfindlich,
- der weißen Substanz (wahrscheinlich als Ausdruck einer sekundären Degeneration der Axone).

Diese Schädigungen gehen einher mit einer Erweiterung der intra- und extraventrikulären Liquorräume, die durch pathologisch-anatomische wie durch neuroradiologische (CCT, NMR) Methoden nachgewiesen wurde. (Ähnliche Veränderungen wurden übrigens auch bei Hungerzuständen, z. B. bei Anorexia nervosa, und bei steroidbehandelten Patienten nachgewiesen.) Umstritten ist noch, ob diese Hirnsubstanzminderungen mit einer Verminderung oder Vermehrung des Gehalts des Gehirns an freiem Wasser zusammenhängen. Eine Studie (Besson u. Mitarb. 1981) bestätigt eine Verminderung bei Alkoholintoxikation und eine Vermehrung bei Alkoholentzug, eine andere (Smith u. Mitarb. 1985) berichtet umgekehrt über eine Zunahme bei chronischer Alkoholzufuhr und Abnahme während des Entzugs. Pathologischanatomische Beobachtungen bestätigen die letztgenannte radiologische Studie (Harper 1988).

2.2.6.3 Biochemie

Alkohol beeinflußt biochemische Prozesse im Gehirn in verschiedenen Bereichen. Vorweg ist darauf hinzuweisen, daß nach inzwischen allgemein akzeptierter Auffassung Alkohol keine „spezifische Droge" ist, insofern sie nicht an einem einzelnen Typ von Rezeptorprotein von Zellmembranen angreift.

Man nimmt an, daß Alkohol an einem „makromolekularen Komplex" angreift, der aus Polypeptiden besteht, die den GABA-Rezeptor (Typ A), den Chlorid-Kanal und den Benzodiazepin-Rezeptor umfassen (zit. Littleton 1989).

Neuronale Membranen

Wesentliche Effekte des Alkohols auf neurale Strukturen werden seiner Wirkung auf die neuronalen Membranen zugeschrieben. Es wird angenommen, daß Alkohol ähnlich wie einige Anästhetika die Zusammensetzung der Lipide der neuronalen Membranen verändert. Die hypnotische Wirkung von hohen Dosen Alkohol erwies sich als abhängig von diesem „Verflüssigungseffekt". Auch in niedrigen Dosen (wie sie bei Menschen mit akuter Alkoholvergiftung auftreten) läßt sich ein solcher Verflüssigungseffekt nachweisen. Es ist bemerkenswert, daß offenbar die Empfindlichkeit gegenüber der sedativen Wirkung von Alkohol im Tierversuch mit der entsprechenden Empfindlichkeit der neuronalen Membranen gegenüber Alkohol korreliert. Die „Membran-Hypothese" kann sicher einen Beitrag zur Erklärung der akuten Alkoholwirkung geben. Es ist aber auch darauf hinzuweisen, daß durch Alkohol auch die membrangebundenen Proteine (Neurotransmitter, Rezeptoren) beeinflußt werden.

Neurotransmitter

Die Studien über die Wirkung von Alkohol auf Neurotransmitter zeigen zwei immer wiederkehrende Phänomene:
- die biphasische (d. h. stimulierende und hemmende) Wirkung des Alkohols auf den jeweiligen Prozeß (da Alkohol elektrophysiologisch nur hemmend [depressant] wirkt, muß man annehmen, daß der stimulierende Effekt, der biochemisch nachgewiesen werden kann, auf indirektem Weg [durch Modulation anderer Neurotransmitter] zustande kommt),
- die genetisch determinierten Unterschiede in der Ansprechbarkeit von Neurotransmittersystemen auf Alkohol.

Alkohol kann den Metabolismus und die Funktion nahezu aller Neurotransmitter beeinflussen.

Im Tierversuch ist bei akuter Anwendung von Alkohol die Wirkung dosisabhängig: Bei niedrigen Dosen bewirkt Alkohol eine Vermehrung des Umsatzes (turnover) von Noradrenalin in verschiedenen Abschnitten des Gehirns, bei hohen Dosen eine Verminderung. Bei chronischer Anwendung kommt es wieder zu einer Vermehrung, auch im Alkoholentzug. Beim Menschen konnte der Stoffwechsel der Katecholamine indirekt durch die Bestimmung von Metaboliten überprüft werden. Bei chronischen Alkoholikern im Alkoholrausch fand sich im Liquor eine Erhöhung des Noradrenalinmetaboliten MOPEG, also eine Vermehrung des Noradrenalinumsatzes. Ähnliche Veränderungen fanden sich auch beim cholinergen und GABA-ergen Transmittersystem.

Bei Dopamin sind die Veränderungen viel komplizierter. Die Aktivität der verschiedenen Transmittersysteme ist auch je nach Hirnregion verschieden. In jüngster Zeit wird diskutiert, daß die Alkoholwirkung (wie die anderer Substanzen mit hohem Abhängigkeitspotential) letztlich auf einer Verstärkung des dopaminergen Systems beruht (Herz u. Shippenberg 1988).

Alkohol beeinflußt außerdem die Zahl und Ansprechbarkeit der Rezeptoren verschiedener Neurotransmitter: Noradrenalin, Dopamin, Azetylcholin, GABA, Serotonin. Bei akuter Anwendung kommt es zu deren Zunahme, ebenso bei Alkoholentzug nach chronischer Anwendung, während bei der chronischen Anwendung die Rezeptorenzahl abnimmt. Außerdem spielt Alkohol eine Rolle bei der GABA-Rezeptoren-Benzodiazepin-Bindung (durch Öffnung der Chloridkanäle des Pirotoxinrezeptors).

Die Höhe der Katecholaminsynthese ist normalerweise gekoppelt mit der Zahl der elektrischen Entladungen in den Katecholaminneuronen. Alkohol kann diesen Kopplungszustand stören: z. B. kann Alkohol die Zahl der elektrischen Entladungen bei Dopaminneuronen vermehren, während er gleichzeitig die Zunahme der Dopaminsynthese blockiert.

Rezeptor-Effektor-Kopplung

Alkohol beeinflußt auch die Übertragung der Neurotransmitter durch die Botenstoffe (second messengers) cAMP und cGMP. Die Wirkungen des Alkohols auf diesen sehr komplizierten Übertragungsvorgang ist z. T. noch nicht klar. Es zeigt sich aber, daß Alkohol auch in diesem Bereich (durch Beeinflussung der neuronalen Feedback-Vorgänge) insbesondere auf die Bindung der Neurotransmitter an ihre Rezeptoren einwirken kann. Es scheint auch hier wieder Unterschiede zwischen der akuten und chronischen Einwirkung von Alkohol zu geben. Bei akuter Einwirkung sinken die Spiegel der Botenstoffe im Hirn ab, bei chronischer Einwirkung kommt es zu einem Anstieg von cAMP, aber zu einem Abfall von cGMP. Bemerkenswert (und noch nicht klar interpretierbar) sind die Befunde bei Patienten mit Delirium tremens: Abfall von cAMP, Anstieg von cGMP.

Intrazellulärer Calciumstoffwechsel

Da der Zustrom von Ca-Ionen in das präsynaptische Terminal der Zelle für die Freisetzung von Neurotransmittern notwendig ist, hat man vermutet, daß Alkohol auch Veränderungen in diesem Bereich verursacht. Es hat sich gezeigt, daß Alkohol den Zufluß von Ca-Ionen beeinflußt, und zwar in Abhängigkeit von der Ca-Konzentration in der Umgebung der Synapsen. Beim Vorliegen eines Konzentrationsgefälles stimuliert er den Zufluß von Ca-Ionen, bei ausgeglichener Konzentration hemmt er deren Zufluß. Die alkoholbedingte Hemmung ist unterschiedlich je nach Hirnregion. Alkohol beeinflußt außerdem die Bindung von Ca-Ionen an intrazuelluläre Membranen und Organellen (z. B. Mitochondrien). Die Studien über die intrazelluläre Membranbindung unterstreichen die Hypothese über die biphasische Wirkung des Alkohol auf die Neurotansmitter-Freisetzung.

Bei chronischer Anwendung von Alkohol entwickelt sich eine Resistenz gegenüber dem Einfluß von Alkohol auf den intrazellulären Ca Stoffwechsel (s. 2.2.1).

Endogene Opiate

Die Forschungen auf diesem Gebiet, die mit erheblichen methodischen Schwierigkeiten belastet sind, haben z. T. widersprüchliche Ergebnisse gebracht. Auf jeden Fall kann als gesichert gelten, daß Alkohol die Synthese, den Metabolismus und die Freisetzung von endogenen Opiaten beeinflußt. Bei akuter Einwirkung von Alkohol kommt es bei Ratten zu einer Zunahme von Metenkephalin und Betaendorphinen, bei chronischer Alkoholzufuhr zu deren Abnahme (Schulz et al). Im Liquor von Alkoholikern wurden in der frühen Entzugsphase erniedrigte Endorphinkonzentrationen gefunden (Borg). Es hat sich außerdem gezeigt, daß Morphin die Synthese und Freisetzung von Dopamin stimuliert. Alkohol beeinflußt ferner die Bindung von Opiaten an ihre Rezeptoren, allerdings unterschiedlich je nach Rezeptortyp.

Außerdem bestehen indirekte Wirkungen auf das Nervensystem über alkoholbedingte Funktionsstörungen anderer Systeme (z. B. Durchblutungsstörungen infolge Schädigung am Gefäßsystem, toxische Schädigungen bei alkoholbedingter Lebererkrankung).

2.2.6.4 Neurophysiologie

Alkohol blockiert die Nervenleitung, aber nur in einer Dosierung, die weit über der liegt, die für die Wirkung auf das ZNS benötigt wird (5–10‰).

Alkohol bewirkt eine Polarisierung der peripheren Nerven (wie auch des Herz- und Skelettmuskels).

Elektroenzephalogramm

Bei akuter Gabe mäßiger oder hoher Dosen Alkohols (besonders bei raschem Anstieg des Blutalkoholspiegels) kommt es beim Menschen nach initialer kurzer Aktivierung zu einer Minderung der Alpha-Tätigkeit und der Amplitudenhöhe. Bei niedrigem Blutalkoholspiegel (0,3–0,5‰) tritt üblicherweise eine vermehrte Synchronisation ein, d.h. eine Zunahme der Menge der Alpha- und Theta-Aktivitäten sowie der Höhe der Amplituden, wobei es aber beträchtliche individuelle Unterschiede gibt. Bei hohen Dosen Alkohol wird eine Verlangsamung der Tätigkeit (Zunahme der Delta-Aktivität) beobachtet, der eine Abnahme der Vigilanz entspricht. Bei schwerer Alkoholintoxikation findet man „bursts" von langsamer Aktivität. Im Tierversuch zeigt Alkohol, auch bei niedriger Dosierung, eine depressive Wirkung. Schlafstudien beim Menschen haben eine Verminderung der REM-Stadien gezeigt.

Bei chronischer Alkoholzufuhr kommt es im Rahmen der Gegenregulation nach anfänglicher Abnahme der Grundfrequenz zu einer Normalisierung der Alpha-Tätigkeit. Beim Alkoholentzug findet man eine Reduktion der Alpha-Tätigkeit, eine Zunahme der REM-Stadien und der Spitzenpotentiale. Im Tierversuch zeigt sich beim Alkoholentzug eine Senkung der Krampfschwelle, die bis zu einer Woche anhalten kann. Thalamus und Formatio reticularis sind im Alkoholentzug Hauptlokalisationen der epileptischen Entladungen.

Evozierte Hirnpotentiale

Untersuchungen mit evozierten Potentialen (Übersicht in Porjesz u. Begleiter 1981, Haan 1986) zeigen, daß zahlreiche Hirnstrukturen und Hirnfunktionen (von den sensorischen Endorganen bis zu den höheren integrativen Systemen wie Hirnrinde, aber auch subkortikale Areale, vor allem Hirnstamm und Hippokampus) gegenüber der akuten wie der chronischen Alkoholeinwirkung sehr empfindlich sind. So können die Übertragungszeiten für auditive und visuelle Impulse bei Alkoholikern deutlich verlängert sein. Die Werte der auditiven evozierten Potentiale kurzer Latenz weisen darauf hin, daß auch bei Alkoholikern ohne manifeste klinische Zeichen einer Hirnschädigung noch Funktionsstörungen in der Medulla aufgezeigt werden können. Die Häufigkeit des Vorkommens verlangsamter Impulsleitung nimmt mit steigendem Lebensalter, mit der Zahl neurologischer Komplikationen und mit dem Ausmaß der im CCT nachgewiesenen Hirnatrophie zu. Die „endogenen" ERP langer Latenz sind bei Alkoholikern ebenfalls verändert. Die Abweichungen bei den Potentialen N_{100}, N_{200} und P_{300} stehen in Übereinstimmung mit einer Verschlechterung der Hirnfunktionen, die mit der Auswahl von relevanten Informationen und der Verarbeitung von Perzeptionen und Signalen zusammenhängen.

2.2.6.5 Sensorische Funktionen

Alkohol hat eine stärkere Wirkung auf das Unterscheidungsvermögen bei optischen und akustischen Reizen verschiedener Stärke. Die alkoholbedingten Veränderungen auf das Sehvermögen einschließlich des Farbensehens gleichen dem Adaptionsprozeß in Dunkelheit oder Dämmerlicht, wobei die Dämmerungsschärfe bei Alkoholisierten um ca. 30% schlechter ist. Dies wird auf eine Störung des Vitaminstoffwechsels zurückgeführt (s. 2.2.7.5).

Das Tiefenschärfensehen ist erschwert, ebenso die Fusionsfähigkeit (Forster u. Joachim 1975). Die okulomotorischen Leistungen des einäugigen Sehens und der binokularen Koordination werden schon durch geringe Alkoholdosen erheblich beeinträchtigt. Das Hörvermögen verschlechtert sich, vor allem für sprachliche Information. Unter Alkoholeinfluß kommt es bei Lagerung des Kopfes auf die Seite zu einem sog. Lagenystagmus (PAN = Positional Alcohol Nystagmus).

Er beginnt schon bei relativ niedrigen Blutalkoholkonzentrationen (0,4‰). Der Nystagmus tritt nur bei intakter Vestibularfunktion auf. Man nimmt an, daß dieser Lagennystagmus durch die schwächende Wirkung des Alkohols auf die okulomotorischen Kontrollsubstanzen zustande kommt. Ähnliche Nystagmuswirkungen werden auch bei anderen Toxinen, wie Barbituraten, beobachtet. Die Schmerzempfindlichkeit und die Empfindlichkeit gegenüber Gerüchen kann schon durch geringe Mengen Alkohol deutlich herabgesetzt sein.

Ermüdung und Aufmerksamkeit

Bei einem Blutalkoholspiegel von etwa 0,8‰ lassen sich Ermüdungserscheinungen nachweisen, die etwa denen einer durchwachten Nacht entsprechen. Die Ermüdungserscheinungen sind bei gleichen Alkoholmengen nachts wesentlich stärker (Forster u. Joachim 1975, Grüner u. Jeahn 1975). Das Stehvermögen und das Gehvermögen werden durch Alkohol verschlechtert (Wallgren u. Barry 1970a).

2.2.6.6 Intellektuelle Leistungen

Die verbalen und nonverbalen intellektuellen Leistungen werden durch Alkohol erheblich verschlechtert, wie sich durch Untersuchungen mit standardisierten Tests ergibt. Die Reaktionsgeschwindigkeit verändert sich allerdings besonders stark bei einem Blutalkoholspiegel ≥ 1‰. Auch die Geschwindigkeit des Sprachflusses und die Assoziationsfähigkeit bei Reizworten sind verlangsamt. Bei Rechenaufgaben verschlechtert sich mehr die Genauigkeit als die Geschwindigkeit der Leistungen. Dagegen können kleine und mittlere Alkoholdosen die Leistungen bei der Lösung von schwierigen und ungewöhnlichen Problemaufgaben steigern. Man nimmt an, daß dies mit der gesteigerten Bereitschaft zusammenhängt, neue Lösungsmethoden zu versuchen. Dazu kommt die Verminderung der Entmutigung durch mißlungene Lösungsversuche. Andere Untersucher fanden jedoch eine Verschlechterung des logischen Denkens bereits nach kleinsten Dosen Alkohol. Besonders deutlich treten die verschlechterten Leistungen in Erscheinung, wenn diese unter Streßbedingungen gefordert werden. Unter Alkoholeinfluß kommt es auch zu einer falschen, optimistischen Einschätzung der eigenen Leistungsfähigkeit.

2.2.6.7 Gedächtnis und Lernen

Hohe Dosen von Alkohol erzeugen einen dosisabhängigen Effekt auf die Registrierung von Gedächtnisinhalten. Obwohl das unmittelbare Behalten intakt ist, werden zahlreiche Ereignisse innerhalb der ersten 20–30 Minuten vergessen.

Alkohol beeinträchtigt am stärksten und selektiv das Kurzzeitgedächtnis. Wenn das Kurzzeitgedächtnis defekt ist, kommt es zu sog. Blackouts (= alkoholische Palimpseste [„Filmriß"], s. 4.3.1). Man versteht darunter den Verlust des Gedächtnisses für bestimmte Zeitabschnitte unter Alkoholeinwirkung. Diese Störungen wurden als Frühzeichen des Alkoholismus aufgefaßt (Jellinek 1952). Später wurde ihre Bedeutung als frühes Alkoholismusphänomen bezweifelt. Inzwischen wurden in experimentellen Untersuchungen die Blackouts reproduziert. Es ergaben sich zwei Typen von Blackouts: Zustände mit totalem reversiblem Gedächtnisverlust und fragmentarische Blackouts. Manche Ereignisse, die während des Trinkens auftreten, werden noch vollständig oder teilweise erinnert, wenn der Betroffene darauf aufmerksam gemacht wird (Goodwin 1971b, Ryback 1970). In den letzten Jahren hat eine besondere Form der Gedächtnisstörung unter Drogeneinfluß das Interesse der Forschung gefunden. Es handelt sich um das *zustandsabhängige, dissoziierte Lernen* (state dependent learning). Man versteht darunter das Phänomen, daß Gedächtnisinhalte, die unter Drogeneinwirkung erlernt wurden, später nur unter erneuter Drogeneinwirkung reproduziert werden können, oder umgekehrt, daß Gedächtnisinhalte ohne Drogeneinwirkung eingeprägt wurden, die später unter Drogen nicht mehr reproduziert werden können. Diese Art des Lernens ist in forensischer Hinsicht und in pharmakologischer Hinsicht interessant, denn es scheint ein Zusammenhang zwischen der Höhe des Mißbrauchspotentials einer Droge und ihrem Potential zur Erzeugung zustandsabhängigen Lernens zu bestehen. Das zustandsabhängige Lernen ist leichter zu erzeugen beim Übergang vom alkoholisierten zum nichtalkoholisierten Zustand, obwohl komplette Dissoziationen in beiden Richtungen möglich erscheinen. Je höher die Alkoholdosis, desto stärker die Dissoziation. Die Dissoziation ist auch abhängig von dem angebotenen Lernmaterial (Buchstaben, Worte oder Bilder bzw. geometrische Figuren). Besonders stark ist das dissoziierte Lernen bei ansteigendem Blutalkoholspiegel. Bei langanhaltendem hohem Blutalkoholspiegel findet keine Speicherung für das Langzeitgedächtnis mehr statt (Kissin u. Begleiter 1971, 1972, Overton 1972).

2.2.6.8 Emotionalität und Kreativität

Bei projektiven Tests (Rorschach-Tests, TAT) werden unter Alkoholeinfluß mehr impulsive, oberflächliche und ungeordnete Antworten gegeben, bemerkenswerterweise oft ohne Zeichen von Euphorie, die sich allerdings in den Selbstschilderungen und in den Verhaltensbeobachtungen feststellen läßt. Etwas andere Ergebnisse zeigen neuere experimentelle Untersuchungen (Kissin u. Begleiter 1972). Dabei wurde Alkohol in verschiedenen Formen appliziert (per os, allein oder in einer Gruppe oder parenteral). Bei allen drei Alkoholanwendungen kam es im Vergleich zu einer Probandengruppe, die intravenös Plazebo erhalten hatte, zu einer signifikanten Stimmungsänderung, die allerdings bei den Trinkern in der sozialen Gruppe das stärkste Ausmaß erreichte. Diese Stimmungsänderungen begannen schon bei einem Blutalkoholspiegel von 0,5%. Die Probanden wurden depressiv, gereizt, müde, dagegen weniger ängstlich und auch weniger freundlich. Bei Trinkversuchen in Gruppen zeigte sich ein Ansteigen von Anspielungen auf physische Aggression, Sex, eine Steigerung von scharf kontrastierenden Ideen und ein Abnehmen der Aggressionshemmung (Kalin u. Mitarb. 1965). Die Hypothese über die extravertierende Wirkung des Alkohols wurde bestätigt (Grünberger 1977). Alkohol steigert auch die Neigung zu riskanten Entscheidungen. In Tierexperimenten zeigte sich, daß Alkohol die Vermeidungsreaktionen vermindert und die Furcht vor unbekannten Situationen herabsetzt. Alkohol hat außerdem eine sedative Wirkung, die sich auch durch Erhöhung der Schmerzschwelle und der Schwelle für laute Geräusche nachweisen läßt (Wallgren u. Barry 1970a). Dieses Verhalten wird als Spannungsreduktion interpretiert und auf den Menschen übertragen. Diese Hypothese wurde später in Frage gestellt (Collins u. Marlatt 1981). Eine genauere Analyse ergab, daß das aktive Vermeidungsverhalten nicht reduziert wird.

2.2.7 Wirkung auf innere Organsysteme

2.2.7.1 Atmung, Herz- und Kreislaufsystem
(Teschke u. Lieber 1981)

Geringe Mengen Alkohol können die Atmung anregen, bei höherem Blutalkoholspiegel tritt eine Atemdepression auf, bei hohen Blutalkoholspiegeln (über 4‰) kommt es zur Atemlähmung. Bereits kleine Dosen Alkohol wirken, wie aus Tierversuchen und aus klinischen Beobachtungen am Menschen hervorgeht, kardiodepressiv, d. h., sie führen zu einer Abnahme der Kontraktilität des Herzens, zu einer Reduktion des Minutenvolumens. Beim vorgeschädigten Herzen scheint diese Wirkung besonders ausgeprägt zu sein. Diese Wirkung geht nicht nur auf das Äthanol, sondern auch auf Azetaldehyd zurück. Die Herzfrequenz nimmt meist zu, was mit der Ausschüttung von Noradrenalin unter Alkoholeinwirkung zusammenhängen dürfte. Im einzelnen kommt es zu einer Verminderung der Synthese kontraktiler myokardialer Proteine, ferner zu einer Reduktion der Bindung von Kalzium an sarkoplasmatisches Retikulum und Mitochondrien. Der Kalziumtransport an den Zellmembranen ist vermindert, ebenso der Energiestoffwechsel in der Zelle. Elektrophysiologisch kommt es zu einer Verkürzung der korrigierten Sinusknotenerholungszeit und zu einer Verzögerung der Leistungszeit im His-Bündel. Dies kann zu verschiedenen Arten von Herzrhythmusstörungen (Extrasystolen, Vorhofflimmern, Kammertachykardien) führen.

Alkohol führt in höheren Dosen (70–100 ml tgl.) zu einer (vorwiegend systolischen) Blutdrucksteigerung von 5–10 mmHg. Die Ursachen für die Blutsteigerung sind wahrscheinlich multifaktoriell (Aktivitätssteigerung des Sympathikus und des Nebennierenrindensystems, Steigerung der Sekretion von antidiuretischem Hormon, Störungen des Elektrolytstoffwechsels). Alkohol in mäßigen Dosen verursacht eine Gefäßerweiterung, vor allen Dingen der Haut an den Akren, ebenfalls infolge einer zentralen vasomotorischen Depression. Die weitverbreitete Meinung, daß die Blutzirkulation in den Herzkranzgefäßen durch Alkohol verbessert werde, läßt sich durch experimentelle und klinische Erfahrungen nicht beweisen. So kann Alkohol nicht die für koronare Durchblutungsstörungen charakteristischen Veränderungen des EKG verhüten. Bei Patienten mit koronarer Herzerkankung fand sich sogar eine signifikante Zunahme der ST-Senkung im EKG und eine Abnahme der Belastungsdauer. Subjektiv kann es unter Alkohol zu einem Nachlassen der pektanginösen Beschwerden kommen. Dies hängt wahrscheinlich mit der alkoholbedingten Erhöhung der Schmerzschwelle zusammen. Alkohol in mäßigen Dosen führt nicht zu einer Verbesserung der Hirndurchblutung. Allerdings hat die schwere Alkoholintoxikation eine vermehrte Blutfülle des Gehirns zur Folge bei gleichzeitiger Verminderung der Sauerstoffaufnahme des Gehirns.

2.2.7.2 Muskulatur

Die Muskelkraft wird durch hohe Dosen von Alkohol sicher herabgesetzt. Dagegen bestehen widersprüchliche Angaben in der Literatur über die Frage, ob kleine Dosen Alkohol (weniger als 0,5 g/kg KG) die Muskelleistung verbessern oder verschlechtern.

2.2.7.3 Gastrointestinales System

Alkohol regt die Sekretion von Speichel, Magensaft und Pankreassekret an, und zwar auf psychischem wie auf reflektorischem Weg (via Erregung der sensorischen Rezeptororgane der Mundhöhle und der Magenschleimhaut sowie durch direkte Freisetzung von Histamin und von Gastrin). Umstritten ist, ob es nach oraler Alkoholaufnahme zu einer Hyperazidität des Magens kommt (Teschke u. Lieber 1981). Alkohol führt außerdem zu einer Stimulation der Partialzellen des Pankreas. Konzentrierte Alkoholika (über 40 Vol.% Alkohol) reizen die Schleimhaut und bewirken eine kongestive Hyperämie bzw. eine Entzündung. Nach tierexperimentellen Untersuchungen wird nach

Alkoholgabe die Mukosabarriere durchbrochen. H^+-Ionen diffundieren in die Schleimhaut (und führen zu entzündlichen Veränderungen), während Na^+- und K^+-Ionen in das Magenlumen ausströmen. Die Füllung des Magens mit Speisen vermindert die Reizung infolge Verdünnung des Alkohols. Alkohol führt des weiteren zu einer Schädigung der Resorptionsfähigkeit der Schleimhaut des oberen und, in geringerem Ausmaß, auch des unteren Dünndarms, ferner zu einer Steigerung des Tonus des Sphincter Oddi. Hochprozentiger Alkohol führt bei Gesunden zu gastroösophagen Refluxepisoden (wegen Störung der Ösophagussphinkterfunktion). Es ist auch zu bedenken, daß sich im oberen Dünndarm und Duodenum nach Alkoholkonsum hohe Alkoholkonzentrationen (bis zu 4 g/100 ml) finden können (Fairclough u. Clark 1980). Der Einfluß des Alkohols auf die Magenentleerung ist unterschiedlich, bei hoher Konzentration verzögert. Die Darmperistaltik wird durch Alkohol verstärkt. Die Gallenausschüttung wird durch akuten Alkoholkonsum vermindert, durch chronischen verstärkt.

2.2.7.4 Nierensystem

Alkohol hat einen diuretischen Effekt infolge Verminderung der tubulären Rückresorption. Dieser diuretische Effekt ist Folge einer Reizung des hypothalamisch-hypophysären Systems, wodurch es zu einer Hemmung der Vasopression des antidiuretischen Hormons des Hypophysenhinterlappens kommt. Diese diuretische Wirkung besteht aber nur während der ersten Tage der Alkoholzufuhr. Bei konstantem Alkoholspiegel hört die Diuresesteigerung auf. Nach den Ergebnissen von Tierversuchen stehen alkoholbedingte Nierenschädigungen im Zusammenhang mit Leberstörungen. Es kommt zu einer Reduktion der Nierenfunktion. Autoptisch erweist sich das Gewicht der Organe als erhöht (infolge Zunahme von Eiweiß, Fett und Wasser), mikroskopisch findet sich ein interstitielles Ödem (van Thiel u. Mitarb. 1977).

2.2.7.5 Stoffwechsel

Vorbemerkungen

Die alkoholbedingten Stoffwechselstörungen hängen vermutlich von der Menge des konsumierten Alkohols und der Konsumdauer ab. Die Störungen lassen sich zum größten Teil auf eine gesteigerte Produktion von NADH zurückführen (s. 2.2.4.3). Im Verlauf der Alkoholoxidation verschiebt sich das Redox-Potential der Leber auf die reduzierte Seite hin, was durch einen erhöhten NADH/NAD-Quotienten verursacht wird. Dies hat zahlreiche metabolische Störungen zur Folge.

Kohlenhydratstoffwechsel

Nach Verabreichung einer Einzeldosis von Alkohol kommt es im allgemeinen zu einem biphasischen Verlauf der Blutzuckerkurve: Der initialen Hyperglykämie folgt eine hypoglykämische Phase, die aber auch direkt auftreten kann, wenn die Glykogenreserven durch längeres Fasten, Mangelernährung oder durch wiederholte Alkoholgaben erschöpft sind. Die Hyperglykämie wird auch bei Hyperthyreose beobachtet. Durch Alkohol kommt es im Rahmen der ADH-Reaktion zu einer Abnahme der Spiegel von Pyruvat (wahrscheinlich auch von Oxalazetat), aber zu einer Zunahme von Laktat und Malat. Dies hängt mit der Hemmung der hepatischen Glukoneogenese zusammen. Diese Hemmung kann in Verbindung mit einer Verminderung der hepatischen Glykogenreserven bei reduzierter Kaliumzufuhr zu einer Hypoglykämie führen. Überwiegt andererseits die alkoholbedingte Stimulation der Katecholaminfreisetzung bei genügend hohen Glykogenreserven, dann kann eine Hyperglykämie die Folge sein. Insulin ist an der Entstehung der alkoholbedingten Hypoglykämie nicht beteiligt.

Proteinstoffwechsel (Lieber 1981)

In vivo führt die akute Alkoholgabe zu einer veränderten Syntheserate von Leberproteinen. Bei chronischem Alkoholkonsum liegen über die Synthesen von Protein diskrepante Ergebnisse vor. Über den Eiweißabbau ist bekannt, daß es zu einer Zunahme von Alpha-Amino-Buttersäure und von verzweigtkettigen Aminosäuren kommt. Chronischer Alkoholkonsum führt zu einer ausgeprägten Proteinanreicherung (vor allem Alanin und Transferrin) der Leber (durch Erhöhung von Protein in Membranen und im Zellplasma).

Fettstoffwechsel (Lieber 1981, Teschke u. Lieber 1981)

Der Anstieg des NADH/NAD-Quotienten im Rahmen der ADH-Reaktion geht mit einer Konzentration des Alpha-Glyzerophosphat (infolge Aktivitätserhöhung der mikrosomalen Enzyme) einher, was die Akkumulation von Triglyzeriden in der Leber begünstigt. Gleichzeitig wird die Lipogenese beschleunigt; Alkohol ersetzt die Fettsäuren als normalen Brennstoff in den Mitochondrien. Die Aktivität des Zitronensäurezyklus ist herabgesetzt. Die Herabsetzung der Fettsäureoxidation durch Alkohol führt zu einer Fetteinlagerung in der Leber, wobei Nahrungsfett bevorzugt wird, falls vorhanden, andernfalls werden endogene synthetische Fettsäuren abgelagert. Bei der MEOS-Reaktion kommt es in der Leber zu einer Steigerung der Fettsynthese und Ausschüttung von Lipoproteinen in das Blut (Bergman u. Mitarb. 1980).

Zusätzlich zu den funktionellen Veränderungen als direkte Folge des Alkoholabbaus führt chronischer Alkoholabusus zu persistierenden Veränderungen der Mitochondrien, was zu einer verringerten Kapazität der Fettsäurenoxidation führt.

In der Initialphase der hepatischen Lipideinlagerung nach Alkohol findet sich eine gesteigerte Abgabe von Lipoproteinen in das Blut. Bei dieser Hyperlipoproteinämie ist die VLDLP-Fraktion erhöht, aber auch in geringem Umfang die HDLP-Fraktion.

Vitaminstoffwechsel (Lieber 1981)

Vitamin A: Bei chronischem Alkoholabusus kommt es (via MEOS-Reaktion) zu einer Verminderung des Transportproteins für Vitamin A, wobei toxische Vitamin-A-Metaboliten entstehen können. Das Ergebnis ist ein Mangel an Vitamin A und gleichzeitig die Gefahr einer zusätzlichen Leberschädigung durch eventuell in großen Mengen zugeführtes Vitamin A. Der Mangel an Vitamin A gilt auch als pathogenetischer Faktor für die Störungen des Nachtsehens bei Alkoholikern (s. 2.2.6.5) (McClain u. Mitarb. 1979).

Vitaminstoffwechsel (427)

Vitamin B_1: Die Aufnahme von Thiamin ist bei Alkoholikern ungenügend, ebenso dessen Umwandlung in das aktive Koenzym, die Speicherung in der Leber (bei Fettleber). Alkohol hemmt den intestinalen Thiamintransport (Hoyumpa 1980).

Vitamin B_2: Bei Alkoholikern wird auch eine Verminderung von Vitamin B_2 festgestellt.

Vitamin B_{12}: Alkohol führt zu einer Resorptionsstörung für Vitamin B_{12}, was zu Störungen des erythropoetischen Systems führt (s. 4.4.1.5).

Mineralstoffwechsel (Stremmel u. Strohmeyer 1981)

Alkohol führt zu einer starken Steigerung der Ausscheidung von Mg sowie von Na und Ca im Urin, während der Gehalt an P und K vermindert ist. Alkohol fördert die intestinale Eisenabsorption. Besonders bei eisenreicher Diät (bestimmte Alkoholika, besonders Rotwein, enthalten relativ viel Eisen!) kommt es zu Eisenüberladung des Organismus (besonders bei der Leberzirrhose). Bei Patienten mit diätetischer Eisenüberladung ohne Leberzirrhose wird Eisen lediglich in den Retikuloendothel- und Leberparenchymzellen gespeichert, bei der Zirrhosis auch im Pankreas, in den Nebennieren, der Schilddrüse, der Hypophyse und im Myokard. Dies wird auf ein Versagen eines Schutzmechanismus bei Leberzirrhose zurückgeführt.

Außerdem kommt es bei Patienten mit Leberzirrhose zu einer Störung des *Zinkstoffwechsels* (Zink ist an einer Vielzahl biologischer Reaktionen beteiligt, u. a. ist es Bestandteil der ADH). Wann es zu einer Erniedrigung des Zinkgehalts im Serum bei gleichzeitiger Hyperzinkurie kommt, ist unbekannt. Eine akute Alkoholaufnahme führt zu keiner Veränderung des Zinkstoffwechsels. Im Gegensatz dazu konnte bei chronischem Alkoholabusus eine vermehrte Zinkausscheidung im Urin ($\geq 700\,\mu g/24$ Stunden) (bei erniedrigtem Serumzinkspiegel) festgestellt werden, die sich meist bei zweiwöchiger Abstinenz normalisiert. Eine mögliche klinische Auswirkung des Zinkmangels (wie auch des Vitamin-A-Mangels) könnte die Nachtblindheit sein.

2.2.7.6 Endokrinium (Kley u. Mitarb. 1981)

Die Untersuchungsergebnisse sind oft kompliziert, z. T. widersprüchlich. Sie können hier nur sehr kursorisch referiert werden.

Hypophysenhinterlappen

Die diuretische Wirkung des Alkohols wird durch eine kurzfristige Hemmung des Vasopressin bedingt (s. 2.2.5.8). Der genaue Mechanismus dieses Effekts ist unbekannt.

Thyreoidaler Regelkreis

Alkohol steigert die thyreoidale Jod-125-Aufnahme in die Schilddrüse.

Adrenaler Regelkreis

Bei Nichtalkoholikern führen nur toxische Alkoholmengen zu einer ACTH-vermittelten wahrscheinlich streßbedingten Steigerung des Plasmaspiegels von Kortikoiden sowie von Aldosteron. Akute Alkoholzufuhr stimuliert das sympathische Nervensystem und das Nebennierenmark (Erhöhung der Blutspiegel von Adrenalin und Noradrenalin). Bei chronischem Alkoholmißbrauch kommt es zu einer Steigerung der Nebennierenaktivität. Die Funktionen des Hypothalamus und der Hypophyse werden aber nicht beeinträchtigt (Hasselbalch u. Mitarb. 1982).

Gonadaler Regelkreis

Durch chronischen Alkoholabusus kommt es zu einer Hemmung der Testosteron-Biosynthese in den Leydig-Zellen des Hodens wie der Spermiogenese. Dafür kommen verschiedene Ursachen in Betracht:

– durch den erhöhten NADH/NAD-Quotienten (Alkohol wird auch durch die in den Leydig-Zellen vorhandene ADH dort oxidiert) wird die oxidative Synthese des Testosteron gehemmt,
– produziertes Azetaldehyd schädigt die Mitochondrien am Ort der Testosteronsynthese,
– Alkohol führt zu einer leichten Steigerung der Östrogenausschüttung,
– die LH- und FSH-Sekretion wird durch Alkohol gehemmt,
– Alkohol führt zu einem Vitamin-A-Mangel und interferiert mit dessen Stoffwechsel.

Entsprechende Veränderungen des gonadalen Regelkreises dürften auch bei Frauen vorliegen, soweit Untersuchungen vorliegen.

2.2.8 Mutagene und teratogene Wirkungen

Die Lymphozytenchromosomen von Alkoholikern weisen im Vergleich zu denen von Nichtalkoholikern eine Erhöhung der Raten von Austauschaberrationen und Schwesterchromatidenaustauschen auf. Die Veränderungen korrelieren positiv mit der Dauer des Alkoholabusus und dem Rauchen, dagegen nicht mit dem Lebensalter und dem Geschlecht. Als Ursache für diese Veränderungen werden der Azetaldehyd und evtl. Begleitstoffe alkoholischer Getränke angesehen.

In Versuchen an Mäusen und Ratten zeigte sich, daß chronische Alkoholvergiftung der männlichen Tiere deren Nachkommenschaft schädigt. Es fanden sich im Durchschnitt eine niedrigere Körpergröße und eine höhere Sterblichkeitsrate. Bei den Vatertieren ließen sich vermehrt dominante Letalmutationen in der Spermiogenese nachweisen (Übersicht in Obe 1984).

Über die teratogene Wirkung von Alkohol wurden in den letzten Jahren zahlreiche Erfahrungen aus dem klinischen Bereich gesammelt (s. 4.4.2.3). Es gelang wiederholt in Tierversuchen, diese Störungen zu reproduzieren (Übersicht in Majewski 1984). Wenn diese Versuche den Verhältnissen beim Menschen angeglichen wurden, zeigten sich ähnliche Befunde, wie sie aus der Klinik der Alkoholembryopathie bekannt sind: Verminderung des Geburtsgewichts, Mikrozephalie, Organfehlbildungen (besonders des Herzens, des Gehirns, des Auges und des Skeletts; auch Chromosomenschäden der Embryonenlebern und -eizellen wurden gefunden (Obe 1984).

2.2.9 Karzinogene Wirkung

Alkohol wirkt in vielfältiger Weise als Kokarzinogen, wie die Untersuchungen der letzten Jahre ergeben haben (Abb. **5**). Er führt

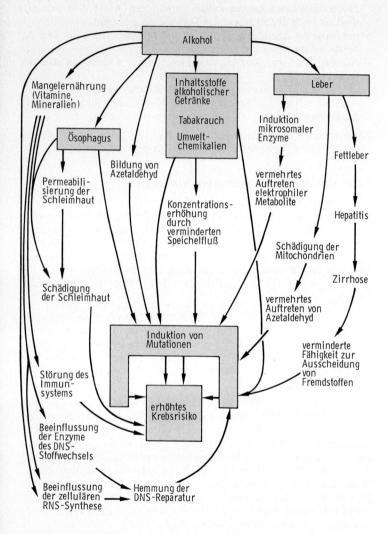

Abb. 5 Schematische Darstellung der vielfältigen Wechselwirkungen zwischen Organismus und Alkohol, die zur Induktion von Mutationen und von Krebs führen können (aus: G. Obe: Karzinogene und mutagene Wirkung von Alkohol. In: K. D. Zang [Hrsg.]: Klinische Genetik des Alkoholismus. Kohlhammer, Stuttgart 1984).

- durch Induktion des MEOS zu einer Induktion mikrosomaler Prokarzinogene (mutagene Metaboliten, Hepatotoxine),
- zu einer Beeinflussung des DNS-Stoffwechsels (über Schädigung des DNS-repair-Systems), (Alkohol und Azetaldehyd hemmen außerdem die zelluläre RNS-Synthese, was besonders zu einer Verminderung der zellulären Proteine führt [die für die Immunabwehr wichtig sind]),
- zu einer Assoziation mit dem Hepatitis-B-Virus, das karzinogen wirkt,
- zu lokalen Gewebsschädigungen, die kompensatorisch zu Hyperregenerationen führen, aus denen sich Karzinome entwickeln können,
- oft zu Mangelernährung mit Defiziten im Vitamin-A- und -E-Stoffwechsel. Diese beiden Vitamine wirken antikarzinogen. Auch Defizite im Mineralstoffwechsel sind festgestellt, besonders im Zink-Stoffwechsel. Metallionen werden aber als Kofaktoren für das Repair-System der DNS benötigt.

Außerdem haben viele Begleitstoffe alkoholischer Getränke eine karzinogene Wirkung, vor allem Fuselöle, Nitrosamine, polyzyklische aromatische Wasserstoffe, Tannine.

In Tierversuchen wurde die karzinogene Wirkung des Alkohols wiederholt nachgewiesen. Als Beispiel seien Versuche genannt, bei denen Ratten das Karzinogen Vinylchlorid entweder allein oder in Verbindung mit Alkohol verabfolgt wurde. Dabei zeigt sich, daß Alkohol die Rate der durch Vinylchlorid induzierten Angiosarkome mehr als verdoppelt, auch die Rate der ebenfalls durch Vinylchlorid induzierten Leberkarzinome steigert, daß er aber, allein gegeben, ebenfalls zu einer Steigerung der Karzinomrate führt (im Vergleich zu unbehandelten Versuchstieren) (Obe 1984).

2.2.10 Alkohol und andere Drogen

2.2.10.1 Gemeinsamkeiten

Die Wirkung des Alkohols ähnelt am meisten den allgemeinen (Inhalations-)Anästhetika und Hypnotika, besonders den Drogen der Barbituratreihe. Anästhetika und Hypnotika beeinflusen die Membranen (vgl. 2.2.5.1), Barbiturate wirken selektiv auf den Hirnstamm (besonders auf das retikuläre System und die inhibitorischen Systeme). Die allgemeinen Anästhetika haben eine größere therapeutische Breite zwischen Anästhesie und Atemstillstand als der Alkohol. Es gelang in Tierversuchen Antwort auf die Frage zu bekommen, welche Drogen dem Alkohol am meisten gleichkommen. Die Ähnlichkeitskriterien der Wirkung bezogen sich auf Beobachtung des Verhaltens sowie das EEG. Es zeigte sich, daß Pentobarbital Alkohol am nächsten steht, weiterhin Phenobarbital, Äthylkarbamat, Meprobamat und Chloralhydrat. Opiate und erst recht Neuroleptika stehen in größerem Abstand von Alkohol. Alle diese Substanzen zeigen die gleichen Mechanismen, die bei Bildung von Aktionspotentialen bedeutsam sind. Narkotisierende Analgetika (Opiate und deren Ersatzstoffe) sowie Neuroleptika unterscheiden sich pathophysiologisch wesentlich vom Alkohol. Bemerkenswert ist auch, daß z. B. Chlorpromazin bei Ratten prompt Selbstreizversuche unterdrückt (vgl. 2.3.5), während Alkohol dies nicht bewirken kann (Wallgren u. Barry 1970a).

2.2.10.2 Kombinierte Wirkung
(Forster u. Joachim 1975, Klein 1964a, b, Kurz 1982)

Das Studium der kombinierten Wirkung von Alkohol und anderen Drogen, besonders Medikamenten, ist von erheblichem theoretischem Interesse, aber erst recht wegen des weitverbreiteten Gebrauchs von Alkohol und Arzneimitteln von größter praktischer Bedeutung. Es werden drei Typen der kombinierten Wirkung beobachtet:

– synergistische (additiv oder supraadditiv) oder qualitativ veränderte Wirkung,
– antagonistische Wirkung,
– neutrale Wirkung.

Der Mechanismus der verzögerten Wirkung ist bisher nur zum Teil geklärt. Auf jeden Fall scheint der *Alkohol*stoffwechsel praktisch nicht nachweisbar verändert zu werden. Dagegen scheint der *Medikamenten*stoffwechsel in bestimmten Fällen durch Alkohol beeinflußt zu werden (z. B. Hemmung der Demethylierung oder Hydroxylierung). Die Kombinationswirkungen können im übrigen nur mit Hilfe der Rezeptorhypothese gedeutet werden.

Die Wechselwirkung zwischen Alkohol und anderen Drogen kann auch auf einer Veränderung der Absorption und Penetration sowie auf einer Veränderung des Stoffwechsels, Hemmung bzw. Aktivierung der Enzyme des endoplasmatischen Retikulums, und der Ausscheidung der Stoffwechselprodukte beruhen. Ob die arzneimittelabbauenden Enzyme gehemmt oder durch Enzyminduktion aktiviert werden, hängt davon ab, ob der Alkohol akut oder chronisch zugeführt wird. Bei akuter Zufuhr werden die Enzyme kompetitiv oder durch Anlagerung von Alkohol an das Zytochrom P-450 des endoplasmatischen Retikulums gehemmt. Dabei unterbleibt der normalerweise über die Enzyme erfolgende Abbau des Alkohol zu Azetaldehyd. Durch die Enzymhemmung verringert sich auch die Eliminationsgeschwindigkeit von Arzneimitteln, die durch solche Enzyme abgebaut werden. Nach chronischer Zufuhr von größeren Mengen Alkohol nimmt die Aktivität der mikrosomalen Enzyme infolge Enzyminduktion zu. Arzneimittel, deren Elimination aus dem Organismus im wesentlichen durch Biotransformation erfolgt, werden dadurch schneller inaktiviert.

Eine Übersicht über die Wechselwirkungen zwischen Alkohol und Arzneimittel zeigt Tab. **2** (Kurz 1982).

Alkoholiker mit erhöhter Alkoholtoleranz weisen oft eine verminderte Empfindlichkeit gegenüber Narkotika auf. Dies gilt jedoch nicht für die Atemdepression. Eine Reihe von Tierversuchen zeigen jedoch eine erhöhte Toleranz gegenüber allgemeinen Anästhetika und Sedativa bei alkoholtoleranten Tieren und umgekehrt („Kreuztoleranz"*). Bei Versuchen an Menschen zeigte sich eine teilweise Kreuztoleranz zwischen Barbituraten und Alkohol**. Die reduzierte Empfindlichkeit gegenüber Narkotika wird auch auf eine Enzyminduktion zurückgeführt. Bei Leberzirrhose ist die Toleranz gegenüber Benzodiazepinen und Barbituraten herabgesetzt (d. h., es kommt zu einer additiven Wirkung), weil sich Alkohol an die gleichen Rezeptoren wie die genannten Stoffe (GABA-Rezeptoren) bindet. Besonders gefährlich ist die verminderte Toleranz gegenüber Paracetamol bei chronischen Alkoholikern. Schon 2–4 g können zu schweren Leberschädigungen führen.

2.2.10.3 Alkohol und Drogen mit alkoholsensibilisierender Wirkung

Die bekannteste Substanz dieser Gruppe ist das Disulfiram (= Antabus). Bei bestehendem Blutspiegel von Disulfiram und gleichzeitiger Gabe von Alkohol (oft schon bei einem Blutalkoholspiegel von 0,1‰) kommt es nach 10–30 Minuten zu erheblichen subjektiven und objektiven Störungen: Rötung der Haut, des Gesichts, der Augen und Bindehäute und der Extremitäten, Nausea, Schwindel, Blutdruckabfall, Anstieg von Puls- und Atemfrequenz, Kopfschmerzen, Angst und pektanginösen Beschwerden. Die Alkohol-Disulfiram-Reaktion ist bis zu einem gewissen Grad dosisabhängig. Sie tritt aber auch aus bisher nicht geklärten Gründen bei einzelnen Personen nicht oder nur in sehr abgeschwächter Form auf (trotz gesicherter Einnahme von Disulfiram) (Lenz 1957).

---

* Chronische Anwendung einer Droge kann zu einer verminderten Empfindlichkeit gegenüber einer anderen Droge führen, die sich in einem Anstieg des Gewebsspiegels dieser Droge zeigt, der für den Eintritt einer bestimmten Wirkung benötigt wird.
** Spezifischer Fall der Kreuztoleranz: Entziehungserscheinungen der einen Droge können durch bestimmte andere vermindert oder verhindert werden.

Tabelle 2 Interaktionen von Arzneimitteln und Alkohol (nach H. Kurz)

Narkotika:	Gegenseitige Verstärkung der zentral lähmenden Wirkungen. Beim Alkoholgewöhnten geringere Narkotikumempfindlichkeit. Nach i.v. Barbituratnarkose bis zu 48 Stunden Alkohol meiden. Bei Halothan Verstärkung der Toxizität.
Hypnotika, Sedativa und Tranquillanzien:	Gegenseitige Verstärkung der zentral lähmenden Wirkung in unter Umständen nicht vorhersehbarer Weise. Bei Benzodiazepinen paradoxe Reaktionen möglich.
Neuroleptika:	Supraadditive Verstärkung der zentral dämpfenden Wirkung des Alkohols. Gefahr der Atemlähmung.
Antidepressiva:	Additive und supraadditive Verstärkung der zentral dämpfenden Wirkung. Gefahr der Atemlähmung. Verstärkung der Nebenwirkungen der Antidepressiva am Magen-Darm-Kanal. Verminderung der antidepressiven Wirkung von MAO-Hemmstoffen.
Antiepileptika:	Verstärkung der sedierenden, Verminderung der antikonvulsiven Wirkung.
Antihistaminika:	Gegenseitige Verstärkung der sedierenden Wirkung.
Analeptika:	Verminderung der sedierenden Wirkung des Alkohols, jedoch keine Wiederherstellung der Verkehrstüchtigkeit.
Analgetika mit morphinartiger Wirkung einschließlich Codein und Dextropropoxyphen:	Verstärkung der sedierenden und der atemhemmenden Wirkung. Bei Paracetamol erhöhte Toxizität besonders bei chronischen Alkoholikern.
Analgetika mit antipyretischer Wirkung:	Bei den Salizylaten verstärkte lokale Reizung im Magen-Darm-Kanal und erhöhte Gefahr von Magen-Darm-Blutungen.
Bei koronaren Erkrankungen angewandte Mittel:	Kreislaufstörungen durch Blutdruckabfall.
Sympathomimetika: Adrenalin und Noradrenalin	Geringe Verstärkung und Verminderung der Wirkung durch Alkohol möglich.
Amphetamin und Methamphetamin	Verringerung der sedierenden Wirkung des Alkohols. Keine wesentliche Verbesserung der alkoholbedingten Störung der Motorik.
Sympatholytika: Tolazolin Propranolol	Erhöhte Gefahr orthostatischer Störungen. Nach hohen Dosen erhöhte Toxizität durch Alkohol.

Tabelle 2 (Fortsetzung)

Antisympathotonika:	Verstärkung der blutdrucksenkenden Wirkung durch Alkohol. Bei Reserpin, Methyldopa und Clonidin wird deren sedierende Wirkung durch Alkohol verstärkt.
Durchblutungsfördernde Stoffe:	Auslösung orthostatischer Kreislaufstörungen durch Alkohol.
Orale Antikoagulanzien:	Nach chronischem Alkoholkonsum Verminderung der Gerinnungshemmung.
Antidiabetika:	Nach akuter Alkoholaufnahme Verstärkung der hypoglykämischen Wirkung. Beim Alkoholiker Verminderung der Wirkung oraler Antidiabetika.
Chemotherapeutika: Tetrazykline	Verdacht auf erhöhte Toxizität der Tetrazykline und Rifampicin
Griseofulvin Isoniazid	Alkoholunverträglichkeit. Verminderung der antibakteriellen Wirkung des Isoniazid, erhöhte Toxizität des Alkohols.
Protionamid Nalidixinsäure Chinin	Verstärkung der Alkoholwirkung. Verstärkung der Alkoholwirkung. Verstärkung der Alkoholwirkung.
Zytostatika: Aminopterin und Methotrexat	Gefahr von Atemlähmung und Koma. Verstärkung der hepatotoxischen Wirkung.
Urikosurika:	Verminderung der urikosurischen Wirkung.
Bromocriptin:	Nach längerer Anwendung Alkoholunverträglichkeit.
Vitamin B_{12}:	Hemmung der enteralen Resorption von Vitamin B_{12}.

Der Wirkungsmechanismus des Disulfiram ist noch nicht bis ins letzte geklärt (Hackl 1980). In erster Linie führt Disulfiram zu einer Hemmung der Azetaldehyddehydrogenase, so daß der Abbau des Alkohols auf der Azetaldehydstufe blockiert wird. Der daraus resultierende Anstieg des Azetaldehydspiegels im Blut kann aber nicht alle Symptome der Alkohol-Disulfiram-Reaktion erklären. Wahrscheinlich hemmt Disulfiram noch eine Reihe von anderen Enzymen, vor allen Dingen solche mit Sulfhydrilgruppen. Diskutiert wird auch die Bildung von quaternärem Ammonium, das in Verbindung mit Alkohol zu ähnlichen klinischen Erscheinungen führt. Eine weitere Rolle können Änderungen im Katecholaminstoffwechsel spielen. Auch ein Eingriff in den Pyridoxinstoffwechsel wird vermutet (Fried 1967).

Ähnlich wirkt Kalziumzyanamid (Mottin 1973). Die Wirkung des Kalziumzyanamids ist ähnlich der Disulfiramwirkung, aber klinisch schwächer. Auch orale Antidiabetika der Sulfanil-Harnstoffreihe (z. B. Tolbutamid) haben eine alkoholsensibilisierende Wirkung. Eine ähnliche alkoholsensibilisierende Wirkung hat der Pilz Faltentintling (Coprinus atramentarius) (Genest u. Mitarb. 1968).

2.2.11 Exkurs: Therapeutische Anwendung des Alkohols

Im somatischen Bereich besteht eine klare Indikation für die interne (orale oder parenterale) therapeutische Anwendung von Alkohol nur bei der Methanolvergiftung. Äthylalkohol übt hier eine kompetitive Hemmwirkung auf das Methanol aus. Außerdem wird Äthanol als Energieträger zur parenteralen Ernährung verwendet. Die therapeutische Anwendung als Narkotikum verbietet sich wegen der geringen therapeutischen Breite.

Die Alkoholbehandlung von Alkoholpsychosen bewirkt keine Vorteile gegenüber anderen medikamentösen Verfahren (insbesondere Psychopharmaka). Die Alkoholtherapie bringt nur noch ein zusätzliches Risiko infolge möglicher alkoholbedingter Schädigungen innerer Organe, vor allen Dingen der Leber, mit sich.

Im psychosozialen Bereich wird Alkohol seit alters wegen seiner hemmungslösenden, euphorisierenden Eigenschaften empfohlen, die soziale Interaktionen erleichtern und emotionale Belastungen überwinden helfen. Über diese therapeutische Funktionen des Alkohols liegen erst in den letzten Jahren vereinzelt wissenschaftliche Untersuchungen vor (Chien 1971, Mishara u. Kastenbaum 1980). Über eine Erfahrung von Alkohol bei psychiatrischen Patienten (einschl. Manisch-Depressiver und Alkoholiker) schrieben Mayfield u. Coleman (1968) folgende Sätze (die wegen ihrer prägnanten Formulierung unübersetzt bleiben sollen!): "If you feel bad, drinking will make you feel a lot better. If you drink a lot, it will make you feel bad. Feeling bad from drinking a lot does not seem to make people choose to stop. Feeling a lot better from drinking does not seem to encourage people to continue drinking."

2.3 Individuum

2.3.1 „Familienbild"

Es ist seit langem bekannt, daß in bestimmten Familien Alkoholiker gehäuft auftreten. Da sich jedoch bei klinischen Untersuchungen (ohne Zuhilfenahme der in 2.3.2 genannten Methoden) genetische und peristatische Einflüsse nicht trennen lassen, sprach M. Bleuler vom

„Familienbild" (1955). Das Familienbild des Alkoholikers ist, soweit es sich um psychische Auffälligkeiten handelt, bereits durch eine unverhältnismäßig hohe Zahl von Alkoholikern in der engeren Verwandtschaft gekennzeichnet. Die Zahlen schwanken stark, je nach Methode und Ausgangskrankengut sowie den Definitionen des Alkoholismus. Nach einer Übersicht (Cotton 1979) über 39 Arbeiten ergibt sich zusammengefaßt folgendes: Bei durchschnittlich 27% der Alkoholiker war der Vater ebenfalls Alkoholiker, bei 5% lag ein Alkoholismus der Mutter vor, bei 31% waren entweder Vater oder Mutter oder beide Alkoholiker. Weibliche Alkoholiker kommen häufiger aus Familien mit Alkoholismusbelastung als männliche Alkoholiker. In allen Studien zeigte sich, daß in den Familien von Nichtalkoholikern Alkoholismus seltener vorkam (5%) als in den Familien von Alkoholikern. Selbst wenn die Nichtalkoholiker psychiatrische Patienten waren, so war bei ihnen die Alkoholismusrate in der Familie niedrig (z. B. bei Schizophrenen 7%).

2.3.2 Genetik (Übersicht: Zerbin-Rüdin 1984, 1986)

Eine direkte Vererbung des Alkoholismus als einheitliches Merkmal ist weder erwiesen noch wahrscheinlich. Dennoch wurden verschiedene Unterschiede zwischen Alkoholikern und Nichtalkoholikern beschrieben, die wahrscheinlich auf genetische Faktoren zurückzuführen sind. Zum Nachweis dieser Unterschiede wurden verschiedene Methoden entwickelt, die allerdings z. T. kritischer Reflexion bedürfen (Goodwin 1979, 1981).

Diese Methoden sind:

- die Zwillingsmethode, wobei eineiige (EZ) mit zweieiigen Zwillingen (ZZ) verglichen werden,
- die Adoptionsmethode, wobei die Verwandten der biologischen Familie mit denen der Adoptivfamilie verglichen werden.

2.3.2.1 Untersuchungen an Zwillingen

Gegen die Stichhaltigkeit von Zwillingsuntersuchungen auf psychiatrischem Gebiet ist eingewandt worden, daß die psychologische Situation von EZ wegen ihrer großen Ähnlichkeit anders sei als die von ZZ, die nur Geschwisterähnlichkeit besitzen. Deswegen werde die Erbkomponente überschätzt. Aber es ist zu bedenken, daß bei EZ nicht nur Tendenzen zur Identifikation mit dem Zwillingspartner entstehen können, sondern auch solche zur Distanzierung, bis hin zur Polarisierung. Dies könnte die Beobachtung erklären, daß getrennt aufgewachsene EZ manchmal in ihrer Persönlichkeit ähnlicher sind als gemeinsam aufgewachsene (Becker 1980). Der Zwillingsvergleich kann also nicht nur zu einer Überschätzung, sondern auch zu einer Unterschätzung der Erbkomponente führen.

Die Ergebnisse der Studien (aus Schweden, Finnland, den USA und Großbritannien) sind unterschiedlich: Die Konkordanzraten für Alkoholismus schwanken bei EZ zwischen 26% und 70%, bei den ZZ zwischen 12% und 32%. Diese große Spannweite weist auf Unterschiede in der Erfassung und Bearbeitung der Serien hin (z. B. hat Kaj seine Probanden aus einem Alkoholikerregister entnommen, die anderen Autoren werteten heterogene Populationen (Allgemeinbevölkerung bzw. allgemeinpsychiatrische Patienten) aus. Außerdem bestehen Differenzen in der Bewertung der Erbfaktoren für die einzelnen Komponenten des Alkoholismus (Trinkmenge, Trinkhäufigkeit, Kontrollverlust). Nach Partanen (1966) sei die Erbkomponente für Trinkmenge und -häufigkeit ziemlich gesichert, nicht dagegen für Kontrollverlust und soziale Komplikationen. Shields (1977) hält hingegen die genetische Basis für Kontrollverlust für wahrscheinlich. Kaj meinte 1979, daß Trinkgewohnheiten und das Auftreten von chronischem Alkoholismus durch genetische Faktoren bedingt seien, nicht jedoch andere Formen des Alkoholmißbrauchs.

2.3.2.2 Untersuchungen an Adoptivkindern

Nach einer amerikanischen Untersuchung aus dem Jahr 1944 (Roe 1944/45) bestand kein Unterschied zwischen zwei Gruppen von Kindern aus Erziehungsheimen, von denen eine Gruppe von biologischen Alkoholikereltern abstammte, die andere von biologischen Nichtalkoholikereltern. Im Widerspruch dazu stehen sehr sorgfältige dänisch-amerikanische Untersuchungen, die in den Jahren 1970/71 durchgeführt wurden. Unter den Söhnen von Alkoholikern, die in frühester Jugend wegadoptiert wurden, waren viermal mehr Alkoholiker als unter den Adoptivsöhnen von nichtalkoholischen biologischen Eltern (Tab. 3). Vergleicht man die wegadoptierten Söhne von Alkoholikern mit denen, die bei ihren trinkenden Eltern aufgewachsen sind, so zeigt sich, daß beide Gruppen später gleich häufig Alkoholprobleme bekamen. In einer anderen, schwedischen Studie ergab sich, daß die biologischen Eltern von adoptierten männlichen Alkoholikern im zentralen Alkoholregister deutlich überrepräsentiert waren. Außerdem: Die wegadoptierten Söhne von Alkoholikern waren zu 39% wieder Alkoholiker, die Kontrollen nur zu 14% (Bohmann u. Mitarb. 1981). Nach einer amerikanischen Studie (Cadoret u. Mitarb. 1980) waren 50% der Adoptierten, deren biologische Eltern Alkoholiker waren, selbst wieder Alkoholiker, aber nur 7% von den Adoptierten, die von Nichtalkoholikern abstammten. Anders liegen die Verhältnisse bei dem Vergleich von wegadoptierten mit im Elternhaus aufgewachsenen Töchtern von Alkoholikern. 90% der Alkoholikertöchter, gleich ob

Tabelle 3 Häufigkeit von Alkoholproblemen (in %) unter wegadoptierten Söhnen von Alkoholikern und in Vergleichsgruppen (aus: *E. Zerbin-Rüdin:* Alkoholismus, Anlage und Umwelt. In: K. D. Zang (Hrsg.): Klinische Genetik des Alkoholismus. Kohlhammer, Stuttgart 1984)

	Adoptivsöhne		Alkoholikersöhne	
	von trinkenden Eltern	von nichttrinkenden Eltern	wegadoptiert	zu Hause aufgewachsen
	n = 55%	n = 78%	n = 20%	n = 30%
Kontrollverlust	35	17	25	10
morgendliches Trinken	29	11	30	21
Delirium tremens	6	1	10	3
Arrest wegen Trunkenheit am Steuer	7	4	0	3
wegen Trunkenheit hospitalisiert	7	0	10	10
jemals behandelt	9	1	15	13

wegadoptiert oder zu Hause geblieben, tranken nur ganz wenig (im Vergleich zu 50% der Alkoholikersöhne). Alkoholprobleme gab es bei den Alkoholikertöchtern in 2% bzw. 3%, bei den wegadoptierten Töchtern von Nichtalkoholikern etwa genauso häufig (4%). Allerdings sind die absoluten Zahlen hier sehr gering, so daß diese Ergebnisse schwer zu interpretieren sind.

Auch die Untersuchungen an Halbgeschwistern von Alkoholikern, auf die hier nicht näher eingegangen werden kann (Übersicht s. Zerbin-Rüdin 1986), ergeben Hinweise auf die Bedeutung von genetischen Faktoren.

2.3.2.3 Genetische Markierung („Trait-marker")

Nichtalkoholische Töchter von Alkoholikern hatten ebenso eine signifikant hohe Störung des Farbensehens wie ihre alkoholischen Väter. Aus diesen Befunden wurde geschlossen, daß Frauen die Träger des hypothetischen Gens „Alkoholismusanfälligkeit und Farbsehstörungen" seien. Diese Befunde wurden jedoch angezweifelt mit dem Hinweis, daß eine große Zahl von Patienten mit Leberzirrhose auf dem Höhepunkt ihrer Krankheit Farbsehstörungen aufwies, die dann während der Genesung wieder verschwanden. Es wurde deswegen der sehr plausible Einwand erhoben, daß diese Farbwahrnehmungsstörungen Folgeerscheinungen der Leberzirrhose oder des Alkoholismus seien. Weitere Untersuchungen (Cruz-Coke u. Mardones 1971) mit einer empfindlichen Methode ergaben jedoch eine Häufung der Störung Blau-Gelb-Wahrnehmung bei Alkoholikern (im Vergleich zu Nichtalkoholikern) und ebenso eine Häufung der Störung bei den nicht alkoholabhängigen weiblichen Verwandten von Alkoholikern (Cruz-Coke u. Mardones 1971, Cruz-Coke u. Varela 1970). Dieser Befund wurde von einer englischen Arbeitsgruppe bestätigt (Swinson 1972). Weitere Studien auf diesem Gebiet sind jedoch notwendig, um ein abschließendes Urteil fällen zu können. Weitere Forschungen beschäftigen sich mit Blutgruppenkonstellationen (ABO, MN, Ss, Kell, Duffy, Rh u. a.) sowie mit Handlinien und Fingerlinien (Jellinek 1960). In diesem Zusammenhang sind die Untersuchungen über die Unterschiede bzw. Gemeinsamkeiten von EEG-Veränderungen bedeutsam, die unter Alkoholeinfluß auftreten (s. 2.2.5.2.3). Eineiige Zwillinge (EZ) weisen identische EEG-Muster auf, im Gegensatz zu zweieiigen (ZZ) (Propping 1977) (vgl. auch Goodwin u. Mitarb. 1975). Auch neuere neurophysiologische Untersuchungen mit sensorisch evozierten Hirnpotentialen (Begleiter u Mitarb. 1982) sind hier zu nennen. Es ergeben sich Unterschiede bei Alkoholikern mit und ohne familiäre Belastung mit Alkoholismus. Auch hinsichtlich der Absorptions-, Abbau- und Ausscheidungsrate von Alkohol fand man offenbar genetisch bedingte Unterschiede. Die Untersuchungen wurden an Nichtalkoholikern durchgeführt. EZ erwiesen sich viel ähnlicher als ZZ (Kopun u. Propping 1977). In einer neueren Studie, in der Personen mit und ohne Alkoholfamilienanamnese verglichen wurden (Wilson u. Nagoshi 1988), konnten keine Unterschiede hinsichtlich der Persönlichkeitseigenschaften, des Alkoholstoffwechsels (ALDH wurde allerdings nicht bestimmt!), der Verträglichkeit von Alkohol (außer erhöhter Pulsrate bei positiver Familienanamnese) festgestellt werden. Allerdings bestätigten diese Untersuchungen die Geschlechtsunterschiede. Auch die MAO-Aktivität der Thrombozyten wurde als Trait-marker bei Alkoholikern verwendet (s. 6.1). Die MAO-Aktivität ist aber unspezifisch. Sie soll auch mit bestimmten Persönlichkeitsmerkmalen (z. B. „Sensation seeking") korrelieren.

2.3.2.4 Rassische Unterschiede

Über rassische Unterschiede der Verträglichkeit des Alkohols liegen verschiedene Untersuchungen vor. Von mehreren Untersuchern wurde festgestellt (Ewing u. Mitarb. 1974, Wolff 1972), daß Angehörige mongolischer Rassen eine physiologisch bedingte Minderverträglichkeit des Alkohols haben. Es kommt bei ihnen schon nach geringen Alkoholmengen zu erheblichen Nebenerscheinungen (Flush). Die

Unterschiede in der Alkoholverträglichkeit dürften wahrscheinlich mit einem Polymorphismus der Azetaldehyddehydrogenase (ALDH) zusammenhängen (s. 2.2.4.3). Diese Alkoholunverträglichkeit ist nach dieser Hypothese durch eine verzögerte Oxidation von Azetaldehyd bedingt, die dem Typ II der ALDH entspricht. Dieser Typ wurde bei ersten Untersuchungen bei etwa 50% der Japaner, Chinesen, Vietnamesen, aber auch Indianer, jedoch bei keinem der untersuchten europiden und afrikanischen Probanden gefunden.

2.3.3 Prä- und postnatale Einflüsse

Versuche mit Mäusen zeigen den Einfluß der alkoholtrinkenden Mutter auf das spätere Trinkverhalten: Wenn Mäusebabies aus alkoholvermeidenden Stämmen (s. 2.3.4.1) von Müttern aus alkoholaviden Stämmen aufgezogen wurden, tranken sie später zweimal so viel Alkohol als normalerweise Mäuse aus alkoholvermeidenden Stämmen. Ferner zeigte sich eine Änderung der Alkoholtoleranz bei erwachsenen Ratten, die pränatal Alkoholeinfluß ausgesetzt waren.

2.3.4 Tiermodelle

Sicher gibt es kein komplettes Tiermodell, jedoch Modelle für Teilaspekte des Alkoholismus, z. B. für Selbstanwendung, für Toleranzentwicklung und Entzugserscheinungen, für Alkoholfolgeschäden (Cicero 1980).

2.3.4.1 „Appetit auf Alkohol" (Selbstanwendung)

In den vergangenen Jahrzehnten ist es gelungen, Tierstämme (vor allem Mäuse und Ratten) zu züchten, von denen, bei freier Wahl, die einen Alkohol und die anderen nichtalkoholische Getränke bevorzugten (s. Übersicht Eriksson u. Mitarb. 1980). Der Appetit auf Alkohol ist genetisch determiniert. Es ist eine polygene Vererbung anzunehmen. Bei Kreuzungen von Inzuchtstämmen mit gegensätzlicher Alkoholpräferenz findet sich ein intermediäres Verhalten der F_1-Generation gegenüber der P-Generation. Bei Ratten werden mindestens zwei autosomale Hauptgene angenommen, bei manchen Rattenstämmen findet sich aber auch eine geschlechtsgebundene Vererbung. Im einzelnen haben diese Untersuchungen folgende Ergebnisse gehabt (vgl. Erwin u. McClearn 1981): Die sedierende bzw. aktivierende Wirkung von Alkohol ist bei verschiedenen Mäusestämmen unterschiedlich. Die Aktivität der ADH und der Azetaldehyddehydrogenase in der Leber von Mäusen ist bei Stämmen mit Alkoholpräferenz höher als bei Stämmen ohne Präferenz. Die Viskosität der Neuronenmembran ist bei alkoholsensiblen Mäusen leichter durch Alkohol beeinflußbar als bei nicht alkoholsensiblen Mäusen. Disulfiram vermindert den Azetaldehyddehydrogenase-Blutspiegel bei beiden Stämmen, aber nach zwei Stunden ist dieser Spiegel höher als bei Präferenzmäusen. Mäuse mit niedriger Alkoholpräferenz weisen eine dreimal längere Schlafdauer auf. Außerdem haben sie niedrigere Alkoholwerte im Gehirn bei einer Standardalkoholdosis. Mäuse mit hoher Alkoholpräferenz sind empfindlicher gegenüber den toxischen Effekten des Alkohols. Bemerkenswert ist weiter, daß ältere Tiere eine Zunahme der Alkoholpräferenz gegenüber jüngeren aufweisen. Alkoholavide Mäuse- und Rattenstämme waren in ihrem Verhalten aktiver, aggressiver und neugieriger als nichtavide Stämme. Angaben über die Geschlechtsunterschiede bei Alkoholpräferenz sind jedoch nicht einheitlich (Brewster 1969, Bruell 1962, De Fries 1967). Wenn man den Versuchstieren Wasser, Zuckerlösung und Alkohollösung zur Wahl anbietet, vermindert sich die Alkoholpräferenz zugunsten der Zuckerlösung. Daraus kann man schließen, daß die Alkoholpräferenz bei Versuchstieren nicht gleichbedeutend ist mit dem „süchtigen" Verhalten bei Alkoholikern (craving). Denn der Appetit auf Alkohol kann bei Alkoholikern nicht mit Zuckerlösung o. ä. befriedigt werden. Vorübergehend erzwungener, erhöhter Konsum bei Alkoholversuchstieren führt nicht zu bleibendem erhöhtem freiwilligem Alkoholkonsum, wenn vorher ein bestimmtes Niveau des Alkoholkonsums erlernt war. Auch dies zeigt, daß das süchtige Verhalten des Alkoholikers nicht ohne weiteres in Tierversuchen (jedenfalls mit Nagetieren) reproduziert werden kann (Israel u. Mardones 1971).

Toleranzentwicklung und Entzugssyndrome

Die Entstehung von Alkoholtoleranz scheint ebenfalls genetisch mitbestimmt zu sein. Es gibt offenbar auch im Tierversuch genetisch bedingte Unterschiede bei der Entstehung des Alkoholentzugssyndroms (Goldstein 1973).

2.3.4.2 Erzeugung von langdauerndem exzessivem Alkoholkonsum
(Cicero 1980, Eriksson u. Mitarb. 1980, Israel u. Mardones 1971, Sinclair 1980, Wood u. Winger 1970)

Tierversuche zur Erzeugung von langdauerndem exzessivem Alkoholkonsum und Alkoholvergiftung stoßen auf große Schwierigkeiten, da die meisten Tiere den Alkohol offenbar wegen seines Geschmacks und Geruchs ablehnen. Sie können nur durch besondere Maßnahmen dahin gebracht werden, Alkohol in so großen Mengen zu trinken, wie für die Erzeugung von Abhängigkeit und Vergiftungserscheinungen notwendig sind. Unter anderem werden folgende Verfahren angewandt:

1. Maskierung des Alkoholgeschmacks durch andere Geschmacksqualitäten (z. B. Fruchtsäfte). Auf diese Weise gelingt es, Affen, vor allen Dingen Primaten, zum Konsum größerer Alkoholmengen zu bringen. Besonders Schimpansen trinken gerne freiwillig Alkohol in Fruchtsaft, einige zeigen dann Vergiftungserscheinungen. Ihr Verhalten gleicht bei der freien Beobachtung etwa dem von Menschen unter Alkoholeinfluß. Der exakten wissenschaftlichen Auswertung von Verhaltensstörungen stehen aber erhebliche technische Schwierigkeiten entgegen. Da es nicht möglich ist, Blutalkoholbestimmungen von erwachsenen Affen zu bekommen, sofern man die Tiere nicht narkotisiert oder fesselt, ist man auf Verhaltensbeobachtung und auf physiologische, biochemische und ethologische Forschungsmethoden angewiesen. Es scheint, daß die Schimpansen die einzigen nichtmenschlichen Lebewesen sind, die fähig sind, eine echte Alkoholabhängigkeit zu entwickeln. Dabei gibt es erhebliche individuelle Differenzen zwischen den einzelnen Tieren und ihrem Verhalten gegenüber Alkohol. Außerdem spielen Geschlechtsunterschiede eine Rolle: Männchen trinken mehr als Weibchen. Ferner trinken Tiere höheren Gewichts mehr Alkohol als magere Tiere, jüngere trinken mehr als ältere. Außerdem ist der Alkoholkonsum abhängig von dem gesamten Flüssigkeitsbedürfnis und von der Vorerfahrung mit Alkohol. Bemerkenswert sind in diesem Zusammenhang die Versuche (Jones u. Bowden 1980) mit Rhesusaffen, die in Gruppen unterschiedlicher Dominanzverhältnisse gehalten wurden. Bei diesen Versuchen, die technisch sehr schwierig sind und der Berichterstattung nach nicht völlig abgeschlossen waren, ergab sich, daß der spontane Alkoholkonsum der Tiere anstieg, wenn sie unter sozialem Streß standen (z. B. wenn ein dominantes Tier in die Gruppe eingebracht wurde).

2. Intrakranielle elektrische Reizung: Die elektrische Reizung des lateralen Hypothalamus führt bei den üblichen Versuchstieren zu einer Veränderung des Trinkverhaltens. Die Tiere trinken überhaupt mehr Flüssigkeit, aber auch mehr Alkohol. Sie bevorzugen schießlich sogar Alkohol gegenüber Wasser, auch nach Absetzen der elektrischen Reizung. Bei anderen Untersuchungen ergab sich ein vermehrter Alkoholkonsum, der mit einer Hyperphagie verbunden war, wenn bilateral ventromediale hypothalamische Bezirke stereotaktisch gereizt wurden (Israel u. Mardones 1971). Ähnliche Ergebnisse wurden erzielt, wenn man bei Ratten Alkohol in die Hirnventrikel instilliert. Zum gleichen Erfolg führt übrigens auch die Instillation von Azetaldehyd, Paraldehyd oder Methanol.

3. Zur Umgehung der oralen Zufuhr von Alkohol wurden bei Rhesusaffen *Venenkatheter* oder *intragastrische Katheter* (Altshuler u. Talley 1977) gelegt. Die Tiere konnten sich durch Hebeldruck intravenös Alkohol zuführen und waren auf diese Weise dazu zu bringen, große,

auch toxische Alkoholmengen zu applizieren. Mit dieser Methode gelang es wesentlich besser als mit allen anderen Methoden, Intoxikationen von längerer Dauer und größerer Tiefe zu erzeugen, die teilweise einen epidemischen Ablauf hatten (Altshuler u. Talley 1977).

Durch diese Verfahren läßt sich aber noch keine Erklärung des süchtigen Verhaltens gegenüber Alkohol ableiten, da die Tiere nach Beseitigung der besonderen experimentellen Situation ihren Alkoholkonsum in kurzem aufgaben. Nur die elektrische Reizung des lateralen Hypothalamus (Amit u. Mitarb. 1976) bzw. die intraventrikuläre Instillation von Alkohol bzw. anderen Substanzen führte zu einer mittelüberdauernden, vermehrten oralen Zufuhr von Alkohol, die aber auch nach einiger Zeit wieder aufhörte (Mello u. Mendelson 1971).

Durch eine intraventrikuläre Injektion von Noradrenalin konnte bei Ratten der freiwillige Konsum der Tiere aufrechterhalten bzw. durch Verminderung von Noradrenalin der Konsum herabgesetzt werden (s. auch 2.5.1) (Amit u. Mitarb. 1977).

2.3.5 Psychische Disposition

2.3.5.1 Prämorbide Persönlichkeitsstruktur

Bei der Beurteilung der Persönlichkeitsstruktur von Alkoholikern ist zu bedenken, daß sie eine Resultante darstellt, die sich aus der (genetisch und peristatisch bedingten) Grundpersönlichkeit, den normalpsychologisch bedingten Reifungs- und Altersveränderungen und den Veränderungen zusammensetzt, die dem Krankheitsprozeß zuzuschreiben sind. Bei diesen krankheitsbedingten Veränderungen verschränkten sich pharmakogene und psychogen-reaktive Störungen.

Es gibt nur wenige empirische Untersuchungen über prämorbide Persönlichkeitseigenschaften bei Alkoholikern. So fand man für 72 Patienten, die wegen Alkoholismus in einer amerikanischen Klinik aufgenommen wurden, Ergebnisse mit Fragebogenuntersuchungen (MMPI) aus deren (prämorbider) Collegezeit (Kammeier u. Mitarb. 1973). Sie werden verglichen mit zufällig ausgewählten früheren Klassenkameraden. Die Alkoholikergruppe zeigte zum damaligen Zeitpunkt (13 Jahre vor der späteren Untersuchung) signifikant höhere Werte auf den Skalen „Psychopathie" und „Hypomanie". Interessant in diesem Zusammenhang ist auch die Frage nach der Vorhersagbarkeit der späteren Alkoholismusentwicklung. Die am besten trennenden Skalen des MMPI (von McAndrew [1965] und von Rosenberg [1972]) ergaben jeweils 72% richtige Vorhersagen der Alkoholikergruppe. Die Persönlichkeitsstrukturen blieben bemerkenswerterweise bei dieser Probandengruppe über die 13 Jahre konstant. Es zeigten sich vor allen Dingen Veränderungen in den Faktoren Psychopathie, Depressivität, Schizoidie und Hypochondrie.

Interessant in diesem Zusammenhang sind auch die Ergebnisse von Längsschnittuntersuchungen. Nach der „Oakland Growth Study" (Jones 1968) fanden sich bei korrelationsstatistischen Untersuchungen an späteren Problemtrinkern (männlichen Jugendlichen) folgende früher erhobene Daten: nicht kontrollierte Impulsivität, vermehrte Extraversion, Betonung der Männlichkeit, geringe Produktivität. Die Jugendlichen werden als weniger ruhig, empfindlicher und leichter von den sozialen Bedingungen beeinflußbar geschildert. Diese Ergebnisse stimmen weitgehend mit denen anderer Längsschnittuntersuchungen überein (McCord u. McCord 1960, Robins u. Mitarb. 1962).

Bei Frauen haben derartige Untersuchungen weniger eindeutige Ergebnisse gebracht. Problemtrinkerinnen waren während der Schulzeit eher empfindlich, kontaktarm, reizbar und abhängig (Eigenschaften, wie sie übrigens auch bei später abstinenten Frauen gefunden wurden!).

Diese Untersuchungsergebnisse stehen in guter Übereinstimmung mit Studien, die über die überduchschnittlich hohe Alkoholismusquote bei Personen berichten, die als Kinder durch ihre Hyperaktivität aufgefallen waren (Goodwin u. Mitarb. 1975, Tarter 1978) (vgl. 6.1). In einem sog. Temperamenten-Ansatz werden einige Faktoren für die Disposition zu Alkoholabhängigkeit zusammengefaßt (Tarter u. Edwards 1987):

- erhöhtes Aktivitätsniveau,
- verstärkte Emotionalität,
- mangelnde Soziabilität,
- geringe Aufmerksamkeitsspanne,
- verlangsamte Rückkehr zu entspannter Ausgangslage („soothability").

2.3.5.2 Beschreibung der Alkoholikerpersönlichkeit

Daß sich die Persönlichkeit des Alkoholikers verändert, ist schon seit langem bekannt. Es entwickelt sich offenbar ein charakteristisches Persönlichkeitsbild, das aber leichter beschreibbar als durch objektivierende psychologische Tests und andere Untersuchungen belegbar ist. Die Beschreibungen älterer Psychiater sind aber von großer Anschaulichkeit.

Als Beispiel soll aus der 4. Auflage des Lehrbuchs von Kraepelin (1893) auszugsweise zitiert werden: Der chronische Alkoholiker ist durch das „allmähliche Schwinden jener konstanten Motive des Handelns gekennzeichnet, die man als moralischen Halt zusammenzufassen pflegt." „Er wird zum Spielball zufälliger äußerer Verlockungen, in sehr naiver Weise pflegt er seine Willensschwäche einzugestehen. Das Pflichtgefühl stumpft ab, Alkoholiker kümmern sich nicht mehr um ihre Angehörigen, ohne Rücksicht auf ihre Stellung und auf ihre Bildung betrinken sie sich öffentlich. Sie haben ein erhöhtes Selbstwertgefühl und neigen zu Prahlereien. Das Trinken wird in Abrede gestellt, regelmäßig wird der Kausalzusammenhang der Ereignisse umgekehrt. Es kommt zu einer Erhöhung der Reizbarkeit, andererseits zur Gefügigkeit unter dem Druck äußeren Zwanges. Das Verhalten ist durch Unruhe und Unstetigkeit gekennzeichnet.

In den letzten Jahren sind zahlreiche empirische Untersuchungen vorgenommen worden, die natürlich auch (wie oben angedeutet) bis zu einem gewissen Grade Rückschlüsse auf die Grundpersönlichkeit ermöglichen. Diese Untersuchungen sind vorwiegend statischer Natur. Sie lassen sich nach Küfner (1981) wie folgt zusammenfassen:

1. In Fragebogentests, vor allem im MMPI*, ergibt sich ein typisches Durchschnittsprofil mit deutlich erhöhten Werten auf den Skalen Depression und Psychopathie. Die Unterscheidung dieses Durchschnittsprofils von anderen Drogenabhängigen gelingt nicht überzeugend, wenn sich auch bei Drogenabhängigen ein niedriger Depressionswert abzeichnet. Die Abgrenzung zu gruppenpsychiatrischen Patienten kann nicht immer zufriedenstellend vorgenommen werden.
2. Unter Berücksichtigung auch psychodynamischer Gesichtspunkte wurde „ideal-typisierend" versucht, die Alkoholikerpersönlichkeit wie folgt zu beschreiben (Barnes 1980):
   a) Schwaches Ich mit geringer Geschlechtsidentität, mit psychopathischen Zügen, mit Feindseligkeit, mit einem negativen Selbstkonzept, unreife Impulsivität, niedrige Frustrationstoleranz und vorwiegende Ausrichtung auf die Gegenwart.
   b) Reizverstärkung mit einer erhöhten Sensibilität, mit Neigung zu Hypochondrie und zu Todesangst.
   c) Starke Feldabhängigkeit, was vermehrte Passivität, Abhängigkeit und Undifferenziertheit beinhaltet.
   d) Neurotische Störungen wie Angst, Depression, Hysterie und Neigung zu Hypochondrie.

Im einzelnen zeigt sich, daß Alkoholiker im Vergleich zu Normalpersonen weniger Selbstkontrolle und mehr Aggressionen haben. Sie scheinen während der Therapie dazu zu neigen, ein stärkeres Über-Ich zu entwickeln. Vielfach wird bei Alkoholikern auch eine Neigung zum Lügen konstatiert. Diese Befunde sind aber nicht unumstritten. Es

---

* MMPI: Minnesota Multiphasic Personality Inventory

zeigte sich sogar, daß Alkoholiker im Vergleich zu nichtalkoholischen Krankenhauspatienten weniger lügen mit Ausnahme aller Bereiche, die mit dem Alkoholismus zu tun haben (Küfner 1982).

Spezielle Ansätze für Persönlichkeitsbeurteilung

In Erweiterung dieser Darstellung soll noch auf den „Locus-of-Control"-Ansatz von Rotter näher eingegangen werden. Diese psychodynamische Methodik geht von der Überlegung aus, daß jede Person eine Vorstellung darüber hat, inwieweit eigene Lebensereignisse und Verstärkungserlebnisse von eigenem Verhalten abhängig sind, also ob sie der eigenen (internalen) Kontrolle unterliegen oder inwieweit diese von anderen Einflüssen (Bezugspersonen) abhängig sind. Eine Hypothese lautete, daß es beim Vorhandensein einer externalen Kontrolle verstärkt zu Zuständen der Hilflosigkeit und Depression komme, umgekehrt bei Annahme einer internalen Kontrolle mehr Erfolgsorientierung und Optimismus vorherrschen. Bei Alkoholikern konnte jedoch kein einheitlicher Trend festgestellt werden (Rohsenow u. O'Leary 1978a, b).

Auf weitere psychodynamische Ansätze (Autonomie vs. Abhängigkeit) wird im Abschnitt 2.5.2.3 eingegangen.

In verschiedenen kognitiven Ansätzen (Bastine u. Mitarb. 1982) im Rahmen der sozialen Lerntheorie wird dargestellt, daß die Wahrscheinlichkeit für Alkoholtrinken abhängig ist

- von dem Grad der wahrgenommenen Streßbelastung,
- von dem Grad der wahrgenommenen Kontrolle, welche die Person bei sich selbst erlebt,
- von der Verfügbarkeit adäquater Bewältigungs-(„coping"-)Strategien,
- von den Erwartungen über Alkoholtrinken als affektiver alternativer Bewältigungsstrategie (s. 2.5.2.2).

Trotz des konsistenten Durchschnittsprofils kann man nicht von einer einheitlichen Alkoholikerpersönlichkeit sprechen; man muß wahrscheinlich eine Reihe unterschiedlicher Persönlichkeitstypen annehmen, die aber noch nicht genau voneinander abgegrenzt werden können. Am ehesten zeichnet sich ein Trend ab, zwischen einem „neurotischen" und einem „soziopathischen" Persönlichkeitstyp zu unterscheiden (Funke u. Mitarb. 1981, Schuckit 1979).

Neuerdings gelten Störungen der Grundpersönlichkeit („primäre antisoziale Persönlichkeit") oder vorangehende längere depressive (oder manische) Phasen (s. 2.3.5.4) als Kriterien für „sekundären" Alkoholismus. Liegen solche Störungen vor, wird von „primärem" Alkoholismus gesprochen (Schuckit 1979) (s. 6.1).

(Zur Frage der alkoholismusbedingten psychischen Leistungsstörung vgl. auch 4.4.3.4.)

2.3.5.3 Alkoholismus und Schizophrenie

Über die Häufigkeit des Alkoholismus bei Schizophrenen gibt es in der Literatur unterschiedliche Angaben (Freed 1975) (1–33% in den USA, je nach Art der Klinik). Umgekehrt: 3–63% der Schizophrenen sollen Alkoholmißbrauch betreiben. Nach einer deutschen Statistik haben 3% der Suchtkranken die Nebendiagnose „Schizophrenie" (Wanke 1978). Nach einer anderen Statistik fanden sich unter Schizophrenen je 10% Alkoholabhängige und Alkoholgefährdete (Feuerlein u. Mitarb. 1979). Was die familiäre Belastung anlangt, so ergaben Untersuchungen an schizophrenen Adoptivkindern, daß weder Schizophrene noch ihre Verwandten eine höhere Alkoholismusrate aufweisen als die Kontrollpersonen.

Das klinische Bild und der Verlauf bei alkoholkranken Schizophrenen wird vor allem vom Alkoholismus und seinen Folgen bestimmt (z. B. durchschnittlich höheres Erstaufnahmealter als bei nichtalkoholischen Schizophrenen, ebenso kürzere Verweildauer). Besonders hervorzuheben ist, daß Patienten mit kombinierter Diagnose häufiger als „reine Alkoholiker" oder „reine Schizophrene" zum Drogenabusus neigen (57% verglichen mit 20% bei Alkoholikern und 0% bei Schizophrenen) und viel häufiger Suizidhandlungen begehen (doppelt so häufig wie die „reinen" Alkoholiker) (Kesselman u. Mitarb. 1982).

Zur Behandlung ist anzumerken, daß Disulfiram kontraindiziert ist (s. 8.3.7). Empfohlen werden Neuroleptika, evtl. kombiniert mit Tranquilizern. Bei psychotherapeutischem Vorgehen (einschließlich Selbsthilfegruppen) muß die besondere Verwundbarkeit dieser Patientengruppe in Rechnung gestellt werden, dies gilt insbesondere für konfrontative Therapieanteile.

2.3.5.4 Alkoholismus und affektive Störungen
(Goodwin 1982, Solomon 1982)

Vorbemerkung

Was affektive Störungen im Sinne von monopolaren oder bipolaren affektiven Psychosen anlangt, so ist zunächst auf die Unterschiede in der Definition bzw. Nomenklatur hinzuweisen, wie sie sich im letzten Jahr im angelsächsischen Schrifttum gegenüber dem deutschsprachigen Schrifttum und der ICD 9* entwickelt haben (insbesondere seit Einführung der DSM III in den USA).

---

* ICD = International Classification of Diseases

Im folgenden werden unter affektiven Psychosen Störungen im Sinne der ICD 9 296.0–9 verstanden.

Außerdem werden die Begriffe der „primary" und „secondary" Depression entsprechend der DSM III verwendet (Robin und Guze 1972).

Nach der Übersicht von Bronisch (1985), der die Studien der letzten 15 Jahre zusammenfaßt, zeigt sich, daß depressive Verstimmungen gehäuft bei Patienten mit Alkoholmißbrauch bzw. Alkoholismus beobachtet werden, die in stationärer oder ambulanter Behandlung sind. Jedoch sind sie eher von geringer Intensität und klingen in der Regel bis zum Ende der Behandlung ab. Weit über dem Erwartungswert des zufälligen Zusammentreffens zweier Erkrankungen liegend finden sich „sekundäre" Depressionen bei „primärem" Alkoholismus (s. 2.3.5.2) und „primäre" Depressionen bei „sekundärem" Alkoholismus. Bei Verwandten 1. Grades vom Patienten mit der Diagnose „major depression" bzw. „bipolar I disorder" (etwa der endogenen Depression entsprechend) fand sich jedoch keine gegenüber einer Normalbevölkerungsstichprobe und den Verwandten 1. Grades erhöhte Prävalenzrate für Alkoholismus. Bisher kann ein gehäuftes Auftreten von Alkoholmißbrauch, jedoch nicht von Alkoholabhängigkeit bei manisch-depressiven Patienten als gesichert angenommen werden. Aus methodischen Gründen läßt sich jedoch noch nicht sicher sagen, ob der Alkoholmißbrauch vornehmlich während der manisch/hypomanischen bzw. depressiven Phasen oder auch unabhängig davon auftritt.

Die Untersuchungen zur familiären Belastung zeigen zwar ein gehäuftes Auftreten von Depressionen und Alkoholismus in derselben Familie und bei demselben Individuum, sprechen aber gegen eine genetische Disposition und für Umwelteinflüsse bei der Entstehung einer Depression bei Alkoholikern (im Sinne einer Anpassungsstörung mit depressiver Symptomatik oder einer neurotischen Depression nach ICD-9). Die Annahme gleichartiger prämorbider Persönlichkeitsstörungen bei Alkoholikern und Depressiven kann mangels prospektiver Studien z. Z. weder belegt noch widerlegt werden. Allerdings gibt es gewisse Hinweise, daß die prämorbide Persönlichkeit von Patienten mit bipolar-affektiven Störungen mit der prämorbiden Persönlichkeit von Alkoholikern Ähnlichkeiten aufweist.

2.3.5.5 Alkoholismus und andere psychische Störungen

Verschiedene Untersuchungen (mit standardisierten Fragebögen, die die DSM III zur Grundlage haben), haben gezeigt (Übersicht s. Helzer u. Pryzbeck 1988), daß Alkoholiker relativ häufig weitere psychiatrische Störungen aufweisen. So ergab eine epidemiologische Untersuchung an einer repräsentativen Stichprobe (n = 20000) in den USA, daß nahezu jede psychiatrische Diagnose bei Alkoholikern häufiger vorkommt als in der Allgemeinbevölkerung. Besonders überrepräsentiert sind die Diagnosen „antisoziales Verhalten", Manie und Mißbrauch anderer Drogen.

2.4. Soziales Umfeld

Vorbemerkung

Der soziologische Zugang zum Alkoholismusproblem gründet sich im wesentlichen auf drei empirische Fakten:

- Es gibt keinen einheitlichen Persönlichkeitstyp bzw. keine nach psychiatrischen nosologischen Gesichtspunkten abgrenzbare Gruppe von Personen unter Alkoholikern (wenn man die Alkoholikerpopulation als Ganzes sieht).
- Eine große Zahl von deskriptiven Studien weist auf die hohe Korrelation zwischen der Häufigkeit des Alkoholismus und soziokulturellen Faktoren hin.
- Die Entwicklung der „Operant-conditioning-theory" und ihrer Implikation gibt eine neue Grundlage für das Verständnis des Alkoholismus. Der Suchtprozeß enthält sowohl kognitive als auch Lernprozesse. Grundsätzlich ist zu bemerken, daß die soziologischen Theorien nicht versuchen, zu erklären, warum der *einzelne* Alkoholiker wird, vielmehr eine Erklärung für die mehr oder minder große Häufigkeit des Auftretens des Alkoholismus in einzelnen Gruppen oder Kulturen geben (Roebuck u. Kessler 1972).

2.4.1 Soziokulturelle Einflüsse

Vorweg muß betont werden, „daß es derzeit keine zusammenfassende oder gar eigenständige Theorie gesellschaftlicher Wurzeln der Sucht und damit auch des Alkoholismus gibt. Allenfalls liegt eine Reihe von Übertragungen allgemeiner und keineswegs suchtgenuiner theoretischer Erklärungsansätze individuellen Verhaltens vor" (Renn 1988).

2.4.1.1 Einstellungen zum Alkoholkonsum

Es lassen sich drei Grundeinstellungen zum Alkoholkonsum unterscheiden (Bales 1946), die z.T. in Unterformen aufgeteilt werden können. Im Einzelfall sind nicht selten mehrere dieser Einstellungen vorhanden, wobei allerdings jeweils eine die führende darstellt.

- *Ritueller Konsum:* Das Trinken wird in ein bestimmtes Zeremoniell eingebaut, von der sakralen Handlung bis hin zu Trinkzeremonien bei offiziellen öffentlichen oder privaten Feiern (z.B. Vertragsab-

schlüssen, Jubiläen). Der Konsum unterliegt hier ausgesprochener sozialer Kontrolle.
- *Sozial-konvivialer Konsum:* Das Trinken vollzieht sich in gesellschaftlichen Rahmen, allerdings ohne strengen zeremoniellen Rahmen. Allerdings spielen gewisse tradierte Trinksitten eine wesentliche, wenn auch kaum streng formulierte Rolle, so daß eine soziale Kontrolle ebenfalls gegeben ist.
- *Utilitaristischer Konsum:* Das Trinken geschieht um des Geschmacks oder der (pharmakologischen) Wirkung (z. B. Angstreduktion, Sedierung, Enthemmung, zur Stimulation, Spannungsreduktion oder Machtbefriedigung) der alkoholischen Getränke willen. Diese Einstellung schließt auch hedonistische Ziele (Genuß wegen Wohlgeschmack und Steigerung des Lebensgenusses, Steigerung der sexuellen Aktivität) mit ein. Auch das Trinken als Selbstmedikation zur Verbesserung der gestörten Befindlichkeit ist hierzu zu rechnen. Der utilitaristische Konsum geschieht meist allein, manchmal sogar heimlich. Eine soziale Kontrolle ist damit nicht verbunden, wird vielfach sogar ausdrücklich vermieden.

Ausgangspunkt für die soziologischen Erklärungsversuche des Alkoholismus sind die utilitarischen Modelle. Nach der alten strukturell-funktionalistischen Theorie (Bacon 1946, Bales 1946, Horton 1943/44) besteht die entscheidende Grundfunktion des Alkohols in seiner Spannungsreduktion. Die Trinkantwort der Gesellschaft hängt mit deren jeweiligem Angstpegel und umgekehrt mit der Gegenangst zusammen, die durch die unangenehmen Erfahrungen während und im Gefolge des Trinkens ausgelöst werden. Wesentlich ist die Art der kulturbedingten Haltung gegenüber dem Trinken, insbesondere die Frage, ob sie eine Spannungsminderung zuläßt oder umgekehrt eine Angst davor erzeugt. Nicht minder wichtig sind eventuelle Ersatzbefriedigungen, die eine Kultur statt Alkohol zur Bewältigung von Angst und Spannungen anzubieten vermag. In anderen utilitaristischen Modellen werden, am Beispiel der Familie (Jackson u. Connor 1953), die Einbettung der Einstellungen und Intentionen des Trinkens in die sozialen Bedingungen betont. Besondere Bedeutung wird der Untersozialisation zugemessen, also den mangelnden Fähigkeiten des einzelnen, tragfähige Primär- und Sekundärbeziehungen herzustellen. Nach dem interaktionistischen Modell (Wieser 1972) laufen in den primären und sekundären Sozialprozessen der Alkoholiker gleichzeitig vor- und rückläufig spannungsreiche Interaktionen ab, anome (d. h. desintegrierende) und restruktive (d. h. reintegrierende) Prozesse. Sie werden durch soziale Rollenkonflikte bedingt. Die anomen Sozialprozesse von Alkoholikerfamilien gehen entweder in Residualheilungen über oder sie enden in Desorganisation.

2.4.1.2 Regionale Unterschiede (Kulturkreise)

In den letzten Jahrzehnten sind einige Modelle entworfen worden, die die unterschiedlichen Einstellungen der jeweiligen Gesellschaftsform zum Alkoholkonsum und zum Alkoholmißbrauch beschreiben. Man hat vier Kulturformen unterschieden (Bales 1946):

- *Abstinenzkulturen:* Verbot jeglichen Alkoholgenusses,
- *Ambivalenzkulturen:* Konflikt zwischen koexistenten Wertstrukturen gegenüber Alkohol,
- *Permissivkulturen:* Alkoholgenuß ist erlaubt, Trunkenheit und andere pathologische Erscheinungen des Alkoholkonsums werden jedoch abgelehnt,
- *Permissiv- (funktionsgestörte) Kulturen:* nicht nur das „normale" Alkoholtrinken, sondern auch der Exzeß wird gebilligt.

Als Beispiele der Abstinenzkulturen können die islamische und die hinduistische Kultur gelten. Sie spielen aber in unserem engeren Kulturkreis keine Rolle. Anders verhält es sich mit dem zweiten Kulturkreis, der auf asketisch-puritanischen Auffassungen des englischen Protestantismus basiert, die in England, Kanada, in manchen skandinavischen Ländern und in den USA auch heute noch eine maßgebende Rolle spielen. Entsprechend der puritanischen Grundeinstellung der dortigen Gesellschaft gegenüber dem Alkohol ist der Alkoholvertrieb und -gebrauch verschiedenen Beschränkungen temporärer und lokaler Art unterworfen. Der Alkoholkonsum in der Öffentlichkeit tritt zurück gegenüber dem Verbrauch im kleinen Kreis. Man findet unter den Alkoholikern einen relativ hohen Anteil von Konflikttrinkern und süchtigen Trinkern mit Kontrollverlust. Dagegen tritt das gewohnheitsmäßige, kontinuierliche Trinken zurück. In den Kulturen, in denen ein hoher Grad von Verantwortung, Unabhängigkeit und Leistung gefordert wird und Abhängigkeitsbedürfnisse bestraft werden (wie im puritanisch-calvinistischen Kulturkreis) besteht eine Neigung zu häufigerer Trunkenheit oder zu hohem Alkoholkonsum (Pittman 1964).

In den Permissivkulturen ist die Bevölkerung seit der späten Kindheit an limitierten Alkoholkonsum gewöhnt. Der Alkoholkonsum ist meist auf bestimmte Situationen, besonders die Mahlzeiten beschränkt. Als Prototyp galten die mediterranen Staaten. Die an vierter Stelle genannten Kulturen existieren in ihrer extremen Form eigentlich nirgends. Man kann aber verschiedene gemäßigte Unterformen unterscheiden: den nach Quantität und Frequenz hohen Alkoholkonsum, der auch bis zu einem gewissen Grad Exzesse toleriert (z. B. in manchen südamerikanischen Ländern). Eine andere Unterform findet man in manchen ost- und nordeuropäischen Ländern: bei relativ mäßigem Konsum im Alltag werden bei bestimmten Anlässen (z. B.

Festen, kürzeren oder längeren Freizeitperioden) von bestimmten Bevölkerungsgruppen innerhalb kurzer Zeit große Alkoholmengen konsumiert mit dem sozial akzeptierten Ziel des Rausches.

Bemerkenswert ist übrigens, daß bei den Ambivalenzkulturen, aber auch bei funktionsgestörten Permissivkulturen früher der Gebrauch von Branntwein vorherrschte. In den letzten Jahren ist aber hier ein Trend zu verstärktem Konsum von Bier und Wein zu beobachten.

Alkoholkonsum und Alkoholmißbrauch sind innerhalb der genannten großen Kulturformen in bestimmten Subkulturen (z.T. als Ausdruck normativer Entfremdung) und zu bestimmten Zeiten des Jahres unterschiedlich. Trinkstil und soziale Akzeptanz können dann situationsentsprechend bzw. temporär der einer anderen Kulturform angenähert sein. Beispiele sind die Trinkfreudigkeit bestimmter (vor allem früherer) Studentenorganisationen oder die Alkoholgegnerschaft der früheren „Jugendbewegung" bzw. die situativ-temporär erhöhte soziale Akzeptanz erhöhten Alkoholkonsums (bis zum Exzeß) während des Faschings oder mancher Volksfeste.

Abschließend soll noch darauf hingewiesen werden, daß Werte, Normen und Traditionen nicht unmittelbar wirkende Faktoren sind, sondern Rahmenbedingungen, die individuellem Mißbrauch das Feld bereiten („kulturelles Substrat der Sucht") (Gundel 1980).

Auch die Größe des Wohnortes spielt eine Rolle. In Bayern ist der Alkoholkonsum (bei Jugendlichen) am höchsten in Gemeinden unter 2000 Einwohnern, der Prozentsatz der konkret Alkoholgefährdeten allerdings am höchsten in Mittelstädten (20000–100000 Einwohner) (Bayerische Staatsministerien des Innern und für Arbeit und Sozialordnung 1982). Der „normale" Alkoholkonsum verlagert sich immer mehr in die Wohnungen, während bei alkoholgefährdeten Jugendlichen eher die Stammkneipe für 76% (gegenüber 22% der normalen Alkoholkonsumenten) der bevorzugte Trinkort ist (Bayerische Staatsministerien des Innern und für Arbeit und Sozialordnung 1982).

„Griffnähe" der Alkoholgetränke

Zwar kann es als gesichert gelten, daß totales Alkoholverkaufsverbot (Prohibition) den Alkoholismus nicht beseitigt, jedenfalls in Gesellschaften mit ambivalenter oder permissiver Einstellung zum Alkoholkonsum (weiteres s. 10.2.1). Daß der Grad der „Griffnähe" des Alkohols andererseits doch einen Einfluß auf den Alkoholkonsum hat, zeigen u.a. die Ergebnisse einiger restriktiver Maßnahmen (z.B. Steuererhöhungen).

Auch ließ sich durch Erhebungen über die Bezugsquellen von Alkohol bei alkoholgefährdeten Jugendlichen (Infratest 1976) zeigen, daß z. B. dem Ausschank von Alkohol in Werkskantinen sowie durch Automaten eine beträchtliche Bedeutung zukommt.

2.4.2 Epochale Einflüsse

Die Einstellung zum Alkoholkonsum schwankte in den meisten Ländern im Laufe der Jahrhunderte zwischen der Verherrlichung und der Verdammung des Alkohols. Die Maßstäbe, die zur Beurteilung „mäßig" und „unmäßig" angelegt wurden, sind ebenfalls sehr unterschiedlich. Im 19. Jahrhundert entstand in Deutschland wie in anderen Ländern eine starke Temperenzlerbewegung (Baer 1878). In jener Zeit entstanden in verschiedenen, vorwiegend protestantischen Ländern Gesetze gegen die Trunksucht, die Anfang diesen Jahrhunderts in diesen Staaten bis zur Prohibition vorangetrieben wurden (z. B. 1917 in den USA). Die Prohibitionsgesetze sind aber inzwischen in fast allen Ländern nahezu wieder aufgehoben worden, da sie bei der Bevölkerung sehr unbeliebt sind und außerdem eine Reihe von sehr ungünstigen sozialen Folgeerscheinungen mit sich bringen, z. B. den Alkoholschmuggel und die heimliche Herstellung von alkoholischen Getränken mit gesundheitsschädlichen Beimengungen.

2.4.3 Sozialprozeß und Sozialschicht

2.4.3.1 Allgemeines

Während man in früheren Jahrzehnten wahrscheinlich mit Recht von einer besonders starken Verbreitung des Alkoholismus in den unterprivilegierten sozialen Schichten sprechen konnte („Elendsalkoholismus"), dürfte jetzt, wenigstens in Mitteleuropa, der Alkoholismus in den oberen und untersten sozialen Schichten am meisten verbreitet sein, zumindest bei den Männern. Bei Frauen scheint der Alkoholismus in den höheren sozialen Schichten häufiger vorzukommen. Bei Jugendlichen vollzieht sich immer mehr eine Angleichung der Prozentzahlen der Alkoholgefährdeten zwischen den Sozialschichten (Bayerische Staatsministerien des Innern und für Arbeit und Sozialordnung 1982).

Die Ursachen des Frauenalkoholismus sind vieldimensional. Aus soziologischer Sicht dürfte der Wohlstandsgesellschaft eine wesentliche Bedeutung zukommen. Es wurde die Theorie aufgestellt (Gundel 1972), daß die Häufung des Alkoholismus bei den Frauen gehobener Schichten mit einer Rollenunterlastung zusammenhängt. Es handelt sich dabei vorwiegend um Frauen, deren wirtschaftlichen Verhältnisse ihnen alle Bequemlichkeiten erlauben, die nicht berufstätig sind und außerdem ihre Gattenrolle durch Verwitwung oder Scheidung eingebüßt haben. Vielfach haben sie (derzeit oder von jeher) auch keine Mutteraufgaben. Dazu kommen weitere soziologische Faktoren, vor allem bei den Alkoholikerinnen unterer Sozialschichten, z. B. die Freudlosigkeit und Eintönigkeit industrieller Arbeit. Eine wesentliche Rolle spielen auch sozialpsychologische Faktoren, vor allen Dingen Partnerkonflikte. 80% der Alkoholikerinnen einer Frauenheilstätte geben gestörte Beziehungen zu ihrem Partner an (Rieth 1969). Viele Alkoholikerinnen leiden unter sozialer Isolation.

In den USA werden Unterschiede der Alkoholismushäufigkeit in den einzelnen sozialen Schichten beschrieben: So hat die unterste Sozialschicht die zweitniedrigste Alkoholziffer, die oberste Sozialschicht die niedrigste Ziffer, aber die höchste Zahl von Alkoholkonsumenten (Roebuck u. Kessler 1972). Nach einer anderen Erhebung in den USA besteht die höchste Gefährdung des Alkoholismus in den unteren sozialen Schichten. Neuere deutsche Untersuchungen (Feuerlein u. Küfner 1977, Wieser u. Feuerlein 1976) haben ergeben, daß die Häufigkeit des Alkoholismus am höchsten in der Gruppe der ungelernten Arbeiter und andererseits der Selbständigen, Unternehmer und Freiberufler ist.

2.4.3.2 Arbeitssituation

Repräsentative Untersuchungen der Gesamtbevölkerung und der Erwerbstätigen haben ergeben, daß in der Bundesrepublik Deutschland 52% der Berufstätigen (= ca. 12 Millionen Personen) zumindest gelegentlich Alkohol am Arbeitsplatz konsumieren, 11% trinken täglich oder fast täglich am Arbeitsplatz (BZGA 1984). Nach einer Untersuchung in einer Brauerei waren 18% der Arbeitnehmer bereits bei Arbeitsbeginn alkoholisiert, 16% hatten bei Arbeitsende eine BAK von mehr als 1,2‰ (Zober u. Mitarb. 1979).

Über die Zusammenhänge zwischen Alkoholmißbrauch und Arbeitssituation gibt es bereits seit der Jahrhundertwende Arbeiten, die sich auf Statistiken stützen. Die damaligen Aussagen wurden durch beschreibende statistische Arbeiten der sechziger und siebziger Jahre bestätigt und erweitert. Für folgende Berufsgruppen wurde eine besondere Alkoholgefährdung gefunden:

– alkoholnahe Berufe (Berufe, die mit der Produktion und dem Vertrieb alkoholischer Getränke zu tun haben),
– an- und ungelernte Arbeiter,
– Durstberufe (z. B. Gießer, Köche, Heizer),
– Bau- und Metallberufe,
– Arbeiter im Hafenbereich,

- Kontaktberufe (Vertreter, Journalisten),
- Unternehmer, Freiberufler.

Neuere Studien (zit. Renn 1988) versuchten andere Aspekte der Alkoholgefährdung darzulegen. Dabei wurde vor allem auf die verschiedenen Ausprägungen der beruflichen Belastungen abgehoben:

- instrumentelle Belastung (Arbeitsanfall, Arbeitstempo),
- sozioemotionale Belastung (Kontrolle, Konkurrenz, Eintönigkeit),
- frustrierende Belastung (geringer Verdienst, schlechte Aufstiegschancen),
- fehlende oder vorhandene „Dispositionsspielräume" bei der Arbeit,
- Umfang und Art sozialer Kontakte bei der Arbeit.

Bei dem Versuch, besonders gefährdete Berufe zusammenzufassen, ist auch das Konzept des „hohen Opportunitätsbudgets" (Gundel 1980) zu erwähnen. Darunter werden Berufe und Tätigkeiten verstanden, die durch folgende Eigenschaften charakterisiert sind:

- relativ niedriges Niveau der Qualifikation bzw. Technisierung,
- traditioneller Alkoholkonsum während der Arbeit,
- hohes Maß an Selbstkontrolle bzw. Verhaltensautonomie,
- Rollenunterlastung,
- Kontrollinkompetenz von Komplementärrollenpartnern.

Neuere analytische Untersuchungen (Weiss 1980) zeigen andere Merkmale alkoholgefährdeter Berufe auf:

- Schichtarbeit (besonders bei minimal belasteten Arbeitsplätzen),
- soziale Kontaktmöglichkeiten am Arbeitsplatz (bei isoliertem Arbeitsplatz weniger Alkoholkonsum),
- Belastungen am Arbeitsplatz: Alkohol wird (im Sinne des sozialpsychologischen Stress-Coping-Modells) zur Spannungsminderung eingesetzt, zumal wenn keine anderen Möglichkeiten der Streßreduktion zur Verfügung stehen. Eine wesentliche Rolle spielt dabei die sog. Coping-Kompetenz (worunter auch die subjektive Verarbeitung belastender Situation zu verstehen ist) und das Lebensalter. Weitere Analysen haben gezeigt, daß vor allem Arbeitnehmer über etwa 30 Jahre Alkohol zur Streßreduktion einsetzen, da ihnen offenbar andere Möglichkeiten, besonders Arbeitsplatzwechsel bei Unzufriedenheit mit dem Arbeitsplatz, weniger leicht zur Verfügung stehen. Bei jüngeren Arbeitnehmern wird Alkohol nur bei besonders hoher Streßbelastung verwendet. Hier spielen als Ursache für den Alkoholmißbrauch andere sozialpsychologische Faktoren wie Griffnähe und Trinksitten eine größere Rolle.

Ein besonderes, oft vernachlässigtes Problem stellen alkoholkranke Ärzte dar, denen in den angelsächsischen Ländern viel mehr Aufmerksamkeit gewidmet wird als hierzulande (z. B. Classen u. Rennert 1980, Emrick u. Stilson 1977). Die genaue Zahl der alkoholkranken Ärzte ist noch schwieriger zu bestimmen als die anderer Berufsgruppen. Immerhin war die Mortalitätsziffer an Leberzirrhose in England 3,5mal so hoch wie unter der Allgemeinbevölkerung (Glatt 1976).

2.4.3.3 Herkunftsfamilie

Die sozialpsychologischen Einflüsse der Familie sind vielfältiger Natur. Sie beginnen mit der *Stellung in der Geschwisterreihe,* die seit Jahrzehnten das Interesse der Forscher gefunden hat. In einem Übersichtsreferat (Blane u. Barry 1973) wurde folgendes Ergebnis formuliert: Unter Alkoholikern überwiegen die Letztgeborenen einer Geschwisterreihe, und zwar im Vergleich zu allen übrigen Positionen der Geschwisterreihe (Erstgeborene, Zweitgeborene, Mittelstellung und vorletzte Position). Diese Überrepräsentanz der Letztgeborenen ist unabhängig von der Familiengröße. Sie kann nicht durch die Veränderung der allgemeinen Geburtenhäufigkeit erklärt werden. Dies gilt allerdings nur für männliche Alkoholiker. Die wenigen Arbeiten, die sich mit dieser Fragestellung bei weiblichen Alkoholikern beschäftigen, haben widersprüchliche Ergebnisse: Im Vergleich zu Gruppen von Nichtalkoholikern überwiegen ebenfalls die Letztgeborenen.

Allerdings findet sich auch ein Überwiegen der Letztgeborenen bei anderen psychiatrischen Patienten, einschließlich Schizophrenen. Es wurde zunächst angenommen, daß es wohl nicht somatische Einflüsse sind, die hier wirksam werden, sondern sozialpsychologische Faktoren. Man hat diskutiert, daß die Schlußstellung in der Geschwisterreihe ein besonderes Abhängigkeitsverhältnis von den Eltern mit sich bringt, in dem diese jüngsten Kinder der stärksten Verwöhnung und Bevormundung ausgesetzt seien.

Die Herkunftsfamilie als Vermittlerin von grundlegenden Werten und Normen spielt eine große Rolle.

Alkoholiker stammen meistens aus Elternhäusern, in denen der Vater trank (Lubetkin u. Mitarb. 1971, Infratest 1976). Allerdings wächst die große Mehrzahl *nicht* in familiären Verhältnissen auf, die nach bisheriger Meinung spätere deviante Verhaltensweisen begünstigen (Antons u. Schulz 1977, Köster u. Mitarb. 1978). Die Berufstätigkeit der Mutter hat keinen nachweisbaren Einfluß auf das Trinkverhalten der Kinder. Das Verhältnis der Jugendlichen zu ihren Eltern spielt aber offenbar eine große Rolle, ebenso das kontinuierliche Fehlen einer Bezugsperson. Die Nichtalkoholiker hatten meist ebenso streng eingestellte Eltern (Jackson u. Connor 1953, Wieser 1972). Diese Befunde werden psychodynamisch dahingehend interpretiert, daß Kinder, die aus Alkoholikerfamilien stammen, keine eindeutige und dauerhafte Haltung gegenüber dem Alkohol entwickeln konnten. Mäßige Trinker und Nichttrinker hingegen lernten im Elternhaus eine wertbezogene Haltung, die vor Kontrollverlust schützt. Alkoholikerinnen beschreiben ihre Mutter oft als kalt und dominierend, während sie die Väter als warmherzig bezeichnen. Über die Untersuchungen an Adoptivkindern, die von ihren biologischen Eltern getrennt aufgezogen wurden, wurde an anderer Stelle berichtet (vgl. 2.3.2.3). Bei Untersuchungen unter familiensoziologischen Gesichtspunkten (Stimmer 1979) ergab sich, daß jugendliche Alkoholiker signifikant häufiger als spätere „Normaltrinker" aus sogenannten pseudogemeinschaftlichen Familien stammten, die durch ihre Kommunikationsstruktur durch eine rigide Geschlossenheit und Unflexibilität gekennzeichnet sind. Ausgehend von diesen Befunden wird ein Dreiphasenmodell der Entstehung des Alkoholismus entwickelt: In der „vorbereitenden Phase" kommt es infolge der Einflüsse der „pseudogemeinschaftlichen" Familienstruktur zu einer Verschlechterung der Beziehungen zu Gleichaltrigen und Lehrern. In der „labilen Phase" (10–15, evtl. bis 18 Jahre) kann die Gestörtheit der Interaktionen weiter verstärkt werden, was zu Schwierigkeiten in verschiedenen Lebensbereichen führt mit der Konsequenz der „Selbstmedikation der Droge Alkohol" (sogenannte gesellschaftsstabilisierende Funktion von Suchtmitteln). In der „bedingenden Phase" (14–20 Jahre) ist dann die altersspezifische Ablösung vom Elternhaus gestört. Die Partnerbeziehung mißlingt häufig, während der Alkoholkonsum schließlich vom utilitaristischen Gebrauch (in der „labilen Phase") in den Abhängigkeitskonsum übergeht.

2.4.3.4 Primärgruppen (Mantek 1979, Steinglass 1983)

Die Bedeutung des weiblichen Partners für die Entstehung und Aufrechterhaltung des Alkoholismus des Mannes wurde seit langem untersucht. Die meisten Autoren unterschieden drei Typen von Ehefrauen der Alkoholiker: die dominierende, die masochistische und indifferent passive Frau. Entsprechende Untersuchungen über die Frage, ob die Persönlichkeitsentwicklung der Alkoholikerfrau primär oder sekundär sei, ergaben, daß beide Hypothesen nicht ausgeschlossen werden können (Kogan u. Jackson 1965). In anderen Untersuchungen (Hanson 1968) wurde über die eigene Einstellung und berufliche Einstellung des Partners Auskunft gegeben. Dabei ließ sich eine Einbahnkommunikation zwischen den Alkoholikern und ihren Partnern nachweisen. Alkoholiker geben ihren Partnern viel weniger Informationen über ihre Gefühle und Meinungen als umgekehrt. Frauen machten signifikant mehr negative Wahrnehmungen über ihren Mann als umgekehrt. Die Diskrepanz der Voraussagen hängt in erster Linie mit dieser negativen Einschätzung zusammen. Daraus werden Konsequenzen für die Therapie abgeleitet. Es müssen zunächst die Geheimnisse um den trinkenden Mann abgebaut werden, die Frau muß lernen, daß sich durch ihre negative Einschätzung die Distanz zum Mann vergrößert, wobei sie es ihrem Mann durch ihre Einstellung noch schwerer macht, sich ihr zu eröffnen. Mit Hilfe von Tests (MMPI) wurde eine neue Einteilung der Partnerinnen von Alkoholikern versucht (Rae 1972, Rae u. Forbes 1966). Es fanden sich zwei etwa gleich starke Gruppen:

– eine Gruppe, die mit den Eigenschaften: psychopathisch, hypomanisch, hysterisch charakterisiert wurde; sie wußte bereits vor der Heirat, daß der Mann Alkoholiker ist – die Ehefrauen dieser Gruppe dekompensierten, wenn ihr Mann mit dem Trinken aufhörte –;
– eine Gruppe, bei der sich als vorherrschende Eigenschaften Depressionen, Angst, Spannung, Unsicherheit und Minderwertigkeitsgefühle ergaben.

Untersuchungen mit Fragebogentests (Paolino u. Mitarb. 1976) konnten an Frauen von (Mittelklasse-)Alkoholikern keine psychopathologischen Auffälligkeiten aufzeigen.

Über die Struktur und das Verhalten der Partner von weiblichen Alkoholikern finden sich relativ wenig Angaben in der Literatur. Von mehreren Autoren (Wood u. Duffy 1966) wird die schwer gestörte Kommunikation zwischen den beiden Partnern betont. Sehr häufig sei die Dominanz des männlichen Partners. In einer Untersuchung an 19 Partnern von Alkoholikerinnen und 19 parallelisierten Kontrollpersonen (Busch u. Mitarb. 1973) ergab sich, daß zu Beginn der Ehe von Alkoholikerinnen das Dominanzverhalten in beiden Gruppen nicht unterschiedlich war. Unter den männlichen Partnern von Alkoholikerinnen fand sich nicht häufiger Alkoholismus als bei der Kontrollgruppe. Dagegen waren die männlichen Partner von Alkoholikerinnen weniger extrovertiert und weniger gesellig als die Männer in der Kontrollgruppe. Außerdem entsprach ihre Selbsteinschätzung mehr dem weiblichen Typ als in der Kontrollgruppe. Diese Befunde stellen eine Bestätigung einer früheren Untersuchung in Großbritannien dar (Rae 1972):

Die Störungen der Interaktionsfähigkeit chronischer Alkoholiker werden aus soziologischer Sicht (Wüthrich 1974) vor allem in Mängeln der Fähigkeit zu Rollendistanz, zum „role-taking" und der Ambiguitätstoleranz gesehen. Dazu kommt als weitere Bedingung für die Entstehung des Alkoholismus eine spezifische gesellschaftliche Konstellation (s. 2.4.5). Der Alkoholiker empfinde in nüchternem Zustand seine

Interaktionsmuster mit der Umwelt als für ihn belastend. Es komme zu einer Störung der Symmetrie der Beziehungen der Interaktionspartner.

2.4.4 Änderungen gesellschaftlicher Faktoren

Änderungen im sozialen Umfeld, die das Erleben der Person wesentlich beeinflussen (im „positiven" wie im „negativen" Sinn), können ein Faktor im Bedingungsgefüge des Alkoholismus (wie anderer Süchte) sein. Für die Bedeutung solcher Umweltbrüche („Umweltkontraste") (Renn u. Feser 1983) sprechen eine Reihe von übereinstimmenden Ergebnissen empirischer Forschung. So können folgende Situationen von Bedeutung sein:

- Umzug vom Land in die Stadt oder umgekehrt,
- Flüchtlingsschicksal (vgl. Köster u. Mitarb. 1978),
- Arbeitslosigkeit (Henkel 1987),
- Nichtseßhaftigkeit (Albrecht 1981).

Allerdings ist bei der Bewertung dieser Faktoren zu berücksichtigen, daß sie als unspezifische Stressoren wirksam sein können und daß außerdem bei einigen (z. B. Nichtseßhaftigkeit) zirkuläre Prozesse bestehen können.

2.4.5 Einflüsse der modernen Industriegesellschaft

Die moderne Industriegesellschaft weist neben den genannten sozialen Störungen noch einige zusätzliche Charakteristika auf, die als soziale Störfaktoren wirksam werden können. Sie wurden vor allen Dingen für die Genese des jugendlichen Drogenkonsums dargestellt (Keup 1973), spielen aber sicher auch für die Soziogenese des Alkoholismus in der modernen Industriegesellschaft eine Rolle. Es handelt sich dabei um folgende vier Faktoren:

- Die technisch-organisatorische Umwelt ist u. a. gekennzeichnet durch starke Arbeitsteilung, Automation und Übertechnisierung. Als sozialpsychologische Folgen werden u. a. die Vermassung, Anonymisierung, Delegation der Verantwortung auf große Trägergruppen genannt.
- Überangebot von Konsumgütern und Information, das zu Verwöhnung, Reizüberflutung mit nachfolgender Abstumpfung und zu mangelnder Fähigkeit zur Bewältigung des Konsums und der Information führt.
- Wandel der Strukturen und Funktionen in den Primärgruppen, insbesondere der Familie. Es kommt zu einem Verlust der Bedeutung der Familie mit fortschreitender Desintegration, zu einem Verlust der Traditionen. Dies führt zu einem Bindungsverlust, zu

einer Rollenüber- und -unterlastung der einzelnen Gruppenmitglieder.
- Die Emanzipation des einzelnen von Bindungen an Primär- und Sekundärgruppen bei häufig mangelnder „Mündigkeit". Daraus resultiert die mangelnde Fähigkeit zur Bewältigung der Freiheit und die Überbelastung mit Verantwortung. Die spezifische gesellschaftliche Konstellation (die Familie, Beruf, Wirtschaftslage usw. beeinflußt) ist durch das Fehlen allgemeingültiger Werte gekennzeichnet, was oft zu Gegensätzen in den Normen und Erwartungen führt (Wüthrich 1974). Sieht sich der Mensch in der sich schnell wandelnden, komplexen und widersprüchlichen Welt vor unlösbare Anpassungsaufgaben gestellt, so wird er die Situation durch Fluchtreaktionen (z. B. mit Hilfe von Alkohol) zu bewältigen versuchen. Nach dieser Hypothese von Wüthrich ist die Entwicklung von Techniken der Spannungsreduktion mit Hilfe von Alkohol (sofern dieser kulturell als geeignetes Mittel dazu angesehen wird) um so wahrscheinlicher, je höher das Konfliktpotential in einer Gesellschaft (Repressivität und Rigidität) der Normenstruktur der sozialen Systeme ist.

Diese Charakteristika sind weithin bekannt, aber m. W. noch nicht in ihrer Bedeutung auf die Entstehung des Alkoholismus empirisch untersucht, so daß ihnen vorläufig noch streckenweise der Charakter einer Arbeitshypothese zukommt.

2.5 Suchttheorien

2.5.1 Biologische Suchttheorien

Selbstreizversuche am Gehirn von Tieren, die von Olds u. Milner (1954) erstmals durchgeführt wurden, bilden eine der wesentlichen Grundlagen für die neueren biologischen Suchttheorien. Sie stellen eine Kombination zweier früher entwickelter Methoden dar, nämlich der Elektrodenimplantation in das Gehirn und der Hebeldruck-Dressurmethode (Skinner 1938). Bei den Selbstreizversuchen lösen die Tiere durch Hebeldruck elektrische Reize im Gehirn aus. Die Elektroden werden in verschiedenen Abschnitten des Gehirns lokalisiert. Anatomisch gesehen handelt es sich um ein weitverzweigtes System, das vom Frontalhirn bis zum verlängerten Mark reicht und eine weitgehende Übereinstimmung mit dem limbischen System zeigt. Es ist bei allen untersuchten Säugern praktisch identisch. Je nach Sitz der Elektrode und nach Stromstärke reizten sich die Tiere entweder sehr häufig, oder sie vermieden die Selbstreizung ängstlich. Man hat daraus geschlossen, daß die Reizung im positiven Fall mit hohem Lustgewinn verbunden sein müsse.

Vergleicht man die für Selbstreizung benutzten Hirnareale mit denen gehäufter Lokalisation von Morphinrezeptoren, so findet man partielle Übereinstimmungen, vor allem im hinteren periaquädukten Grau.

Auch an Menschen wurden (im Zusammenhang mit hirnchirurgischen Eingriffen) vereinzelt Reizversuche am Gehirn unternommen. Die dabei erzielten Emotionen reichen von euphorischen Zuständen mit gesteigertem Redebedürfnis und gedanklichen Assoziationen bis hin zu positiv besetzten Halluzinationen auf verschiedenen Sinnesgebieten (besonders olfaktorischer Art), Déjà-vu-Erlebnisse, Depersonalisationserlebnissen und Dreamy-state-Zuständen.

Diese Befunde und andere Untersuchungen, die sich mit der Physiologie des Gehirns beschäftigen, bildeten die Basis für eine biologische Theorie des süchtigen Verhaltens, die von Ploog (1973) skizziert wurde. Danach stellt süchtiges Verhalten einen Kurzschluß instinktiven Verhaltens dar. Die instinktive Komponente wird fortlaufend weiter verstärkt. Die vorprogrammierten, instinktiven Bewegungsabläufe, die im Mittelhirn repräsentiert sind, werden von den motivierenden Komponenten (repräsentiert im limbischen System) funktionell oder durch Elektrostimulation getrennt. Das „motivational brain" erhält also ständig Reize, aber die Anpassung und Auswahl der vorprogrammierten Bewegungsabläufe funktioniert nicht. Das süchtige Verhalten stellt sich also als ein Versuch einer unmittelbaren Aktivierung von Triebbefriedigungsmechanismen unter Umgehung all der Verhaltensweisen dar, die natürlicherweise zur Erreichung eines Triebzieles eingesetzt werden.

Die mögliche Entstehung von opiatähnlichen Substanzen (THIQ, THP, BC) im Körper von Säugetieren in Zusammenhang mit Alkoholkonsum (s. 2.2.4.2) und deren Wirkung auf das ZNS hat zu verschiedenen Hypothesen über die Entstehung der Alkoholabhängigkeit geführt, die in den letzten Jahren weiter untersucht worden sind. Nach der „klassischen" Hypothese von Davis u. Walsh (1970) ist die abhängigkeitsbildende Wirkung des Alkohols durch die opiatähnliche Struktur dieser Kondensationsprodukte zu erklären. Diese Hypothese hat eine wesentliche Unterstützung durch die Ergebnisse der Arbeitsgruppe um Myers (1977, 1978) gefunden. Ihnen gelang es, durch intraventrikuläre Injektion von THIQ bzw. BC eine monatelange Alkoholpräferenz bei vorher alkoholaversiven Ratten zu erzeugen. Später gelang ähnliches auch bei Affen. Diese Befunde konnten im großen ganzen repliziert werden, allerdings mit wesentlichen Unterschieden insofern, als bei den Versuchstieren keine Zeichen von Alkoholintoxikation bzw. von Entzugssyndromen sichtbar gemacht werden konnten.

Versucht man die zahlreichen Forschungsergebnisse zusammenzufassen, so läßt sich nicht ausschließen, daß THIQ und die anderen genannten Substanzen beim chronischen Konsum von Alkohol „in Konzentrationen akkumulieren können, die die Einnahme von abnormen Mengen von Alkohol stimulieren und damit einen Circulus vitiosus verursachen können" (Urwyler 1985), der Abhängigkeit genannt werden kann. Es gibt aber keinen schlüssigen Hinweis darauf, daß diese Wirkung durch Opiatrezeptoren vermittelt wird. Diese experimentell sowie empirisch gewonnenen Ergebnisse weisen darauf hin, daß das Suchtverhalten als vorwiegend emotional gesteuertes Verhalten an bestimmte Hirnareale gebunden ist. Es ist, wie sich schon aus der neuronalen Plastizität und Bahnungsfähigkeit dieser Strukturen ergibt (Singer 1986), veränderbar.

Es bestehen inzwischen zahlreiche Befunde, die das Suchtverhalten auf das Verstärkungslernen bzw. Vermeidungslernen zurückführen, das mit dem Belohnungssystem in Zusammenhang gebracht wird, das in verschiedenen Hirnstrukturen lokalisiert wird. Es sind dies vor allem mesolimbische Strukturen (Septum, Hippokampus, N. accumbens, das mittlere Vorderhornbündel, welch letzteres als Relaisstation des Belohnungssystems aufzufassen ist, da es bei elektrischen Stimulationen sich als das am meisten lustproduzierende Hirnareal erwiesen hat. Weiterhin kommt noch das Gebiet des entorhinalen limbischen Kortex in Frage. Das Belohnungssystem kann durch Schmerz und Freude stimuliert werden (Herz u. Shippenberg 1988).

Als Belohnungsmodulatoren fungieren die Neurotransmitter Dopamin und Noradrenalin, in geringerem Ausmaß auch Serotonin, sowie die Endorphine, vor allem die Beta-Endorphine. Den Beta-Endorphinen wird die Mitwirkung bei der Feinabstimmung der Motivationslage zugeschrieben.

Alle Substanzen mit Abhängigkeitspotential (Opioide, Amphetamine, Kokain, Alkohol) aktivieren auf direktem oder indirektem Weg das Belohnungssystem. Alkohol scheint vorwiegend indirekt das Belohnungssystem zu beeinflussen. Gewisse direkte Alkoholeffekte (direkte Kontrolle der Dopaminausschüttung im N. accumbens – N. caudatus) werden allerdings nicht mehr ausgeschlossen. Des weiteren ist durchaus möglich, daß die Funktion von β-Endorphin durch Alkohol (akut und/oder chronisch) verändert wird (s. 2.2.6.3). Diese Wirkung könnte mit dem euphorisierenden Effekt des Alkohols zu tun haben. Eine wichtige Rolle in diesem Belohnungssystem spielt die Verknüpfung von Angst, Schmerz und Sucht, wobei die Endorphine und der Locus coeruleus maßgeblich beteiligt sind. Auch dem Gedächtnis kommt bei der biologischen Theorie der Sucht ein entscheidender Stellenwert zu. Von dem entorhinalen Kortex, der im Schläfenlappen gelegen ist, ziehen Bahnen in den Hippokampus, der eine wichtige Rolle beim

Zustandekommen von Gedächtnisleistungen spielt. Wenn erste Erfahrungen mit Drogenwirkungen engrammiert werden, dann werden alle im assoziativen Gedächtnis verknüpften Informationen zu potentiellen Auslösern einer erneuten Drogeneinnahme. Das alten Suchtverhalten liegt sozusagen abrufbar auf der Lauer (Böning 1989), was sich gut mit der klinischen Erfahrung der u. U. jahrzehntelangen Persistenz des der psychischen Abhängigkeit zuzuordnenden „Craving" verträgt. Es wird mit einer spezifischen Hypofunktion verschiedener Neurotransmittersysteme in Verbindung gebracht (Ollat u. Mitarb. 1988).

2.5.2 Nichtbiologische Suchttheorien

2.5.2.1 Anthropologische Theorien

Aus anthropologischer Sicht wird der Alkoholiker durch die süchtige Fehlhaltung (Matussek 1959), die Süchtigkeit (Gabriel 1962), bestimmt. Darunter versteht man ein hemmungsarmes, unkontrolliertes, starkes Verlangen nach bestimmten Werten oder Scheinwerten, hier nach Alkohol. Der süchtigen Fehlhaltung ist etwas Artifizielles, Unorganisches und Grenzenloses eigen. Weitere Wesensmerkmale sind das „Verschlingen der Umwelt", die Unfähigkeit zu menschlicher Begegnung, was zu Freudlosigkeit und Einsamkeit in der Welt („Leere") führt. Die süchtige Fehlhaltung geht von zwei allgemeinen menschlichen Verhaltens- und Lebensweisen aus (Kielholz und Ladewig 1972):

- von der Tendenz, die Realität anders zu erleben als üblich („to feel different"), was mit Lustgewinn bzw. Beseitigung von Unlust verbunden ist,
- von dem Verlangen nach Wiederholung und Steigerung einmal erlebter Lust.

Die süchtige Fehlhaltung ist nichts Statisches, sondern ein dynamischer Prozeß. Am Beginn der süchtigen Fehlhaltung und damit der Abhängigkeit steht (Schrappe 1968) eine besondere, spezifische Erwartungshaltung, in der eine primäre Fehlsteuerung zum Ausdruck kommt. Der Abhängigkeitsprozeß entwickelt sich allmählich, wobei das Handeln durch Wiederholung, Gewöhnung und Motivation mit der Lebensgeschichte aufgeladen wird. Durch Automation kommt schließlich eine Progression zustande, die ohne Einfluß willentlicher oder auch nur bewußter Steuerung bleibt und in der jede Motivbildung für das Fortschreiten der Entwicklung eine sekundäre sein muß (Bürger-Prinz 1944).

2.5.2.2 Lern- und Verhaltenstheorien

Diese Theorien basierten ursprünglich auf den Lerntheorien im engeren Sinn (klassisches und operantes Konditionieren, soziales Lernen).

Die neueren Verhaltenstheorien gehen darüber hinaus von der Grundannahme aus, „daß die Details der Suchtproblematik nur dann schlüssig aufgeklärt werden können, wenn die vielfältigen Wechselbeziehungen von kognitiven, behavioralen, sozialen und biologischen Faktoren erforscht werden" (Ferstl 1989). Der Mensch ist als Nesthocker von Geburt auf prägenden Einflüssen und Lerneinflüssen ausgesetzt (z. B. kulturspezifischen Einflüssen, der Familie und sonstigen Kleingruppen) (s. 2.4). Aus diesen Einflüssen entwickelt sich u. a. die Einstellung gegenüber Alkohol und ihre Einordnung in eine allgemeine Verhaltens- und Wertskala („Internalisierung"). Später wirken folgende Einflüsse verstärkend (vgl. auch Tab. **4**):

- *externe Faktoren:* z. B. Trinksitten, Modellverhalten von Bezugspersonen, situative Bedingungen, soziale Kontrolle,
- *interne Faktoren:* kognitive, emotionale und physiologische Einflüsse wie Wahrnehmungen, Stimmungen, Befindlichkeiten, die zu entsprechenden Erwartungshaltungen führen können,
- *pharmakologisch-psychotrope Eigenwirkung des Alkohols:* Enthemmung, Spannungslösung, Euphorisierung, evtl. Depressivität,
- *Vermeidung negativer Verstärker:* z. B. Vermeidung des Alkoholentzugssyndroms (s. 4.3) oder alternativer Verhaltensweisen, die strafenden Charakter haben.

Im einzelnen bestehen zwei Grundtheorien:

1. Die *Stimulus-Organismus-Response-Theorie* (S-O-R), die dem klassischen Konditionieren entspricht. Sie beruht auf den Konditionierungsversuchen Pawlows bzw. den Lernversuchen von Hull (1943). Nach der S-O-R-Theorie sind S und R beobachtbare Variable. S ist eine unabhängige Variable, die jedesmal auftreten muß, bevor R, die abhängige Variable, erfolgt. O ist eine nicht beobachtbare intrapsychische Variable. Nach der Grundannahme von Hull werden von Individuen diejenigen Aktionen auf Reize erlernt, die zur Reduktion eines Spannungszustandes des Organismus (z. B. einer Triebspannung oder Herabsetzung eines Angstzustandes) führen. Die Reduktion der Spannungszustände wirkt als Belohnung, die die Verbindung zwischen dem bestraften Reiz und der erfolgreichen Reaktion verstärkt.

2. *Transaktionales Modell* nach Skinner (1938).
Alles Verhalten ist bestimmt durch seine Konsequenz S-R-R = Stimulus-Response-Reinforcement. Die Umgebung verteilt positive oder negative Verstärker und lenkt dadurch das Verhalten. Es bestehen zwei Arten des Verhaltens:

a) Respondence (= reaktives Verhalten, das durch einen bestimmten Reiz ausgelöst wird). Es entspricht dem klassischen Konditionieren. *Therapeutische Ansätze:* Veränderung der Verknüpfung von Stimulus und Reaktion.

b) Operance (= instrumentelles Verhalten = spontan auftretendes Verhalten, das unabhängig von der Auslösefunktion ist). Es entspricht dem operanten Konditionieren. Das Verhalten steht also unter bestimmten Verstärkungsbedingungen, d. h., es ist durch seine Folgeerscheinungen bestimmt. Unter belohnenden Konsequenzen wird die Wahrscheinlichkeit für das Auftreten des Verhaltens erhöht, bei bestrafenden Konsequenzen sinkt die Wahrscheinlichkeit für das Auftreten ab.

Therapeutische Ansätze: Belohnung oder Vermeidung von Bestrafung dadurch, daß das Individuum die „richtige" dekonditionierende Verhaltensweise ausübt. Nach der Zwei-Faktoren-Theorie (Mowrer 1960) kommt es zu einer Verbindung beider Prinzipien:

– Lernen von Signalen („klassisches Konditionieren"), Gesetz der Gleichzeitigkeitsassoziation von Reizen, Konsequenz: Entstehung von unwillkürlichen Gefühlen und Einstellungen;
– Lernen von Problemlösungen (Prinzipien des instrumentellen Lernens) nach den Verstärkungsprinzipien von Thorndike (1913) und Hull (1943).
  Konsequenz: Erwerb willkürlicher motorischer Reaktion.

Normalerweise hängen beide Arten des Lernens eng zusammen, und zwar insofern, als das Individuum durchaus bereit ist, durch Konditionierung neue gefühlsmäßige Erfahrungen zu machen, d. h. neue Risiken auf sich zu nehmen, die dann als problemlösende Prozesse bewältigt werden.

Die Prinzipien des operanten Konditionierens lassen sich in folgendem Schema darstellen:

Belohnung	Bestrafung
A Eintreten von positiven Verstärkern	B Eintreten von negativen Verstärkern
C Wegfall von negativen Verstärkern	D Wegfall von positiven Verstärkern
→ Zunahme der Reaktion	→ Abnahme der Reaktion

Die Entstehung des Alkoholismus läßt sich durch die Prinzipien der Belohnung und Bestrafung erklären. Der Alkoholkonsum wird gefördert (verstärkt)

1. durch die Alkoholeigenwirkung,
2. durch das Erleben bzw. Verhalten des alkoholkonsumierenden Individuums selbst,
3. durch das Verhalten der Umgebung.

Belohnung durch positive Verstärkung (A)

1. Alkohol als Getränk wird nur von wenigen Alkoholikern (in strengerem Sinn des Wortes also nur von Alkoholabhängigen mit Kontrollverlust) wegen seiner geschmacklichen und sonstigen Qualitäten getrunken (s. auch Cappell u. Herman 1972).
2. Die Wirkung des Alkohols auf das ZNS führt zu Veränderungen des Erlebens bzw. des Verhaltens des alkoholkonsumierenden Individuums. Im Zusammenhang mit Wegfall von negativen Verstärkern kommt es zu einer Verminderung von Hemmungen und damit zu einer Erweiterung des Verhaltensrepertoires (Vermehrung der Freiheitsgrade).
3. Die Erwartungen und Haltungen der Umgebung wirken als positive Verstärker für den Konsumenten. Die Gesellschaft unseres soziokulturellen Bereiches erwartet von normalen Erwachsenen einen Alkoholkonsum mäßigen Grades. Dementsprechend besteht bei vielen Alkoholikern die Angst vor der Bloßstellung, wenn sie plötzlich auf den Alkohol verzichten. Dazu kommt die Bedeutung spezifischer Situationen und Riten, die als sekundäre Verstärker des Alkoholkonsums wirken (Cappell u. Herman 1972). Eine weitere Belohnung liegt in dem

Wegfall negativer Verstärker (C)

1. Alkoholkonsum führt zu Vermeidung von Alkoholsyndromen, insbesondere Entzugssyndromen.
2. Er führt zur Vermeidung von Langeweile, Einsamkeit, Streß sowie vor allen Dingen von Angst. Nach der Spannungs-Reduktions-Theorie nimmt man an, daß die Wirkung des Alkohols auf Angst und Spannung mit der Alkoholmenge und der Trinkdauer zusammenhängt. Diese Theorie ist inzwischen durch zahlreiche Untersuchungen stark angezweifelt worden. Spannung und Angst treten auch bei fortwährendem und gesteigertem Alkoholkonsum auf. Eine große Zahl von Tierversuchen mit Ratten und mit Menschen (Alkoholikern und Nichtalkoholikern) ergaben widersprüchliche Ansichten über die Angst-Spannungs-Theorie (Cappell u. Herman 1972).

Zusammenfassend läßt sich sagen, daß Alkoholiker unter Alkohol eine Abnahme von Verhaltensweisen erwarten, die durch Selbstunsicherheit, Hemmung und mangelndes Selbstbewußtsein gekennzeichnet sind und demgegenüber eine Zunahme von Einstellung

und Verhaltensweisen erhoffen, die durch Überlegenheit und Selbstsicherheit charakterisiert sind. Das tatsächliche Verhalten entspricht z. T. diesen Erwartungen.
3. Durch den Wegfall von negativen Verstärkungen in der Umgebung (durch den sozialen Druck zum gruppenkonformen Trinkverhalten) wird ebenfalls der Alkoholkonsum verstärkt. In diesem Zusammenhang ist der „Labeling"-Ansatz zu erwähnen: Wird ein Alkoholiker von seiner Umwelt als solcher etikettiert, so besteht eine gewisse Wahrscheinlichkeit, daß die Übernahme dieses Etiketts sein Selbstbild entsprechend beeinflußt, was mit Weitertrinken verbunden ist (Caddy 1978).

Bestrafung durch Eintreten von negativen Verstärkern und durch Wegfall von positiven Verstärkern (B und D)
(Nathan u. O'Brian 1971, Nathan u. Mitarb. 1978)

Bestrafende Maßnahmen führen nach der Lerntheorie zu einer Verminderung des Alkoholtrinkverhaltens. Es ließ sich z. B. eine Reduktion des Alkoholkonsums dadurch erreichen, daß die Umgebung der Versuchspersonen „verarmt" wurde (z. B. durch Entfernung von Möbeln, Fernsehgeräten u. ä.), wenn Alkohol getrunken wurde oder daß sich die Versuchspersonen mehr anstrengen mußten, um an Alkohol heranzukommen (Bigelow u. Liebson 1972). Es ist aber vorweg darauf hinzuweisen, daß bestrafende Maßnahmen beim Alkoholismus schon deswegen weniger wirksam sind, weil die bestrafenden Konsequenzen im täglichen Leben im Gegensatz zu den belohnenden wesentlich später einsetzen. Außerdem ist folgendes zu bedenken: Alkohol vermag die Wirkung der Bestrafung als solche zu unterdrükken, wie aus der trivialen Erfahrung bekannt ist und wie sie durch zahlreiche Untersuchungen nachgewiesen wurde (Masserman u. Yum 1946): Wenn man Katzen Milch und Alkohol zur Wahl stellt, bevorzugen sie eindeutig Milch. Werden diese Katzen während des Fressens durch unangenehme Reize frustriert (durch kalten Luftstrom), so werden die Tiere neurotisiert. Sie magern ab und verlieren ihre Dominanz gegenüber anderen, nicht entsprechend frustrierten Tieren. In diesem Zustand trinken die Katzen lieber die mit Alkohol versetzte als die pure Milch. Dieses Wahlverhalten ist jedoch reversibel. Wenn die Frustration aufhört, legen die Tiere ihr neurotisches Verhalten ab und verschmähen wieder den Alkohol. Darüber hinaus ist die Bestrafung von Alkoholikern weniger wirksam als von Nichtalkoholikern (Vogel-Sprott u. Banks 1965). Alkoholiker zeigten sich im Vergleich zu sozialen Trinkern signifikant weniger fähig, negative Konsequenzen ihres Verhaltens zu berücksichtigen. Sie zeigten eine größere Löschungsresistenz bei Bestrafungs- und Belohnungs/Bestrafungsbedingungen.

Tabelle 4 Verhaltenstheoretische Analyse exzessiven Alkoholismus (*S. Krämer*, in: H. Vollmer, S. Krämer: Röttger, München 1982)

Vorausgehende Bedingungen	Organismusvariablen	Problemverhalten	Verstärkungsmuster	Nachfolgende Bedingungen
Externe: Soziale und situative Faktoren – kulturelle Gegebenheiten (z. B. Trinksitten, Funktion des Alkohols in der Gesellschaft) – Modellverhalten von Bezugspersonen hinsichtlich Alkoholkonsum und hinsichtlich allgemeiner Problemlösestrategien und alternativer Verhaltensweisen – Mangel alternativer Verhaltensweisen – situative Bedingungen *Interne: Kognitive, emotionale, physiologische Faktoren* – Einstellung gegenüber Alkohol positiv – positive Erwartung an die Wirkung von Alkohol – negative emotionale Zustände (z. B. Depression, Frustration, Ärger) – physiologische Bedingungen (z. B. Entzugserscheinungen, Katergefühle)	– genetische Disposition – organische Bedingungen (z. B. herabgesetzte Verträglichkeit, Beibehaltung des einmal erworbenen Trinkstils → mangelnde Kontrolle	exzessiver Alkoholkonsum	Wenn die Konsequenzen zeitlich direkt, enger mit Alkoholkonsum als mit anderen Verhaltensmustern verknüpft (kontingent) und intermittierend auftreten, dazu alternative Verhaltensweisen keine Belohnung, sondern sogar Bestrafung erhalten, dann → hohe Wahrscheinlichkeit, daß Alkoholkonsum stabilisiert und verstärkt wird	*Positive Verstärkungsprozesse* Extern: – soziale Anerkennung für Alkoholkonsum – soziale Anerkennung für unter Alkohol auftretendes Verhalten Intern: – positive physiologische Effekte – positive emotionale Effekte *Negative Verstärkungsprozesse* Extern: – Entschuldigung oder Rechtfertigungsmöglichkeit sonst kritisierten Verhaltens Intern: – Reduktion unangenehmer Gefühle – Reduktion von unangenehmen physiologischen Symptomen

Nach den Theorien von Wilson (1977) wird zwischen sozialem Lernen und Stimulus-response-Lernen, dementsprechend zwischen zwei Typen von Alkoholikern, unterschieden: die „vermurksten" („screwed up") und die „augeklinkten" („precipitated"). Der Alkoholismus des ersten Typs sei weithin das Ergebnis eines unpassenden sozialen Lernens (Abstammung aus schlechten sozialen Verhältnissen, Schwierigkeiten mit gleichaltrigen Partnern, Defizit des sozialen Lernens). Die Alkoholiker des zweiten Typs stammen aus guten sozialen Verhältnissen und hatten vor dem Alkoholmißbrauch ein erfolgreiches Leben; der Alkoholismus wird als Folge ungelöster Konflikte aufgefaßt. Zur Unterstützung der Wilsonschen Theorie des Defizits im sozialen Lernen bzw. im SR-Lernen sind auch die Untersuchungen über „life events" heranzuziehen (Bell u. Mitarb. 1976). Es zeigte sich in mühevollen systematischen Untersuchungen, daß Alkoholiker im Vergleich zur Normalbevölkerung signifikant mehr ungünstige „life-events" aufwiesen (die allerdings nicht immer völlig unabhängig vom Alkoholabusus sind!). Bei Frauen scheint der Alkoholismus häufiger mit auslösenden Situationen verknüpft zu sein als bei Männern (Beckman 1975). Es wurde auch versucht, das Konzept der „erlernten Hilflosigkeit" (Seligman) auf die Entstehung des Alkoholismus anzuwenden (Mantek 1979). Dabei wurde ausdrücklich nur auf Fragen abgehoben, ausgehend von Fragebogenerhebungen an männlichen und weiblichen Alkoholikern, wobei sich ergab, daß Alkoholikerinnen sich „überdurchschnittlich häufig den Forderungen anderer gefügt" haben und „Schwierigkeiten aus dem Weg gegangen" sind.

Eine Übersicht über das verhaltenstheoretische Konzept „exzessiver Alkoholkonsum" gibt Tab. **4** (Kraemer 1982).

Kritik am lerntheoretischen Konzept

1. Das Konditionierungskonzept reicht nicht zur Erklärung des süchtigen Verhaltens aus, da insbesondere das Verhalten des Süchtigen immer einen Restbereich der Entscheidungsfreiheit behält (Ladewig 1974). Es kommt zu einer primären Fehlsteuerung durch eine unkorrigierbare Erwartungshaltung (Schrappe 1968, 1971).
2. Bei dem lerntheoretischen Konzept werden die Motivationen nicht genügend berücksichtigt. Die Beeinflussung des Verhaltens durch Motivationsänderung ist auch noch bei schwer Abhängigen möglich, wenn die Motivation groß genug ist. Manche experimentellen Untersuchungen zum Trinkverhalten von Alkoholikern ließen sich auf diese Weise erklären.
3. a) („Psychologische") Tierversuche und Versuche an menschlichen Abhängigen erklären nicht, warum unter den üblichen Bedingungen des täglichen Lebens nur ein kleiner Bruchteil der Menschen süchtig wird. Allerdings wäre es denkbar, daß dieser Einwand durch

das individuell unterschiedliche Auftreten bzw. Wahrnehmen von aversiven Stimuli (wie Sättigung und Müdigkeit) entkräftet werden könnte. Darüber sind mir aber noch keine Untersuchungen bekannt (s. auch 2.3.4).

b) Die Erfolge der auf Lerntheorie basierenden Verhaltenstherapie können dieses Problem auch nicht erklären, da nicht vom Erfolg einer bestimmten Maßnahme, z. B. Anwendung eines bestimmten Heilmittels, unbedingt darauf geschlossen werden kann, daß die betreffende Krankheit durch das Fehlen dieses Arzneimittels bedingt ist, sofern nicht dies durch eindeutige Versuche unter Ausscheidung aller anderen möglichen Variablen ausgeschlossen ist.

4. Die Konditionierungsversuche berücksichtigen nicht die Verhältnisse in der natürlichen Umgebung, die wesentlich reicher an Stimuli sind als die reizarmen Käfigsituationen.

2.5.2.3 Psychodynamische Theorien

In der Regel wird in den psychoanalytischen Theorien der Alkoholismus nicht von den übrigen Süchtigen getrennt. Dies entspricht dem psychodynamischen Ansatz, der die süchtige Fehlhaltung der prämorbiden Persönlichkeit in den Vordergrund stellt, die auf eine Störung der Persönlichkeitsentwicklung zurückgeführt wird. Es wurde versucht, drei Ansätze herauszuarbeiten (Rost 1987):

- der triebpsychologische Ansatz,
- der ichpsychologische Ansatz,
- der objektpsychologische Ansatz.

Im folgenden wird versucht, eine sehr verkürzte zusammenfassende Darstellung der in Frage kommenden psychoanalytischen Theorien zu geben.

Nach dem ersten, dem älteren Ansatz wird Abhängigkeit als Fixation auf die orale Entwicklungsstufe angesehen. Die Triebhaftigkeit ist unkontrolliert und unsublimiert. Alkohol gilt als Liebesobjekt („pharmakogener Orgasmus").

Nach dem zweiten Ansatz stehen bei der Sucht Störungen des Ich und der Identität im Vordergrund:

- Wahrnehmungsstörungen (mangelnde Trennung von Innen- und Außenwahrnehmung) mit der Folge der mangelnden Differenzierung von Affekten und ihren Signalfunktionen;
- Störungen der Objektbeziehungen, die sich häufig mit primitiven Abwehrmechanismen (Spaltung, Idealisierung und projektive Identifizierung) verbinden;
- Frustrationsintoleranz (insbes. Schwierigkeiten beim Aufschub von Triebbefriedigungen);

- Störungen der Affekt- und Impulskontrolle;
- Störungen des Urteilens, besonders der Antizipation der Wirkung des eigenen Verhaltens auf andere;
- Abhängigkeitskonflikte (Schwanken zwischen symbiotischen Ansprüchen und Autonomietendenzen).

In den Abhängigkeitskonflikten können je nach Grad der Verleugnung drei Formen der Abhängigkeit unterschieden werden (Blane 1968):
- *der Abhängigkeitstyp:* Alkoholiker ohne Streben nach Autonomie, die sich in ihren infantilen Ansprüchen treiben lassen;
- *Gegenabhängigkeitstyp* mit Verleugnung der Abhängigkeitstendenz;
- *fluktuierender Typ,* bei dem Phasen von Verleugnung und Kompensation mit solchen von Abhängigkeit abwechseln (z. B. episodische und rückfällige Trinker).

Die Ich-Entwicklung zur Autonomie hin erfolgt vor allem durch Internalisierung von Objektrepräsentanzen der frühen Sozialisation, d. h. z. B. Erfahrungen einer gute Geborgenheit vermittelnden und einer versagenden, bösen Mutter (Blanck u. Blanck 1974, Küfner 1978). Wird infolge einer Entwicklungsstörung das frühkindliche Objekt stark ambivalent erlebt, so kann ein idealisiertes Eltern-Imago (z. B. einer total gewährenden Mutter) oder in Kompensation ein unrealistisches Größen-Selbst entstehen. Außerdem wird durch mangelhafte Internalisierung elterlicher Objektrepräsentanz die Entwicklung des Über-Ichs gestört. Die starke Ambivalenz gegenüber dem idealen Eltern-Imago führt zu hohen, oral geprägten symbiotischen Erwartungen, andererseits zu Enttäuschungen, Aggressionen und Minderwertigkeitsgefühlen mit daraus resultierenden Abwehrmechanismen. Dazu gehört auch die Regression in eine illusionäre Wunschwelt mit nostalgischen Phantasien. Infolge der Affektstörungen, insbesondere des Ausfalls ihrer Signalfunktionen, entsteht die Gefahr von Retraumatisierung (d. h. Wiederbelebung früherer Traumen) überwältigt zu werden. Das Suchtmittel übt hier einige psychische Funktionen aus: Es dient als „innerer Reizschutz", als Mittel zur Stärkung des Selbstwertgefühls und der Ich-Funktionen, zum Abbau von Angst, vor allem aber als symbolisches Liebesobjekt (oft als Ersatzobjekt bei defizitärer Partnerbeziehung). Sein Konsum kann als ein mißglückter Therapieversuch angesehen werden, der unternommen wird, um die Gefahr einer Desintegration des Selbst abzuwenden, das wegen der Ich-Defekte droht. Die Fixierung oder Regression zielt auf einen frühen Zustand der Schmerzverarbeitung, wo in infantiler Abhängigkeit alle Hilfe von außen erwartet wird. In einer maximalen Anspruchshaltung wird der Umgebung die Verpflichtung auferlegt, Erleichterung von körperlichen und psychischen Beschwerden zu verschaffen. Viele der hier beschriebenen Dynamismen entsprechen also einer narzißtischen Persönlichkeitsstörung (Lürssen 1974).

Der objektpsychologische Ansatz hebt (im Gegensatz zum ich-psychologischen) auf die masochistischen und autodestruktiven Tendenzen der Sucht ab. Ziel sei die Totalverschmelzung, die unbewußte Todessehnsucht („Sucht als protrahierter Selbstmord"). Es bestehen auch Zusammenhänge zwischen Sucht und Depression (z. B. Matussek 1959).

Es wurde nun versucht, verschiedene Stadien der psychodynamischen Störungen mit den unterschiedlichen psychischen Bildern des Alkoholismus in Beziehung zu bringen (Battegay 1969). Je früher die Störung einsetzte, desto infantiler sei das Verhalten und die Persönlichkeit des Alkoholikers. Zusammenfassend läßt sich sagen, daß die Sucht aus psychodynamischer Sicht meist als eine narzißtische Persönlichkeitsstörung aufgefaßt wird, die nosologisch zwischen Neurose und Borderline-Syndrom anzusiedeln ist. Von der Neurose unterscheidet sich die Sucht vor allem durch Störungen der Ich-Entwicklung und der Identität. Die Grenzen zum Borderline-Syndrom sind in Extremfällen weniger scharf, die Unterschiede mehr quantitativer Art. Beiden gemeinsam sind die Desintegration des Ich (als Folge einer ungelösten Trennungs- und Individuationskrise und dem Fehlen einer Objektkonstanz) sowie verzerrte Selbst- und Objektrepräsentanz.

Kritik:
- Die psychoanalytischen Theorien zur Alkoholismusentstehung sind empirisch bzw. experimentell nicht bestätigt. Dies ist allerdings gar nicht zu erwarten, da die psychoanalytischen Theorien, schon von ihrem hermeneutischen Ansatz aus, sich der experimentellen Nachprüfbarkeit entziehen.
- Es fehlen indirekte Bestätigungen durch breite Erfolge der psychoanalytischen Therapie. Allerdings sind solche Therapien bisher kaum in großem Umfang vorgenommen und ausgewertet worden.
- Der tiefenpsychologische Ansatz überschätzt den Lustaspekt des Drogenkonsums. Der ichpsychologische Ansatz ist nicht suchtspezifisch, sondern gilt für mehrere andere psychische Störungen.

2.5.2.4 Weitere nichtbiologische Theorien

Unter diesem Titel sollen zunächst Ergebnisse von McClelland u. Mitarb. (1972) kurz erörtert werden.

Die Autoren kommen zusammenfassend zu dem Schluß, daß das Hauptmotiv für den Alkoholkonsum bei Männern der Wunsch nach persönlicher Macht und dem Gefühl, stsärker zu sein („to feel stronger") sei. Trinken sei eine von vier Möglichkeiten, persönliche Macht auszuüben bzw. darzustellen. Die anderen seien: Anhäufung von Prestigekonsumgütern, Spielen (Glücksspiele), aggressive Impulse. Es wird vor allen Dingen auf den Wunsch nach Männlichkeit („Machismo") hingewiesen, aber auch auf den mesomorphen Körperbautyp, der mit einer erhöhten Aggressionsneigung korreliere, was wieder den Alkoholkonsum fördere.

Es ist bemerkenswert, daß McClelland zur Bestägigung seiner Theorie auch Daten benutzte, die von anderen Autoren ganz anders interpretiert wurden. Außerdem sind diese Theorien durch Verwendung anderer Methoden (TAT) in Frage gestellt worden. Bei Frauen sind ähnliche, allerdings methodisch problematische Untersuchungen durchgeführt worden. Es wurde dabei das Konzept bestätigt, daß Frauen durch Trinken ihren Feminismus bestärken wollen (Wilsnack 1974). Probleme der Rollenidentifikation gelten als wichtige Bedingungsfaktoren für den Alkoholismus bei Frauen. Bei Alkoholikerinnen wird häufig eine „Rollen-Konfusion" vermutet, die sich in unterbewußten Schichten der Persönlichkeit abspielt.

Die *transaktionale Analyse* (TA) von Berne hat einen weiteren Denkansatz beigesteuert (Steiner 1969). Der Alkoholismus wird wie jede andere Sucht als ein „Spiel" angesehen, d. h. als eine Reihe von Transaktionen, die vom Süchtigen unternommen werden, um einen Vorteil im Kreise seiner Gruppe zu erlangen. Drei Typen des Spiels werden aufgezählt. Allen liegt das Prinzip zugrunde: „Ich bin schlecht, Du bist o. k.", wobei in dem einen Spiel mehr die aggressiven Tendenzen, in den beiden anderen mehr die selbstzerstörerische in psychischer bzw. somatischer Hinsicht betont wird. Der psychosoziale Nutzeffekt, der mit dieser Theorie besonders herausgestellt wird, besteht für den Alkoholiker letztlich darin, die Mitglieder der Umgebung zum Opfer zu machen. In dem „Spiel" tragen sie (teils bewußt und freiwillig, teils unreflektiert) durch ihr unterschiedliches, aber jeweils typisches Rollenverhalten dazu bei, das Suchtverhalten aufrechtzuerhalten (z. B. als „stummer Helfer", „Retter", „Nörgler" und „Verbindungsmann").

Ausgehend von den Überlegungen Wüthrichs (vgl. 2.4.5), nach denen die Entstehung des Alkoholismus aus soziologischer Sicht durch Interaktionsmängel an die Konfliktpotentiale der Gesellschaft (Repressivität und Rigidität der Normenstruktur) bestimmt ist, wird Alkoholismus als eine Störung der Interaktionen und der Kommunikation betrachtet. Zu deren Lösungen werden die Problemlösungsstrategien von Watzlawik u. Mitarb. (1969, 1974, 1976, 1977) herangezogen. Danach entstehen die Probleme u. a. durch „schreckliche Vereinfachungen", durch das Aufstellen eines „utopischen Selbstideals" und durch die unbeabsichtigte Verursachung paradoxer Situationen. Der therapeutische Ansatz, der sich daraus ergibt, zielt auf eine Umdeutung, auf die „Illusion der Alternativen".

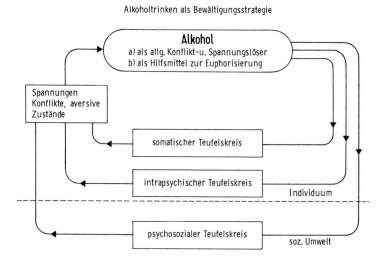

Abb. **6** Teufelskreise der Alkoholabhängigkeit (aus: H. Küfner: Wiener Z. Suchtforsch. 4 [1981] 3).

2.5.3 Zusammenfassende Theorien

Die biologischen Modelle (vgl. 2.5.1) berücksichtigen nicht die sozialen Faktoren, deren Bedeutung evident ist. Umgekehrt vernachlässigen rein psychologische und soziologische Modelle (s. 2.5.2.1–2.5.2.4) die Ergebnisse der umfangreichen biologischen bzw. psychologischen Forschung. Daraus folgt, daß nur eine Zusammenschau aller drei Faktorengruppen eine Erklärung der Entstehungsbedingungen des Alkoholismus (und der Drogenabhängigkeit im allgemeinen) geben kann, die dem Anspruch gerecht wird, den Mannigfaltigkeiten der realen Gegebenheiten gerecht zu werden. Dieses Modell ist dynamisch zu sehen, wobei die Faktorengruppen sich gegenseitig beeinflussen. Die Entwicklung der Sucht kann insofern auch unter systemwissenschaftlichen Aspekten gesehen werden (Küfner 1981), wobei verschiedene Modelle (auch als Regelkreise) entwickelt werden können. Besonders hinzuweisen ist auf die „Teufelskreise", die sich bei übermäßigem Alkoholkonsum unter utilitaristischen Gesichtspunkten ergeben (s. Abb. **6**). Sie veranschaulichen die Entwicklung zur Alkoholabhängigkeit (Küfner 1981).

3 Epidemiologie

3.1 Allgemeines

3.1.1 Prävalenz – Inzidenz

Es ist ziemlich schwierig, die Prävalenz* des Alkoholismus in einer Gesellschaft festzustellen. Die Schwierigkeiten beruhen auf verschiedenen Problemen:
- der Alkoholismus-Definition, also der Frage, ob von Alkoholabhängigkeit oder von Alkoholfolgeschäden (alcohol related disabilities) (vgl. 1.2) ausgegangen wird,
- der Diagnosestellung,
- der Tabuisierung des Alkoholismus, die die Erfassung erschwert.

Daß die Prävalenz* des Alkoholismus hoch sein wird, zeigt sich schon an einzelnen Inzidenzzahlen** der Alkoholfolgeschäden und an anderen Hinweisen, z. B. dem Alkoholkonsum. Diese Alkoholkonsumzahlen, die ja von Land zu Land erheblich schwanken, sind aber kein absolut getreuer Spiegel für die Prävalenz des Alkoholismus in einem Land. Es gibt Länder mit niedrigem Alkoholverbrauch und hoher Alkoholismusrate. Denn das Ausmaß des Alkoholismus in einer Population hängt auch wesentlich von den herrschenden Trinksitten ab. In manchen Ländern trinken nur relativ wenige überhaupt Alkohol; diese wenigen trinken aber dann große Mengen. In anderen Ländern trinken fast alle Erwachsenen Alkohol, aber nur geringe Mengen. Der Pro-Kopf-Verbrauch in diesen Ländern ist dann relativ hoch.

3.1.2 Methoden

Trotz dieser Einschränkung läßt sich der Pro-Kopf-Verbrauch als Grundlage für die Berechnung der Prävalenz benutzen, wie der fran-

---

* Unter Prävalenz versteht man das Auftreten eines Merkmals, hier des Alkoholismus, dividiert durch die Anzahl der Individuen, die man untersucht. Die Zahl wird auf 100 Personen (in Prozent also) berechnet und bezieht sich entweder auf einen Stichtag (Stichtagsprävalenz) oder auf eine kurze Zeitperiode (Periodenprävalenz).
** Unter Inzidenz versteht man den Anteil der Personen, die in einem bestimmten Zeitraum das Merkmal neu erworben haben, also z. B. an einer bestimmten Krankheit erkrankten.

zösische Statistiker Ledermann (1956a, b) gezeigt hat. Er ging bei der Ableitung seiner Formeln davon aus, daß die Verteilung der Personen, die bestimmte Alkoholmengen konsumieren, in einer Bevölkerung keineswegs der Normalverteilungskurve entspricht, sondern logarithmisch gestaltet ist. Die Kurven lassen erkennen, daß der durchschnittliche Verbrauch einer Bevölkerung keineswegs gleich dem Verbrauch des größten Teils der Bevölkerung ist. Aus diesen Kurven lassen sich Prozentsätze der Alkoholkonsumenten der Gesamtbevölkerung errechnen, die eine bestimmte Alkoholdurchschnittsmenge pro Jahr verbrauchen (s. auch 3.2). Die Ledermannschen Formeln haben sich in verschiedenen Populationen bewährt (Ledermann 1956b). Mit Hilfe dieser Formeln wurden Berechnungen der Alkoholismusprävalenz aufgrund der Alkoholkonsumzahlen von 1968 für eine Reihe von Staaten durchgeführt (Seixas u. Mitarb. 1972). Andererseits wurde die Ledermannsche Methode in den letzten Jahren wiederholt kritisiert (Duffy 1977, Skog 1980).

Eine weitere Methode zur Berechnung der Prävalenz des Alkoholismus ist die Jellineksche Formel, die auf der Mortalitätsrate der Leberzirrhose basiert (Haggard u. Jellinek 1942, Jellinek 1942). Sie lautet:

$$A = \frac{PD}{K} \times R$$

Sie berücksichtigt die Todesziffer an Leberzirrhosen in Prozent (D), die Prozentzahl von Leberzirrhose, die auf Alkohol zurückzuführen ist (P), die Prozentzahl von Alkoholikern, die an Leberzirrhose sterben (K), die Verhältniszahl von allen Alkoholikern zu solchen mit Komplikationen (R). Für P, K und R wurden von Jellinek feste Richtzahlen aus amerikanischen Erfahrungen verarbeitet. Diese Jellineksche Formel wurde an verschiedenen Populationen validiert. Sie hat inzwischen, z. T. auch aus sehr plausiblen Gründen, Kritik erfahren. Es sind Verbesserungsvorschläge gemacht worden, die allerdings die Formel weiter komplizieren (z. B. Brenner 1959). Nachuntersuchungen haben jedoch ergeben, daß sich die Jellineksche Formel als Methode für die Gesundheitsplanung und für Informationsaufgaben bewährt hat.

3.2 Trinkverhalten der Gesamtbevölkerung

Seit prähistorischen Zeiten hatte der Alkoholkonsum, zumindest unter der weißen (kaukasischen) Bevölkerung, einen nennenswerten Umfang, freilich in den verschiedenen Ländern in unterschiedlichem Ausmaß. In der Gegenwart ist der Alkoholkonsum in den einzelnen Regionen sehr unterschiedlich, wie sich aus der Tabelle über den Pro-Kopf-Verbrauch alkoholischer Getränke in den einzelnen Ländern ablesen läßt (Tab. **5** und 6). Daraus ergibt sich, daß romanische Länder, vor allen Dingen Frankreich, einen sehr hohen Verbrauch

Epidemiologie

Tabelle 5 Verbrauch alkoholischer Getränke (Liter pro Kopf) im Deutschen Reich bzw. in der Bundesrepublik Deutschland und der DDR

	1900	1913	1929	1938	1950	1960	1970	1980	1985	1986	1987	
Bier	125,1	102,1	90,0	69,9	38,1	95,6	141,1	145,7	145,5	146,4	144,0	BR Deutschland
						79,5	95,7	139,1	141,6	142,6		DDR
Wein und Sekt	6,7	5,0	5,0	6,0	5,1	16,0	19,5	26,6	25,6	23,3	25,8	BR Deutschland
						3,2	5,0	9,6	10,3	10,9		DDR
Branntwein	11,3	6,8	2,0	3,9	3,0	5,1	7,9	8,8	6,1	6,1	5,9	BR Deutschland
						3,5	6,6	12,3	15,2	15,4		DDR
Reiner Alkohol (umgerechnet)	10,1	7,6	5,2	4,9	3,3	7,8	11,4	12,7	11,8	11,5	11,6	BR Deutschland
						4,1	6,1	10,1	10,3	10,5		DDR

(Quellen: Jahrbuch zur Frage der Suchtgefahren '88. Statistisches Jahrbuch der DDR 1987, Staatsverlag der DDR. Info-Dienst '88 der DHS.)

Tabelle 6 Internationale Übersicht über den Alkoholverbrauch 1982 (Pro-Kopf-Verbrauch in Litern)

reiner Alkohol		Bier		Wein		Branntwein in 100% r.A.	
1. Luxemburg	17,5	1. Bundesrepublik Deutschland	147,8	1. Italien	91,4	1. Luxemburg	8,25
2. Frankreich	13,3	2. CSSR	146,3	2. Frankreich	86,0	2. Ungarn	4,8
3. Italien	13,0	3. DDR	141,4	3. Portugal	78,4	3. DDR	4,8
4. Spanien	12,7	4. Belgien	132,1	4. Argentinien	73,8	4. Polen	4,3
5. Bundesrepublik Deutschland	12,2	5. Australien	128,9	5. Spanien	57,0	5. CSSR	3,56
6. Ungarn	11,5	6. Dänemark	128,6	6. Chile	54,7	6. Kanada	3,43
7. Portugal	11,3	7. Luxemburg	124,0	7. Luxemburg	48,3	7. UdSSR	3,3
8. Schweiz	11,2	8. Neuseeland	121,1	8. Schweiz	48,2	8. Peru	3,0
9. Belgien	10,8	9. Irland	115,0	9. Griechenland	45,0	9. Spanien	3,0
10. DDR	10,2	10. Österreich	108,5	10. Österreich	35,3	10. USA	2,94
11. Argentinien	10,1	11. England	107,3	11. Ungarn	32,0	11. Finnland	2,82
12. Dänemark	10,0	12. USA	92,0	12. Rumänien	28,9	12. Niederlande	2,57
13. Österreich	9,9	13. Ungarn	87,0	13. Jugoslawien	26,9	13. Bundesrepublik Deutschland	2,51
14. Australien	9,9	14. Kanada	86,5	14. Uruguay	25,0	14. Schweden	2,46
15. CSSR	9,8	15. Venezuela	83,9	15. Bundesrepublik Deutschland	24,8	15. Island	2,12

(Quellen: Jahrbuch zur Frage der Suchtgefahren 1984, Hrsg. H. Ziegler (Neuland-Verlag). Veröffentlichungen der Produktschap voor Gedistilleerde Dranken, Schiedam/Niederlande.)

haben, während er in anderen Ländern, besonders in Skandinavien und erst recht in den Ländern des Islam, sehr niedrig ist. Für alkoholische Getränke wurden in der Bundesrepublik 1987 32,359 Mrd. DM ausgegeben, das sind 529,01 DM pro Kopf der Bevölkerung (Ness u. Ziegler 1988).

Über das Trinkverhalten der Deutschen liegt eine Untersuchung aus dem Jahr 1968 vor (Wieser 1972). Sie zeigt, daß etwa 5% der erwachsenen Bevölkerung total abstinent leben. 20% sind „Gesinnungsabstinente", die nur unter sozialem Druck Alkohol konsumieren. 30–35% trinken häufig geringe Mengen alkoholische Getränke, 5% hingegen sind starke Trinker mit einem Durchschnittskonsum von mindestens 100 ml reinem Alkohol (umgerechnet) täglich. 0,75% der Bevölkerung trinken täglich mehr als 200 ml. Es läßt sich daraus der Schluß ziehen, daß die Masse der Bevölkerung relativ wenig trinkt, nur wenige trinken große Mengen Alkohol. Dieses Trinkverhalten hat sich im großen ganzen durch neuere Untersuchungen bestätigt. Nach einer Studie der Bundeszentrale für gesundheitliche Aufklärung (BZGA) von 1984 (Personen ab 14 Jahren) tranken 30% überhaupt keinen Alkohol (15% der Männer, 43% der Frauen), 39% (22% der Männer und 53% der Frauen) verneinen einen *regelmäßigen* Alkoholkonsum, andererseits berichten 10% (19% der Männer und 3% der Frauen) über einen regelmäßigen Alkoholkonsum von mindestens 280 g pro Woche. Es sind dies schwerpunktmäßig die 30- bis 39jährigen. Ähnliches wird aus der Schweiz berichtet. Dort verbrauchen 7% der Bevölkerung 50% des gesamten in der Schweiz konsumierten Alkohols, weitere 43% werden von 44% der Bevölkerung getrunken, so daß insgesamt 94% des Alkohols von 50% der Bevölkerung getrunken werden (Abb. 7). 13% der Erwachsenen (15–74 Jahre) trinken keinen Alkohol. In der Bundesrepublik Deutschland tranken 14% der Bevölkerung täglich Bier, 3% Wein und 2% Spirituosen.

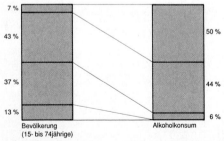

Abb. 7 Anteil der Bevölkerungsgruppen am Totalkonsum (in: Schweizerische Fachstelle für Alkoholprobleme: Zahlen und Fakten zu Alkohol- und Drogenproblemen 1983/84).

Bemerkenswert ist, daß der erste Alkoholkonsum meist im 12. Lebensjahr erfolgt, in der Schweiz im 10. Lebensjahr. Die Abstinenzler bilden eine Randgruppe der Bevölkerung. Bei der Untersuchung 1968 wurde festgestellt, daß sie ein schlechtes „Image" haben.

3.3 Prävalenz von Alkoholmißbrauch und -abhängigkeit in verschiedenen Regionen und Subpopulationen

Verschiedene Repräsentativbefragungen (Wieser 1972, Feuerlein u. Küfner 1977) haben ergeben, daß in der Bundesrepublik Deutschland mindestens 2–3% der Gesamtbevölkerung als Alkoholiker, also Alkoholabhängige, bezeichnet werden müssen, d. h. 1,2–1,8 Millionen. Geht man nur von den Erwachsenen aus, so kommt man auf eine Zahl von 2–5% (= 1–2,5 Millionen) (Welz 1988). Nach einer anderen Übersicht (Trojan 1980), die nur Personen ab 16 Jahren berücksichtigt, ergibt sich folgendes:

- Abstinente 6%
- fast Abstinente 14%
- schwache Konsumenten 32–53%
- starke Konsumenten 16–47%
- pathologische Konsumenten 2–7%.

Im einzelnen: Bei einer Feldstudie in Oberbayern (Dilling u. Wegener 1980) wurde 1978 eine Prävalenz für behandlungsbedürftige Alkoholiker (mindestens 20 Jahre alt) von 3,7% (Männer 4,6%) festgestellt. Bei einer Nachuntersuchung dieser Stichprobe 1980–85 (Fichter 1988) ergab sich bei Männern eine Prävalenz von 7,1%.

In der Schweiz, wo der jährliche Pro-Kopf-Verbrauch 1984 auf 11,1 l (gegenüber 10,8 l 1980) angestiegen ist, bestehen erhebliche regionale Unterschiede zwischen der deutschen, der französischen und der italienischen Schweiz: durchschnittlicher Pro-Kopf-Verbrauch täglich 18 g bzw. 26 g bzw. 29 g. Für alkoholische Getränke wurden zwischen 1976 und 1980 durchschnittlich 821 sFr pro Jahr und Kopf der Bevölkerung ausgegeben. Bevorzugtes Getränk ist der Wein, gefolgt von Bier. 6% der Gesamtbevölkerung (15–74 Jahre) gelten als alkoholgefährdet (Verbrauch mindestens 80 g Alkohol pro Tag).

In Österreich lag der jährliche Pro-Kopf-Verbrauch von Alkohol 1985 bei 9,9 l, 1981 noch 11,0 l, 1951–54 allerdings durchschnittlich 6,0 l. 1979 wurden für alkoholische Getränke durchschnittlich pro Kopf der Bevölkerung 3072 öS ausgegeben. Bevorzugte Getränke sind im Osten Wein, im Westen Bier. 18% der Österreicher (12% der Männer, 21% der Frauen) sind abstinent (1977). Dabei zeigen sich beträchtliche Unterschiede zwischen den Bundesländern. 60% der Bevölkerung trinken weniger als 31 g täglich, 13% mehr als 61 g.

Zahlen, die über diesen Grad von Genauigkeit hinausgehen, sind schwer erhältlich. Auf die Schwierigkeiten zu genaueren Prävalenzzahlen zu kommen, weist eine epidemiologische Studie hin, die in einem Londoner Vorort durchgeführt wurde (Edwards u. Mitarb. 1973). Dabei wurden einmal Daten über Alkoholiker von allen möglichen Dienststellen, z. B. Gerichten, Krankenhäusern, Ärzten, Sozialarbeitern, Geistlichen, beigezogen und außerdem gleichzeitig eine Repräsentativbefragung einer Stichprobe der Bevölkerung dieses Gebietes vorgenommen. Bei der ersten Methode ergab sich eine Alkoholikerprävalenz (bezogen auf 1000 Personen über 16 Jahren) von 4,7 (8,6 Männer, 1,3 Frauen). Bei der zweiten Erhebung mittels Fragebogen ergab sich eine Häufigkeit von 31,3 (61,3 Männer, 7,7 Frauen) bezogen auf 1000 Personen über 18 Jahren.

Die Inzidenz der Alkoholiker läßt sich anhand der Aufnahme- bzw. Entlassungsziffern stationärer und ambulanter Behandlungseinrichtungen abschätzen. So haben die Aufnahmeziffern für Alkoholiker in den bayerischen psychiatrischen Kliniken in der Zeit von 1969–1977 um nahezu 200% zugenommen. Sie zeigen aber in den letzten Jahren eine rückläufige Tendenz auf hohem Niveau: 1982 11238 Aufnahmen, 1986 10712 Aufnahmen. Der Anteil der Frauen ist in den letzten Jahren annähernd gleich geblieben (1973 20,5%, 1986 23%). In drei bayerischen Bezirkskrankenhäusern mit vorwiegend ländlichem Einzugsbereich betrug 1981 der Anteil der Alkoholiker bei den Entlassungen 21% (31,5% bei den Männern, 10% bei den Frauen). Ähnliche Zahlen kommen aus anderen psychiatrischen Großkrankenhäusern der Bundesrepublik Deutschland (z. B. an der Heiden und Kistner 1981) und der Schweiz (Muster 1981).

Die Angaben über die Häufigkeit von Patienten von Allgemeinkrankenhäusern sind unterschiedlich, je nach soziokulturellen Bedingungen der einzelnen Regionen, aber auch nach Erhebungsmethoden. Aus den USA wurden aufgrund von Interviews Zahlen von 19–29% bei Männern und 4–10% bei Frauen mitgeteilt (Barcha u. Mitarb. 1968). In der Bundesrepublik wurden (nach Erhebungen mit dem MALT) Zahlen von 11% (Athen u. Schuster 1981) bzw. 14% für internistische Abteilungen und 7% bzw. 14% für chirurgische Abteilungen (Auerbach u. Melchertsen 1981, Möller u. Mitarb. 1987) angegeben. Von besonderer Bedeutung sind die Zahlen aus dem Mannheimer Fallregister (an der Heiden u. Kistner 1981). Der Anteil der Alkoholiker unter den Behandlungsepisoden insgesamt betrug 1978 14% (bei Patienten niedergelassener Nervenärzte allerdings nur 2%). In der Schweiz steht bei Männern zwischen 25 und 39 Jahren der Alkoholismus an der Spitze der Hospitalisierungsursache, bei den 50- bis 54jährigen an dritter Stelle (Meyrat u. Mitarb. 1977).

Bei ambulant behandelten Suchtkranken (aus insgesamt 303 psychosozialen Beratungsstellen der Bundesrepublik Deutschland) waren 1986 56,4% alkoholabhängig (66,2% der Männer, 39,9% der Frauen) (Simon u. Mitarb. 1987).

3.4 Geschlechts- und Altersunterschiede

3.4.1 Geschlechtsunterschiede

In fast allen Kulturen ist der Alkoholismus bei Männer verbreiteter als bei Frauen. In Ländern, in denen der Alkoholismus sehr stark tabuisiert oder die Emanzipation der Frau noch sehr wenig fortgeschritten ist, ist der Alkoholismus fast ausschließlich „Männersache". In Deutschland und in der Schweiz wurde vor 30–40 Jahren ein Geschlechterverhältnis von 1:10 angegeben; jetzt ist, zumindest in den deutschen Großstädten, damit zu rechnen, daß 25–30% der Alkoholiker Frauen sind (Feuerlein u. Kunstmann 1973). Ähnliche Zahlen finden sich im Mannheimer Fallregister. In der erwähnten Studie des BZGA sind 15% Frauen unter den Patienten mit hohem Alkoholkonsum.

Unter den Alkoholikerinnen findet man mehr Gamma-Trinkerinnen nach Jellinek (s. 6.1) als unter den männlichen Alkoholikern. Dies weist auf die größeren intrapsychischen Spannungen hin, die zu einem süchtigen Fehlverhalten führen. Dafür sprechen auch Befunde weiblicher Alkoholiker über häufigere Selbstmordversuche (Curlee 1970). Über die Verteilung von männlichen und weiblichen Alkoholikern auf die verschiedenen sozialen Schichten wurde berichtet (s. 2.4.3). Auch hinsichtlich des Zivilstandes findet man Unterschiede. Unter Alkoholikerinnen sind mehr ledige, geschiedene, vor allem aber verwitwete Frauen als unter den männlichen Alkoholikern (Helmchen 1972). Dies gilt (Mantek 1979) aber offenbar vorwiegend für stationär behandelte Alkoholiker. Meistens ist der Alkoholabusus bei Frauen mit gleichzeitigem Medikamentenabusus kombiniert (Curlee 1970, Feuerlein u. Kunstmann 1973).

3.4.2 Altersunterschiede

Bei Alkoholgefährdeten ergab eine Untersuchung von 1974 (Feuerlein u. Küfner 1977) bei Männern ein Maximum in den Altersstufen 30–49 Jahre, bei den Frauen ein breites Plateau zwischen 20 und 49 Jahren (Abb. **7**).

Von 24436 Alkoholikern aus ambulanten Beratungsstellen waren 18% 29 Jahre und jünger, 67% im Alter von 30–49 Jahren und 15% 50 Jahre und älter. 1,2% (1,3% der männlichen und 1,1% der weiblichen Alkoholiker) waren 19 Jahre und jünger, 6,1% (6,4% bzw. 5,2%) waren im Alter von 20–24 Jahren. Von 1403 Patienten aus 21 stationären Behandlungseinrichtungen (MEAT) waren 18% 30 Jahre und jünger, 67% 30–49 Jahre alt und 15% 50 Jahre und älter (s. Küfner u. Mitarb. 1986). Ganz ähnlich ergaben sich auch bei 4992 Alkoholikern aus Suchtfachkliniken: 20%, 67%, 13% (Keup 1985).

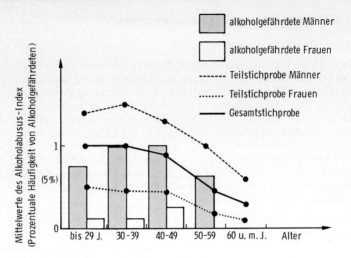

Abb. **8** Alkoholgefährdung und Alter (aus: W. Feuerlein, H. Küfner: Arch. Psychiat. Nervenkr. 224 [1977] 89).

Jugendliche Alkoholiker (12–24 Jahre) weisen im Vergleich zu denen im Erwachsenenalter und zu nicht alkoholgefährdeten Jugendlichen einige Unterschiede auf (Feuerlein u. Küfner 1977, Köster u. Mitarb. 1978). Die relativ größte Zahl findet sich unter den Unterschichtangehörigen (7%), die geringste unter den Angehörigen der Oberschicht (3%). Jugendliche Alkoholgefährdete sind im Vergleich zur Gesamtgruppe in den ersten zwölf Lebensjahren häufiger in einer Brokenhome-Situation aufgewachsen (19% gegenüber 10%). Sie haben ein unterschiedliches Freizeitverhalten: Sie fahren lieber Motorrad bzw. Auto (62% gegenüber 46%), spielen lieber Karten (45% gegenüber 25%), betätigen sich lieber an Spielautomaten (52% gegenüber 21%). 27% (gegenüber 2%) hatten schon Konflikte mit der Polizei wegen Alkohol am Steuer. Sie konsumieren auch mehr Tabak (77% gegenüber 43% Raucher), sie haben häufiger Drogenerfahrung (39% gegenüber 12%) (Bayer. StMin. Inn. 1986).

Über die Alkoholgefährdung bzw. die Alkoholabhängigkeit im Alter gibt es eine Reihe von Untersuchungen. Nach einer Übersichtsstudie in den USA (Myers u. Mitarb. 1984) liegt (unterschiedlich je nach Region) bei Männern über 65 Jahre bei 3,0%–3,7%, bei Frauen entsprechenden Alters bei 0,0–0,7% Alkoholmißbrauch bzw. Alkoholabhängigkeit vor. In der Prävalenzstudie von Oberbayern (Dilling u. Weyerer 1980, Fichter 1988) lag die Prozentzahl behandlungsbedürftiger Alkoholiker am niedrigsten bei Personen über 64 Jahre: 3,3% (Durchschnittswert aller Altersgruppen: 7,1%). Nach der deutschen Studie von 1984 (BZgA) fand sich hingegen bei den 60- bis 69jährigen relativ häufig ein hoher Alkoholverbrauch (über 280 g pro Woche) (bei 11%) und bei den Personen mit 70 und mehr Jahren bei 7%. Andererseits war die Prozentzahl der Abstinenten bei den Altersstufen über 60 Jahre deutlich höher als in den jüngeren und mittleren Altersstufen: 41% gegenüber 28% bei den 40- bis 49jährigen und 39% bei der Gesamtbevölkerung. Dies entspricht auch den amerikanischen Forschungsergebnissen: 47% gegenüber 32% bei der Gesamtbevölkerung (Cahalan u. Mitarb. 1969). Von den Patienten der Suchtfachkliniken sind nur 0,5% 60 und mehr Jahre alt.

Ältere Alkoholiker weisen eine höhere Morbidität auf als dies der Gesamtbevölkerung gleicher Altersstufe (65 Jahre und älter) entspricht (Hurt u. Mitarb. 1988). Meist handelte es sich um Patienten, die in jungen Jahren mit dem Alkoholabusus begonnen hatten.

Als Gründe für den reduzierten Alkoholkonsum alter Menschen werden vor allen Dingen gesundheitliche Rücksichten und finanzielle Probleme angegeben. Außerdem ist zu bedenken, daß viele Menschen mit hohem Alkoholkonsum in den früheren Lebensjahren ein Alter über 60 Jahre gar nicht mehr erreichen. Schließlich ist zu berücksichtigen, daß relativ viele alte Menschen über ihren derzeitigen Alkoholkonsum falsche Angaben machen, nicht zuletzt wegen ihrer psychischen Störungen.

3.5 Lebenserwartung der Alkoholiker

3.5.1 Methodische Probleme

Unter Lebenserwartung versteht man diejenige mittlere Lebensdauer, welche ein Mensch im Alter von x Jahren erleben wird, wenn man die Sterblichkeit des Jahres für die verschiedenen Jahrgänge der Bevölkerung zugrunde legt. In engem Zusammenhang mit der Frage der Lebenserwartung steht die Frage nach der Sterblichkeit bzw. Übersterblichkeit der einzelnen Jahrgänge bzw. Altersklassen, meist bezogen auf die Normalbevölkerung der entsprechenden Lebensalter. Bei der Beurteilung der Lebenserwartung von Alkoholikern ergeben sich einige besondere Probleme (Feuerlein u. Busch 1973):

– Der Alkoholismus ist kaum je allein die spezifische Todesursache von Alkoholikern. Vielmehr führt der Alkoholismus zu einer verminderten Widerstandsfähigkeit verschiedener Organsysteme bzw. zu einer psychischen Labilisierung, die dann eine besondere Anfälligkeit für Unfälle und Suizide hervorruft. So gesehen kann der Alkoholismus als Risikofaktor aufgefaßt werden.

– Bei der Beurteilung der Mortalitätszahlen von Alkoholikern ist eine beträchtliche Dunkelziffer anzunehmen, die die Todesursachenstatistik beeinflußt. Als Beispiel seien die Todesziffern der alkoholischen Leberzirrhose mit denen der sonstigen Formen der Leberzirrhose verglichen. Laut Statistischem Jahrbuch der Bundesrepublik Deutschland betrug das Verhältnis der Sterbefälle an alkoholischer Leberzirrhose zu sonstigen Formen der Leberzirrhose 1:14. Im Vergleich dazu seien die Meinungen von Klinikern erwähnt, wonach die Leberzirrhose mindestens bei der Hälfte der Patienten durch Alkoholismus bedingt ist (Verhältnis 1:1) (Feuerlein u. Busch 1973). Ähnliches gilt für andere Todesursachen bei Alkoholikern. Aus diesem Grunde wurden (Hackl 1980) Faktoren errechnet, mit denen die Mortalitätsziffer „chronischer Alkoholismus" multipliziert werden soll. Die Faktoren variieren je nach Literangaben (bei „mittleren Literangaben" beträgt er 45).

3.5.2 Mortalitätsziffern

Eine sehr ausführliche norwegische Studie über die Lebenserwartung von Alkoholikern zeigt eine Übersterblichkeit von 113% im Vergleich zur Gesamtbevölkerung (Sundby 1967). Eine Schweizer Studie (121) ergab bei männlichen Alkoholikern eine Verminderung der Lebenserwartung um 15% und bei weiblichen um 12%. Nach einer späteren kanadischen Untersuchung (Schmidt u. de Lint 1972) liegt indessen bei den weiblichen Alkoholikern eine größere Übersterblichkeit vor als bei den männlichen (3,19fach gegenüber 2,02fach). Zwei schwedische Studien (Dahlgren u. Myrhed 1977, Berglund 1984) kommen bei einem Beobachtungszeitraum von 6–12 Jahren bzw. 10 Jahren zu noch höheren Zahlen: 5,6fach gegenüber 3,0fach bzw. 5,1fach gegenüber 2,5fach. Eine besonders hohe Übersterblichkeit findet sich bei den jüngeren Jahrgängen (Dahlgren 1951). Nach einer englischen Untersuchung (Edwards u. Mitarb. 1978) betrug die Übersterblichkeit bei Alkoholikern unter 40 Jahren 8,47, bei denen über 60 Jahre nur mehr 1,85. Dabei ist diese Übersterblichkeit besonders ausgeprägt in den oberen sozialen Schichten. Interessant ist eine amerikanische Studie (Barr u. Mitarb. 1984), in der die Mortalität von Alkoholikern mit der von Drogenabhängigen verglichen wird. Die (jahrgangsbereinigte) Übersterblichkeit lag bei Alkoholikern bei 2,4%, bei Drogenabhängigen bei 3,1%. Bei Alkoholikern betraf sie aber nur die, die nach 2 Jahren nicht abstinent waren. Bei abstinent gewordenen hatte sich die Sterblichkeit dem Erwartungswert angeglichen.

Insgesamt zeigt sich, daß zwischen Alkoholkonsum und Mortalität eine U-förmige Relationskurve besteht (Marmot u. Mitarb. 1981). Einige Krankheiten sind als Todesursachen bei Alkoholikern besonders häufig (Schmidt 1970, Schmidt u. de Lint 1972): Leberzirrhose

(9mal so häufig wie bei der Normalbevölkerung), Krebserkrankungen des Magens und der oberen Verdauungswege (12mal so häufig wie bei der Normalbevölkerung), Apoplexie (Kozararevic u. Mitarb. 1980), Selbstmorde (8- bis 75mal höhere Selbstmordrate bei Alkoholikern als bei der Normalbevölkerung), Unfälle (2,7mal häufiger als bei der Normalbevölkerung). Dagegen scheint die Mortalität an Herz-Kreislauf-Krankheiten bei Abstinenten höher zu sein als bei Alkoholkonsumenten (Schmidt u. Popham 1981, Kozararevic u. Mitarb. 1980). Es wird aufgrund statistischer Analysen vermutet, daß die negative Korrelation zwischen Todesfällen ischämischer Herzkrankheiten und der Höhe des Alkoholkonsums von einem dritten, noch nicht bekannten (möglicherweise nutritiven) Faktor abhängt (Schmidt u. Popham 1981). Die Mortalität bei Alkoholikern scheint aber unabhänhig von Rauchen, Blutdruck und Plasmacholesterol (Marmot u. Mitarb. 1981).

Bei weiblichen Alkoholikern sind diese Zahlen noch wesentlich höher (Schmidt u. de Lint 1972). Alkoholikerinnen sterben häufiger an Unfällen, Suiziden, Kreislaufkrankheiten, Neoplasmen, chronischem Alkoholismus in akuter Alkoholintoxikation.

4 Medizinisch-psychologische Folgeschäden des Alkohols

4.1 Vorbemerkungen

Huss prägte um die Mitte des 19. Jahrhunderts den Begriff des „chronischen Alkoholismus" (1852). Er verstand darunter eine Zusammenfassung aller Krankheitssymptome des Nervensystems, die in dieser Form bei Personen auftreten, die längere Zeit alkoholische Getränke im Übermaß zu sich genommen haben. Der Begriff wurde dann erweitert auf alle alkoholbedingten Folgekrankheiten, allgemein ausgedrückt, um Schäden auf körperlichem oder psychischem Gebiet. Soziale Schäden spielen bei der ursprünglichen Formulierung keine Rolle, auch nicht die Menge des konsumierten Alkohols oder die Abhängigkeit in psychischem oder physischem Sinn. Der Begriff „akuter Alkoholismus" ist kaum gebräuchlich.

4.2 Akute Alkoholintoxikation (Alkoholrausch)

4.2.1 Akute Toxizität des Alkohols

Bei einem Blutalkoholspiegel von etwa 3‰ bieten die meisten Menschen (ohne Toleranz gegenüber Alkohol oder Drogen mit Kreuztoleranz) das klinische Bild offensichtlicher Intoxikation. Die tödlichen Blutalkoholkonzentrationen liegen bei 5–8‰. Dabei sterben mehr als 90% der Betroffenen. Die meisten Todesfälle akuter Alkoholvergiftung weisen einen Blutalkoholspiegel von 1,8–6,7‰ auf (Kaye u. Haag 1957). Die Dosis letalis wird bei Menschen auf rund 4‰ geschätzt, dürfte aber bei chronischen Alkoholikern mit Toleranzentwicklung höher liegen. Bei der Sektion findet sich neben einer akuten Leberverfettung eine vermehrte Blutfülle des Gehirns. In Tierversuchen konnte gezeigt werden, daß Ateminsuffizienz, Herzinsuffizienz (infolge Hypoxämie und vermindertem venösem Rückfluß) die Hauptrolle in der Pathogenese der akuten Alkoholvergiftung spielen (Polaczek-Kornecki u. Mitarb. 1972). Das alternde Gehirn ist anfälliger gegenüber den schädlichen Wirkungen des Alkohols, die Erholungsphase nach akuter Alkoholeinwirkung ist verlängert (Eckardt u. Mitarb. 1981, Vestal u. Mitarb. 1977).

4.2.2 „Einfacher Rausch" (Klinik)

Die akute Alkoholintoxikation stellt in ihrer Wirkung auf das ZNS eine reversible, körperlich begründbare passagere exogene Psychose) dar. Der Alkoholrausch* ist nicht notwendigerweise mit dem Alkoholismus verknüpft, sondern eine bloße Folge einer übermäßigen akuten Alkoholzufuhr. Die akute Alkoholvergiftung ist sicher sehr häufig. Genaue Zahlen sind nirgends bekannt. Es liegen nur orientierende Angaben aus einzelnen Institutionen vor. Der Anteil von Alkoholintoxikationen unter den Aufnahmen von Entgiftungsstationen allgemeiner Krankenhäuser hängt von örtlichen Gegebenheiten ab. Er dürfte bei 20% liegen (Feuerlein u. Mitarb. 1978). Neurophysiologische und neurochemische Untersuchungen sowie Verhaltensstudien konnten bisher keine spezifischen direkten Mechanismen aufzeigen, die der typischen Alkoholvergiftung in vivo entsprechen. Maßgebend für die qualitative und quantitative Manifestation des Rausches ist nicht nur die Höhe des Blutalkoholspiegels, sondern die körperliche Konstitution, die Struktur der Persönlichkeit, die gegenwärtige körperliche Verfassung, Befindlichkeit und Erlebniskonstellation und schließlich auch die äußere Umgebung („set" und „setting"). Aus diesen Einschränkungen ergibt sich, daß der experimentellen Wiederholbarkeit des Rausches enge Grenzen gesetzt sind.

Es gibt eine Reihe von Einteilungen der Alkoholintoxikationen, die sich je nach Erfahrungshintergrund voneinander unterscheiden (Tab. 7).

Tabelle 7 Einteilung der akuten Alkoholintoxikation nach Schweregraden (aus: *W. Feuerlein, M. v. Clarmann, A. Fischer, E. Schröder, H. Lepthien:* Psychiatrische Notfälle bei akuter Alkoholintoxikation. Therapiewoche 28 [1978] 2913–2919)

Schulz et al.	Reed, modifiziert von v. Clarmann
I Exzitatives Stadium	1. Etwas trunken, leichte Gangstörung
	2. Müde, erweckbar, starke Gangstörungen
II Hypnotisches Stadium	3. Bewußtlos, Reaktion auf Schmerzreize, Abwehrreflexe erhalten
III Narkotisches Stadium	4. Bewußtlos, reflexlos
IV Asphyktisches Stadium	5. Bewußtlos, reflexlos oder/und Kreislaufinsuffizienz

---

* Das Wort „Rausch" (etymologisch zusammenhängend mit rauschen = lärmen) impliziert im gängigen Sprachgebrauch einen hohen Grad von lustbetonter Gefühlsbewegung.

Der Foetor alcoholicus ist kein obligatorisches Zeichen eines erhöhten Blutalkoholspiegels (s. 11.4.4). Bemerkenswert ist die beobachtete Häufung von akuten Alkoholintoxikationen bei jungen Erwachsenen unmittelbar vor Auftreten eines Hirninfarktes (Hillbom u. Kaste 1978).

Nach klinischen Gesichtspunkten, die sich auch in forensischer Hinsicht bewährt haben, lassen sich trotz der eingeschränkten Bedeutung, die die Höhe des Blutalkoholspiegels für die psychopathologische Beurteilung hat, drei Stadien aufstellen (Witter 1972):

1. *leichte Räusche* (Blutalkoholspiegel 0,5–1,5‰): Herabsetzung der psychomotorischen Leistungsfähigkeit, allgemeine Enthemmung, Stimulation, vermehrter Rede- und Tätigkeitsdrang, Beeinträchtigung der Fähigkeit kritischer Selbstkontrolle, erhöhte Bereitschaft zu sozialem Kontakt, subjektives Gefühl der erhöhten Leistungsfähigkeit.

2. *Mittelgradige Räusche* (Blutalkoholspiegel 1,5–2,5‰): Diese Zustände sind gekennzeichnet durch euphorische Glücksstimmung oder aggressive Gereiztheit. Die Orientierung ist noch ungestört. Umweltkonstellationen und ihre soziale Bedeutung werden noch durchaus richtig erkannt, jedoch kommt es zu einer Verminderung der Selbstkritik, insbesondere gegenüber der eigenen Rolle in der gegenwärtigen Situation, zu Enthemmung, Benommenheit, psychomotorischer Unsicherheit. Das Erleben ist auf die unmittelbare, unreflektierte Bestrebung, triebhafte Bedürfnisse zu befriedigen, eingeengt. Das Verhalten ist im besonderen Maße abhängig von der jeweiligen äußeren Situation, was sich in dem schnellen Wechsel der Intentionen, in dem Fehlen zielgerichteter Konstanz und in der Bereitschaft zu primitiven, vorwiegend explosiven Reaktionsweisen zeigt.

3. *Schwere Rauschzustände* (Blutalkoholspiegel über 2,5‰): Diese Zustände sind charakterisiert durch Bewußtseinsstörungen und Verlust des realen Situationsbezuges, Desorientiertheit, illusionäre situative Verkennung, motivlose Angst, Erregung. Die *neurologischen Störungen* in diesen Stadien beziehen sich in erster Linie auf die Wirkungen des Alkohols auf das zerebellovestibuläre System: Es kommt zu Gleichgewichtsstörungen bis hin zu Ataxie, Dysarthrie, Schwindel. Differentialdiagnose: Bei schweren Rauschzuständen, insbesondere wenn sie mit einer fortschreitenden Vertiefung der Bewußtseinsstörungen einhergehen, ist differentialdiagnostisch an ein gleichzeitiges Schädel-Hirn-Trauma, evtl. mit komplizierender intrakranieller Blutung (epidurales oder akutes subdurales Hämatom) zu denken. Des weiteren kommt differentialdiagnostisch eine Vergiftung mit Schlafmitteln oder Psychopharmaka sowie schließlich eine Hypo- oder Hyperglykämie oder ein urämisches Koma in Frage.

Übermäßiger Alkoholkonsum und besonders Alkoholrausch sind in der Regel von einer Reihe von vegetativen Störungen gefolgt, die als „Kater" (engl. „hangover") bezeichnet werden. Es bestehen fließende Übergänge zum Alkoholentzugssyndrom (s. 4.3.1).

EEG-Befunde bei Räuschen

Die EEG-Befunde unter akuter Alkoholeinwirkung sind abhängig von verschiedenen EEG-Typen, die bei akuter Alkoholintoxikation genetisch bedingt sind. Beim Alpha-EEG findet man eine Verminderung der Alphaproduktion und eine Zunahme von Delta- und Betawellen, bei anderen Typen findet man eine Abnahme von Beta- und Deltawellen und eine Zunahme von Alpa- und Betawellen. Bei flachem EEG kommt es zu einer Zunahme der gesamten Produktion an Potentialen. Die EEG-Veränderungen sind auch in *gewissem* Umfang abhängig von der Blutalkoholkonzentration. Bei etwa 0,8‰ besteht eine Frequenzverlangsamung auf 8–9/s sowie eine Amplitudenzunahme, im weiteren Verlauf eine Dysrhythmie. Bei einem Blutalkoholgehalt von 1,0–1,5‰ finden sich Rhythmen von 5–6 s. Die zunehmende Verlangsamung der Hirnrhythmen hängt von der Anstiegsgeschwindigkeit des Blutalkoholspiegels und von dem absoluten Promillewert ab. Es besteht aber keine *absolute* Korrelation zwischen den EEG-Veränderungen (Frequenzverminderung) und dem Blutalkoholspiegel bzw. dem Allgemeinbefund (Wohlbefinden bzw. Müdigkeit). In der Alkoholabbauphase manifestieren sich im EEG Ermüdungszeichen. Bei der Hyperventilation finden sich bei absteigendem Blutalkoholspiegel (noch bei 0,2‰) hohe bilateral synchrone Rhythmen von 2–4‰. Im EEG sind noch 9–10 Stunden nach Beginn der Alkoholzufuhr zerebrale Funktionsstörungen nachweisbar.

4.2.3 Komplizierter Rausch (alkoholischer Dämmerzustand)

Klinik

Das entscheidende klinische Merkmal ist die ausgeprägte Verhaltensänderung, vor allem die Aggressivität, im Zusammenhang mit Alkoholmengen, die üblicherweise keinen (schweren) Rauschzustand verursachen. Sie treten innerhalb weniger Minuten auf und sind oft „persönlichkeitsfremd".

Früher hat man dem komplizierten Rausch den sogenannten pathologischen Rausch gegenübergestellt. Der komplizierte Rausch wurde als eine quantitative Steigerung des einfachen Rausches angesehen, während dem pathologischen Rausch qualitativ andere Charakteristika zugeordnet wurden. Diese Unterscheidung wurde in der neueren Literatur aufgegeben. Eine neuere Untersuchung (Athen 1983) läßt zehn psychopathologische Syndrome erkennen, die einzeln oder in verschiedenen Verbindungen auftreten (Störungen des Bewußtseins und der Motorik, Störungen der Orientierung, paranoid-halluzinatorisches Syndrom, manisches, gereizt-aggressives, depressives Syndrom, Angstsyndrom, Suizidalität, sexuelle Erregung, amnestisches Syndrom). Ätiopathogenetisch spielen neben chronischem Alkoholismus situative Einflüsse und persönlichkeitsbedingte Faktoren eine Rolle.

Verlauf

Die komplizierten Räusche klingen (wie die einfachen Räusche) innerhalb einiger Stunden ab. Sie enden immer in einem Schlafzustand und hinterlassen eine amnestische Lücke.

4.3 Alkoholentzugssyndrom

4.3.1 Akutes Alkoholentzugssyndrom

Als Alkoholentzugssyndrom werden Krankheitserscheinungen bezeichnet, die bei Unterbrechung oder abrupter Verminderung der Alkoholzufuhr auftreten. Sie treten nicht in Erscheinung, solange ein genügender Grad von Vergiftung aufrechterhalten wird. Diese Symptome können durch Entzug von Alkohol und Medikamenten ähnlicher Wirkung (z. B. Barbiturate, Paraldehyd und Chloralhydrat) entstehen. Ein Alkoholentzugssyndrom kann auch bei Neugeborenen von Alkoholikerinnen beobachtet werden (Pierog u. Mitarb. 1977). Obwohl seine Symptome seit Jahrhunderten bekannt sind (z. B. als „Alkoholkater" bezeichnet), wurde das Alkoholentzugssyndrom erst 1953 in Analogie zu dem Entzugssyndrom bei Opiat- und Barbituratabhängigen (Victor u. Adams 1953) beschrieben. Es wurde inzwischen experimentell vielfältig untersucht (Gross u. Mitarb. 1971, Mendelson u. Ladou 1964).

Klinik (Feuerlein 1972)

Das klinische Bild ist charakterisiert durch eine große Zahl von Symptomen auf verschiedenen Gebieten der klinischen Medizin.

Internistische Symptome: Magen-Darm-Störungen (Appetitstörungen, Brechreiz, Erbrechen, Magenbeschwerden, Durchfälle). Herz- und Kreislaufstörungen, Tachykardie.

Vegetative Störungen: vermehrte Schweißneigung, Pruritus, Schlafstörungen.

Neurologische Symptome: Tremor: Artikulationsstörungen, ataktische Störungen, Parästhesien, epileptische Anfälle. Der Liquor ist normal.

Psychische Störungen: Angst, vermehrte Reizbarkeit, Depressionen, Gedächtnisstörungen, Halluzinationen, Störungen der Bewußtseinslage.

Faktorenanalytisch wurden drei Faktoren aufgestellt (Gross u. Mitarb. 1971):

- *Faktor 1:* Nausea, Tinnitus, Sehstörungen, Pruritus, Parästhesien, Muskelschmerzen, optische und/oder akustische Halluzinationen, taktile Halluzinationen, motorische Unruhe. Diese Symptome wurden als Störungen des perzeptiven und kognitiven Systems aufgefaßt und den kortikalen Strukturen und sensorischen Rezeptororganen zugeordnet.
- *Faktor 2:* Tremor, vermehrte Schweißausbrüche, Depressionen, Angst. Sie werden als affektive Störungen bezeichnet und mit dem limbischen System in Beziehung gebracht.
- *Faktor 3:* Störung der Bewußtseinslage, des Kontaktes, des Ganges, ferner Nystagmus. Diese Störungen werden dem Hirnstamm zugeordnet.

Von dem Alkoholentzugssyndrom gibt es fließende Übergänge zu dem sog. Prädelir. Das Delirium tremens wird von manchen Autoren als die (seltene) oberste Stufe des Alkoholentzugssyndroms angesehen (Gross u. Mitarb. 1968). Schon im Prädelir lassen sich durch apparative Testmethoden Ausfälle nachweisen, die auf eine erhebliche zerebrale Schädigung hinweisen (Meyer u. Forst 1977).

Verlauf

Das Alkoholentzugssyndrom dauert einige Tage bis höchstens wenige Wochen. Spätsymptome, die nach wochenlanger Beschwerdelosigkeit rezidivartig ohne erneuten Alkoholkonsum auftreten, sind inzwischen häufig beschrieben (s. 4.3.2).

Sonstige Befunde

EKG: Häufig Sinustachykardie und Veränderungen in den T-Zacken, ferner vorzeitige Ventrikeltätigkeit (Abbasakoor u. Mitarb. 1976).

EEG: Bei Entzug des Alkohols nach längerem kontinuierlichem Konsum kommt es zu einer Erniedrigung der Krampfschwelle mit Auftreten von Krampfpotentialen, außerdem zu einem Wiederauftreten von REM-Stadien bei gleichzeitiger Unterdrückung der Delta-Stadien im Schlaf-EEG. Diese EEG-Aktivitäten sind als Rebound-Phänomene gegenüber Veränderungen während des hohen Alkoholkonsums aufzufassen, wo Delta-Schlafstadien überwiegen und die REM-Phasen nahezu völlig verschwinden.

Neuropathologischer Befund: Pathologische Befunde sind nicht bekannt.

Pathogenese (vgl. 2.2.6.3)

Das Alkoholentzugssyndrom ist durch den relativ raschen Umschlag der (biphasischen) Alkoholwirkung von ihrer hemmenden in ihre hyperexzitatorische Phase gekennzeichnet (Majchrowicz 1985). Ihm liegt wahrscheinlich eine Veränderung der Sensibilität der Noradrenalinrezeptoren zugrunde (Pohorecky 1977). Die Sensibilität der Noradrenalinrezeptoren ist in den ersten Stunden nach dem Alkoholentzug erniedrigt, steigt aber dann erheblich an, was sich an einer Zunahme der lokomotorischen Aktivität der Versuchstiere zeigt. Diese Zunahme der Sensibilität hängt zusammen mit einer überschießenden Bildung zyklischer AMP (Kuriyama 1977). Es wurde vermutet, daß die Hypersensibilität der Noradrenalinrezeptoren, die bei Ratten am 3. Tag nach dem Alkoholentzug beobachtet wurde, auch ursächlich mit der Entstehung des Delirium tremens zu tun haben könnte. Die Alkoholentzugskrämpfe (als Frühsymptome des Alkoholentzugssyndroms) hängen wahrscheinlich mit einer Verminderung der Sensibilität der Noradrenalinrezeptoren zusammen (French u. Mitarb. 1977). Auf hormonaler Ebene liegt diesen Veränderungen eine Aktivierung der Nebenniere zugrunde, die mit einer vermehrten Ausschüttung von Katecholaminen, besonders Noradrenalin, einhergeht. Bemerkenswert ist, daß bei Ratten durch Infusion von Metaboliten von biogenen Aminen in Seitenventrikel des Gehirns Symptome auftreten können, die dem Alkoholentzugssyndrom völlig gleichen. Das Alkoholentzugssyndrom tritt erst 3–4 Tage nach Beginn dieser Infusionsbehandlung auf. Dabei ist zu betonen, daß diese Tiere niemals Alkohol bekommen hatten (Myers 1978). Die Störungen des Elektrolythaushaltes wurden letztlich als ein Versagen der Kationenpumpe gedeutet (Whang u. Mitarb. 1974). Im einzelnen zeigte sich regelmäßig eine Verminderung von Magnesium (im Serum und Liquor), was schon seit längerem als pathogenetisch besonders wichtig angesehen wurde (Victor u. Wolfe 1973). Der Vasopressinspiegel im Plasma und Urin ist erhöht (Eisenhofer u. Mitarb. 1985). Ferner fanden sich Erniedrigungen des Kalium- und Kalziumspiegels bei Fällen mit epileptischen Anfällen (Meyer u. Urban 1977). In allen Fällen von Alkoholentzugssyndromen wurde eine ausgeprägte respiratorische Alkalose beobachtet.

In neurophysiologischen Tierversuchen (Hunter u. Walker 1980) zeigte sich, daß dem Alkoholentzugssyndrom eine zerebrale Lokalisation in der Nähe des Ventrikelsystems entspricht: hauptsächlich medialer Thalamus, ventromedialer und posteriorer Hypothalamus, lateraler Septalkern, mediale und basomediale Amygdala und Nucleus caudatus. Es ist bemerkenswert, daß die Hirnareale mit gehäuften Opiatrezeptoren sich ebenfalls in der Nachbarschaft des Ventrikelsystems befinden (vgl. Pfeiffer u. Herz 1982). Außerdem ergaben sich unbedeutende Veränderungen der synaptischen Erregbarkeit (bei Untersuchungen der evozierten Potentiale). In diesem Zusammenhang wird die Existenz eines zusätzlichen modulierenden Faktors für die Entstehung der synchronen epileptischen Aktivität postuliert. Auch Endorphine scheinen eine Rolle bei der Auslösung des Alkoholentzugssyndroms zu spielen (Markley u. Mezey 1978).

Zur Entstehung des Alkoholentzugssyndroms wurde eine interessante Modellvorstellung entwickelt (Ballenger u. Post 1978, Pinel 1981). Das Alkoholentzugssyndrom wurde als Auswirkung eines „Kindling"-Prozesses im ZNS angesehen. Unter „Kindling" versteht man die periodische Stimulation des Gehirns an verschiedenen Stellen, besonders im Bereich des limbischen Systems, mit elektrischen Reizen, die anfangs zu schwach sind, um irgendwelche Veränderungen des EEG oder des Verhaltens zu bewirken (Goddard u. Douglas 1975). Im Laufe der wiederholten Reizung wird die Nachentladungsschwelle erniedrigt bis zu einem Punkt, an dem nachfolgende Stimulationen mit vorher unterschwelligen Reizen eine Nachentladung auslösen. Werden diese Reize fortgesetzt, treten zuerst leichte motorische Automatismen, später motorische Krämpfe in Erscheinung. Das optimale Intervall zwischen den Reizen liegt bei 24 Stunden. Dieses Modell wurde auf die Entstehung des Alkoholentzugssyndroms angewandt, ausgehend von der Beobachtung, daß das Alkoholentzugssyndrom an Schwere zunimmt, je länger der Alkoholabusus besteht. Es wurde argumentiert, daß sich im Laufe einer „Alkoholikerkarriere" die Entzugssituationen häufen, wodurch sich die Zunahme der Schwere der klinischen und elektrophysiologischen Erscheinungen erklären läßt. Auch Ergebnisse von Tierversuchen (Ratten) können dieses Modell stützen (Baker u. Cannon 1979). Das Alkoholentzugssyndrom kann durch vorangegangene „Alkoholabhängigkeit" in seiner Ausprägung verstärkt werden. Nach diesem Modell ließen sich auch andere, bisher nicht recht plausible Phänomene interpretieren:

– daß das Alkoholentzugssyndrom dem Zwischenhirnsyndrom ähnlich ist, wie es z. B. bei Infektionen beobachtet wird,
– daß sich durch zerebrale Reizung bei Tieren ein Syndrom erzeugen läßt, das dem Alkoholentzugssyndrom ähnlich ist, obwohl keine Drogen zugeführt werden, und
– daß das Alkoholentzugssyndrom bei schwerem, kontinuierlichem Alkoholkonsum auch ohne nennenswerten Entzug auftreten kann.

Außerdem wurde darauf hingewiesen, daß die psychischen Veränderungen bei chronischen Alkoholikern denen ähnlich sind, die bei Temporallappenepilepsie, aber auch bei Läsionen des Kortex und des limbischen Systems auftreten. Schließlich ließe sich aus der Wirksamkeit einiger Psychopharmaka sowohl auf das „Kindling" bei elektrischer Stimulation wie auf das Alkoholentzugssyndrom und deren Gemeinsamkeit der Pathogenese schließen (z. B. bei Benzodiazepin und Carbamazepin).

4.3.2 Protrahiertes Alkoholentzugssyndrom (Scholz 1982)

Seit einigen Jahren werden bei Alkoholikern Störungen beschrieben, die Monate bis mehrere Jahre nach Abstinenzbeginn persistieren. Sie können nach intermittierender Rückbildung wieder klinisch manifest werden, häufig wellenförmig und nur stundenweise. Symptome: vor allem psychische Instabilität, Angst, Dysphorie, aber auch Euphorie und andere affektive Störungen, seltener Schlafstörungen, Schweißausbrüche, Appetitstörungen und andere vegetative Symptome. Diese Störungen sind teilweise durch Belastungsfaktoren provozierbar. Während dieser Störungen kann „unvorhersehbar" relativ unvermittelt heftiges Verlangen nach Alkohol auftreten. Möglicherweise fallen diese Zustände mit euphorischen „Honeymoon"-Phasen (s. 8.1.4.2), andererseits mit episodischen Rückfällen in unkontrollierten Alkoholkonsum zusammen, wie er dem Epsilon-Typ nach Jellinek entspricht (s. 6.1, s. Schema). Diese klinischen Beobachtungen werden durch experimentelle Befunde gestützt (lange bestehende „Slow-wave-sleep"-Veränderungen im EEG [Johnson u. Mitarb. 1980], über Monate dauernde Verhaltensänderungen im Tierversuch [Gitlow u. Mitarb. 1977]). Bemerkenswert sind auch diskrete Liquorveränderungen, die in der Zeit vom 8.–15. Tag beobachtet wurden und die sich nach Wochen zurückbildet (Carlen u. Mitarb. 1980). Es handelt sich dabei um eine Azidose (pH $\leq$ 7,25). Zeichen einer allgemeinen Azidose fehlen (vgl. 2.2.7.5 und 4.4.1.3).

4.4 Folgekrankheiten bei chronischem Alkoholmißbrauch
(Clark u. Kricka 1980, Pattison u. Kaufman 1982, Teschke u. Lieber 1981)

Vorbemerkung

Die Zahl der körperlichen Krankheiten, die mit mehr oder minder großer Wahrscheinlichkeit allein oder im Zusammenhang mit anderen Ursachen auf Alkoholmißbrauch zurückzuführen sind, hat sich im Lauf der letzten Jahrzehnte erheblich vergrößert. Es gibt kaum ein Organsystem, an dem nicht neue Befunde Syndrome oder Krankheiten gefunden worden sind, die mit dem Alkoholmißbrauch ursächlich in Verbindung gebracht wurden oder bei denen nicht bei altbekannten Krankheiten der Alkoholmißbrauch als alleinige oder partielle Ursache wahrscheinlich gemacht wurde (Ashley u. Mitarb. 1977). Allerdings werden die verschiedenen Organsysteme aus noch vielfach ungeklärten Gründen in verschiedener Häufigkeit und in unterschiedlichem Grade durch den Alkoholabusus geschädigt. Eine Übersicht über die Häufigkeit der wichtigsten Krankheiten bei Alkoholmißbrauch gibt Tab. **8**. Ca. 75% der Alkoholiker, die zu stationärer Entwöhnungsbehandlung kommen, weisen Alkoholfolgekrankheiten auf.

Tabelle **8** Häufigkeit von Aufnahmen von verschiedenen Krankheiten und Traumen (aus: *M. J. Ashley* et al.: Arch. intern. Med. 137 [1977] 883)

	Männer (n = 736)	%	Frauen (n = 135)	%
Fettleber	351	47,7	37	27,4
chronische obstruktive Lungenerkrankung	89	12,1	8	5,9
Traumen (Gesamtzahl)	88	11,4	10	7,4
Bluthochdruck	64	8,7	9	6,7
Mangelernährung	57	7,7	12	8,9
Anämie	31	4,2	18	13,3
Gastritis	45	6,1	4	3,0
Knochenbrüche	42	5,7	5	3,7
Hiatushernie	33	5,7	8	5,9
periphere Neuritis	34	4,6	3	2,2
Leberzirrhose	32	4,4	4	3,0
Magen-Darm-Geschwüre	30	4,1	5	3,7
chronischer Hirnschaden	27	3,7	4	3,0
Fettsucht	23	3,1	8	5,9
Kardiomyopathie	20	2,7	6	4,4
ischämische Herzkrankheiten	23	3,1	0	0,0
Lungenentzündung	19	2,6	3	2,2
gastrointestinale Blutung	17	2,3	3	2,2
epileptische Anfälle	19	2,6	1	0,7
Diabetes	18	2,4	1	0,7
Harnwegsinfekt	12	1,6	4	3,0
akutes Hirnsyndrom	12	1,6	1	0,7
Pankreatitis	6	0,8	1	0,7

4.4.1 Störungen im Bereich der inneren Medizin

4.4.1.1 Leberstörungen (Gerok u.Mitarb. 1970, Remy 1973)

Allgemeines

Die Leber ist das einzige Organ, in dem Alkohol in nennenswertem Umfang metabolisiert wird. Neuere Untersuchungen haben gezeigt, daß der Alkohol eine direkte lebertoxische Wirkung ausübt. Bei einer Diät, bei der ein Teil der Nahrungskohlenhydrate durch Alkohol ersetzt worden war, kam es zur Entwicklung einer Fettleber und zu ultrastrukturellen Veränderungen der Mitochondrien und des endoplasmatischen Retikulums (Gerock u. Mitarb. 1970, Lelbach 1967). Im Mittelpunkt steht die zentrale hyaline Sklerose (Teschke 1981). Bei besonders fettreicher Nahrung war die Leberverfettung stärker. Die hepatotoxische Wirkung des Alkohols ist das Entscheidende, während die Begleitstoffe keine nennenswerte Wirkung ausüben. Die toxische Wirkung des Alkohols zeigt sich weiter bei Leberschädigungen anderer Genese, die durch Alkohol eine zusätzliche Verschlimmerung erfahren. Das Spektrum alkoholischer Lebererkrankungen reicht von der Fettleber ohne entzündliche und degenerative Veränderungen über verschiedene Formen der Alkoholhepatitis bis zur Leberzirrhose. Der kritische Schwellenwert für die Entstehung der alkoholischen Leberzirrhose liegt nach neueren Untersuchungen (Thaler 1977) bei Männern bei 60 g reinem Alkohol, bei Frauen bei 20 g, wobei ein regelmäßiger, mindestens fünfjähriger Konsum festgestellt wurde. Genauere Untersuchungen machen es wahrscheinlich, daß die Häufigkeit von Leberschäden, insbesondere Leberzirrhosen, direkt abhängig ist von dem Produkt des mittleren Alkoholtageskonsums pro kg Körpergewicht und der Dauer des Alkoholabusus in Jahren. Es zeigte sich dabei eine außerordentlich enge Korrelation zwischen Gesamtdosis und Schädigungshäufigkeit, insbesondere für Zirrhosefälle.

Bei Männern ist bei einem Konsum von 100 g Alkohol täglich die Zirrhosehäufigkeit zehnmal so hoch, von 240 g hundertmal so hoch wie bei 60 g. Bei Frauen steigt das Risiko bereits bei einer Tagesdosis von 70 g auf das Hundertfache. Diese vermehrte Anfälligkeit der Frauen für alkoholische Leberzirrhose wurde durch Nachuntersuchungen bestätigt. Die Ursache für dieses Phänomen ist letztlich noch nicht geklärt. In erster Linie werden dafür die Unterschiede in der Verarbeitung von Östrogen und die zyklusbedingten unterschiedlichen Alkoholabbauraten bei Frauen verantwortlich gemacht (Eagon u. Mitarb. 1981).

Freilich dürften auch noch andere, bisher unbekannte Faktoren eine Rolle spielen, die die Anfälligkeit der Leber gegenüber dem Alkohol beeinflussen.

Die Laufzeiten für die verschiedenen Schädigungen durch Alkoholmißbrauch sind sehr unterschiedlich: bei Fettleber wenige Wochen, bei Alkoholhepatitis durchschnittlich 18 Jahre, bei Leberzirrhose durchschnittlich 20–25 Jahre.

Von manchen Autoren wird als Zwischenstufe zwischen Alkoholfettleber bzw. Alkoholhepatitis einerseits und alkoholischer Leberzirrhose andererseits noch die alkoholische Leberfibrose eingefügt. Als Bindeglied zwischen Alkoholfettleber und Alkoholhepatitis wird die zentrale hyaline Sklerose nominiert (hyaline Veränderungen im Bereich der Zentralvenen) (s. Abb. **9**; Teschke 1981).

Dazu kommt als komplikative Erkrankung das Zieve-Syndrom (s. 4.4.1.1).

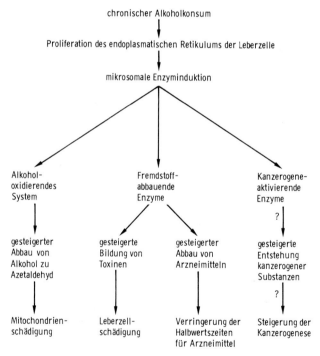

Abb. **9** Klinische Bedeutung der durch chronischen Alkoholkonsum hervorgerufenen Proliferation des endoplasmatischen Retikulums in der Leberzelle und der damit verbundenen mikrosomalen Enzyminduktion (aus: R. Teschke: Alkohol und Leber. In: Alkohol und Organschäden, hrsg. von R. Teschke, C. S. Lieber. Witzstrock, Baden-Baden 1981).

Alkoholfettleber

Die Alkoholfettleber ist der häufigste alkoholbedingte Leberschaden. Ein Großteil der klinisch beobachteten Fettlebern sind auf Alkoholabusus zurückzuführen.

Klinische Beschwerden und Befunde: Die subjektiven Beschwerden sind gering. Es bestehen allenfalls leichte gastrointestinale Störungen, gelegentlich Druckgefühl im rechten Oberbauch.

Die Leber ist immer vergrößert, je nach Schwere sogar beträchtlich. Sie ist stumpfrandig und von erhöhter Konsistenz. Durch die Enzyminduktion kommt es zu einem gesteigerten Metabolismus zahlreicher Arzneimittel.

Laborbefunde: Die Laborbefunde können normal sein, häufiger liegen sie aber im Grenzbereich. Der empfindlichste (aber unspezifische) Test ist die Gamma-Glutamyltranspeptidase (Gamma-GT) als Folge der Enzyminduktion.

Morphologischer Befund: Die Leber ist vergrößert, relativ weich. Histologisch findet sich ein mehr oder minder großer Prozentsatz von Leberzellen, die durch Fetttropfen ausgefüllt sind. Die Zellkerne sind an den Rand gedrängt. Elektronenmikroskopisch zeigen sich zusätzlich frühzeitig Veränderungen an den Mitochondrien und Proliferation des endoplasmatischen Retikulums. Die Proliferation des endoplasmatischen Retikulums hat eine Reihe von pathophysiologischen Konsequenzen (Abb. 9).

Eine sichere *Diagnose* ist mit Sicherheit nur durch eine Leberbiopsie zu stellen. Die Prognose ist bei Alkoholabstinenz günstig. Ein Übergang zur Leberzirrhose ist nicht bewiesen.

Alkoholhepatitis

Es werden zwei Formen der chronischen Alkoholhepatitis unterschieden (Schmid 1986):
- die chronisch-persistierende Hepatitis,
- die chronisch-aggressive Hepatitis.

Beide Formen unterscheiden sich durch unterschiedliche klinische und pathologisch-anatomische Befunde sowie durch einen unterschiedlichen Verlauf.

Chronisch-persistierende Hepatitis: Die subjektiven Beschwerden sind meistens uncharakteristisch (allgemeine abdominelle Beschwerden, Verdauungsstörungen, Völlegefühl, vielfach auch praktisch keine subjektiven Beschwerden). Der Verlauf ist schleichend.

Befund: Die Leber ist deutlich vergrößert und derb. Transaminasen (SGOT und SGPT) sind mäßig erhöht, ebenso die alkalische Phosphatase und die Gamma-GT. Die Elektrophorese zeigt, abhängig von der Schwere des Falles, eine mehr oder minder ausgeprägte Hypoalbuminurie und eine Hypergammaglobulinämie mit Erhöhung der IgA.

Histologischer Befund: Es finden sich im Frühstadium Mitochondrienschwellungen (sog. Riesenmitochondrien) und einzelne sog. Mallorysche Hyalinkörperchen, die aber nicht für die Alkoholhepatitis pathognomonisch sind, sondern „die gemeinsame Endstrecke" verschiedener Leberzelldegenerationen darstellen (z. B. primäre biliäre Zirrhose, primäres Leberkarzinom). Weitere histologische Hinweise für Alkoholismus sind Riesenmitochondrien, Einzelzellnekrosen, proliferierte Sternzellen, Eisenablagerungen, vor allem polymorphkernige Infiltrate.

In fortgeschrittenen Fällen kommt es zu chronisch entzündlichen, vorwiegend periportalen Infiltrationen bei erhaltener Läppchenstruktur und geringer oder fehlender Fibrose („zentrale myeline Sklerose").

Chronisch aggressive Hepatitis

Klinik: Diese Hepatitisform tritt in etwa 15–20% der Fälle von Alkoholhepatitis auf, oft im Anschluß an einen Alkoholexzeß, aber häufig auch ohne erhöhte Alkoholbelastung. Sie ist durch stärkere abdominelle Beschwerden gekennzeichnet. Gleichzeitig tritt Gelbsucht auf, die sich meist rasch zu mittlerer Intensität entwickelt. In einzelnen Fällen bestehen Fieber und Leukozytose. Häufig ist eine Gewichtsabnahme, bedingt durch Übelkeit, Appetitlosigkeit und Erbrechen sowie Duchfälle. Die Leber ist stark druckempfindlich und vergrößert.

Die *Laborbefunde* sind gegenüber der chronisch-persistierenden Hepatitis erheblich mehr pathologisch; insbesondere findet sich eine deutliche Erhöhung der SGOT und SGPT, der alkalischen Phosphatase und der Gamma-GT sowie des Bilirubins im Serum. Ebenso sind die Veränderungen in der Elektrophorese stärker (Erhöhung der IgA).

Histologischer Befund: Es besteht eine chronisch-entzündliche Infiltration der periportalen Felder mit Übergreifen auf die angrenzenden Bezirke. Man findet „Mottenfraßnekrosen", es kommt zur Bildung von intralobulären Septen, was zu einer Zerstörung der Läppchenarchitektur führt. Jedoch fehlen die Regenerationsknoten, die bei der Zirrhose beobachtet werden.

Komplikationen: Bei fortbestehendem Alkoholabusus ist eine Pankreopathie möglich. Gelegentlich kommt als Komplikation das Zieve-Syndrom vor (s. 4.4.1.1).

Prognose: Bei der chronisch-persistierenden Hepatitis gut, bei der chronisch-aggressiven Hepatitis zweifelhaft, da ein foudroyanter Verlauf (bei zunehmendem Ikterus) mit Übergang in ein Leberkoma, andererseits ein Übergang in die Zirrhose ziemlich häufig sind.

Pathogenese: Die Pathogenese der Alkoholhepatitis ist noch umstritten. Wahrscheinlich sind verschiedene Mechanismen beteiligt. Entsprechende Veränderungen können auch nach episodischen Gaben von größeren Alkoholmengen auftreten, die sich bei Wiederholung des Alkoholkonsums dann verstärken und selbst perpetuieren. Von einzelnen Autoren wird ein Übergang der Alkoholfettleber in die Alkoholhepatitis beschrieben.

Alkoholische Leberzirrhose

Die alkoholische Leberzirrhose ist eine relativ häufige Erkrankung bei fortgeschrittenem schwerem Alkoholmißbrauch. 30–50% aller Leberzirrhosen sind ätiologisch auf den Alkoholmißbrauch zurückzuführen, andererseits leiden nur etwa 10–20% der Alkoholiker unter Leberzirrhose. Genetische Faktoren werden als zusätzliche prädisponierende Komponente diskutiert (Hrubec u. Omenn 1981) (vgl. 2.3.2.1).

Klinik

Die Leberzirrhosen sind funktionell einzuteilen in:

- kompensierte, inaktive Leberzirrhosen,
- dekompensierte Leberzirrhosen.

Kompensierte, inaktive Leberzirrhose

Klinik: Bei den inaktiven Leberzirrhosen liegt eine mäßige Leberzellinsuffizienz vor.

Subjektive Beschwerden: Appetitlosigkeit, Meteorismus, Müdigkeit, Depressivität. Die Leber ist groß und hart, scharfkantig, meist besteht keine Milzvergrößerung. Beim Vollbild der Leberzirrhose kommt es gelegentlich zu Hautveränderungen: Die Haut ist pergamentpapierartig verdünnt, es finden sich Gefäßerweiterungen mit Gefäßsternchen („Spider naevi") und Weißflecken der Haut. Die Fingernägel weisen zahlreiche weiße Flecken auf. Gelegentlich besteht ein Palmar- und Plantarerythem sowie eine Rötung der Zunge („Lackzunge"), die Körperbehaarung und Schambehaarung läßt nach, bei Männern findet sich eine Gynäkomastie. Potenz und Libido vermindern sich, es besteht eine Hodenatrophie.

Die *Laborbefunde* sind ähnlich wie die bei der progressiven Alkoholhepatitis: Vermehrung der Gammaglobuline, Verminderung der Albumine im Serum. Die IgA sind erhöht, ebenso das Serum-Eisen. Der Anstieg der Transaminasen SGOT und SGPT ist relativ gering.

Die Gerinnungsstörungen im Blut sind abhängig von der Schwere der Erkrankung.

Bei Patienten mit Leberzirrhose und Alkoholhepatitis kommt es nicht zu einem Anstieg von HDL in den ersten Stunden nach Alkoholkonsum, wie dies bei Lebergesunden der Fall ist (Devenyi u. Mitarb. 1981).

Morphologie: Die Morphologie der Alkoholleberzirrhose entspricht der der Laenecschen Leberzirrhose im allgemeinen. Bei portaler Zirrhose finden sich Bindegewebssepten und -straßen mit Regenerationsknoten, bei der postnekrotischen Zirrhose verursacht die primäre Zirrhose verschieden dichte Bindegewebswucherungen und Regenerationsknoten. Dazwischen liegen „gesunde Bezirke". Auch hier lassen sich wieder die Mallory-Hyalin-Körperchen nachweisen.

Dekompensierte Leberzirrhose

Klinik:
- Die dekompensierten Formen sind gekennzeichnet durch einen Pfortaderhochdruck, der zu Aszites und Ösophagusvarizen, manchmal auch Hämorrhoiden, zum Caput medusae und Splenomegalie führt.
- Gelegentlich treten akute dystrophische Schübe auf, die durch Transaminasenanstieg, Bilirubinämie und Ikterus gekennzeichnet sind. Diese Exazerbationen können durch zusätzliche toxische Schäden, Infektionen oder Gefäßverschluß bedingt sein.
- In schweren Fällen kommt es zu einer massiven Leberinsuffizienz, die sich klinisch im Präkoma oder Koma ausdrückt. Dabei besteht ein Ikterus mit schweren Gerinnungsstörungen und Bluteiweißveränderungen, starkem Anstieg der Transaminasen sowie einem Sturz der Cholesterinesterasen. Die subjektiven Beschwerden sind entsprechend dem schweren Krankheitsbild erheblich: starke gastrointestinale Beschwerden, Meteorismus, Appetitlosigkeit, Erbrechen, Durchfälle.

Zusätzlich ist zum Befund noch zu erwähnen: Die Haut ist grau infolge eines vermehrten Melaningehaltes. Häufig bestehen Hämorrhagien. Die Leber ist hart und derb, die Milz vergrößert.

Das Krankheitsbild der Enzephalopathie kann dem des Alkoholdelirs ähneln. Differentialdiagnostisch wichtig sind die in Tab. **9** aufgeführten Faktoren (Dölle 1981):

Komplikationen: Blutungen aus den Ösophagusvarizen, schwerste Leberinsuffizienz mit Mineralstoffwechselstörungen, Nierenversagen, hepatische Enzephalopathie und Endotoxämie. Das Nierenversagen tritt meist im terminalen Stadium der Leberzirrhose auf und ist klinisch durch Anstieg des Harnstoffspiegels gekennzeichnet.

Tabelle 9 Klinische Differentialdiagnose von Alkoholdelir und Leberkoma (nach *H. Dölle,* in: *Denching, L.:* Klinische Gastroenterologie 1973)

	Alkoholdelir	Leberkoma
Bewußtsein	weniger eingeschränkt	stark eingeschränkt
psychomotorische Unruhe	stärker	geringer
Angst	stärker	geringer
Sprechtempo	schneller	langsamer
Halluzinationen	häufiger	seltener
Tachykardie	häufiger	seltener
Hyperhidrosis	häufiger	seltener
Fieber	häufiger	seltener
Diarrhö	häufiger	seltener
Foetor hepaticus	fehlend	vorhanden
Flattertremor*	fehlend	vorhanden

* Prüfung des Flattertremors: Arme nach vorne ausstrecken, Hände dorsal extendieren, Finger spreizen: Bei Flattertremor ist die Kontraktion der Muskeln für Dorsalextension in kürzeren oder längeren Abständen unterbrochen (nach unten schlagende Bewegung der Hände)

Schwere akute oder chronische Leberkrankheiten können, unabhängig von ihrer Ursache, zu einem enzephalopathischen Syndrom führen, dessen führendes Symptom die Bewußtseinsstörung verschiedenen Grades ist. Dazu können andere Symptome eines organischen Psychosyndroms, Störungen der Affektivität (von der Euphorie bis zu Angst und Depression) und paranoide Symptome treten. Auch neurologische Störungen sind häufig: Dysphasie, Koordinationsstörungen, Tremor („flapping tremor"), Hyperreflexie. All diese Störungen können sehr rasch wechseln, offenbar in Abhängigkeit von der jeweiligen metabolischen Situation (Ammoniumspiegel, pH-Wert). Man kann vier Stadien unterscheiden:

I. leichte Euphorie, depressiv oder apathisch,
II. verwirrt, dösig, Flattertremor, EEG-Veränderungen (hochgespannte Deltawellen),
III. tiefere Bewußtseinstrübung,
IV. Koma.

Die Endotoxämie ist bei alkoholischer Leberzirrhose häufiger als bei nichtalkoholischer. Sie kann zu einer spontanen bakteriellen Peritonitis führen. In etwa einem Fünftel der Fälle kommt es zu malignen Degenerationen und Ausbildung von Leberzellkarzinomen, Pankreatitis (s. 4.4.1.2).

Verlauf: Der Verlauf der Leberzirrhose ist progredient. Allerdings sind lange Kompensationsphasen möglich. In einzelnen Fällen bleibt die Leberzirrhose stationär. Die alkoholbedingte Leberzirrhose hat aber eine bessere Prognose als die Leberzirrhose anderer Genese, sofern eine strikte Alkoholabstinenz eingehalten wird (s. Tab. **8**).

Zieve-Syndrom(Matzkies u. Mitarb. 1972)

Das Zieve-Syndrom ist charakterisiert durch eine Hyperlipidämie, hämolytische Anämie und Ikterus. Es ist ein seltenes Leiden, bei Männern wesentlich häufiger als bei Frauen. Das durchschnittliche Erkrankungsalter beträgt 36 Jahre.

Subjektive Beschwerden: Kolikartige Schmerzen im rechten Oberbauch, ferner Durchfälle und sonstige gastrointestinale Symptome. Beim ausgeprägten Syndrom findet sich eine Anorexie.

Befunde: Leber und Milz sind vergrößert und hart, es besteht eine normochrome Anämie und ein Ikterus.

Laborbefunde: Blutbild: Die Überlebenszeit der Erythrozyten ist erheblich vermindert. Im Sternalmark findet sich eine gesteigerte Erythropoese mit megaloblastärem Einschlag, außerdem vermehrte Fettspeicherzellen mit eisenpositivem Pigment und Zeichen einer Erythrophagozytose.

Im *Serum* findet sich eine Erhöhung des konjugierten Bilirubins sowie der Transaminasen, der alkalischen Phosphatase und der Gamma-GT, ferner eine Verminderung des Gesamteiweißes und des Albumins mit einer Erhöhung der Gesamtlipide, der Cholesterine, der Neutralfette und Phosphatide, besonders der Lysolezithine und Lysokephaline. Die Lipidämie macht sich klinisch durch eine Trübung des Serums bemerkbar. Sie ist durch Alkohol induzierbar.

Morphologische Befunde: Die Histologie der Leber ergibt uneinheitliche Befunde: Zeichen der Fettleber und Fibrose, vor allen Dingen eine intrahepatische Cholestase. Außerdem bestehen ggf. Zeichen einer Zirrhose.

Ursachen und Pathogenese: Neben dem Alkoholmißbrauch werden auch Fehlernährung sowie entzündliche Veränderungen der Darmschleimhaut diskutiert. Entscheidend ist bei der Pathogenese die gesteigerte Lipoproteinsynthese.

4.4.1.2 Pankreasstörungen (Goebell u. Singer 1981)

Es lassen sich zwei Formen unterscheiden:
- akute (reversible) Pankreatitis,
- chronische (progressive) Pankreatitis.

Vorkommen: Alkoholiker stellen die zweitgrößte Gruppe unter den Pankreatitispatienten dar. Frauen reagieren hinsichtlich der Pankreatitis gegenüber Alkohol (Mengen, Dauer) empfindlicher als Männer. Besonders häufig ist die Pankreatitis bei männlichen Patienten der jüngeren Altersklassen. Es bestehen bemerkenswerte regionale Unterschiede in der Häufigkeit. Die alkoholbedingten Pankreasschäden scheinen häufiger in den USA, Südafrika, Mittel- und Südfrankreich vorzukommen, dagegen seltener in Mitteleuropa einschließlich England. Nach einer Zusammenstellung aus Arbeiten mehrerer Autoren (Goebell u. Mitarb. 1970) findet man etwa bei einem Viertel der Alkoholiker pathologisch-anatomisch entsprechende Pankreasveränderungen. Bei gleichzeitig bestehender Leberzirrhose ist der Anteil der Pankreasveränderungen bis zu 46% höher. 17–43% der Patienten mit akuter Pankreatitis wurden als Alkoholiker identifiziert, bei den chronischen Pankreatitiden waren es 36–80% (Dürr 1978). Als Ursache des regional unterschiedlichen Vorkommens der alkoholischen Pankreopathie werden verschiedene Faktoren angeschuldigt: der unterschiedliche Gebrauch von konzentrierten Alkoholika, eine überkalorische Ernährung (vor allem viel Fett und Proteine). Es gibt aber auch eine chronische Pankreatitis bei Proteinmangel (Kwashiorkor). Schließlich spielt eine genetische Disposition eine Rolle. Auf sie wird die Tatsache zurückgeführt, daß nur relativ wenige Alkoholiker eine Pankreatitis entwickeln (1–9%). Bemerkenswert ist, daß bei Tod durch akute Alkoholvergiftungen in einem Viertel bis zur Hälfte der Fälle eine akute hämorrhagische Pankreatitis pathologisch-anatomisch festgestellt werden konnte.

Klinik: Die Pankreatitis läßt sich in drei Stadien einteilen:

1. Stadium: reversible Insuffizienz,
2. Stadium: sekretorische Insuffizienz,
3. Stadium: digestive Insuffizienz.

Klinisch stumme Pankreasschäden sind bei Alkoholikern in etwa der gleichen Häufigkeit anzutreffen wie Leberschäden (Dürr 1978). Bei der chronischen Pankreatitis findet man häufiger die Kalzifizierung der Pankreasgänge, was sich durch Röntgenuntersuchungen nachweisen läßt. Als klinischer Hinweis für das Vorliegen einer Pankreasbeteiligung kann die typische Schmerzsymptomatik gelten: intermittierende Bauchbeschwerden, die vorwiegend nach links, aber auch nach rechts ausstrahlen und sich nach hinten in den Rücken fortsetzen. Bei einem Drittel der Patienten ist außerdem eine mehr oder weniger ausgeprägte Steatorrhö zu beobachten.

Die Alkoholpankreatitis ist häufig mit anderen internistischen Leiden gekoppelt, so mit Diabetes mellitus, Adipositas, Pseudozysten der Leber.

Eine Komplikation der alkoholbedingten Pankreatitis ist das Pankreaskarzinom, bei dem sich in einem hohen Prozentsatz der Fälle ein chronischer Alkoholismus nachweisen läßt (Burch u. Ansari 1968).

Laborbefunde: Neben den Befunden, die bei alkoholischen Leberkrankheiten angetroffen werden, findet man auch zusätzlich eine Erhöhung der Pankreasfermente. Bemerkenswert ist, daß auch bei fehlendem klinischem Hinweis auf eine Pankreatitis sich durch entsprechende Tests (Sekretin-Pankreozymin-Test) eine Verminderung der exkretorischen Leistung und eine Erhöhung der Pankreasfermentaktivitäten im Serum nachweisen läßt (Goebell u. Mitarb. 1970). Für die Diagnosestellung ist die Röntgenmethode der endoskopisch-retrograden Choledochopankreographie (ERCP) sehr hilfreich.

Morphologische Befunde: Es finden sich die typischen Befunde einer Pankreatitis mit intralobulären sklerotischen Veränderungen und Störungen der Läppchenstruktur, ferner Eiweißniederschläge im Gangsystem, die häufig verkalkten, sowie peri- und intralobuläre Bindegewebsvermehrung. Beim akuten Schub bestehen auch intrazelluläre Ödeme mit entzündlichen Infiltrationen und Zellnekrosen. Alle diese Veränderungen sind aber nicht pathognomonisch für die alkoholische Genese der Pankreasstörungen.

Pathogenese: Zur Pathogenese der alkoholischen Pankreasstörungen muß von folgenden Wirkungen des Alkohols auf das Pankreas ausgegangen werden, die nachfolgend vereinfacht dargestellt werden (Singer 1985):

- Alkohol hemmt die Bikarbonat- und Proteinsynthese des Pankreas (direkter Effekt auf die Zellen und indirekter Effekt über cholinergische Mechanismen).
- Im Verlauf des chronischen Alkoholismus wird die erwähnte Hemmung durch eine vermehrte Sekretion von Protein abgelöst, die zu Eiweißniederschlägen in den kleinen und mittleren Pankreasgängen führt. Diese Obstruktion gibt den Anstoß zu Veränderungen (Atrophie der Azini, begleitende Entzündungen und Sklerose).
- Alkohol stimuliert die Magensäuresekretion und führt zur Gastrinfreisetzung. Möglicherweise wird auch die Sekretin- und Cholezystokinin(CCK)-Freisetzung beeinflußt.
- Im Pankreassaft und in den Pankreassteinen wurde ein spezielles Protein gefunden, das als Inhibitor der Kalziumkarbonat-Kristallbildung wirkt. Eine verminderte Sekretion dieses Proteins könnte in der Pathogenese der chronischen Pankreatitis eine Rolle spielen. Folgestörungen sind die Eiweißausfällung und Verkalkung im Gangsystem, Fibrose und sekundäre Stenosierung mit nachfolgender Druckatrophie des Parenchyms.

Die Prognose ist bei Alkoholabstinenz und entsprechender internistischer Therapie günstig.

4.4.1.3 Gastrointestinale Störungen

Oberer Verdauungstrakt (Berges u. Wienbeck 1981)

Der chronische Alkoholkonsum, insbesondere von hochprozentigen alkoholischen Getränken, führt in Verbindung mit Vitaminmangel und dystrophischen Schäden zu einer zunehmenden Atrophie der Schleimhaut des Mundes und der oberen Verdauungswege. Bemerkenswert und für den chronischen Alkoholismus sehr charakteristisch ist eine oft früh bemerkte Parotitis. Das Organ ist meist mäßig vergrößert und leicht konsistenzvermehrt. Charakteristisch ist das abstehende Ohrläppchen. Pathologisch-anatomisch handelt es sich dabei um eine unspezifische Entzündung der Ohrspeicheldrüse mit hochgradiger seröser Durchtränkung der Drüsenazini und weitgehendem Verlust der normalen Enzymgranulierung (Lindner 1971). Die Speichelsekretion ist vermehrt, der Speichel proteinärmer als bei Gesunden, was möglicherweise zu einer Ösophagitis beitragen kann.

Die Schleimhautatrophie führt zu einer *Cheilosis* („Lacklippen") und entsprechenden Veränderungen der Zunge, wobei die glatte, meist kräftig gerötete Zungenoberfläche auffällt. Bemerkenswert sind auch die Veränderungen an den Schleimhäuten der Zunge, des Hypopharynx und des Larynx. Chronische Schleimhautläsionen lassen Beziehungen zur Karzinogenese an diesen Organen herstellen. Dabei müssen aber die karzinogenen Einflüsse des Tabakabusus beachtet werden, der meistens bei Alkoholikern vorliegt, möglicherweise auch von anderen Zusatzstoffen (Zink, Nitrosamin).

Auf jeden Fall findet sich bei Alkoholikern statistisch signifikant eine Häufung von *Karzinomen des Pharynx* und *des Ösophagus* (Gsell u. Loeffler 1962, Kissin u. Mitarb. 1973, Remy 1973). In diesem Zusammenhang ist das *Barrett-Syndrom* (Brachyendoösophagus) zu erwähnen. Charakteristisch für diese Veränderung ist ein von Magenschleimhaut überzogenes Speiseröhrensegment, in dem sich Säure- und Pepsinogenproduktion nachweisen lassen. Entzündliche Veränderungen und Ulzerationen führen zu zirkulären Stenosen. Als Ursache kommen Schleimhautschädigungen durch Säurereflux in Frage, wie sie häufig nach Einnahme größerer Mengen von Alkohol auftreten (Refluxösophagitis) (Bode u. Menge 1978). Als weitere Ursache kommt eine Motilitätsstörung durch eine alkoholische Polyneuropathie in Betracht, die zu einem chronischen gastroösophagealen Reflux führt.

Magen

Alkoholika, besonders Bier und Weißwein, sind starke Stimulatoren der Magensäuresekretion und der Gastrinfreisetzung. Der akute Alkoholmißbrauch, besonders von hochprozentigen Alkoholika, führt zu einer akuten erosiven Gastritis, die außer mit der Übersekretion von Säure auch mit Permeabilitätsänderungen der Schleimhaut zusammenhängt. Gastroskopisch findet man bei akuter Alkoholeinwirkung fleckförmige Hyperämien, Petechien und Erosionen (Hafter 1988). Besonders die kombinierte oder zeitlich nahe Einnahme von Alkohol und Salizylaten kann zu lebensbedrohlichen Blutungen aus multiplen Erosionen führen (Berges u. Wienbeck 1981). Erst recht kommt es bei chronischem Alkoholabusus zu diesen Veränderungen. Die klinischen Erscheinungen sind uncharakteristisch (Übelkeit, Druckgefühl im Oberbauch), wobei zwischen dem Schweregrad der Gastritis und den subjektiven Beschwerden keine festen Beziehungen bestehen. Auch für die chronische Gastritis ist die Einwirkung konzentrierter Alkoholika als eine der möglichen Ursachen bekannt (Hafter 1988). Charakteristisch für die alkoholbedingte Gastritis ist das *Mallory-Weiss-Syndrom*. Es besteht in einer Hämatemesis, die nach schwerem Erbrechen auftritt. Sie kommt dadurch zustande, daß durch häufiges Erbrechen die Schleimhaut einreißt und dann Blutungen entstehen. Neben der mechanischen Komponente spielen vielleicht auch eine chemische Alkoholschädigung der Schleimhaut und ein chronischer gastroösophagealer Reflux eine zusätzliche Rolle.

Die Beziehungen zum Magengeschwür sind vielschichtig. Hier begegnen sich psychopathologische Phänomene des Ulkuskranken mit der Neigung zur Sucht, auf der anderen Seite die die Ulkusentwicklung fördernde Noxe des Alkohols. Etwa 15% der Alkoholiker leiden unter Magengeschwüren (Baines u. Mitarb. 1982); es ist offenbar bei ihnen ähnlich häufig wie bei der Normalbevölkerung. Auffällig ist in diesem Zusammenhang der hohe Anteil von Magenresezierten unter Alkoholikern. Dies kommt in erster Linie dadurch zustande, daß sich nach Magenresektionen die Folgen des Alkoholabusus besonders deletär bemerkbar machen, wodurch einem weiteren Fortschreiten des Alkoholismus Vorschub geleistet wird, da es nach der Magenresektion zu einer viel rascheren Resorption des Alkohols durch den Dünndarm kommt.

Darm

Die Wechselwirkungen zwischen Alkohol und Dünndarmschleimhaut sind erst in den letzten Jahren näher geklärt worden. In Tierexperimenten wie an Menschen konnte eine direkte toxische Wirkung auf die Schleimhaut aufgezeigt werden, die zu morphologischen und funktionellen Veränderungen und konsekutiv zu Malabsorption (Resorption von aktiv transportierten Substanzen) führt. Durch Mangelernährung (Protein, Vitamin B_{12}, Folsäure) kann das Malabsorptionssyndrom zusätzlich verstärkt werden. Die Veränderungen sind bei Alkoholabstinenz reversibel (Bode u. Menge 1978).

In den letzten Jahren wurde eine Häufung von akuter Pseudoobstruktion des Dickdarms bei Anwendung von psychotropen Medikamenten mit parasympathikolytischer Komponente und gleichzeitigem Alkoholkonsum beobachtet. Pathogenetisch wurde neben einer Potenzierung der parasympathikolytischen Wirkung durch Alkohol eine Hemmung der Darmmotilität durch eine metabolische Azidose infolge der alkoholinduzierten Laktazidämie diskutiert.

Des weiteren wurde in den letzten Jahren eine Häufung von Rektumkarzinomen bei Personen mit Alkoholmißbrauch gefunden.

4.4.1.4 Kardiovaskuläre Störungen

Kardiomyopathie (Kuhn 1981, Riecher 1988)

Die Definition der alkoholischen Kardiomyopathie ist nicht einheitlich. Im allgemeinen versteht man darunter „die chronische Insuffizienz eines allseits dilatierten Herzens, für deren Ursache sich nach Ausschluß anderer Gründe als einziger Hinweis ein längerer, hoher Alkoholkonsum findet" (Kuhn u. Loogen 1978). Die Häufigkeit der Alkoholkardiomyopathie ist unbekannt, bei der Gesamtheit der Alkoholiker liegt sie wohl unter 1%. Die Häufigkeit der Alkoholkardiomyopathien innerhalb der ätiologisch unklaren Herzerkrankungen liegt je nach Autor zwischen 30–80%. Besonders häufig betroffen sind Männer im 3.–5. Lebensjahrzehnt.

Zur Pathogenese wird neben einer direkten Wirkung des Alkohols (kardiodepressiver Effekt mit Abnahme der Kontraktilität, Reduktion des Minutenvolumens) eine toxische Wirkung des Azetaldehyds diskutiert, ferner die Abgabe von mitochondrialen Enzymen des Herzmuskels und ein Mangel an Magnesium. Wahrscheinlich spielen ätiologisch neben dem Alkohol kardiale Vorschädigungen und verminderte Infektabwehr eine Rolle.

Klinik: Das klinische Bild läßt sich als Herzinsuffizienz mit erniedrigtem Minutenvolumen charakterisieren. Im einzelnen herrschen folgende Symptome vor: Tachykardie, ausgeprägte Links- und Rechtsherzinsuffizienz mit Lungenstauung, Dyspnoe und Ödemen. Das Herz ist allseits dilatiert, häufig kommt es im Verlauf der Erkrankung zu arteriellen Embolien oder Lungenembolien. Die Prognose ist ernst (5-Jahres-Überlebensrate unter 50%). Bei 17% der Fälle kam es unter völliger Alkoholabstinenz zu einer Remission (Kriterien: Herzgröße,

Beschwerdefreiheit, negative Ergebnisse invasiver Untersuchungen [Demakis u. Mitarb. 1980]).

EKG: Wenig charakteristische Störungen: Störungen der Erregungsleitung, Rhythmusstörungen, Extrasystolen, anfallsweise auftretendes Vorhofflimmern, Verlängerung der QT-Dauer.

Morphologische Befunde: Makroskopisch: Dilatation des Herzens ohne wesentliche Hypertrophie, schlaffes, manchmal deutlich fibröses Myokard, häufig wandständige Thromben.

Mikroskopisch ausgeprägte interstitielle Fibrose, Hypertrophie der Muskelfasern, diffuse Lipoidablagerungen und Glykogenanhäufungen mit Verlust der kontraktilen Elemente, Schwellung der Mitochondrien und des sarkoplasmatischen Retikulums. Die Häufigkeit von Herzinfarkten ist bei Alkoholikern geringer als bei der Normalbevölkerung, wie in verschiedenen morphologischen Studien festgestellt wurde (Klatsky u. Mitarb. 1974) (s. auch 4.4.7).

Unter Holiday-Heart-Syndrom (Ettinger u. Mitarb. 1978) werden Herzrhythmusstörungen nach akutem (wohl episodisch-exzessivem) Alkoholkonsum verstanden, die bei Alkoholikern ohne klinische Zeichen einer Kardiomyopathie auftreten. Pathogenetisch wird diese Störung mit der alkoholinduzierten Katecholaminfreisetzung in Beziehung gebracht.

Arterielle Hypertension

Alkohol führt bei regelmäßigem Konsum von mindestens 70–100 ml täglich zu einer (vorwiegend systolischen) Blutdrucksteigerung, die nach Alkoholabstinenz wieder abklingt. Zur Pathogenese s. 2.2.7.1.

4.4.1.5 Störungen des respiratorischen Systems (einschließlich Tuberkulose)

Alkoholiker neigen mehr zu Infektionen der Luftwege, besonders wenn gleichzeitig ein Tabakabusus besteht. Dementsprechend ist Alkoholismus die häufigste Vorerkrankung der Pneumonie. Bei Pneumonien von Alkoholikern finden sich überdurchschnittlich häufig gramnegative Erreger. Der Krankheitsverlauf ist durch längeres Fieber, langsamere Rückbildung der Infiltrate und das Auftreten von Komplikationen gekennzeichnet. Die erhöhte Disposition ist die Folge einer großen Zahl von Einflüssen:

- vermehrte Ansiedlung von gramnegativen Keimen in den oberen Atemwegen,
- Verminderung der Atemwegsreinigung infolge alkoholbedingter Störung des ziliären Transportes und Dämpfung des Hustenreflexes,
- mangelhafte Surfactant-Produktion,

– Störungen der zellulären und humoralen Immunabwehr (s. 4.4.1.6). Alkoholiker neigen ferner zur Ausbildung von Bronchiektasen.

4.4.1.6 Hämatologische Störungen und Störungen des Immunsystems
(Lindenbaum 1982, Watson 1988)

Die akute Alkoholintoxikation, besonders bei chronischen Alkoholikern, löst typische Knochenmarksveränderungen aus:

– megaloplastische Erythropoese (Störung der Reifung und Proliferation),
– Vakuolisierung roter Vorstufen, Ringsideroblasten.

Durch chronischen Alkoholmißbrauch kommt es zu folgenden Blutveränderungen:

– Thrombozytendepression (bei 14–81% der chronischen Alkoholiker) ohne oder mit hämorrhagischen Diathesen. Nach Alkoholentzug kommt es zu einer überschießenden Thrombozytenvermehrung. Die Pathogenese der Thrombozytopenie ist nicht völlig geklärt. In Frage kommen neben einer toxisch bedingten Suppression der Produktion eine Verkürzung der Thrombozytenlebenszeit und Speicherung in der Milz.
Außerdem wurden qualitative Funktionsstörungen der Thrombozyten festgestellt.
– Veränderung der Granulozytenfunktion mit Verminderung der Phagozytosefähigkeit und Störungen der Zellmigration in die Entzündungsherde sowie Verlust der lysosomalen Enzyme in den Granulozyten (und Makrophagen) infolge alkoholbedingten Anstiegs der cAMP.
– Verminderung der Lymphozyten und Störung ihrer Betareptorenfunktion und Transformation. Die T-Zellen-Proliferation ist bei lymphopenischen Alkoholikern mit Lebererkrankungen reduziert. Im Tierversuch sind solche Störungen auch bei Abwesenheit von Leberstörungen beobachtet worden.
– Störungen der Immunregulationsfähigkeit der Lymphozyten. Hinweise darauf sind z. B. polyklonale Erhöhung der Immunglobuline, erhöhte Antikörpertiter, andererseits Anergie gegenüber Tuberkulin und Mumpsantigen. Die verminderte Immunabwehr kann sich auch auf Antigene erstrecken, denen das Individuum früher schon ausgesetzt war.
– Megaloblastenanämie (bei 61–90% der Alkoholiker) als Folge der Mangelernährung und der direkten Folat-Antagonistenwirkung des Alkohols.
– Alkoholische Lebererkrankungen führen zu Veränderungen der Membranlipide der Erythrozyten. Dies manifestiert sich häufig (bei

etwa 70% der Alkoholiker) in einer Makrozytose (MCV-Erhöhung über 96 fl) oder als ausgeprägte hämolytische Anämie mit Akanthozytose (mit oder ohne sonstige Zeichen eines Zieve-Syndroms). Die Pathogenese der Hämolyse und ihre Beziehung zu Tokopherolverminderung der Erythrozyten is ungeklärt.

– Sideroblastenanämie (bei Mangelernährung und Folsäuremangel), wahrscheinlich infolge einer Störung der Hämsynthese auf der Vit.-B_6-abhängigen Stufe.
– Senkung des Phosphatgehalts des Serums und der roten Zellen, die akute Hämolyse und Sphärozytose zur Folge haben kann.

4.4.1.7 Stoffwechselstörungen (Watson 1988)

Fettstoffwechsel (Baraona 1985)

Von pathologisch-anatomischer Seite wurde immer wieder darauf hingewiesen, daß bei Alkoholikern auffällig zarte, sklerosefreie Arterien gefunden wurden. Dies ist auch in Tierversuchen bestätigt. Seit 1953 ist bekannt, daß bei Alkoholikern die Cholesterinserumspiegel vermindert sind; die Hauptstörung des Fettstoffwechsels bei Alkoholikern ist die Hypertriglyzeridämie. In diesem Zusammenhang ist zu erwähnen, daß bei mäßigem Alkoholgenuß das Erkrankungsrisiko für arteriosklerotische Herzerkrankungen (vor allem koronare Herzerkrankungen im Vergleich zu einer abstinenten Kontrollgruppe) erniedrigt ist (La Porte u. Mitarb. 1980) (vgl. 3.5.2). Es zeigte sich (Castelli u. Mitarb. 1977), daß bei Alkoholkonsum der Spiegel von High-density-lipoprotein-Cholesterol ansteigt, während die Low-density-lipoprotein-Cholesterole abnehmen. In verschiedenen Untersuchungen wurde gezeigt (Klatsky u. Mitarb. 1974) (dies wurde durch neuere Untersuchungen [Marmot u. Mitarb. 1981] bestätigt), daß eine positive Korrelation zwischen Menge des täglichen Alkoholkonsums und Erhöhung des (systolischen und diastolischen) Blutdrucks besteht (ab etwa 60 ml Alkohol täglich durchschnittlich systolisch um 10,9 mmHg, diastolisch um 4,5 mmHg höher). Diese Befunde wurden inzwischen durch verschiedene weitere Untersuchungen bestätigt (Ammann u. Mitarb. 1982, Klatsky u. Mitarb. 1979). HDL ist jedoch eine heterogene Gruppe von Lipoproteinen mit zwei Hauptklassen (HDL_2, HDL_3). Nur HDL_2 wurde in epidemiologischen Studien mit der Verminderung der Häufigkeit von Koronarerkrankungen assoziiert gefunden. (Näheres s. Seitz u. Simanowski 1988.)

Mineralstoffwechsel (vgl. 2.2.7.5; Stremmel u. Strohmeyer 1981)

Bei Leberzirrhose steigert sich der Eisengehalt nicht nur in der Leber (wie bei diätetischer Eisenüberlagerung in der Regel), sondern auch in verschiedenen anderen Organen (Pankreas, Nebennieren, Schilddrüse, Hypophyse, Myokard). Dies wird auf das Versagen eines

Schutzmechanismus bei Leberzirrhose zurückgeführt (gestörte hepatische Transferrinsynthese).

Die alkoholische Leberzirrhose ist mit Eisenablagerungen unterschiedlicher Menge verbunden und in ihrem klinischen Bild u. U. der idiopathischen *Hämochromatose* gleich, die auf einem genetischen Defekt (rezessiver Erbgang) beruht. Die Hämochromatose kann bei heterozygoten Merkmalsträgern durch eine alkoholbedingte Lebererkrankung manifestiert werden. Krankheitsbild und Verlauf entsprechen weitgehend dem einer alkoholischen Leberzirrhose.

Porphyrinstoffwechsel (Doss 1981)

Alkohol stört die hepatische Porphyrie und Hämsynthese und kann zu Porphyrinstoffwechselstörungen bei Gesunden sowie zu biochemischer und klinischer Manifestation akuter und chronischer hepatischer Porphyrie führen.

Alkohol induziert die Delta-Aminolävulinsäure-(ASL-)Synthese in der Leber und hemmt die Enzyme der Hämsynthesekette.

Nach exzessivem Alkoholkonsum tritt eine passagere, sekundäre, hepatische Koproporphyrinurie auf, die bei chronischem Alkoholabusus persistiert und erhebliche Ausmaße erreichen kann. Sie hängt mit Leberschäden ursächlich zusammen. Alkohol vermag aber auch eine symptomatische Koproporphyrinurie in eine chronische hepatische Porphyrinurie zu transformieren. Sie kann sich nur bei Leberschaden manifestieren.

4.4.1.8 Störungen des Endokriniums
(s. auch 2.2.7.6; Kley u. Mitarb. 1981)

Die meisten Störungen wurden bei Alkoholikern beobachtet, bei denen gleichzeitig eine Leberschädigung, meist eine Zirrhose, bestand.

Thyreoidaler Regelkreis

Bei Leberzirrhosepatienten war die Antwort von TSH auf TRH verzögert, was eine mögliche Änderung des Hypothalamus-Hypophysen-Schilddrüsen-Systems vermuten läßt. Ob bei Alkoholismus gehäuft ein Hyperthyreoidismus vorkommt, ist umstritten. Patienten mit Leberzirrhose haben normale oder leicht erhöhte T_4-Spiegel bei deutlich erniedrigter T_3-Plasma-Konzentration (Majumdar u. Mitarb. 1981). Trotzdem sind diese Patienten klinisch euthyreot.

Adrenaler Regelkreis

Histologische Untersuchungen der Nebennierenrinde bei Tier und Mensch zeigten, daß Alkoholabusus zu einer Atrophie der Zona fasciculata und einer Verbreiterung der Zona glomerulosa führt. Damit geht teilweise eine verminderte Produktion von Cortisol einher. Bei Leberzirrhose kommt es zu einem Anstieg an freiem Cortisol, was auf einen Mangel an Bindungsprotein zurückgeführt wird. Bei Alkoholikern fehlt oft der Anstieg von Cortisol unter ACTH, bei Alkoholentzug steigt aber Cortisol an. Er wird durch erneute Alkoholgabe verhindert. Klinisch kann sich in seltenen Fällen ein Cushing-Syndrom entwickeln, das nach Alkoholkarenz spontan abklingt (Allolio u. Mitarb. 1980). Bei Leberzirrhose tritt erst dann ein Aldosteronanstieg auf, wenn ein Aszites vorliegt.

Gonadaler Regelkreis

Die Wirkungen des Alkohols auf den gonadalen Regelkreis sind in 2.2.7.6 dargestellt. Die Testosteronspiegel sind bei etwa 17% der Alkoholiker erniedrigt. Prädiktoren sind Lebensalter, Höhe des Alkoholmißbrauchs und Ausmaß des Leberschadens. Nach Alkoholabstinenz kommt es zu einem Wiederanstieg des Testosteronspiegels (Irvin u. Mitarb. 1988).

In klinischer Hinsicht kommt es zu Symptomen des Hyperöstrogenismus (Gynäkomastie, weiblicher Behaarungstyp, Palmarerythem) sowie zu Störungen des Sexualverhaltens. Letztere finden sich bei etwa 50% aller männlichen Alkoholiker. Welche Form der Sexualstörungen (Libidomangel, Erektions- und Ejakulationsstörungen) am häufigsten vorkommt, ist angesichts der widersprüchlichen Angaben in der Literatur unklar. Zur Erklärung des Bedingungsgefüges der Sexualstörungen werden neben den organischen auch psychische Ursachen (Partnerschaftsprobleme) herangezogen.

4.4.1.9 Störungen des Muskelsystems (Geller 1980)

Die Alkoholmyopathien sind in den letzten Jahren genauer untersucht worden. Sie sind wahrscheinlich häufiger als früher vermutet. Die alkoholischen Myopathien treten nur nach längerem Alkoholmißbrauch auf. Die Ursache der Myopathie ist nicht genau bekannt. Es werden toxische Wirkungen des Alkohols auf die Muskelmembran vermutet, ebenso Störungen der elektrolytischen Fermente oder Störungen des Myoglobinstoffwechsels.

Es werden drei Formen der alkoholischen Myopathie unterschieden:
- akute Myopathie,
- subakute chronische Myopathie,
- Rhabdomyolyse.

Akute Myopathie

Klinik: Rasch auftretende Schmerzen umschriebener Muskeln oder größerer Muskelbezirke, verbunden mit Schwellungen der Muskulatur und des subkutanen Gewebes. Die betroffenen Muskeln sind sehr stark druckempfindlich, steif, es kommt häufig zu Muskelkrämpfen.

EMG-Befunde: Die EMG-Befunde sind immer pathologisch: niedrige, kurzdauernde Potentiale, Zunahme der niedrigen kurzen polyphasischen Aktivität, wobei die Interferenzmuster erhalten bleiben.

Laborbefunde: Infolge der Muskelnekrose kommt es zu einer Myoglobinurie, die bis zu akutem Nierenversagen mit transitorischer Oligo-Anurie führen kann. Außerdem findet sich ein leichter Anstieg des Kreatinspiegels im Plasma sowie der Muskelfermente, insbesondere der Kreatin-Phosphor-Kinase (CPK), LDH, Aldolase, GOT. Bei Störungen der Herzmuskel finden sich auch Hyperkaliämie (und EKG-Veränderungen).

In 50% der Fälle bestehen mehr oder minder ausgedehnte Muskelnekrosen, ferner Schwellung und Fragmentation der Muskelfasern, verbunden mit myoliner und granulärer Degeneration.

Verlauf: Bei Alkoholabstinenz verschwinden die Symptome im Laufe von einigen Wochen. In vielen Fällen bleiben die Symptome aber subklinisch und werden oft nicht erkannt.

Rhabdomyolyse (Rumpf u. Mitarb. 1986)

Die Rhabdomyolyse stellt eine besondere Form akuter alkoholbedingter Muskelerkrankungen dar (Rumpf u. Mitarb. 1986). Vielfach tritt sie im Verlauf bzw. als Komplikation eines Alkoholdelirs (mit Krampfanfällen) auf.

Das klinische Bild ist sehr variabel. Neben blanden Verläufen gibt es perakute Formen mit schwerstem Nierenversagen, Ateminsuffizienz und irreversiblem Schock. Muskelschmerzen und Muskelschwellungen sowie Braunfärbung des Urins treten eher selten auf. Die klinisch-chemischen Befunde zeigen massive Anstiege der Kreatinkinase (CK) sowie des Myoglobin im Serum wie im Urin, ferner Hypokaliämie, Hypophosphatämie und Hyperkalzämie. In schweren Fällen ist eine intensivmedizinische Behandlung (evtl. mit maschineller Beatmung und Dialyse) erforderlich. Die Letalität beträgt 10–20%.

Die Pathogenese wird als multifaktoriell bezeichnet. Neben der vermutlichen myotoxischen Eigenwirkung des Alkohols werden mechanische Faktoren wie zerebrale Krampfanfälle, Muskelkompressionen bei Patienten mit längeren Bewußtseinsstörungen sowie die Elektrolytstörungen diskutiert.

Subakute und chronische Myopathie

Klinik: Langsame Entwicklung von Muskelschwäche und Muskelschwund, vor allen Dingen an den proximalen Muskeln der unteren Extremitäten. Muskelkrämpfe sind häufig, Schmerzen relativ selten.

EMG-Befunde: Inselförmige, typische myopathische Muster mit oder ohne geringe Lichtungen von Aktivitätsmustern und niedergespannte Potentiale. Im EMG finden sich nicht selten Hinweise auf gleichzeitiges Bestehen einer Neuropathie.

Laborbefunde: Sie sind wie bei der akuten Myopathie. Erhöhung der Enzymwerte CPK und GOT, wobei die GOT vor der CPK zur Norm zurückkehrt.

Morphologische Befunde: Die histologischen Veränderungen sind ähnlich wie bei den akuten Formen, jedoch in geringerem Ausmaß zu finden.

Verlauf: Auch hier sind subklinische Verlaufsformen möglich, die leicht übersehen werden. Eine Rückbildung ist im Laufe von mehreren Monaten zu beobachten, eine Muskelschwäche kann jedoch über längere Zeit bestehen bleiben (Editorial 1971, Hallen u. Mitarb. 1971).

4.4.2 Neurologische Störungen

4.4.2.1 Allgemeine Hirnveränderungen

Es handelt sich um allgemeine morphologische und funktionelle Veränderungen des Gehirns, die häufig mit psychischen Veränderungen einhergehen (s. 4.4.3.4).

Die *klinisch-neurologischen Befunde* bei Alkoholikern sind normal oder uncharakteristisch. Im Liquor finden sich keine Veränderungen, abgesehen von einer Azidose (durchschnittliches pH 7,25; normal 7,29–7,34).

Die Angaben über die *EEG-Befunde* bei Alkoholikern schwanken allerdings in der Literatur sehr stark (pathologische Befunde zwischen fast 0% und 80%) (Übersicht s. Haan 1986), im Durchschnitt wird etwa bei 50% der Alkoholiker ein Normbefund anzunehmen sein. Uncharakteristische Veränderungen können durch altersbedingte Veränderungen, durch eine hepatische Enzephalopathie bedingt sein oder eine konstitutionelle Normvariante darstellen. Ein spezifisches EEG-Muster für Alkoholismus existiert nicht. Die häufigsten pathologischen Veränderungen des EEG bei Alkoholikern bestehen in niedriger Amplitude, langsamer Alphatätigkeit, häufigen langsamen Abläufen (Theta und Delta). Ein gut ausgeprägter Alpharhythmus ist eher selten, ebenso paroxysmale Dysrhythmien. Krampfpotentiale kommen außer im Entzug kaum vor. Die starken EEG-Veränderungen korrelieren mit entsprechenden psychischen Störungen (Vigilanzminderung).

Die Untersuchung der *visuell evozierten Hirnpotentiale* (VEP) ergab bei 21% der untersuchten Alkoholiker pathologische Veränderungen, vor allem bei Alkoholikern mit subjektiven Sehstörungen bzw. mit blanden Sehnervenaffektionen. Bei der Untersuchung mit akustisch evozierten Potentialen (AEP) fanden sich (im Vergleich zu Kontrollgruppen) regelmäßig Erhöhungen der Mittelwerte und Zentralwerte der Inter-peak-Latenz, 42% hatten pathologische Veränderungen (Verlängerungen der Inter-peak-Latenz, Amplitudenreduktionen) (Haan 1986).

Morphologisch wurden atrophische Veränderungen des Gehirns, besonders des Frontal- und Parietalhirns, Erweiterungen der inneren Liquorräume sowie vor allem des periventrikulären Graus beschrieben (s. 2.2.7.2). Mikroskopisch finden sich uncharakteristische Veränderungen sowie Schrumpfungen der Nervenzellen sowie Markscheidenzerfall und Gliawucherungen.

Diese Befunde wurden im wesentlichen durch *bildgebende Verfahren* bestätigt: früher durch Pneumenzephalographie und Echoenzephalographie, in den letzten Jahren durch die neueren bildgebenden Verfahren (CCT, NMR). Es zeigen sich dabei (z.T. im Vergleich mit Kontrollgruppen) übereinstimmend Erweiterungen der inneren und äußeren Liquorräume und des Interhemisphärenspaltes (s. 2.2.7.2). Besonders betroffen von der Hirnschrumpfung sind Frontal- und Temporallappen. Nach einer neueren Untersuchung an Alkoholikerpatienten einer neurologischen Klinik) (Haan 1986) ergab sich, daß nur relativ wenige Alkoholiker überhaupt ein normales CCT aufweisen: 16%, wenn keine begleitende Epilepsie vorlag, 10% bei gleichzeitigem Vorliegen einer Epilepsie. 60% bzw. 58% hatten Ventrikelerweiterungen, 42% bzw. 39% eine Kleinhirnatrophie. Die Hirndurchblutung (gemessen mit der Radio-Xenon- bzw. Radio-Krypton-Methode) ergab besonders bei Alkoholikern jenseits des 50. Lebensjahres eine zunehmende Verminderung der Hirndurchblutung, besonders in den frontalen Regionen, in Abhängigkeit von der Höhe des Alkoholmißbrauchs. Es bestehen aber keine Unterschiede zwischen den beiden Hirnhemisphären. Bemerkenswert ist, daß in manchen Fällen eine Rückbildung der nachgewiesenen Hirnschrumpfung nach mehrmonatiger strikter Alkoholabstinenz beobachtet werden konnte (Carlen u. Mitarb. 1980, Wilkinson u. Carlen 1977). Wie sich diese Rückbildung vollzieht, ist noch nicht geklärt. Bei längerer Abstinenz ergab sich auch eine verbesserte Durchblutung des Frontal- und Temporallappens, positiv korrelierend mit Verbesserungen in psychomotorischen Tests (Berglund u. Mitarb. 1980).

4.4.2.2 Wernicke-Korsakow-Syndrom
(Tschersich 1977, Greenberg u. Diamond 1985)

Die von Wernicke Polioencephalitis haemorrhagica superior benannte Krankheit wurde etwa zur gleichen Zeit wie das amnestische Syndrom von Korsakow publiziert (in der Zeit von 1880–1890). Nach neueren Auffassungen (Malamud u. Sillicorn 1956) stellen die Wernicke-Krankheit und die Korsakow-Psychose keine getrennten Krankheiten dar, sondern nur verschiedene Stadien der gleichen Krankheit, zu der auch noch die Kleinhirnatrophie gehört.

Epidemiologie: Etwa 3–5% aller Alkoholiker werden davon befallen, meist im 5.–6. Lebensjahrzehnt. Bei etwa 22% der Autopsiefälle findet man Zeichen von Wernicke-Korsakow, allerdings bestanden nur bei 14% von ihnen klinische Manifestationen (Harper 1988).

Klinik: Die Krankheit beginnt auf neurologischem Gebiet häufig mit Augenmuskellähmungen, konjugierten Blicklähmungen, Pupillenstörungen, Nystagmus und Gang- und Standunsicherheit. In 90% der Fälle sind auch polyneuritische Zeichen festzustellen. Als Vorboten werden relativ häufig Magen-Darm-Störungen und Fieber beobachtet (Park u. Whitehead 1973). Der Liquor weist in etwa 50% der Fälle eine Erhöhung des Gesamteiweißes auf. Hirndurchblutung, O_2- und Glukoseverbrauch des Gehirns sind deutlich vermindert. Das EEG ist meist verändert (abnorme Abläufe mit Verlangsamung). Psychische Störungen sind von Anfang an sehr häufig. Sie beginnen mit leichten deliranten Symptomen, später treten dazu Allgemeinveränderungen wie Apathie und Teilnahmslosigkeit. Bei Besserung des Zustandes wird als Durchgangssyndrom ein amnestisch-konfabulatorischer Zustand beobachtet. Im ungünstigen Fall kommt es zu einem persistierenden amnestischen Defekt mit und ohne Konfabulationen. Die Korsakow-Psychose im eigentlichen Sinn ist gekennzeichnet durch folgende Störungen, die voneinander wahrscheinlich unabhängig sind:

– Verlust des Altgedächtnisses, regelmäßig verbunden mit der Unfähigkeit, sich neue Gedächtnisinhalte einzuprägen oder zu lernen,
– verminderte Fähigkeit der Reproduktion von Gedächtnisinhalten,
– relativ geringe, aber eindeutige Verschlechterung des Perzeptionsvermögens und der Auffassungsfähigkeit,
– Verminderung der Spontaneität und Initiative. Konfabulationen werden als nicht regelmäßig auftretende Störungen bezeichnet, besonders nicht in der chronischen Phase der Krankheit. Sie sind deswegen auch nicht notwendig für die Diagnose.
– Störungen der Konzentrationsfähigkeit, der räumlichen Organisation und der visuellen und verbalen Abstraktion.

Die Prognose des Korsakow-Syndroms ist schlecht (auch wenn eine Therapie mit Vitamin-B-Komplex bald einsetzt). Nur etwa 12–20%

kommen zu einer völligen Restitution, 20% bleiben völlig ungebessert, der Rest weist Residualstörungen auf (Neundörfer u. Gössinger 1977, Tschersich 1977). Die Symptome des Wernicke-Syndroms, insbesondere die Augenstörungen, lassen sich relativ gut therapeutisch beeinflussen.

Morphologische Befunde: Die hauptsächlichen Veränderungen bestehen in systematischen Läsionen der paraventrikulären Anteile des mediodorsalen und anteromedialen Kerns und des Pulvinars des Thalamus, der Mamillarkörper, der Gegend des Aquädukts und des Bodens des 4. Ventrikels (besonders der motorischen Vaguskerne und Vestibulariskerne), ferner des Vorderlappens des Kleinhirns, ferner im basalen Vorderhirn (Butters u. Granholm 1984). Histologisch findet man eine Vakuolisierung des Gewebes und eine Zerstörung der parenchymatösen Elemente. Außerdem finden sich reaktive Veränderungen der gliösen und vaskulären Anteile des Gewebes. Die pathologischen Veränderungen sind die gleichen in den akuten Stadien der Wernicke-Krankheit wie im chronischen Stadium der Korsakow-Psychose. Unterschiede bestehen lediglich in deren Alter und im Ausmaß der gliösen und vaskulären Reaktion (Victor u. Mitarb. 1971). Die Hirndurchblutungsmessung ergab unterschiedliche Befunde (Erhöhung und Verminderung).

Ätiologie und Pathogenese: Nach der gegenwärtig vorherrschenden Auffassung (Victor u. Mitarb. 1971), die allerdings nicht unwidersprochen geblieben ist (Freund 1973), spielt der Alkohol bei der Pathogenese der Wernicke-Korsakow-Krankheit nur eine mittelbare Rolle. Der entscheidende pathogenetische Faktor ist der Mangel an Vitaminen der B-Gruppe, insbesondere Thiamin, in der zugeführten Nahrung. Alkohol führt beim Fehlen einer qualitativ ausreichenden Ernährung zur Substitution der notwendigen Energie. Diese Kohlenhydratkalorien bedürfen aber für ihre Metabolisierung einer zusätzlichen Gabe von Vitaminen der B-Gruppe, so daß sich deren Mangel besonders stark manifestiert.

Das Korsakow-Syndrom ist nicht spezifisch für Alkoholmißbrauch. Es kann bei verschiedenen bilateralen Schädigungen von bestimmten dienzephalen und mediotemporalen Hirnstrukturen durch Traumen, Hypoxie, bestimmte Gifte und Infektionen auftreten.

4.4.2.3 Alkoholische Kleinhirnatrophie

Klinik: Diese ziemlich seltene neurologische Erkrankung tritt zwischen dem 35. und 65. Lebensjahr auf. Sie beginnt allmählich, ihre Symptome ähneln der Nonne-Marieschen Form der Heredoataxie. Hauptsächliche Störung ist eine lokomotorische Ataxie mit Gangstörung und Rumpfataxie, jedoch auffallend geringer Beteiligung der

Arme. Des weiteren werden Reflexstörungen und Tremor beobachtet. Der Tremor befällt vorwiegend die Hände, gelegentlich auch den Kopf, verstärkt sich bei intendierten Bewegungen. Es besteht ein Blickrichtungsnystagmus, die Sprache ist in den späteren Stadien dysarthrisch, verwaschen, lallend, der Muskeltonus herabgesetzt. Das EEG ist normal. Im Pneumenzephalogramm bzw. CCT finden sich Vergrößerungen der Cysterna magna mit Erweiterungen des 3. Ventrikels sowie vertiefte Sulci und Fissuren (vor allem eine Atrophie des Vorderwurms und des Vorderlappens des Kleinhirns).

Die Krankheit kann (langsam) fortschreiten, aber auch stationär bleiben.

Morphologische Befunde: Es handelt sich um eine Degeneration und Atrophie des Vorderwurms der paramedianen Anteile des Vorderlappens sowie der Kleinhirnrinde. Mikroskopisch findet sich vorwiegend eine Degeneration der Purkinje-Zellen, in fortgeschrittenem Stadium aller neuronalen Elemente.

Etwa ein Drittel aller autoptisch diagnostizierten Fälle waren ohne klinischen Befund.

Wie bereits erwähnt, wird die alkoholische Kleinhirnatrophie als ein Teil einer umfassenden Vitaminmangel-Hirnschädigung angesehen (vor allem Mangel an Vitamin B_{12}) (Victor u. Mitarb. 1971).

4.4.2.4 Alkoholische Polyneuropathie

Die alkoholische Polyneuropathie ist eine relativ häufige Komplikation des chronischen Alkoholismus. 20–40% aller Alkoholiker leiden daran. Der Altersgipfel liegt zwischen dem 40. und 60. Lebensjahr.

Subjektive Symptome: Die ersten Krankheitserscheinungen bestehen meistens in schmerzhaften Mißempfindungen, Kribbelparästhesien, Taubheitsgefühl. Es folgen dann Schmerzen, die ziehenden, brennenden oder stechenden Charakter annehmen können. Muskelkrämpfe und Muskelschwäche treten in fast der Hälfte der Fälle auf. Dazu kommen Gehunsicherheit sowie als häufiges Symptom die Druckempfindlichkeit der langen Nervenstämme (Schmerzen beim Wadendruck oder bei Kompression des N. fibularis gegen das Fibulaköpfchen).

Befund: Das häufigste Symptom ist die Störung der Tiefensensibilität, die in 80–90% der Fälle beobachtet wird. Es folgen dann in abnehmender Häufigkeit Störungen der Lageempfindlichkeit, der Oberflächenempfindung, schließlich der Schmerz- und Temperaturempfindung. Alle diese Störungen sind in den unteren Extremitäten ausgeprägter und häufiger als in den oberen. Die Muskulatur ist häufig paretisch, nur gelegentlich etwas atrophisch. Die Paresen sind meist distal betont und betreffen vorwiegend die unteren Extremitäten. Manchmal sind nur die Zehen- und Fußextensoren isoliert befallen. In seltenen Fällen kommt es zu einer isolierten Parese der kleinen Handmuskeln, was differentialdiagnostisch an eine spinale Muskelatrophie denken läßt. Auch die Abschwächung der Eigenreflexe ist auf die unteren Extremitäten konzentriert. Die Achillessehnenreflexe fehlen in etwa 80–90% der Fälle, in etwa der Hälfte der Fälle werden die Patellarsehnenreflexe vermißt. Dagegen fehlen nur selten die Armeigenreflexe. Infolge der Sensibilitätsstörungen und der Paresen entstehen mehr oder minder schwere Veränderungen des Geh- und Stehvermögens im Sinne einer Ataxie. Dazu kommen als weitere Symptome vegetative (neurotrophische) Störungen (Hyperhidrosis, Marmorierung der Haut, Beinödeme), die in 60% der Fälle beobachtet werden. Die Hirnnerven (Augenmuskeln) sind relativ selten betroffen. Noch weniger häufig finden sich Pupillenstörungen.

EMG-Befunde: Meistens bestehen pathologische Befunde im Sinne von Störungen des 2. Neurons: pathologische Spontanaktivität, gelichtete Aktivitätsmuster bei maximaler Willkürinnervation, verlängerte oder vermehrte polyphasische Aktionspotentiale. Die Nervenleitgeschwindigkeit (NLG) ist nach Angaben mancher Autoren verzögert, andere beschreiben normale oder nahezu normale Befunde. Eine Verzögerung der Nervenleitgeschwindigkeit findet sich vorwiegend im Bereich der anatomischen Engpässe peripherer Nerven (Schenk u. Dietz 1975). Die Diskrepanzen erklären sich durch histologische, insbesondere elektronenmikroskopische Befunde, die zwei verschiedene Arten der alkoholischen Polyneuropathie aufgezeigt haben (Bischoff 1971; Hallen 1971):

– die axonale Degeneration, die durch toxische Einflüsse erklärt wird (Einwirkung von Metaboliten des Alkohols, wie Brenztraubensäure und Azetaldehyd),
– Die Demyelinisierung, die auf nutritive Einflüsse (Mangel an Vitaminen der B-Gruppe) zurückgeführt wird. Die Verminderung der Nervenleitgeschwindigkeit soll vor allen Dingen bei Demyelinisierung zu beobachten sein.

Bemerkenswert ist, daß die begleitenden zentralnervösen Störungen der Polyneuropathie (organisches Psychosyndrom, Wernicke-Korsakow-Krankheit) vor allen Dingen bei dem zweiten Typ, der Polyneuritis, beobachtet werden.

Der Liquor ist meistens unauffällig.

Die Prognose der alkoholischen Polyneuropathie ist bei Abstinenz meistens günstig, es kommt zu einer Rückbildung der Paresen, im Laufe von Monaten auch zu einer Restitution der Eigenreflexe (Bischoff 1971, Hallen u. Mitarb. 1971, Neundörfer 1972).

4.4.2.5 Alkoholischer Tremor und andere extrapyramidale Störungen (Hassler 1953)

Tremorerscheinungen sind bei Alkoholikern sehr häufig. Sie treten vor allem bei Alkoholabstinenz, aber auch bei fortbestehendem Alkoholabusus auf. Sie sind anfangs reversibel, überwiegend durch wiederholte Alkoholzufuhr zu kupieren, später werden sie andauernd und irreversibel. Das Leiden beginnt als feinschlägiger Tremor, der später grobschlägig wird (8–9 Schläge pro Sekunde). Der alkoholische Tremor ist also etwas schneller als der Parkinson-Tremor. Der Tremor setzt an den Händen ein, später Ausbreitung auf Zunge, Lippen, Augenlider, Kopf und Füße. In der Ruhe ist der Tremor weniger deutlich als bei Tätigkeit. Er verstärkt sich bei emotionalen Spannungen. Der Tremor ist unabhängig von der Polyneuropathie und anderen neurologischen Erkrankungen, abgesehen von Kleinhirnerkrankungen. Zur Differentialdiagnose kommen als Ursache des Tremors andere chronische Intoxikationen (z. B. Morphine, Barbiturate) in Frage. Diese Tremorformen können dem Alkoholtremor phänomenologisch sehr ähnlich sein. Des weiteren ist an einen hyperthyreotischen Tremor zu denken, der eine unterschiedliche und meist größere Frequenz aufweist und bei dem die Zielbewegungen stärker gestört sind. Neurophysiologische Untersuchungen (evozierte auditive Hirnstammpotentiale) bei Patienten mit langsamem ataktischem Tremor und zerebellarer Ataxie ergaben verzögerte Hirnstammabläufe (Rosenhammer u. Silfverskioeld 1980).

Pathologisch-anatomisch finden sich beim Alkoholtremor Ausfälle im Putamen und im Kleinhirn.

Es wurden auch flüchtige choreiforme Dyskinesien am Kopf und an den Gliedmaßen beschrieben, die im Rahmen eines Entzugssyndroms auftreten und nach 2–7 Wochen abklangen (Fornazzari u. Carlen 1982).

4.4.2.6 Seltenere neurologische Störungen

Marchiafava-Bignami-Syndrom (Brion 1976)

Das Syndrom ist sehr selten. Es wurde früher praktisch ausschließlich bei Alkoholikern, meist bei Rotweintrinkern, beobachtet. Inzwischen sind auch Fälle bei Alkoholabstinenten bekanntgeworden. Es beginnt schleichend mit uncharakteristischen, pseudopsychopathischen Erscheinungen: Affektlabilität, Reizbarkeit, sexuelle Enthemmung, „charakterliche Depravation". Später treten Zeichen einer Demenz mit oder ohne flüchtige Verwirrtheit auf. Häufig kommt es zu zerebralen Anfällen und zu apoplektischen Attacken mit flüchtigen Halbseitenlähmungen, die später durch Aphasien, Apraxien und Augensymptome kompliziert werden. Im Endstadium häufen sich die zerebralen Anfälle, die Paresen nehmen zu, es kommt zu einer Kachexie und schließlich zum Tod im Koma. Der Liquor ist unauffällig. Neben dieser subakuten Verlaufsform wurden auch Fälle beobachtet, die innerhalb weniger Tage starben. Meist werden Männer im Alter von 50–60 Jahren betroffen. Die Diagnose wird klinisch kaum je gestellt. Es gibt Verbindungen zur zentralen pontinen Myelinolyse (Ghatak u. Mitarb. 1978). Im EEG finden sich asymmetrische unregelmäßige Beta- und Delta-Potentiale. Im CCT zeigt sich in der akuten Phase eine verminderte Dichte, in der chronischen Phase eine Atrophie des Corpus callosum.

Morphologische Befunde: Es finden sich charakteristische Degenerationsherde in den mittleren Schichten des Corpus callosum, oft auch in den mittleren Kleinhirnschenkeln sowie symmetrische Degenerationsherde in den Großhirnhemisphären. Häufig findet man auch eine Degeneration des papillomakulären Bündels der Sehnerven. Histologisch besteht eine Myelindegeneration mit geringen mesenchymalvaskulären und gliösen Reaktionen. Die Pathogenese der Krankheit ist noch unbekannt. Eine Schädigung der Oligodendroglia durch Zyanid wurde diskutiert. Das Zyanid wird durch Alkohol freigesetzt, wodurch der Vitamin-B_{12}-Stoffwechsel gestört wird.

Laminäre Rindensklerose (Naeije u. Mitarb. 1978)

Klinisch nicht von dem Marchiafava-Bignam-Syndrom zu unterscheiden ist die *laminäre Rindensklerose* (Morel 1939), die noch seltener ist. Die morphologischen Veränderungen sind hauptsächlich im Stirnlappen lokalisiert.

Zentrale pontine Myelinolyse
(Messert u. Mitarb. 1979, Wright u. Mitarb. 1979)

Es handelt sich dabei um eine seltene Erkrankung, die erstmals 1959 beschrieben wurde. Sie besteht pathologisch-anatomisch in einem schmetterlingsförmigen, symmetrischen Herd am Brückenfuß, selektiver Entmarkung, Fettabbau, Schädigung der Oligodendroglia und einer diffusen Proliferation der Astroglia im gesamten Brückengrau. Die Erkrankung ist nicht spezifisch durch Alkoholismus verursacht, jedoch fand sich bei der Mehrzahl der Fälle ein Alkoholismus. Als ätiologisches Zwischenglied wird eine Leberschädigung vermutet; dafür spricht, daß die Krankheit auch relativ häufig bei der Wilsonschen Pseudosklerose auftritt, aber auch bei anderen chronischen Erkrankungen (z. B. Nierenleiden, Malignomen, Infektionen).

Klinik: Der Allgemeinbefund ist meist schlecht (Mangelernährung, Leberzirrhose, Elektrolytstörungen).

Das neurologische Bild ist weitgehend abhängig von der Ausdehnung der myelinolytischen Herde; es wird im wesentlichen bestimmt durch bulbäre sowie ataktische Störungen, durch Pyramidenzeichen und motorische Störungen der Beine und Arme. Regelmäßig finden sich auch psychische Störungen (Verwirrtheit, Desorientiertheit, Koma). Im Liquor finden sich manchmal Zellvermehrung und Xanthochromie. Im CCT läßt sich ein hypodenser Herd in der Brücke nachweisen. Die Diagnose wurde bisher meistens auf dem Sektionstisch gestellt (Ghatak u. Mitarb. 1978, Seitelberger 1973).

Nikotinsäuremangel-Enzephalopathie (Still 1976)

Die Krankheit stellt eine seltene Komplikation des chronischen Alkoholismus dar, die bei stark unterernährten Menschen auftritt, meistens in Kombination mit Pellagra und Beri-Beri.

Klinik: Die klinischen Erscheinungen sind entsprechend der Kombination mit den genannten anderen Vitaminmangelerscheinungen durch die drei Kernsyndrome: „*D*ermatitis, *D*iarrhö und *D*emenz" gekennzeichnet. Neben einer Dermatitis sowie gastrointestinalen Störungen findet sich auch eine Anämie und Kachexie. Von den neurologisch-psychiatrischen Erscheinungen stehen die psychischen Störungen im Vordergrund. Es handelt sich dabei um Apathie, Stupor, Verwirrtheitszustände. An neurologischen Zeichen finden sich extrapyramidale Störungen, orale Automatismen, ferner spinale Störungen, ähnlich der funikulären Myelose.

Bei der Pathogenese dieser Krankheit spielt Alkohol nur eine mittelbare Rolle. Als pathogenetisches Zwischenglied sind Schleimhautschädigungen und Infekte des Magen-Darm-Traktes zu erwähnen.

Alkoholische Myelopathie (Wieser 1965)

In der Literatur finden sich vereinzelt Fälle von histologisch nachgewiesenen spinalen Schädigungen bei Alkoholismus, die klinisch meist mit spastischen Paraparesen und Blasenstörungen einhergehen. Andersartige Rückenmarkserkrankungen waren ausgeschlossen worden. In der Regel, aber nicht durchgehend, waren Leberschädigungen nachweisbar. Diese Fälle wurden in Parallele zu Myelopathien gesetzt, die bei Leberschäden nichtalkoholischer Genese auftreten (z. B. bei der Wilsonschen Pseudosklerose). Ätiologisch kommt neben Alkoholmißbrauch und Mangelernährung ein Mangel an Vitamin B_{12} und Nikotinsäure in Frage.

Retrobulbärneuritis (sog. Tabak-Alkohol-Amblyopie)

Es handelt sich um eine Sehstörung infolge einer bilateralen Demyelinisation der markhaltigen Fasern in den zentralen Anteilen des N.

opticus, des Chiasma und des Tractus opticus. Die Retrobulbärneuritis kann im Rahmen von Enzephalo- und Neuropathien verschiedener Genese (z. B. Pellagra, Wernicke-Korsakow-Syndrom, Polyneuritis), aber auch isoliert vorkommen. Als Ursache werden Ernährungsstörungen mit Mangel an verschiedenen Vitaminen der B-Gruppe (insbesondere B_2, B_6 und B_{12}) verantwortlich gemacht.

4.4.2.7 Anfallszustände bei chronischem Alkoholmißbrauch
(Haan 1986, Wessely u. Mitarb. 1973, Wieser 1965)

Die Angaben über die Häufigkeit epileptischer Anfälle, die im Verlauf des Alkoholismus auftreten, sind in der Literatur außerordentlich schwankend: 5–35% (Meyer u. Forst 1977). Am häufigsten sind Grand-mal-Anfälle. Psychomotorische Anfälle und kleine Anfälle sind ziemlich selten.

Die Alkoholepilepsie wurde früher als eine Krankheitseinheit angesehen. Diese Ansicht ist nicht mehr haltbar, eine Differenzierung ist nötig. Es ergeben sich folgende Möglichkeiten der Entstehung der Anfälle:

- Bereits vor Beginn des Alkoholabusus bestanden epileptische Anfälle. Sie werden durch den Alkoholabusus ggf. provoziert bzw. verschlimmert (etwa 10% [Wessely u. Mitarb. 1973]).
- Eine bisher latente Krampfbereitschaft wird durch den Alkoholabusus manifestiert.
- Es besteht eine zufällige Koinzidenz von Alkoholmißbrauch und epileptischen Anfällen (Spätmanifestationen der Anfälle ohne oder mit erkennbarer Ursache der Anfälle, z. B. durch Schädel-Hirn-Traumen, Enzephalopathien toxischer oder entzündlicher Genese).
- Auftreten der Anfälle bei Alkoholikern im Rahmen von Abstinenzerscheinungen als Vorboten des Alkoholdelirs.
- Epileptische Anfälle bei chronischen Alkoholikern, die früher sicher keine latente Krampfbereitschaft aufgewiesen hatten und bei denen keine erkennbaren zerebralen Schädigungen bestehen. Diese Anfälle treten ohne Zusammenhang mit der Abstinenz oder auch ohne Zusammenhang mit Trinkexzessen auf. Nur diese Art der Anfälle wäre als Alkoholepilepsie im eigentlichen Sinn zu verstehen.

Unterschiedliche, zusätzlich zum Alkoholismus bestehende Störungen des ZNS können Ursache oder Mitursache von epileptischen Reaktionen bei Alkoholikern sein. Hirnsubstanzdefekte, die die Hirnrinde wesentlich mitbetreffen, prädisponieren zu epileptischen Reaktionen im Entzug. Epileptische Reaktionen bei Alkoholikern ohne komplizierende Erkrankung, die fast nur im Entzug (innerhalb von 96 Stunden) auftreten, sind Zeichen einer meist reversiblen Funktionsstörung der zerebralen Erregbarkeit. In der Regel handelt es sich um primär generalisierte Grand-mal-Anfälle. Andere Anfallsformen, insbesondere Anfälle in Serie oder Status epilepticus sowie Anfälle, die nicht im Entzug auftreten, sind verdächtig auf zusätzlich bestehende Störungen. Die Auslösung einer Epilepsie ohne Mitwirkung von Alkoholentzug, die also bei Alkoholikern im Rahmen einer gesicherten Abstinenz auftritt, kann als Alkoholepilepsie bezeichnet werden. Nach den neueren Untersuchungen (Haan 1986) kann ihre Existenz als gesichert gelten. Sie sind aber relativ selten (unter 1%).

Der *EEG-Befund* ist bei Alkoholikern mit und ohne Anfälle unterschiedlich. Bei 35% der Alkoholiker mit Anfällen findet man regelmäßig einen pathologischen Befund, bei 39% Normalbefunde. Im Gegensatz dazu ist bei 63% der Alkoholiker ohne Anfälle das EEG normal und nur in 12% regelmäßig pathologisch. Krampfpotentiale, die vor allem im Entzug beobachtet werden, sind nicht grundsätzlich ein Beweis für das Auftreten von epileptischen Anfällen.

Die Häufigkeit der epileptischen Anfälle der vierten und fünften Gruppe (d.h. der Abstinenzanfälle und der Alkoholepilepsie im eigentlichen Sinn) ist relativ gering. Sie wird von verschiedenen Autoren mit 3,5–5% angegeben. Geht man von den epileptischen Anfällen als Ganzem aus, so machen die Anfälle der vierten Gruppe etwa 60% aus (Wessely u. Mitarb. 1973). Die meisten Anfälle treten zwischen dem 30. und 50. Lebensjahr auf.

4.4.2.8 Pachymeningosis haemorrhagica interna

Die Pachymeningosis haemorrhagica interna ist eine Krankheit, die nicht selten bei chronischen Alkoholikern, meist höheren Lebensalters, angetroffen wird. Sie ist aber für den chronischen Alkoholmißbrauch weder spezifisch noch charakteristisch. Deswegen wird hier auf eine ausführlichere Darstellung verzichtet. Differentialdiagnostisch ist an eine Pachymeningosis haemorrhagica interna bei relativ rasch fortschreitendem organischem Psychosyndrom zu denken, das bei Alkoholikern, vor allen Dingen solchen in höherem Lebensalter, auftritt.

4.4.2.9 Schlaganfälle

Das Risiko, einen zerebralen Insult zu erleiden, ist bei Männern mit hohem, regelmäßigem Alkoholkonsum (mehr als 300 g/Woche) um mehr als das Vierfache höher als bei Abstinenten oder bei Männern mit geringem Alkoholkonsum (10–90 g/Woche). Dies ist unabhängig vom Konsum von Tabak und Medikamenten und von Hypertonie. (Gill 1986, Taylor u. Mitarb. 1985, Marchi u. Mitarb. 1987, vgl. auch die Ergebnisse der Honolulu-Herzstudie, der japanischen Hishayama-Studie [Kagan u. Mitarb. 1980] und der Framingham-Studie [Wolf u. Kanel 1982]).

4.4.3 Psychiatrische Störungen

4.4.3.1 Alkoholdelir (Delirium tremens) (Böning u. Holzbach 1987)

Klassifikatorische Vorbemerkungen:
Das Delirium tremens stellt eine akute exogene Psychose dar. Es wurde seit seiner ersten Beschreibung 1813 als eine nosologische Einheit aufgefaßt. In den letzten Jahrzehnten wurde das Alkoholdelir im Gefolge der Arbeiten über das Alkoholabstinenzsyndrom als die höchste Stufe des Alkoholentzugssyndroms angesehen (Gross u. Mitarb. 1968, 1972a, b, Johnson 1961, Victor u. Adams 1953). Es wurden eine Reihe weiterer Symptome beschrieben, die jeweils nur einige der klassischen Symptome des Alkoholdelirs aufweisen. Diese Störungen wurden als „tremolous state" bzw. als „acute hallucinatory state" bezeichnet (im deutschen Sprachraum als Prädelir). Für die Beibehaltung des ursprünglichen Krankheitsbegriffs des Delirium tremens sprechen u. a. die Einheitlichkeit des klinischen Bilds, des Verlaufs und der Prognose sowie der internationale Sprachgebrauch. Auch in der DSM-III-R wird ein Begriff des Alkoholentzugsdelirs festgehalten.

Epidemiologie: Das Delirium tremens ist die häufigste Alkoholpsychose in allen Ländern. Allerdings entwickeln nur etwa 6–15% der Alkoholiker diese Erkrankung. Ein Alkoholdelir findet sich bei etwa 7–16% der Alkoholiker, die in psychiatrischen Landeskrankenhäusern aufgenommen werden. Man hat in der DDR die Delirquote mit 25/100 000 Einwohnern angegeben (v. Keyserlingk 1978).

Klinik: Als Vorboten des Delirium tremens finden sich neben den erwähnten Symptomen des Prädelirs häufig Magen-Darm-Störungen, vermehrte Schweißneigung und Angst. Alle diese Symptome sind bei den Patienten, die später ein Alkoholdelir entwickeln, wesentlich häufiger als bei solchen, die kein Delir aufzeigen.

Das klinische Bild des Alkoholdelirs ist sehr charakteristisch. Im Vordergrund steht Desorientiertheit in örtlicher, zeitlicher und situativer Hinsicht (während die personelle Orientiertheit meist erhalten ist). Es bestehen Auffassungsstörungen und illusionäre Verkennungen. Halluzinationen der verschiedenen Sinnesgebiete sind sehr häufig. Meistens handelt es sich um optische Halluzinationen (von kleinen, bewegten Gegenständen, aber auch Massenszenen). Akustische Halluzinationen sind seltener; noch seltener treten kinästhetische, olfaktorische und taktile Halluzinationen auf (vorwiegend bei schweren Verläufen). Die Halluzinationen sind meist sehr lebhaft, manchmal tragen sie auch persekutorischen Charakter. Die Wahrnehmungsstörungen und die ausgeprägte Minderung der Kritikfähigkeit können zu einer gesteigerten Suggestibilität und Konfabulationen führen. Die Stimmung ist schwankend, gekennzeichnet durch Angst, Reizbarkeit, andererseits durch eine gewisse Euphorie bis zum „Galgenhumor". Die Patienten sind meist in einer psychomotorischen Unruhe mit nestelnden Bewegungen und Bettflüchtigkeit. Es bestehen außerdem erhebliche vegetative Störungen, wie Schlaflosigkeit, vermehrte Schweißneigung, Tachykardien und Fieber (letzteres ebenfalls Zeichen besonders schwerer Verläufe). Von neurologischen Störungen ist am charakteristischsten der grobschlägige Tremor (8–9/s). In schweren Fällen besteht ein Pseudoopisthotonus. Ein beträchtlicher Teil der Delirien (7–41%) wird durch epileptische Anfälle vom Grand-mal-Typ eingeleitet, die mitunter das erste, allerdings oft verkannte klinische Zeichen eines drohenden Delirium tremens darstellen. Sie finden sich besonders häufig bei Patienten mit Mehrfachdelirien (Philipp u. Mitarb. 1976). Die faktoranalytische Untersuchung der Deliriumsymptomatik (Holzbach 1981) ergab drei Faktoren, von denen der dritte Symptome starker neuronaler Schädigung enthält.

Laborbefunde: Ihre Schwere korreliert mit der Intensität des klinischen Verlaufs. Es besteht eine Erhöhung der Transaminasen und anderer Serumenzymaktivitäten (z. B. Gamma-GT); Hämoglobin und Hämatokrit sind niedriger als normal, ebenso Natrium und Kalium. Manchmal besteht auch noch eine Erniedrigung des Magnesiums und eine Ketonurie.

Elektrophysiologische Befunde: In den bisher untersuchten Fällen wurde überwiegend eine Zunahme der Phasen des REM-Schlafes während des akuten deliranten Zustandes gefunden, was als Rückschlagphänomen der weitgehenden Unterdrückung der REM-Phasen und deren Ersatz durch Delta-Schlafphasen bei hohem Alkoholkonsum aufgefaßt wird. Auch nach dem meist raschen Abklingen der klinischen Erscheinungen beschleunigt sich die während des Delirs verlangsamte Grundtätigkeit erst wieder im Laufe von Tagen und Wochen (Holzbach 1979). Dabei besteht eine Unterdrückung der Alphatätigkeit. Ein anderer Typ der EEG-Veränderungen ist durch myoklonische Entladungsmuster gekennzeichnet (Thompson 1983). Die Hirndurchblutung ist vermindert.

Verlauf: Das Alkoholdelir dauert unbehandelt etwa 4–10 Tage und endet typischerweise mit einem tiefen und langanhaltenden Schlafzustand (Terminalschlaf). In der Regel ist dann die Psychose völlig abgeklungen. Die Patienten können sich aber an die meisten der psychotischen Erlebnisinhalte erinnern. In manchen Fällen kommt es nach Abklingen der akuten psychotischen Erscheinungen zu Störungen im Sinne eines Wernicke-Korsakow-Syndroms (s. 4.4.4.2).

Die Letalität des unbehandelten Delirs beträgt etwa 15–30%. Die Todesfälle häufen sich besonders bei den Patienten über 55 Jahre. Patienten mit wiederholten Delirien haben keine schlechtere Prognose als Erstdeliranten. Die „provozierten" Delirien haben eine bessere Prognose als die „unprovozierten" (Helbig 1962). Bei ausreichender Therapie beträgt die Letalität jetzt 1–8%.

Morphologische Befunde: Die Angaben früherer Autoren über pathologisch-anatomische Befunde sind widersprüchlich. Nach neueren Untersuchungen gibt es keine spezifischen morphologischen Substrate des Alkoholdelirs (Colmant 1965).

Entstehungsbedingungen: Das Alkoholdelir tritt nur nach jahrelangem, schwerem Alkoholmißbrauch auf (allerdings gibt es Deliriumtremens-Zustände auch nach dem Entzug von Barbituraten und nach hochdosierten Amitryptilinanwendungen). In der Regel besteht ein jahrelanges gewohnheitsmäßiges, kontinuierliches, rauscharmes Trinken in der Vorgeschichte (Feuerlein 1967, Kryspin-Exner 1966). Wer in höherem Alter (jenseits des 40. Lebensjahres) mit dem Alkoholabusus beginnt, scheint rascher ein Delir zu entwickeln. Auch im jugendlichen Alter entwickelt sich das Delir rascher. Das Alkoholdelir tritt am häufigsten bei Schnapstrinkern auf, wird aber auch bei reinen Wein- und Biertrinkern beobachtet.

Da nur ein Bruchteil der Alkoholiker ein Alkoholdelir entwickeln, wurde die Frage nach einer Prädisposition seit langem gestellt.

Möglicherweise spielen auch genetische Faktoren eine Rolle, wie aus Zwillingsuntersuchungen (an männlichen Probanden) in den USA zu vermuten ist (Hrubec u. Omenn 1981). Dies gilt übrigens auch für andere Alkoholpsychosen (und für alkoholische Leberzirrhose). Die Pathogenese des Delirium tremens ist noch nicht genau bekannt.

Nach der Hypothese der Adaptation und gestörten Homöostase (Petzold 1970) wird angenommen, daß das Delir auf eine Störung des Adaptationszustandes an einen jahrelangen Alkoholkonsum zurückzuführen ist. Solange der Alkoholspiegel gleichmäßig hoch ist, sei die Gefahr, ein Alkoholdelir zu entwickeln, gering, um so größer jedoch, wenn der Alkohol nach langer, gleichmäßiger Zufuhr abrupt entzogen wird. Diese Adaptationsstörungen können auch bei plötzlicher Alkoholkonsumsteigerung oder bei akuten körperlichen Krankheiten erfolgen. Im übrigen ist auf die Ausführung zur Pathogenese des Alkoholentzugssyndroms zu verweisen (s. 4.31). In gewisser Hinsicht wäre also das Auftreten des Alkoholdelirs abhängig vom Trinkverhalten, das seinerseits wieder mit Persönlichkeitsfaktoren zusammenhängt (Busche u. Mitarb. 1970, Feuerlein 1967, Helbig 1962, Kryspin-Exner 1962, 1966, Salum 1972, Nordstroem u. Berglund 1988).

Alkoholdelirpatienten sind im Gegensatz zu Alkoholikern, die kein Delir entwickeln, häufiger syntone Menschen, sind weniger depressiv, sie stammen häufiger aus günstigeren sozialen Verhältnissen, sind selbst besser sozial angepaßt. Ihre wirtschaftlichen und familiären Verhältnisse sind günstiger als die der nichtdeliranten Alkoholiker.

4.4.3.2 Alkoholhalluzinose
(Übersicht Glass I und II 1989, Surawicz 1980)

Es handelt sich um eine seltene chronisch verlaufende Psychose bei schwerem Alkoholismus, die erstmals 1847 (Marcel), später um die Jahrhundertwende vor allem von deutschen Autoren (Wernicke 1881, Kraepelin 1893) beschrieben wurde. Sie ist in ihrer „Natur" noch nicht völlig geklärt, obwohl in den letzten Jahrzehnten zahlreiche Studien erschienen sind. Insbesondere ist offen, ob es sich um eine alkoholbedingte organische Psychose handelt (wie auch die DSM III R annimmt) oder um eine nichtfamiliäre spät manifestierende schizophrenieähnliche Psychose.

Klinik: Im Vordergrund des klinischen Bildes stehen Halluzinationen (meist akustische, aber auch optische und taktile). Der Inhalt besteht häufig aus Vorwürfen und Bedrohungen, die dem Alkoholiker wegen seines bisherigen sozial negativen Verhaltens gemacht werden. In der Regel kommt es zu wahnhaften Interpretationen, die sich zu Beziehungsideen und Verfolgungsideen verfestigen können. Die Affektlage ist durch Depression, vor allem aber durch Ratlosigkeit und Angst gekennzeichnet, die sich bis zur Panik steigern kann. Dementsprechend sind die Verhaltensreaktionen der Patienten, die sich in Rechtfertigungsversuchen, in Flucht, Aggressionen oder Suizidhandlungen ausdrücken. Die Bewußtseinslage und die Orientierung sind nach Ansicht der meisten Autoren nicht gestört, abgesehen von gelegentlichen Störungen der zeitlichen Orientierung. Formale Denkstörungen bestehen nicht. Die Psychose beginnt meist zwischen dem 40. und 50. Lebensjahr. Sie ist bei Männern viermal häufiger als bei Frauen. Vegetative Störungen und Tremor fehlen, abgesehen von Schlaflosigkeit.

Verlauf: Die Psychose beginnt akut oder allmählich, manchmal in zeitlichem Zusammenhang mit Alkoholentzug. Sie kann Wochen bis Monate anhalten. Mit der Entwicklung der chronischen Form tritt in der Regel eine Beruhigung des Patienten trotz Fortbestehen der Halluzinationen ein. In diesem Zustand können die Patienten manchmal nicht von chronischen Schizophrenen unterschieden werden, wenngleich Unterschiede bestehen. Übergangsformen und Verbindungen zu dem „acute hallucinosis state" (Victor u. Adams 1953) sind möglich.

Pathogenese: Über die Pathogenese besteht immer noch keine Klarheit. Eine Reihe von wichtigen Fragen sind noch offen (Glass II 1989). Eine familiäre Belastung mit Schizophrenie konnte nicht bestätigt werden. Auf molekularbiologischer Ebene werden Störungen des Dopamin- bzw. des Kalziumstoffwechsels vermutet.

4.4.3.3 Sonstige Wahnkrankheiten der Alkoholiker

Eifersuchtswahn

Eifersuchtsideen der Alkoholiker stellen weder eine Krankheitseinheit dar, noch sind sie in ihren Entstehungsgrundlagen einheitlich (Kolle 1932). Es können drei Typen unterschieden werden:

- die Eifersuchtsideen der Trinker, die relativ häufig sind, aber nicht wahnhaften Charakter tragen,
- die Wahnbildung mit Eifersuchtsinhalten beim Delirium tremens und anderen exogenen Psychosen, die beim Abklingen der Psychose wieder verschwinden,
- der (extrem seltene) chronische Eifersuchtswahn der Alkoholiker, der auch ohne exogene Psychose entsteht und unter Abstinenz erhalten bleibt. Er ist durch groteske Eifersuchtsideen gekennzeichnet, die zu absurden Reaktionen, wie Durchsuchen der Wäsche auf Sperma, unsinnige Verdächtigungen usw. führen. Dieser chronische Eifersuchtswahn der Alkoholiker, der meist von Betroffenen geheimgehalten wird, ist fast nur bei Männern beschrieben worden.

Zur Pathogenese: Die Eifersuchtsideen der Alkoholiker werden von vielen Autoren psychodynamisch erklärt: Alkoholiker haben durch ihr Verhalten, insbesondere ihr Versagen auf sexuellem Gebiet, gegenüber ihren Partnerinnen Gefühle, die sie als Eifersuchtsideen externalisieren. Für die chronischen Eifersuchtswahnbildungen werden außerdem Erbfaktoren verantwortlich gemacht (Kolle 1932).

Alkoholparanoia

Von einzelnen Autoren (Fodstad 1968) wird auf eine sehr seltene Wahnerkrankung hingewiesen, die nicht scharf von der chronischen Alkoholhalluzinose abzugrenzen ist. Es handelt sich um eine exogene (somatogene) Psychose. Sie ist gekennzeichnet durch Wahnbildungen, die nicht nur Eifersuchts-, sondern auch Verfolgungs- und Beziehungsideen zum Inhalt haben. Dazu kommen meistens akustische Halluzinationen. Zur Pathogenese wird eine persönliche Disposition mit hysterischen und retentiven Zügen vermutet.

4.4.3.4 Nichtpsychotische psychische Störungen bei chronischem Alkoholmißbrauch

Zur Persönlichkeitsstruktur des Alkoholikers s. 2.3.5.1 und 2.3.5.2. Dort wird auch auf das Problem der Verschränkung von Grundpersönlichkeit und alkoholismusbedingten Veränderungen eingegangen. Im folgenden sollen lediglich die Veränderungen der psychischen Leistungsfähigkeit dargestellt werden, wie sie sich vor allem durch testpsychologische Untersuchungen erfassen lassen (Barnes 1980, Cutting 1978, Feuerlein 1982, Grünberger 1977):

- Aufmerksamkeit,
- Wahrnehmungsfähigkeit (besonders räumliches Unterscheidungsvermögen),
- Konzentrationsfähigkeit,
- Gedächtnis, vor allem das verbale Gedächtnis,
- verbales Lernen, wobei die Lernzeit besonders verlängert ist; die Reproduktion von Bildern ist stärker geschädigt als das Wiedererkennen,
- Verarbeitung von zeitlichen Abfolgen, vor allen Dingen die Zeitwahrnehmung,
- verbales und nonverbales Abstrahieren (Neigung zur Konkretisierung),
- verbales und nonverbales Problemlösen,
- nonverbales räumliches Vorstellungsvermögen,
- Motorik, wobei die Feinmotorik stärker beeinträchtigt ist als die Grobmotorik.

Es handelt sich um eine mehrschichtige Schädigungsstruktur, wobei die einzelnen Leistungen nicht immer deutlich voneinander abgehoben werden können. Einige dieser Störungen lassen sich bei Alkoholikern im prämorbiden Stadium nachweisen. (Parsons u. Mitarb. 1951, Tarter u. Mitarb. 1977, Goodwin 1982). In fortgeschrittenen Fällen können sich die genannten Störungen verstärken. Je länger die Dauer des Alkoholabusus, desto mehr ähneln die Störungen denen anderer Hirnstörungen. Depression und Angst stehen aber nicht in direkter Beziehung zu der Ausprägung der Störungen. Durch zusätzliche Symptome, wie Störungen der Orientierung, der Affektivität, des Antriebs und kognitiver Leistungen kann es zum Vollbild des schweren organischen Psychosyndroms kommen. Zusätzlich können noch Verhaltensstörungen sowie Dyspraxien, Dysphasien und Perseverationen auftreten. Treten noch Störungen des Kurz- und Langzeitgedächtnisses, der Abstraktionsfähigkeit und der Urteilsfähigkeit hinzu, so spricht man von alkoholischer Demenz (Horvath 1975). Die Störungen sind dann so schwer, daß eine mehr oder minder ausgeprägte Persönlichkeitsveränderung resultiert, die mit erheblichen Beeinträchtigungen der Arbeitsfähigkeit und der sozialen Bezüge verbunden ist. Die Diagnose „alkoholische Demenz" darf aber nur gestellt werden, wenn langdauernder schwerer Alkoholmißbrauch gesichert ist und andere Ursachen der Demenz ausgeschlossen werden können. Die alkoholische Demenz tritt bei etwa 3–10% der chronischen Alkoholiker auf, bei

Frauen etwa dreimal häufiger als bei Männern. Sie setzt kaum je vor dem 35. Lebensjahr ein. Patienten mit alkoholischer Demenz weisen in der Regel in der Vorgeschichte einen höheren täglichen Alkoholkonsum auf als nichtdemente Alkoholiker.

Die genannten psychischen Störungen stehen häufig, aber nicht immer in völliger Korrelation mit morphologisch-strukturellen Veränderungen des Gehirns (s. 4.4.2.1). Die psychischen Veränderungen lassen sich je nach Art bestimmten Hirnarealen zuordnen: Lern- und Gedächtnisstörungen den zentralen Veränderungen, „neuropsychologischer Abbau" den kortikalen Veränderungen (Bergman u. Mitarb. 1980a, b). Bei völliger Alkoholabstinenz können sich die psychischen Veränderungen ganz oder teilweise im Laufe von Monaten oder Jahren zurückbilden.

In diesem Zusammenhang ist auch auf die hepatische Enzephalopathie hinzuweisen (s. 4.4.1.1).

4.4.3.5 Suizidhandlungen

Die besonders hohe Suizidgefährdung von Süchtigen (Alkoholikern und erst recht Rauchdrogenabhängigen) (vgl. 3.5.2) hat verschiedene Ursachen. Sucht und Suizid können als Funktionen gemeinsamer zugrundeliegender Faktoren angesehen werden (Sucht und speziell Alkoholismus als „protrahierter Selbstmord" im Sinne von Menninger [1938]). Andererseits ist die Sucht aber auch eine Entstehungsbedingung und Wegbereiterin der Suizidalität (Feuerlein 1982). Die alkoholbedingte Euphorie schlägt in der Regel nach ihrem Abklingen in eine (ebenso durch die pharmakologische Eigenwirkung mitbestimmte) Depression („Alkoholmelancholie") um. In diesem Zustand werden von Alkoholikern häufig Selbstmordhandlungen begangen (Mayfield u. Montgomery 1972). Davon sind Selbstmordhandlungen zu unterscheiden, die bei ansteigendem Blutalkoholspiegel von Alkoholikern ausgeführt werden: Handlungen aus einem unvorhersehbaren aggressiven Impuls heraus. Schließlich ist eine Gruppe von Selbstmordhandlungen zu differenzieren, die als Reaktionsbildung auf die körperlichen und sozialen Folgeerscheinungen des Alkoholismus aufzufassen sind. Es sei in diesem Zusammenhang erwähnt, daß z. B. die Sozialkontakte und der sozioökonomische Status von Suizidpatienten, die gleichzeitig Alkoholiker sind, wesentlich schlechter sind als bei Suizidpatienten ohne Alkoholprobleme (Brinkmann 1973).

4.4.4 Störungen in sonstigen Bereichen

4.4.4.1 Störungen im Bereich der Dermatologie
(Remy 1973)

Durch chronische Alkoholzufuhr kommt es

- zu einem Gesichtsödem (besonders präorbital),
- zu einer Weiterstellung der Gefäße, Neigung zu Hyperämie und Teleangiektasien, zu Acne rosacea (bei 6% der Alkoholiker), selten zum Rhinophym (einer knolligen Verdickung der Nase infolge Hyperplasie der Talgdrüsen und des Bindegewebes), ferner zur Bildung von trophischen Geschwüren nach Mikrotraumen,
- zu Hautveränderungen als Folge anderer interner Erkrankungen wie Leberkrankheiten und Vitaminmangelstörungen, z. B. Palmar- und Plantarerythem, Gefäßsternen („Spinnennävi"), Veränderungen an den Nägeln, Weißflecken der Haut.
- Alkohol spielt neben anderen Drogen und Giften eine wichtige Rolle bei der Auslösung der Porphyria cutanea tarda (Mörl u. Hauenstein 1977) (vgl. 4.4.1.7).

4.4.4.2 Störungen im Bereich der Chirurgie und Orthopädie

In den letzten Jahren wurde die Aufmerksamkeit auf das relativ häufige Zusammentreffen von Alkoholismus und verschiedenen Krankheiten des Bewegungsapparates gelenkt:

- **Dupuytren-Kontraktur** (fibroplastische Veränderung der Palmaraponeurose der Hand). Verschiedene Arbeiten konnten eine signifikant hohe Korrelation zwischen dem Auftreten dieser ätiologisch noch nicht geklärten Krankheit und dem Alkoholismus nachweisen. Chronischer Alkoholismus kam nach einer sorgfältigen Studie (Wegmann u. Geiser 1964) bei 67% der Patienten mit Dupuytren-Kontraktur vor, dagegen nur bei 21% einer parallelisierten Kontrollgruppe. Als zusätzliche ätiologische Faktoren gelten hereditäre Einflüsse und Diabetes.

- **Neurogene Osteoarthropathie** (= nichttraumatische idiopathische Osteonekrose des Femurkopfes) (Bliven 1982, Olivetti 1975/76, Saville 1975, Simon u. Mitarb. 1975). Die Knochenaffektionen, die vor allem den Oberschenkelkopf, aber auch andere Skeletteile, wie die Mittelfußknochen, das Handgelenk und den Humerus, betreffen können, werden mit neurogenen Schädigungen, andererseits mit Fettembolien in den Endarterien erklärt. Alkoholmißbrauch stelle einen pathogenetischen Faktor dar. Allerdings werden nur etwa 0,3% der Alkoholiker davon betroffen. Die Krankheit ist charakterisiert durch eine oft beidseitige Infarzierung des Femurkopfes, was

zu einer Frakturierung führt. Führendes klinisches Symptom sind Hüftschmerzen.
- **Osteopenie** (Bliven 1982). Sie stellt eine Atrophie des Knochens dar, entweder als Osteomalazie (Fehlen der Kalzifikation bei erhaltener Matrix) oder Osteoporose (Reduktion der Kalzifikation und der Matrix). Bei der Osteoporose (Bikle), die bei Männern mittleren Alters meist durch Alkohol verursacht zu sein scheint, spielen pathogenetisch außerdem noch Vitamin-D-Mangel und Hyperparathyreoidismus eine Rolle. Sie führt zu einer zunehmenden Knochenbrüchigkeit.
- **Mammakarzinom.** Durch epidemiologische Untersuchungen wurde eine Häufung von Mammakarzinomen bei chronischem Alkoholmißbrauch festgestellt (Schatzkin u. Mitarb. 1987, Watson 1988).

4.4.5 Alkoholembryopathie (= fetales Alkoholsyndrom)
(Majewski 1987)

Dieses Syndrom ist erst seit etwa 20 Jahren bekannt. Es handelt sich dabei um teratogene Schädigungen des Embryo bzw. des Fetus durch den Alkoholmißbrauch vor und während der Schwangerschaft. Die Alkoholembryopathie ist eine der häufigsten angeborenen Schädigungen (neben Morbus Down und Verschlußstörungen des Neuralrohrs), bei intrauterinem und postnatalem Minderwuchs die häufigste Ursache überhaupt. Bezogen auf alle Lebendgeborenen sind etwa 1,3‰ (1:750) davon betroffen. Die Häufigkeitsangaben schwanken zwischen 0,4‰ und 4,7‰, je nach regionalen Trinksitten und Diagnosestellung (s. u.). Wahrscheinlich bleiben zahlreiche leichte Fälle undiagnostiziert. Für die Bundesrepublik Deutschland läßt sich die jährliche Zahl der Neugeborenen mit Alkoholembryopathie (aller Schädigungsgrade) auf etwa 1800 schätzen (Majewski 1987). Über die Häufigkeit der geschädigten Kinder bei Alkoholikerinnen gibt es bisher nur wenige Studien. Sie kommen übereinstimmend zu der Zahl von 30–43%.

Es gibt kein für Alkoholembryopathie spezifisches Einzelsymptom; alle dabei beobachteten morphologischen und auch neurologischen Abweichungen können auch bei zahlreichen genetischen Anomalien beobachtet werden. Erst die Kombination der entsprechenden Symptome macht die Diagnose wahrscheinlich. Die wichtigsten Symptome sind folgende:

- pränatales Wachstumsdefizit,
- postnataler Minderwuchs und Untergewicht,
- Mikrozephalus,
- statomotorische und geistige Retardierung,
- Hyperaktivität,
- Muskelhypotonie,

– typische Fazies mit gerundeter Stirn, verkürztem Nasenrücken, Epikanthus, Ptosis, verstärkten Nasolabialfalten, schmalem Lippenrot und Retrogenie.

Bei stärker ausgeprägter Alkoholembryopathie bestehen zahlreiche Mißbildungen (kardiovaskulär, urogenital, kraniofazial und an den Gliedmaßen).

Die Diagnose der Schwachformen ist ohne mütterliche Anamnese nicht möglich, es gibt fließende Übergänge zum Gesunden. Es wurden drei Schädigungsgrade aufgestellt (Majewski 1981). Die Intelligenz ist meist herabgesetzt, am ausgeprägtesten in Schädigungsgrad III.

Es liegen bisher nur wenige neuropathologische Untersuchungen vor. Sie ergaben Störungen der dendritischen und synaptischen Differenzierung (Volk 1987), neuronale Migrationsstörungen, relativ häufig Aplasien und Heterotypien, ferner Erweiterungen der Seitenventrikel.

Die Prognose wird beeinflußt von Art und Schwere der Fehlbildungen. Die statomotorische und geistige Entwicklung bessert sich nur bei einem Teil der Kinder. So konnten von 36 Kindern im Schulalter nur sechs eine Normalschule besuchen, fünf waren bildungsunfähig.

Zur Pathogenese ist bekannt, daß Alkohol zwar in der Plazenta metabolisiert werden kann, aber die Plazentarschranke passiert. Dabei ist zu berücksichtigen, daß wegen der geringen Wirksamkeit der fetalen ADH der Blutalkoholspiegel des Feten langsamer sinkt als der der Mutter. Neben der direkten toxischen Wirkung des Alkohols auf das neuronale Gewebe spielt auch dessen Wirkung auf die Proteinsynthese eine Rolle. Eine Wirkung über den Alkoholmetaboliten Azetaldehyd konnte nicht nachgewiesen werden. Ebensowenig scheint gleichzeitiger Tabak- oder Medikamentenabusus der Mutter eine Rolle zu spielen.

Die Alkoholembryopathie läßt sich in Tierversuchen, besonders an Nagetieren, aber auch an Affen, reproduzieren. Es zeigte sich dabei auch, ebenso wie bei klinischen Beobachtungen an Menschen, daß das Risiko für Spontanaborte und Totgeburten unter Alkoholeinfluß erhöht ist.

5 Soziale Folgen des Alkoholismus

5.1 Familie

5.1.1 Auswirkungen auf die Familie als Ganzes (Wieser 1972)

Von den sozialen Folgen des Alkoholismus ist in erster Linie die Familie betroffen. Die Einwirkungen auf die Familie sind jedoch abhängig von der Phase des Alkoholismus und von der Grundpersönlichkeit des Alkoholikers. In der Prodromalphase des Alkoholismus ist die Einstellung und das Verhalten der Angehörigen ambivalent. Sympathische und antipathische Einstellungen sind oft gleichzeitig vorhanden bzw. wechseln manchmal rasch, je nach dem aktuellen Verhalten des Alkoholikers, das ja ebenfalls sehr stark wechseln kann („Janus-Gesicht des Alkoholikers"). Die Familie versucht durch nörgelnde Kritik das Fehlverhalten zu decken. In der kritischen Phase, in der der Alkoholiker seine Autoritätsposition verliert, beginnt sich ein Rollenwechsel und Rollenwandel in der Primärgruppe anzubahnen. Der Alkoholiker ist bereits nicht mehr in der Lage, alle Rollenfunktionen wahrzunehmen, die er vor seinem Alkoholabusus ausgeübt hat. Ein Teil dieser Funktionen geht auf andere Familienmitglieder über. Außerdem kommt es zu einer qualitativen Veränderung seiner Rollenfunktion. Schreitet die kritische Phase fort, so steigert sich die emotionale Abwendung der Familienangehörigen. In gleichem Maße verstärkt sich der Rollenwandel und Rollenwechsel. Es zeigen sich die ersten Desintegrationserscheinungen in der Primärgruppe, so werden z. B. Scheidungsabsichten diskutiert. In der chronischen Phase des Alkoholismus schreitet die emotionale Abwendung fort, wenngleich immer noch ein Rest von Sympathie besteht. Die Desintegration der Primärgruppe nimmt aber zu, Rollenwandel und Rollenwechsel sind vollzogen. Unter diesen Umständen ist es nicht verwunderlich, daß die Scheidungsrate bei Ehen mit Alkoholikern wesentlich höher liegt als unter Nichtalkoholikern. Doch ist zu bedenken, daß sie sehr stark von den jeweiligen soziokulturellen Verhältnissen abhängig ist, so daß ein internationaler Vergleich wenig sinnvoll erscheint. Nach einer bayerischen Untersuchung waren von 84 Alkoholikern, die eine Ehe eingegangen waren, 33% geschieden (im Vergleich zu der allgemeinen Scheidungsrate in Bayern von 17%) (Feuerlein 1967). Nach einer Untersuchung aus dem Rheinland von 1978 waren es nur 50% der jemals Verheirateten, deren erste Ehe noch fortbestand (Köster u. Mitarb. 1978). Dabei ist zu bedenken, daß die Ehescheidung in der Regel nur den Schlußstrich unter eine jahrelang bestehende eheliche Desintegration zieht. Dies zeigen z. B. Untersuchungen über die Häufigkeit der defizienten intrafamiliären Kontakte. 54% der Patienten mit Partner hat eine Familienbeziehung, die über alltagsnotwendige Abläufe nicht hinausgeht. Entsprechend dürftig sind die familiären Freizeitkontakte, wobei nicht selten berufliche Belastung als Vorwand für das Vermeidungsverhalten dient. Auch das sexuelle Verhalten ändert sich: Meist infolge Ablehnung durch den Partner, nimmt die Intensität sexueller Kontakte, die sexuelle Harmonie und die sexuelle Befriedigung (Köster u. Mitarb. 1978) ab. Die Ehescheidung ist übrigens in vielen Fällen nicht nur Folge, sondern auch Ursache des Fortschreitens des Alkoholismus. Hier entsteht ein Teufelskreis, der schließlich zu einer völligen Vereinsamung und zum endgültigen Verfall an den Alkoholismus führen kann. Bemerkenswert groß ist die Zahl der Alkoholiker, die primär ohne Partner geblieben sind (29% [Köster u. Mitarb. 1978]).

5.1.2 Auswirkungen auf die Kinder

Über die Auswirkungen des Alkoholismus auf die Kinder gibt es seit den letzten Jahren eine Reihe von Untersuchungen aus verschiedenen Ländern (Übersicht Wilson u. Orford 1978). Die meisten Erhebungen (aber nicht alle!) berichten über ungünstige Verhältnisse (im Vergleich zu Kontrollgruppen: als Kleinkinder mehr Erziehungsprobleme, mehr Erbrechen und andauerndes Weinen, später häufiger körperliche Beschwerden [Kopfschmerzen, Bauchschmerzen, Schlafstörungen, Enuresis, Asthma und Migräne]. Beim Vergleich von Kindern mit und ohne Alkoholiker in der Familienanamnese zeigt sich, daß Kinder aus Alkoholikerfamilien schlechtere Leistungen im kognitiven Bereich, bei motorischer Koordination und bei Wahrnehmungstests aufweisen (Wilson u. Nagoshi 1988). Es wurde aber darauf aufmerksam gemacht, daß es nicht so sehr der Alkoholismus der Eltern als solcher ist, der zu Störungen der Kinder führt, sondern vielmehr die psychosozialen Störungen in der Familie überhaupt, z. B. auch Spielsucht und Gewalttätigkeit.

5.2 Beruf und wirtschaftliche Situation

Die berufliche Leistung wird durch den Alkoholmißbrauch in vielfältiger Weise ungünstig beeinflußt. Durch die akute Alkoholintoxikation kommt es zu einer Minderung der Leistung, besonders bei Berufen, die ein hohes Konzentrationsvermögen, rasche Reaktionsfähigkeit, genaue Sehleistung, feinmotorische Geschicklichkeit und große Sorgfalt und Gewissenhaftigkeit verlangen. Chronische Alkoholiker mit hoher Alkoholtoleranz haben unter mäßiger Alkoholeinwirkung bessere Leistungen als ohne Alkohol. Beim chronischen Alkoholismus wird die Arbeitsleistung aber durch andere Faktoren gemindert: Durch die alkoholische Hirnschädigung und Wesensänderung kommt es zu einer Verlangsamung der Psychomotorik und des Denkvermögens, zu einem Mangel an Konzentrationsvermögen, zu einem Nachlassen der motorischen und sensorischen Funktionen, außerdem zu einer Reduktion der Initiative und der Aktivität und zu weiteren charakterlichen Veränderungen, Unzuverlässigkeit und mangelnder Sorgfalt, Gleichgültigkeit und depressiver Verstimmung. Die Einengung des Interessenhorizontes auf den Alkohol führt zu einer Ablenkung von der beruflichen Tätigkeit und zu einer Verschlechterung der Identifikation mit dem Beruf. Die Folgen sind Verlangsamung des Betriebstempos, hoher Verschleiß von Werkzeug und Material, Verminderung der Produktion in qualitativer und quantitativer Hinsicht. Einer besonderen Besprechung bedarf der Alkoholismus bei leitenden Angestellten: Sie haben es leichter, ihren Alkoholismus eine Zeitlang zu verbergen, bei ihnen besteht eher die Möglichkeit, auf „windstille Posten" auszuweichen. Ist jedoch einmal eine soziale Desintegration eingetreten, ist eine Restitution auf einer neuen Ebene schwieriger als bei weniger differenzierten Positionen, da hier der Verlust der Vertrauensbindung und der Autoritätsstellung besonders schwer wiegt.

Der chronische Alkoholismus führt auch zu einer vermehrten Unfallhäufigkeit. Beispiel: Alkoholiker haben 3,6mal häufiger Unfälle als Nichtalkoholiker (Observer u. Maxwell 1959). Diese Zahl wurde in sehr sorgfältigen Untersuchungen in den USA gewonnen, wobei in einem Großbetrieb mit mehr als 10000 Arbeitern und Angestellten alle Krankmeldungen von mehr als acht Tagen, alle Betriebsunfälle und alle Unfälle außerhalb des Dienstes mit einer nachfolgenden Krankheitsdauer von mehr als acht Tagen registriert wurden. Die Gruppe der Alkoholiker wurde verglichen mit Gruppen von nichtalkoholischen Belegschaftsmitgliedern.

Des weiteren führt der Alkoholismus zu einer Häufung des unentschuldigten Fernbleibens von der Arbeit. Außerdem kommt es zu einer Vermehrung der unentschuldigten Unterbrechung der Arbeit für kürzere Zeit.

Schließlich sind auch noch die erheblichen zwischenmenschlichen Spannungen im Betrieb zu bedenken, die Alkoholiker durch ihre Wesensart verursachen. Alkoholiker sind vielfach unberechenbar und gereizt, andererseits überkompensierend und überangepaßt in ihrem Verhalten. Dazu kommen die schon geschilderten Abbauerscheinungen. Dies alles führt zu einer Verunsicherung der Beziehungen zwischen den nichtalkoholischen Mitarbeitern und den Alkoholikern, die dann in gegenseitige Angst und Ablehnung mündet. Andererseits wirkt das Verhalten mancher Alkoholiker in ihrer Anfangsphase verführerisch auf labile Mitarbeiter. Dies gilt insbesondere für manche Alkoholiker, die in leicht alkoholisiertem Zustand ein ausgeprochen kontaktfreudiges und kooperatives Verhalten zeigen. Schreitet aber der alkoholische Prozeß fort, so wird der Alkoholiker meist von seinen Kollegen abgelehnt und zum Gegenstand einer negativen Stereotypprojektion gemacht. Schon vorher wird die Autoritätsposition des Alkoholikers in der kleinen Gruppe des Betriebs gefährdet. Die berufliche Desintegration des Alkoholikers vollzieht sich nicht immer kontinuierlich. Sie verläuft oft etappenweise, wobei es auf jeder Stufe des beruflichen Anstiegs zu einem Stillstand kommen kann. Über den sozialen Abstieg gibt es einzelne Untersuchungen (Dietrich u. Herle 1963, Feuerlein 1969). Von 163 Alkoholikern sind 7% im Laufe des Lebens aufgestiegen, bei 51% blieb die Situation im Beruf gleich oder wechselte stark, 42% sind abgestiegen bzw. scheiterten völlig. Der berufliche Abstieg tritt besonders deutlich bei qualifizierten Berufen in Erscheinung, so bei Facharbeitern, von denen schließlich etwa die Hälfte im Laufe der Alkoholismuskarriere ihren Ausbildungsberuf verlor (Köster u. Mitarb. 1978). Dabei ergaben sich erhebliche Unterschiede zwischen Alkoholikern, die ein Alkoholdelir durchgemacht hatten, und solchen, die kein Delir durchgemacht hatten (Feuerlein 1967, Kryspin-Exner 1962). Arbeitslosigkeit ist bei Alkoholikern besonders häufig, vor allem bei Alleinlebenden (50%). Bei stationär behandelten primär arbeitslosen Alkoholikern führt nachfolgende Abstinenz auch unter ungünstigen allgemeinen Arbeitsmarktbedingungen zu einem Rückgang der Arbeitslosigkeit, Rückfälle umgekehrt zu einem weiteren Anstieg der Arbeitslosenquote. Allerdings besteht auch eine Wechselwirkung. Arbeitslosigkeit vermehrt die Rückfallhäufigkeit (Küfner u. Mitarb. 1988, Henkel 1987). Dies wird allerdings durch Untersuchungen aus Schottland in Zweifel gestellt (Winton u. Mitarb. 1986). Es findet sich ein erheblicher Intergenerationsabstieg beim Alkoholiker, obwohl es im allgemeinen angesichts der wirtschaftlichen Entwicklung zu einem Intergenerationsaufstieg kommt (Dietrich u. Herle 1963).

5.3 Volkswirtschaftliche Kosten des Alkoholismus

Aus den genannten Fakten ergibt sich, daß die Kosten, die der Volkswirtschaft durch einen Alkoholiker entstehen, aus vielfältigen Positionen zusammengesetzt sind, die sich in manchem der eindeutigen Fixierung und Quantifizierung entziehen. Es lassen sich zwar die Kosten schätzen, die durch die Ausgaben für alkoholische Getränke, durch Behandlungsmaßnahmen, Arbeitsausfall, Minderproduktion,

Schäden an Betriebsanlagen und durch Kriminalität entstehen. Nach einer 1970 veröffentlichten Statistik ergaben sich für Frankreich (für ca. 5 Millionen Alkoholiker) Kosten in Höhe von 8,5 Milliarden Franc (zit. nach Flath 1975). Ein mit 45 Jahren vorzeitig invalidierter Suchtkranker kostet die Gesellschaft, bei Zugrundelegung nur gerade durchschnittlicher Rentenleistung und bei Annahme einer verkürzten Lebenserwartung, sicher 350000,- DM bis 400000,- DM (Holzgreve 1974). In der Schweiz wurden für 1972 die gesamtwirtschaftlichen Kosten des Alkohols wie folgt berechnet (Leu u. Lutz 1977): insgesamt 1,346 Milliarden sfr. Sie gliedern sich auf in

Todesfälle	353,9 Mill. sfr,
Krankheit	120,9 Mill. sfr,
Unfälle	495,2 Mill. sfr,
Kriminalität	60,7 Mill. sfr,
Verminderte Erwerbsfähigkeit	264,1 Mill. sfr,
Bekämpfung des Alkoholismus	51,4 Mill. sfr.

Nach einer amerikanischen Untersuchung (Winslow u. Mitarb. 1966) sind die Kosten, die durch alkoholische Mitarbeiter in Betrieben entstehen (1966 etwa 1600 Dollar pro Alkoholiker) etwa doppelt so hoch wie die Kosten von problemfreien Mitarbeitern, sie sind aber nicht höher als die Kosten, die von anderen Problemmitarbeitern (z. B. Neurotikern) verursacht werden (vgl. 3.2). Vergleichsweise niedrig sind die Behandlungskosten für Alkoholiker. Sie betragen für eine stationäre Behandlung (sechs Monate) etwa 22500,- DM, für eine ambulante Behandlung in einer Beratungsstelle liegen sie zwischen 1500,- und 7500,- DM (Löcherbach 1986).

5.4 Verkehrstüchtigkeit

Alkohol gehört zu den „vermeidbaren, die Gesamtbilanz des Verkehrsunfallgeschehens unerträglich belastenden Unfallursachen" (Gerchow 1972). Die alkoholbedingten Ausfälle, die für die Verursachung von Verkehrsunfällen entscheidend sind, liegen nicht so sehr in der Verminderung einzelner Leistungen (z. B. Fehleinschätzung der eigenen Geschwindigkeit, der Krümmungen von Kurven und der Entfernung), sondern im Bereich der Gesamtpersönlichkeit, die allerdings schwerer zu erfassen ist. Es kommt zu einer Unterschätzung der Wirkung des Alkohols auf die eigene Leistungsfähigkeit, zu einer Steigerung des Leichtsinns, mangelnder Sorgfältigkeit, zu einer Schwächung des Verantwortungsgefühls. Der Autofahrer ist bei leichten bis mittleren Alkoholkonzentrationen nicht mehr in der Lage, den Anforderungen der „Mehrfachtätigkeit" nachzukommen (gleichzeitiges Wahrnehmen, Auffassen, kritisches Verarbeiten und Reagieren), die das Führen eines Kraftfahrzeugs darstellt. Unter Alkoholeinfluß stehende Kraftfahrer weisen typische Verhaltensmuster auf, so „Schlangenlinienfahren", „Geradeausfahren in Kurven", „Abkommen von der geraden Fahrbahn", „Auffahren auf den Vordermann", gefährliches Überholen mit überhöhter Geschwindigkeit (bei sehr hohen Blutalkoholspiegelwerten wird aber eher sehr langsam gefahren!), Nichtbeachten der Vorfahrt (Forster u. Joachim 1975). Der Alkoholeinfluß spielt als Unfallursache bei Kraftfahrern, Radfahrern und Fußgängern eine erhebliche Rolle. Wenn man nur die schweren Verkehrsunfälle betrachtet, bei denen mindestens ein Beteiligter getötet wurde, so standen 1981 22,7%, d. h. in absoluten Zahlen, 2650 Personen (Schmidt 1983) (Fahrer oder Fußgänger) unter Alkoholeinfluß. Aus Statistiken ergibt sich weiter, daß die Gefährlichkeit eines Kraftfahrers in bezug auf Unfälle mit Getöteten und Verletzten bei einem Blutalkoholspiegel von 0,5‰ doppelt so hoch ist wie die Gefährlichkeit eines nüchternen Fahrers. Bei einem Blutalkoholspiegel von 0,8‰ liegt sie um ein Vierfaches, bei 1,5‰ um ein Sechzehnfaches höher als bei Nüchternen. Bei diesen Zahlen ist jedoch noch mit einer erheblichen Dunkelziffer zu rechnen. Dem Alkoholtäter im Straßenverkehr kommt jedoch noch eine weitere besondere Bedeutung zu:

– Die Zahl derjenigen, die zur Wiederholung von Trunkenheitsdelikten im Verkehr neigen, ist nicht gering.
– Die Belastung mit alkoholbedingten Vorstrafen ist beim Alkoholtäter erheblich größer als bei Alkoholneutralen (Wagner u. Wagner 1975).

5.5 Kriminalität

5.5.1 Unmittelbare Alkoholbeeinflussung zur Tatzeit

Strafbare Handlungen unter Alkoholeinfluß geschehen meistens als sog. „Rauschtaten". 1961 wurden 12% aller strafbaren Handlungen unter Alkoholbeeinflussung begangen (Wieser 1963). Nach einer holländischen Statistik waren es 20%. Bei Verkehrsstraftaten liegt die Zahl der Trunkenheitsdelikte bei 20%. Bei den Straftaten unter unmittelbarem Alkoholeinfluß handelt es sich meistens um provozierte Erregungs- und Enthemmungsdelikte wie Körperverletzung und Widerstand, Beleidigung, Sachbeschädigung und Sexualdelikte. Wenn ein komplizierter Rausch vorliegt, überwiegen die sog. grundlosen Gewalttätigkeitsdelikte.

5.5.2 Auswirkungen des chronischen Alkoholismus

Die alkoholische Wesensänderung als Folge des chronischen Alkoholismus führt zu einer Reihe von Delikten, die mit den psychischen und sozialen Folgen des Alkoholismus zusammenhängen, insbesondere Unterschlagungen, Diebstählen, Zechprellereien, Körperverletzungen, Sachbeschädigungen und Sexualdelikten. Andererseits ist zu bedenken, daß mit steigendem Wohlstand die Möglichkeit steigt, mit den sozialen Folgen des Alkoholismus insoweit fertig zu werden, als kriminelle Handlungen zurücktreten (Witter 1972). Der chronische Alkoholismus tritt dann als kriminogener Faktor besonders bei Persönlichkeiten in Erscheinung, die ohnehin zur Delinquenz neigen. Bei den Alkoholpsychosen sind als spezifische Delikte Körperverletzungen zu erwähnen, die im alkoholischen Eifersuchtswahn bzw. von chronischen Alkoholikern mit Eifersuchtsideen begangen werden.

5.5.3 Typologie der Alkoholtäter

Bei den Alkoholtätern lassen sich zwei Gruppen unterscheiden (Wieser 1963):

- der Typus des jüngeren, aus ungünstigen Verhältnissen stammenden, temperamentsmäßig und charakterlich in mannigfaltiger Hinsicht abnormen Intensivtäters, der wegen polytroper krimineller Handlungen auffallend oft vorbestraft ist,
- der trunksüchtige Affekttäter in mittlerem Lebensalter mit weit größerer sozialer Streuung, aber mit auffallender Stereotypie der späteren Delikte: meist Ordnungswidrigkeiten, strafbare Volltrunkenheit, Verstöße gegen die Straßenverkehrsordnung. Dieser Personenkreis weist häufiger eine höhere Schulbildung auf, die aber meistens nicht zum vollen Abschluß gebracht wird.

6 Formen und Verlauf des Alkoholismus

6.1 Typologie der Alkoholiker

Seit langem ist bekannt, daß die Alkoholiker keine homogene Population darstellen. Man hat deswegen immer wieder Differenzierungen versucht, vor allem nach typologischen Aspekten. Dabei wurde eine Reihe von Unterscheidungskriterien herangezogen: neben den Entstehungsbedingungen vor allem die Erscheinungsformen und der Verlauf. Die von Jellinek vorgeschlagene Typologie mit fünf Kategorien (Alpha- bis Epsilon-Trinker) hat am weitesten Verbreitung gefunden (Tab. **10**).

Der *Alpha-Alkoholismus* ist gekennzeichnet durch eine starke psychologische Anfälligkeit, während die soziologischen und sozioökonomischen Elemente als Bedingungen zurücktreten. Es findet sich noch kein Kontrollverlust. Die Abhängigkeit ist ausschließlich psychologischer Art. Die Progressivität ist relativ gering. Die Hauptschäden liegen auf sozioökonomischem und psychischem Gebiet. Dieser Trinkertyp ließe sich vielleicht als Konflikttrinker charakterisieren.

Beim *Beta-Alkoholismus* besteht eine relativ geringe psychologische und physiologische Gefährdung. Dagegen spielen soziokulturelle Elemente bei seiner Entstehung eine wesentliche Rolle. Auch hier besteht kein Kontrollverlust und keine sichere Abhängigkeit, weder in psychischer noch in physischer Hinsicht. Trinker diesen Typs werden als Gelegenheits- bzw. Verführungstrinker gekennzeichnet.

Beim *Gamma-Alkoholismus* besteht eine erhebliche psychische und physische Abhängigkeit, während soziokulturelle und wirtschaftliche Faktoren in dem Bedingungsgefüge zurücktreten. Der Kontrollverlust ist ausgeprägt. Im Vordergrund steht die psychische Abhängigkeit und die später fortschreitende Toleranzentwicklung, die mit einer physischen Abhängigkeit einhergeht. Der Gamma-Alkoholismus weist eine ausgeprägte Neigung zur Progression auf, er führt zu körperlichen, psychischen und sozioökonomischen Schäden. Trinker diesen Typs können als süchtige Trinker bezeichnet werden.

Beim *Delta-Alkoholismus* spielen soziokulturelle und sozioökonomische Faktoren im Bedingungsgefüge eine Hauptrolle, während psychologische Faktoren zurücktreten. Das Verhalten des Delta-Alkoholikers ist durch gleichmäßige Aufnahme von großen Mengen Alkohol

Tabelle **10** Alkoholikertypen nach *Jellinek* (aus: *E. M. Jellinek*: Canad. med. Ass. J. 83 [1960] 1341–1346)

Art des Alkoholismus	Psychologische Anfälligkeit	Soziokulturelle Elemente	Suchtkennzeichen	Abhängigkeit	Versuch einer Typisierung (nach *Feuerlein*)
α	+++– ++++	+– (++++)	0 kein Kontrollverlust, aber undiszipliniertes Trinken	*nur* psychisch	Konflikttrinker
β	+	+++ (Wochenendtrinker)	0 kein Kontrollverlust	keine, außer soziokulturelle	Gelegenheitstrinker
γ	+++– ++++	+– (+++)	++++ Kontrollverlust, jedoch Fähigkeit zur Abstinenz	zuerst psychische Abhängigkeit, später physische Abhängigkeit	süchtige Trinker
δ	+	+++– ++++	++++ Unfähigkeit zur Abstinenz aber kein Kontrollverlust	physische Abhängigkeit	Gewohnheitstrinker

gekennzeichnet, die über den Tag verteilt konsumiert werden. Es besteht die Unfähigkeit, sich des Trinkens zu enthalten, während die Kontrolle über den Alkoholkonsum noch relativ lange aufrechterhalten werden kann. Dementsprechend steht im Vordergrund die physische Abhängigkeit, während die psychische Abhängigkeit sich relativ spät entwickelt. Auch dieser Trinkertyp zeigt eine Progression. Die psychischen und körperlichen Folgeerscheinungen sind ebenso massiv wie die sozioökonomischen. Delta-Alkoholiker sind vor allen Dingen unter Angehörigen von Alkoholberufen und in alkoholtoleranten Kulturen verbreitet.

Der Alpha-Alkoholismus wird in manchen Fällen zum Gamma-Alkoholismus, der Beta-Alkoholismus zum Delta-Alkoholismus. Nach einer Studie über stationär behandelte Alkoholiker (Küfner u. Mitarb. 1986) gehören etwa zwei Drittel der Patienten dem Gamma-Typ und 20% dem Delta-Typ an, etwa 5% werden als Epsilon-Trinker bezeichnet.

Jellinek weist selbst darauf hin, daß nur der Gamma- und der Delta-Alkoholismus als Krankheit im eigentlichen Sinn aufzufassen seien.

Insbesondere die Dichotomie von Gamma- und Delta-Trinkern hat sich bewährt. Für jugendliche Alkoholiker wurde eine Typologie vorgeschlagen, die Elemente der Jellinekschen Einteilung mit Klassifikationsschemata für jugendliche Drogenkonsumenten verbindet (Gruner 1976). Es wurden, abgesehen vom Gelegenheitstrinker (Probierer), folgende Typen unterschieden:

1. „beginnende Gewohnheitstrinker" (Delta-Trinker),
2. „primäre Rauschtrinker", die bewußt das „High-Gefühl" des Rausches suchen (meist in der Gruppe); häufig handelt es sich um sog. „Problempersonen" mit primären psychischen Störungen und/oder Sozialisationsdefiziten;
3. sekundäre, d.h. von Drogen auf Alkohol umgestiegene Rauschtrinker,
4. fakultative Rauschtrinker bei Mehrfachabhängigkeit (Polytoxikomanie).

Obwohl der *Epsilon-Alkoholismus* relativ selten diagnostiziert wird (bei etwa 5–10% aller Alkoholiker), hat er vor allem wegen seiner schwerwiegenden psychosozialen Folgen eine erhebliche praktische Bedeutung. Die episodischen Trinker unterscheiden sich von den chronischen Alkoholikern (definiert nach 303,2 ICD 8) in verschiedener Hinsicht: u.a. durch ihr höheres Durchschnittsalter und den späteren Beginn des Alkoholmißbrauchs, ferner durch ihren Trinkstil (meistens allein) (Hahn 1987). Es wurde versucht, drei Untergruppen aufzustellen, die u.a. durch folgende Merkmale charakterisiert sind:

1. Gruppe: episodisches Trinken von Beginn des Mißbrauchs an, kaum Auslösesituationen eruierbar,
2. Gruppe: häufig Übergang vom Konflikttrinken, häufig schwere psychosoziale Folgen,
3. Gruppe: häufig Übergang vom chronischen Alkoholismus (ICD 8: 303,2) mit häufigen spezifischen Vorbehandlungen.

Die Typologie von Jellinek läßt sich auch mit der in der französischen Literatur (Malka u. Mitarb. 1983) üblichen triadischen Einteilung in Beziehung setzen. Der Typus „alcoolite" (etwa 60% der männlichen und 5% der weiblichen Alkoholiker sind ihm zuzurechnen) entspricht etwa dem Delta-Typ, der Typus „alcoolose" (knapp 40% der männlichen und 80% der weiblichen Alkoholiker), der durch primäre psychische Auffälligkeiten gekennzeichnet ist, entspricht etwa dem Gamma-Typ, während der Typus „somalcoolose" (kaum männliche Alkoholiker, etwa 15% der weiblichen Alkoholiker), der durch episodisches, meist heimliches Trinken charakterisiert ist, mit dem Epsilon-Typ verglichen werden könnte.

Weitere Einteilungsschemata versuchen die Differenzierung in primären und sekundären Alkoholismus. Dabei werden mit diesen Termini je nach Autor zwei unterschiedliche Einteilungen bezeichnet:

Nach Schuckit (1979) wird als „primärer Alkoholiker" bezeichnet, wenn in der Vorgeschichte keinerlei psychische Störungen vor dem Beginn des Alkoholmißbrauchs bekannt geworden sind (s. 2.3.5.2).

Nach der Einteilung von Tarter u. Mitarb. (1977) weren als „primäre Alkoholiker" solche „schweren Trinker" bezeichnet, bei denen in der Kindheit mehrere Symptome von Hyperkinese und eines „minimal brain damage" vorgelegen haben.

In der Stockholm-Studie hat die Arbeitsgruppe um Bohman (1978) und Cloninger (1981) aufgrund genetischer Untersuchungen zwei Typen von Alkoholismus unterschieden (s. 2.3.2.2). Diese Typen ließen sich auch klinisch identifizieren (v. Knorring u. Mitarb. 1985). Typ I war durch späten Beginn und geringe soziale Folgeprobleme gekennzeichnet, während bei Typ II durch frühen Beginn, gleichzeitigen Mißbrauch von Rauschdrogen, schwere soziale Komplikationen sowie vermehrtes Auftreten von Alkoholismus und Depressionen bei Verwandten ersten Grades charakterisiert war. Außerdem waren die beiden Typen durch den genetischen Marker der verminderten MAO-Aktivität in den Thrombozyten zu unterscheiden (bei Typ II) (s. 2.3.2.3).

Nach einer neueren Einteilung (Lesch 1985) wird der Verlauf des Alkoholismus mit der Vorgeschichte, dem klinischen Bild und anderen Parametern (z. B. Methanolstoffwechsel, Pupillenreaktion) in Verbindung gebracht. Es werden vier Typen unterschieden:

Typ 1: optimaler Verlauf: Korrelation mit metalkoholischen Psychosen, keine psychosozialen Störungen,
Typ 2: guter Verlauf: Korrelation mit gestörter Familienbeziehung und eigener psychosozialer Entwicklung,
Typ 3: wechselnder Verlauf: inhomogene Gruppe, Korrelation mit alkoholpermissivem Milieu und sozialen Auffälligkeiten,
Typ 4: ungünstiger Verlauf: Korrelation mit einer Kombination von Familienstörungen und frühkindlichen Schädigungen.

Diese Typologie, die auch zur Grundlage differenzierter therapeutischer Empfehlungen gemacht wurde, bedarf aber noch der weiteren Überprüfung.

6.2 Verlaufsphasen des Alkoholismus

Es sind verschiedene Versuche unternommen worden, den Verlauf der Alkoholkrankheit in Phasen einzuteilen. Die bekannteste Einteilung stammt ebenfalls von Jellinek, die er aufgrund von Fragebogenuntersuchungen an amerikanischen Angehörigen der Anonymen Alkoholiker aufstellte. Er beschrieb 42 Symptome, die die Grundlage für die Einteilung in drei Phasen bildete (Tab. **11**):

- Prodromalphase,
- kritische Phase,
- chronische Phase.

Die Prodromalphase dauert nach seinen Untersuchungen sechs Monate bis fünf Jahre. Über die Dauer der beiden anderen Phasen werden keine Angaben gemacht. Diesen drei Phasen geht eine präalkoholische Phase (Dauer einige Monate bis zwei Jahre) voraus, in der bereits der belohnende Effekt des Alkohols als angenehm empfunden wird. Diese Phaseneinteilung hat bei verschiedenen Nachprüfungen Kritik erfahren (Park u. Whitehead 1973, Trice u. Wahl 1958). So hat sich gezeigt, daß die Symptome nicht nacheinander, sondern auch gleichzeitig auftreten.

6.3 „Natürlicher Verlauf" und Spontanremission des Alkoholismus

Über den natürlichen Verlauf des Alkoholismus liegen nur verhältnismäßig wenige Studien vor, die sich Nachuntersuchungen bedienen. Die wichtigste der letzten Jahre stammt aus den USA (Vaillant 1983). Drei verschiedene Gruppen von Personen, bei denen in jungen Jahren primär Alkoholabusus diagnostiziert worden war, wurden über mehrere Jahrzehnte in regelmäßigen Abständen nachuntersucht:

- eine Gruppe von innerstädtischen Großstadtjugendlichen der unteren sozialen Schichten (n = 116),

Tabelle 11 Phasen des Alkoholismus nach *Jellinek* (aus: *E. M. Jellinek:* Wld. Hlth. Org. techn. Rep. Ser. 48 [1952] 26)

A. *Prodromalphase*
1. Alkoholische Palimpseste (Räusche mit Erinnerungslücken, „Blackout").
2. Heimliches Trinken (Gelegenheit suchen, ein paar Schnäpse ohne Wissen der anderen zu trinken).
3. Dauerndes Denken an Alkohol (Sorge, ob genügend da ist, vorsorglich ein paar Schnäpse trinken).
4. Gieriges Trinken der ersten Gläser.
5. Schuldgefühle.
6. Vermeiden von Anspielungen auf Alkohol (aufgrund von 5).
7. Häufige Palimpseste.

B. *Kritische Phase*
8. Verlust der Kontrolle (nach Beginn des Trinkens).
9. Alkoholikeralibis (warum er trinken mußte).
10. Widerstand gegen Vorhaltungen.
11. Großspuriges Benehmen.
12. Auffallend aggressives Benehmen.
13. Dauernde Zerknirschung.
14. Perioden völliger Abstinenz (mit ständigen Niederlagen).
15. Änderung des Trinksystems (nicht vor bestimmten Stunden).
16. Freunde fallenlassen.
17. Arbeitsplätze fallenlassen.
18. Das Verhalten auf den Alkohol konzentrieren.
19. Verlust an äußeren Interessen.
20. Neue Auslegung zwischenmenschlicher Beziehungen.
21. Auffallendes Selbstmitleid.
22. Gedankliche oder tatsächliche Ortsflucht.
23. Ungünstige Änderungen im Familienleben.
24. Grundloser Unwillen.
25. Bestreben, „seinen Vorrat zu sichern".
26. Vernachlässigung angemessener Ernährung.
27. Erste Einweisung ins Krankenhaus wegen „körperlicher" alkoholischer Beschwerden (die aber von ihm anders gedeutet werden).
28. Abnahme des sexuellen Triebes.
29. Alkoholische Eifersucht.
30. Regelmäßiges morgendliches Trinken (hier wirft die chronische Phase ihre Schatten voraus).

C. *Chronische Phase*
31. Verlängerte, tagelange Räusche.
32. Bemerkenswerter ethischer Abbau.
33. Beeinträchtigung des Denkens.
34. Passagere alkoholische Psychosen.
35. Trinken mit Personen weit unter seinem Niveau.
36. Zuflucht zu technischen Produkten (Haarwasser, Rheumamittel, Brennspiritus).
37. Verlust der Alkoholtoleranz.
38. Angstzustände.
39. Zittern.
40. Psychomotorische Hemmung.
41. Das Trinken nimmt den Charakter der Besessenheit an.
42. Das Erklärungssystem versagt. Er wird leichter der Behandlung zugänglich.

- eine Gruppe von Personen, die zur Entgiftung in stationäre Behandlung gekommen waren und später Kontakte zu den Anonymen Alkoholikern hatten (n = 106, davon 91 Männer),
- eine Gruppe von Harvard-Studenten (n = 26).

Die Auswertungen sind ziemlich kompliziert, so daß nur einige Ergebnisse herausgegriffen werden können: Von der *Gruppe 1* (innerstädtische Unterschicht) waren nach 20 Jahren 10% gestorben, von den Überlebenden waren 34% abstinent, 20% „asymptomatische" Trinker, 46% betrieben Alkoholmißbrauch. Von der *Gruppe 2* (Krankenhauspatienten) waren nach acht Jahren 27% gestorben, von den Überlebenden waren 39% abstinent, 6% „asymptomatische" Trinker, 55% betrieben Alkoholmißbrauch. Abstinenz ist hier wie folgt definiert: mehr als 51 Wochen pro Jahr kein Alkoholkonsum (nachgewiesen durch mehr als eine Informationsquelle). Bemerkenswert an dem Verlauf der innerstädtischen Gruppe ist vor allem, daß eine relativ große Zahl von jungen Leuten, bei den ursprünglich Alkoholmißbrauch diagnostiziert worden war, in späteren Jahren zum sog. asymptomatischen Trinken bzw. zur Abstinenz kommt (20% bzw. 34%). Diese Umkehr erfolgte etwa im Alter von 30 Jahren. Bei stationär behandelten Alkoholikern, also wahrscheinlich Alkoholabhängigen, ist die Zahl derer, die zum sog. asymptomatischen Trinken zurückkehren, verschwindend klein (6%). Für diese Gruppe gibt es praktisch, abgesehen vom Ausgang in frühzeitigen Tod, nur zwei Wege: Abstinenz oder Alkoholabhängigkeit.

Über *Spontanverläufe* im eigentlichen Sinn, d. h. Verläufe ohne professionelle oder semiprofessionelle Interventionen, liegen inzwischen einige Untersuchungen vor. Die älteste (aus dem Jahr 1953), wegen ihrer Methodik immer noch bemerkenswerte Studie stammt aus Kanada (Lemere 1953). Die Lebensgeschichte von 500 Alkoholikern wurden nach deren Tod unter Beiziehung aller verfügbaren Quellen rekonstruiert: 57% blieben ihrem Trinkstil treu, bis sie schließlich an direkten oder indirekten Folgen ihres Alkoholmißbrauchs starben, 10% konnten ihren Alkoholkonsum unter Kontrolle bringen, 22% hörten erst mit dem Trinken auf, nachdem sich Zeichen einer zum Tod führenden Krankheit bemerkbar gemacht hatten. 11% gaben ihren Alkoholkonsum spontan aus nicht geklärten Gründen auf. Für eine andere Studie (Tuchfeld 1981) wurden durch Anzeigen in Massenmedien der USA Alkoholiker gesucht, die angaben, eine spontane Besserung erreicht zu haben. Durch eingehende Befragung wurden 52 Probanden ausgewählt, bei denen keine vernünftigen Zweifel bestanden, daß sie Alkoholiker gewesen waren, aber keinerlei Behandlung erfahren hatten. Der katamnestische Zeitraum zwischen der Änderung des Trinkverhaltens und der Erhebung betrug im Durchschnitt 6,4 Jahre. 70% berichteten, daß sie abstinent seien, 22%, daß sie geringe Mengen Alkohol tränken, ohne daß Probleme aufträten (Tuchfeld 1981).

In einer älteren Sammelstatistik (Baekeland u. Mitarb. 1975) über englischsprachige Literatur kamen die Autoren zu dem Ergebnis, daß bei einer katamnestischen Untersuchung von den Besserungsraten bezüglich des Trinkverhaltens 2% jährlich als Spontanremissionen gewertet werden müssen, bezüglich anderer Kriterien (z. B. soziale Anpassung) jährlich etwa 5%.

In einer neueren Übersichtsstudie (Miller u. Hester 1980) wird die Spontanremissionsrate (Jahresprävalenz) auf 19% geschätzt.

6.4 Rückfälle

Rückfälle sind häufige Ereignisse im „natürlichen Verlauf" des Alkoholismus und im Verlauf des therapeutischen Prozesses. So werden im Durchschnitt etwa 50% auch der stationär behandelten Alkoholiker im Zeitraum von vier Jahren nach einer Entwöhnungsbehandlung mindestens einmal wieder rückfällig. In den letzten Jahren hat das Studium der Entstehungsbedingungen und der Vorbeugung von Rückfällen erheblich an Bedeutung gewonnen. (Übersicht s. Koerkel 1988).

Unter Rückfall versteht man in diesem Zusammenhang einen Alkoholkonsum eines Alkoholikers, der körperlich schädigende Mengen erreicht bzw. überschreitet (bei Männern 60 g, bei Frauen 30 g) oder die soziale Norm bzw. die individuelle Festlegung des Abhängigen übersteigt. Rückfällen liegen Unterschiede in der Ausprägung der Abstinenzmotivation zugrunde. Es wurde der Vorschlag gemacht, Rückfälle bei vorher zur Abstinenz Motivierten von solchen bei „Pseudomotivierten" zu differenzieren, denen die Abstinenz kein oder kein stabil verankertes Ziel ist. Dazu ist allerdings anzumerken, daß hier die große Zahl der Ambivalenten nicht berücksichtigt wurde. Rückfälle haben auch eine unterschiedliche Phänomenologie, z. B. hinsichtlich des vorangegangenen Abstinenzzeitraums, ihrer Dauer, Intensität und Folgen.

Es wurden verschiedene Modelle über die Entstehung von Rückfällen entwickelt, z. B. medizinische, lerntheoretische, kognitiv-verhaltensorientierte, psychoanalytische und systemtheoretische Modelle. Alle diese Hypothesen sind nicht völlig oder z. T. gar nicht empirisch bewiesen. Trotzdem haben sie Bedeutung für die Erklärung und Vorbeugung des Rückfallphänomens. Es sollen hier als Beispiel nur einige Hypothesen näher (wenn auch verkürzt) dargestellt werden.

Kognitiv-verhaltensorientierte Modelle:
Nach Litman u. Mitarb. (1977) entsteht ein Rückfall unter folgenden Gefährdungsbedingungen:

– unangenehme emotionale Zustände,
– gefährdende äußere Situation,
– nachlassende geistige Wachsamkeit.

Nach dem umfassenderen Modell von Marlatt u. Gordon (1978) entsteht ein Rückfall in folgenden Schritten:

Auf der Grundlage eines permanent unausgewogenen Lebensstils und scheinbar irrelevanter Entscheidungen wächst der Drang, sich durch Alkohol Erleichterung zu verschaffen. Tritt dann eine Situation hohen Risikos zusätzlich auf, für die keine ausreichende Bewältigungsmöglichkeit zur Verfügung steht, dann kommt es zu der Erwartung, daß Alkohol eine positive Veränderung bewirken könne. Solche Risikosituationen können Frustrationen und Wut, sozialer Druck, Verführung durch andere und „negative" (selten auch „positive") emotionale Zustände sein. In 40% sollen interpersonelle Konflikte zugrunde liegen. Wird dann tatsächlich Alkohol konsumiert, so tritt ein „Abstinenzverletzungseffekt" auf. Es tritt eine „kognitive Dissonanz" (ein innerer Widerspruch zwischen Abstinenzvorhaben und Abstinenzverletzung) ein, der zu einer emotionalen Reaktion (Selbstvorwürfen) und zur Minderung der sozialen Kompetenz führt. Dieser Effekt steigert dann im Sinne eines Teufelskreises die Wahrscheinlichkeit des Weitertrinkens.

Aus der Sicht der *systemischen Theorie* (Schmidt 1988) ist es notwendig, über die individualisierte Betrachtungweise von Rückfällen hinauszugehen und das ganze Beziehungssystem (vor allem die Familie) mit zu berücksichtigen. Der Rückfall hat nach dieser Auffassung einen „systemischen Sinn" (z. B. Reaktivierung des alten, weniger angstmachenden Zustandes) und außerdem immer Auswirkungen auf das Beziehungssystem.

Nach einer Untersuchung von Koerkel (1988) an rückfälligen Alkoholikern stehen „alkoholbezogene Einstellungen, unangenehme Stimmungslagen und geringe „geistige Funktionstüchtigkeit" (aber nicht Persönlichkeitsmerkmale) wahrscheinlich in einer systematischen Beziehung zur Rückfälligkeit. Allerdings muß betont werden, daß Schlußfolgerungen aus retrospektiven Studien nur mit großer Vorsicht gezogen werden sollten.

7 Diagnose des Alkoholismus

7.1 Allgemeines (Feuerlein 1982, Jacobson 1976)

Die Diagnose des Alkoholismus, insbesondere des chronischen Alkoholismus und seiner Folgekrankheiten, ist nur in Extremfällen einfach. In Frühstadien und in weniger ausgeprägten Fällen sind die Schwierigkeiten beträchtlich. Die meisten der bisher genannten Krankheiten können auch andere Ursachen als den Alkoholabusus haben. Entscheidend ist es, bei der Diagnosestellung an den Alkoholabusus als mögliche Entstehungsbedingung zu denken. Als differentialdiagnostisch bedeutsame Krankheitsbilder gegenüber dem Alkoholabusus bzw. Alkoholentzugssyndrom kommen in erster Linie die Hyperthyreose und die vegetativen Störungen in Frage. Mit der Hyperthyreose hat die alkoholbedingte Funktionsstörung folgende Symptome gemeinsam: Tremor, vermehrte Schweißneigung, Durchfälle, Gewichtsabnahme, Schlafstörungen, Unruhe, Angst. Ähnliches gilt für vegetative Störungen. Weitere differentialdiagnostische Schwierigkeiten bereiten hypoglykämische Anfälle, die oft mit akuter Alkoholintoxikation verwechselt werden, zumal die Hypoglykämien besonders bei weiblichen Alkoholikern relativ häufig vorkommen, auch ohne daß eine akute Alkoholintoxikation vorzuliegen braucht. Auf die differentialdiagnostischen Schwierigkeiten zwischen Alkoholdelir und psychischen Veränderungen bei Coma hepaticum wurde bereits hingewiesen (s. 4.4.1.1). Ebenso ist eine Verwechslung von Alkoholmyopathie bzw. Alkoholpolyneuropathie mit peripheren Durchblutungsstörungen nicht ganz selten.

Es sind verschiedene Versuche unternommen worden, die Diagnose des Alkoholismus zu vereinfachen und zu objektivieren. Bei der Konstruktion und der Validierung von diagnostischen Instrumenten ist beim Alkoholismus grundsätzlich besonders zu beachten, daß diese Validierung nicht oder zumindest nicht allein an einer Kontrollgruppe von nicht alkoholgefährdeten psychisch oder somatisch Kranken durchgeführt wird. Denn gerade für den Kliniker ist die Unterscheidung von Alkoholikern und Nichtalkoholikern in einer Krankenpopulation das wichtigste, wenn auch schwierigste Problem in dieser Hinsicht. Bei der Konstruktion der Testinstrumente müssen die durch nichtalkoholische Ursachen mitbedingten Störungen auf somatischem, psychischem und sozialem Gebiet berücksichtigt werden, d. h., es genügt nicht, daß ein Test entsprechend sensibel ist, um einen möglichst großen Prozentsatz der alkoholbedingten Schäden zu erfassen. Er muß auch eine entsprechende Spezifität aufweisen, um alkoholbedingte von nichtalkoholbedingten Schäden zu differenzieren.

Bei der Diagnostik des Alkoholismus ist aus verschiedenen Gründen (z. B. fehlendem Leidensdruck) damit zu rechnen, daß die Mitarbeit der Patienten nicht immer gegeben ist. Besonders bei Fragebogentests ist dies zu berücksichtigen. Ein weiteres Problem ist, daß die meisten alkoholbezogenen Störungen auf somatischen und auf psychosozialem Gebiet nicht alkohol*spezifisch* sind. Es sind Krankheiten bestimmter Organsysteme, die manchmal sogar häufiger durch andere Faktoren als durch Alkoholabusus bedingt, zumindest mitbedingt sind. Pathognomonische Symptome oder Syndrome des Alkoholismus gibt es auch auf somatischem Gebiet so gut wie gar nicht. Selbst das Alkoholentzugssyndrom als solches ist, phänomenologisch gesehen, auf weite Strecken unspezifisch. Es gewinnt seine spezifische Bedeutung erst durch den Kontext des anamnestisch geklärten Alkoholmißbrauchs. Darüber hinaus ist zu bedenken: Es können Alkoholfolgestörungen auf körperlichem Gebiet fehlen oder schwer feststellbar sein, während bereits gleichzeitig psychosoziale Störungen schon recht gravierend geworden sind (vgl. Skinner u. Mitarb. 1980). Deswegen ist es erforderlich, auch die psychosoziale Ebene in die Untersuchung mit einzubeziehen.

7.2 Wege der Diagnostik

Die Diagnose des Alkoholismus kann grundsätzlich von drei Zugängen her versucht werden (sieht man einmal von den umstrittenen sog. „genetic markers" wie besondere Blutgruppenkonstellationen, Farbenblindheit oder besonderen Papillenmustern der Finger ab [vgl. Schuckit 1980]):

1. durch die Abschätzung des *abnormen Trinkverhaltens* insbesondere durch Quantifizierung der Trinkmenge und der Trinkfrequenz,
2. durch Abschätzung bzw. Diagnose der *alkoholbezogenen Schäden* auf körperlichem, psychischem und/oder sozialem Gebiet,
3. durch Abschätzung der *Alkoholabhängigkeit*.

Die eingesetzten diagnostischen Maßnahmen bzw. Instrumente versuchen entweder, jedes einzelne dieser Gebiete zu erfassen oder in einer mehr oder minder umfassenden Weise zwei oder gar alle drei dieser Wege abzuschreiben.

7.2.1 Trinkmenge und -frequenz, abnormes Trinkverhalten

Insbesondere von epidemiologischer Seite wird versucht, durch eine Quantifizierung des Alkoholkonsums nach Menge, Frequenz und Variabilität (entsprechend dem sog. QFV-Index nach Cahalan u. Mitarb. 1969) vergleichbare Maßstäbe für den Alkoholmißbrauch zu finden und ihn operational zu klassifizieren. Derartige Versuche sind aber problematisch: Neben den soziokulturell bedingten Unterschieden des Alkoholkonsums sind auch die großen individuellen Unterschiede in der Verträglichkeit des Alkohols zu berücksichtigen, so daß aus der Trinkmenge nur sehr bedingt auf alkoholbezogene Schäden, noch weniger auf Alkoholabhängigkeit geschlossen werden kann. Trotz dieser Einschränkungen ist besonders im letzten Jahrzehnt wiederholt versucht worden, Grenzwerte für die Alkoholverträglichkeit anzugeben. Dabei ist aber zu betonen, daß diesen Bemühungen lediglich (epidemiologische) Untersuchungen auf internistischem Gebiet zugrunde liegen, vor allen Dingen im Bereich der Leberkrankheiten (Lelbach 1972, Péquignot 1961). Aufgrund dieser Untersuchungen wurden von Thaler (1977) für die Leberzirrhose Grenzwerte des täglichen Alkoholkonsums wie folgt angegeben: 60 g für den Mann und 20 g für die Frau. (Warum Frauen weniger Alkohol vertragen bzw. warum ihre Leber eine höhere Alkoholanfälligkeit zeigt, ist bis jetzt nicht schlüssig geklärt, vgl. 4.4.1.1). Bei dieser Grenzwertdiskussion muß aber bedacht werden, daß die angegebenen Zahlen statistische Durchschnittswerte darstellen, die im Einzelfall nach oben und unten hin überschritten werden können. Außerdem sind die erheblichen methodischen Schwierigkeiten zu bedenken, die sich aus der Tatsache ergeben, daß die Betroffenen nachträglich befragt worden sind (Popham u. Schmidt 1981). Zusammengefaßt muß daran festgehalten werden, daß es bislang nicht möglich ist, Grenzwerte zu benennen, die mit Sicherheit für alle Menschen unbedenklich sind.

Abnormes Trinkverhalten

Die zusätzlichen Veränderungen des Trinkverhaltens bei Alkoholikern (im Vergleich zu den jeweiligen, soziokulturell bestimmten Trinknormen) haben erheblichen diagnostischen Wert, besonders für die Diagnose der psychischen Abhängigkeit. Die wichtigsten Veränderungen (die auch teilweise in der DSM III Rev. verwendet werden) sind:

- Aufstellung eines Trinksystems (z. B. Beschränkung des Trinkens in zeitlicher oder/und örtlicher Hinsicht oder auf bestimmte Getränke),
- „Kontrollverlust" (mehr trinken als ursprünglich beabsichtigt),
- Trinken wider besseres Wissen um die negativen Konsequenzen des Alkoholkonsums,

- „Trinktouren" (kontinuierlicher Alkoholmißbrauch über mehrere Tage),
- Konsum von alkoholartigen Getränken, die nicht zum menschlichen Genuß geeignet sind (z. B. vergälltem Alkohol).

7.3 Entwicklung von Diagnoseinstrumenten

Die Erfassung der genannten pathologischen Trinkmuster, der alkoholbezogenen körperlichen und psychosozialen Schäden sowie des Syndroms körperlicher und psychischer Abhängigkeit erfolgt in der Regel durch Fragebogentests. Darüber hinaus gibt es einige medizinisch-klinische und klinisch-chemische Verfahren, die die somatischen alkoholbezogenen Schäden betreffen. Schließlich gibt es Instrumente, die eine Kombination dieser Verfahren darstellen.

7.3.1 Klinische Tests

Der wahrscheinlich älteste klinische Test ist ein Auswertungssystem („grid" Le Gô 1968), das im französischen Sprachraum ziemlich weite Verbreitung gefunden hat. Es umfaßt vor allem klinisch relativ leicht erfaßbare Symptome des chronischen Alkoholmißbrauchs: Veränderungen an Haut und Schleimhäuten (z. B. Spider naevi), Körpergewicht, Blutdruck, Lebergröße, Tremor, aber auch einige psychologische und psychomotorische Kriterien. Eine Weiterentwicklung dieses Ansatzes ist der Alcohol Clinical Index (Skinner u. Mitarb. 1986). Er enthält 17 klinische Symptome, die meist direkte Zeichen von alkoholbezogenen Störungen sind (z. B. Spider naevi, Palmarerythem), z. T. aber auch Zeichen betreffen, die mit Alkoholfolgekrankheiten nichts zu tun haben, aber statistisch mit ihnen hoch korrelieren (z. B. Tätowierungen, Verbrennungen mit Zigaretten). Außerdem werden 13 Symptome aus der medizinischen Vorgeschichte einbezogen, die auf Alkoholfolgekrankheiten hinweisen (z. B. Halluzinationen, Konzentrationsstörungen, morgendliches Zittern). Wenn jeweils mindestens vier der klinischen und der anamnestischen Kriterien vorhanden waren, konnten mit einer Wahrscheinlichkeit von 0,88 Alkoholiker von sozialen Alkoholkonsumenten unterschieden werden.

7.3.2 Klinisch-chemische Tests

Durch die bloße Untersuchung von Körperflüssigkeiten lassen sich ebenfalls alkoholbezogene Folgekrankheiten mit hoher Wahrscheinlichkeit diagnostizieren. Von der großen Zahl der untersuchten Parameter sind die klinisch wichtigsten: Gamma-GT, GOT, GPT, MCV. Dazu kommen noch Kreatinin und Harnstoff-N. Die Kombination von Gamma-GT und High-density-lipoprotein-cholesterol erwies sich gegenüber der Beurteilung durch die Gamma-GT allein überlegen

(Sanchez-Craig u. Annis 1981). Als Beispiel sei das Befundmuster von Stamm u. Mitarb. (1984) erwähnt, das eine spezielle nichtparametrische Diskriminationsmethode mit einer Optimierung der Entscheidungsgrenzen unter getrennter Berücksichtigung der Kriterien Sensitivität und Spezifität verwendet. Verglichen wurden Alkoholiker und klinisch behandelte Nichtalkoholiker. Zusammengefaßt ergab sich für Männer: Unter Verwendung der Parameter Gamma-GT, GOT, GPT, MCV, Kreatinin und Harnstoff-N konnten 83% der Alkoholiker und 89% der Nichtalkoholiker richtig identifiziert werden. Bei Frauen (Parameter Gamma-GT, GOT, Erythrozytenzahl und Kreatinin) konnten 88% der Alkoholiker und 90% der Nichtalkoholiker richtig identifiziert werden (Zusammenfassung siehe Feuerlein 1988). Es muß allerdings betont werden, daß mit diesen Untersuchungen (ohne Befragung des Patienten) zwar in einem hohen Prozentsatz der *Verdacht* auf das Vorliegen eines Alkohol*mißbrauchs* ausgesprochen werden kann, daß aber diese Befundmuster keinen *Beweiswert* für die Erkennung oder den Ausschluß eines Alkoholmißbrauchs oder gar einer Alkoholabhängigkeit haben.

7.3.3 Fragebogentests

Zur Erfassung der genannten diagnostischen Kriterien wurden seit den vierziger Jahren mehrere Hundert von Fragebogentests entwickelt. Im angloamerikanischen Sprachraum sind derzeit am bekanntesten der Michigan-Alcoholism-Screening-Test (MAST) (Selzer 1967) mit verschiedenen Abwandlungen (Kurzform bzw. Selbstbeurteilungsform). Der MAST ist seit seiner Einführung vor mehr als 20 Jahren sehr genau untersucht worden. Er hat eine relativ hohe Rate falsch positiver Klassifikationen (50% Spezifität) bei einer relativ hohen Sensitivität (88%). Eine extreme Kurzform der Fragebogentests stellt der CAGE-Test (Mayfield u. Mitarb. 1974) dar, der nur vier Items umfaßt: Reduzierung des Alkoholkonsums (*c*ut-down), Ärger über Kritik am eigenen Trinkverhalten (*a*nnoyed by criticism), Schuldgefühle (*g*uilt feelings) und morgendliches Trinken (*e*ye opener).

Im deutschen Sprachraum existiert ein Kurzfragebogen für Alkoholgefährdete (KFA) (Feuerlein u. Mitarb. 1976, 1989) mit 22 Fragen. Er ist auch vielfach zur Selbsteinschätzung der eigenen Alkoholgefährdung und zu epidemiologischen Untersuchungen verwendet worden.[*]

Einige Fragebögen sind umfangreicher. Sie sind nicht als Screening-Verfahren konstruiert, sondern sollen der Differentialdiagnostik und der Indikationsstellung für eine differentielle Therapie dienen. Der bekannteste ist das Alcohol Use Inventory (Wanberg u. Mitarb. 1977). Eine deutsche Version dieses Fragebogens ist das Trierer Alkoholis-

---

[*] Testbögen und Testmanual beim Beltz-Verlag, Weinheim, erhältlich.

mus-Inventar (TAI) mit 77 Items und 7 Skalen (Scheller u. Mitarb. 1984).

Das Ziel der Identifikation des Alkoholikers ohne direkte Fragen nach Alkoholmißbrauch wird durch Benutzung von *Persönlichkeitsitems* zu erreichen versucht. Am meisten verwendet wird zu diesem Zweck der MMPI. Aus diesem Persönlichkeitsfragebogen wurden von verschiedenen Autoren spezielle Skalen zusammengestellt (die bekannteste von ihnen ist die Mac-Andrew-Scale). Verschiedene Untersuchungen, die gerade in den letzten Jahren mit diesem Persönlichkeitstest gemacht worden sind, haben übereinstimmend ergeben, daß die Spezifität und die Sensitivität dieser 49 Items umfassenden Selbstbeurteilungsskala nicht sehr hoch anzuschlagen ist. Dieser Test erscheint mehr für die Persönlichkeitsdiagnostik eines potentiellen Suchtgefährdeten geeignet, unabhängig davon, ob er zur Zeit von einer Droge abhängig ist oder ob lediglich früher eine solche Abhängigkeit bestanden hat (Apfeldorf u. Hunley 1981).

7.3.4 Tests zur speziellen Erfassung des Abhängigkeitssyndroms

In dem Maße, in dem die Alkoholabhängigkeit als Kriterium für den Alkoholismus an Bedeutung gewonnen hat, vermehrte sich auch der Bedarf an objektivierenden Instrumenten zur quantitativen Messung der Alkoholabhängigkeit. Insbesondere in Großbritannien und Kanada wurden mehrere Tests zu diesem Zweck entwickelt, die z. T. auch eine quantitative Erfassung der Alkoholabhängigkeit geben (Beil 1977, Berglund u. Mitarb. 1980, Stockwell u. Mitarb. 1979, Jacobi u. Mitarb. 1987).

Diese Fragebogentests umfassen fünf Bereiche: körperliche Entzugssyndrome, affektives Entzugssyndrom, täglicher Alkoholkonsum, Wiederauftreten von Alkoholentzugssyndromen nach längerer Abstinenzperiode. In einigen Tests finden sich auch Fragen nach Kontrollverlust und zwanghaftem Trinken.

7.3.5 Umfassende Tests

1972 wurde von einem Expertenkomitee in den USA ein umfassendes Diagnoseschema entwickelt (Criteria for the Diagnosis of Alcoholism). Dieses Schema stellt den Versuch dar, die Diagnose des Alkoholismus durch Symptome zu verifizieren, die auf verschiedenen Ebenen (Verhaltensebene und physiologische Ebene) liegen. Die Symptome wurden in Haupt- und Nebenkriterien eingeteilt, sie erfahren außerdem noch eine zusätzliche Gewichtung (Criteria Committee 1972). Dieser Test hat sich aber in der Anwendung an deutschen Patienten als zu aufwendig und sensibel erwiesen (Ringer u. Mitarb. 1977). Ein ähnlich umfassender, aber handlicher Test ist im deutschen Sprachraum der Münchner Alkoholismus-Test (MALT) (Feuerlein u. Mitarb. 1977). Er umfaßt zwei Teile: einen Selbstbeurteilungsteil mit 22 Items und einen Fremdbeurteilungsteil mit sieben Items. Der Test ergab bei Nachuntersuchungen eine Gesamteffizienz von 94%. Nichtalkoholiker wurden zu 95%, Alkoholiker zu 88% richtig klassifiziert. Ähnliche Ergebnisse wurden bei weiteren Nachuntersuchungen des In- und Auslands erzielt (Feuerlein 1987c). Bei der Entwicklung dieses Tests, der für Ärzte und sonstige Therapeuten bestimmt ist, wurden die Akzente mehr auf die Spezifität als auf die Sensibilität gesetzt, um „falsch positive" Diagnosen nach Möglichkeit zu vermeiden.

8 Therapie des Alkoholismus

8.1 Allgemeines

8.1.1 Vorbemerkungen

Den unterschiedlichen Theorien über die Entstehungsbedingungen und den mannigfachen Erscheinungsformen des Alkoholismus entsprechen mehrdimensionale und multidisziplinäre Formen der Therapie in Konzept und praktischer Ausgestaltung („Pluralitäts- und Totalitätsprinzip" nach Wieser 1972). Unter diesen Umständen ist eine kausale umfassende Therapie derzeit nicht möglich, wenngleich sich einzelne Teile des „Ursachenbündels" durchaus therapeutisch beeinflussen lassen. Es hat sich eine Vielfalt pragmatisch orientierter Therapiemethoden und -einrichtungen entwickelt, deren Effizienz in sehr unterschiedlichem Umfang belegt ist. Verschiedentlich, vor allem im Bereich der Verhaltenstherapie und der somatischen Therapie, wurden mehr oder minder strenge experimentelle Versuchsanordnungen zur Objektivierung der Wirksamkeit der einzelnen Verfahren angewandt. Manche von ihnen bergen allerdings die Gefahr in sich, in ihren am Labor orientierten Designs praxisfern zu sein, so daß sich Schwierigkeiten bei der Übertragung der Resultate ergeben können. Außerdem sind bei solchen experimentellen Vorgehensweisen, aber auch schon bei der Einbeziehung von unbehandelten Kontrollgruppen ethische Gesichtspunkte zu berücksichtigen.

Bei der individuellen Therapieplanung sollten folgende Aspekte berücksichtigt und eine individuelle Indikationsstellung versucht werden:

– Persönlichkeitseigenschaften des Patienten,
– Umstände des Sozialfeldes,
– Schwere des Alkoholismus und der eventuellen Folgeschäden,
– in Betracht kommende Therapieverfahren und -einrichtungen,
– Wünsche und Bedürfnisse des Patienten, wobei wenn irgend möglich Alternativen zur Wahl gestellt werden sollten.

8.1.2 Therapieziele

Therapieziele sollten nicht mit dem Anspruch von Allgemeingültigkeit aufgestellt werden. Bei ihrer Formulierung sollten die o. g. Aspekte mit einbezogen werden. Dennoch lassen sich allgemeine Therapieziele formulieren:

- Reduktion der alkoholbedingten Probleme. Diese Symptomminimalisierung ist aus humanitären Gründen unabdingbar. Außerdem ermöglicht erst sie weitere therapeutische Maßnahmen. Andererseits kann die damit verbundene Minderung des Leidensdrucks die Motivation für die Behandlung schwächen, sofern diese den Anspruch erhebt, mehr als nur palliativ zu sein.
- Entwicklung psychosozialer Kompetenz im Berufs- und Freizeitverhalten sowie im interpersonalen Kontakt (soziale Selbständigkeit, berufliche Integration und personale Bindungen). Das schließt eine Änderung der Einstellung gegenüber der eigenen Befindlichkeit (Abbau des Leitbildes des genuß- und leistungsfähigen Menschen) und eine Verbesserung der Affekt- und Frustrationstoleranz ein.
- Gestaltung des Lebens in freier persönlicher Entscheidung (Autonomie). Dieses Therapieziel ist in besonderem Maße abhängig von der persönlichen Wertehierarchie.

Alkoholabstinenz ist zumindest bei den abhängigen Trinkern als eine notwendige, aber nicht immer hinreichende Voraussetzung für die Erreichung dieser Ziele anzusehen. Das Akzeptieren des Abstinenzzieles kommt auf die Dauer nicht ohne Identifikation mit der Alkoholikerrolle aus.

Die Alkoholabstinenz ist wie die drei obengenannten Therapieziele ein normatives Ziel im Sinne einer Idealnorm. In der Realität kann totale Abstinenz nicht von allen Alkoholikern über Jahre durchgehalten werden. Auch bei guter sozialer Eingliederung sind Rückfälle nicht selten, in vielen Fällen jedoch nur kurzzeitige Unterbrechungen einer grundsätzlich abstinenten Lebensführung.

Kritik an der Abstinenzforderung kam in den letzten Jahrzehnten von verschiedenen Seiten, besonders von der Verhaltenstherapie, deren Theorie die grundsätzliche Möglichkeit der Modifikation des „erlernten" Alkoholmißbrauchs (durch „Verlernen") vorsieht. Diese Theorie wird durch Verhaltensbeobachtungen (Übersicht s. Heather u. Robertson 1983) unterstützt. Es handelt sich dabei einmal um Experimente an Alkoholikern, denen auf Krankenstationen Alkohol in unbegrenzten Mengen angeboten wurde und die trotzdem (teilweise) in der Lage waren, ihren Alkoholkonsum in Grenzen zu halten, wobei sie es zuerst lernten die Höhe ihres Alkoholspiegels abzuschätzen. Solche Versuche bildeten zusammen mit einigen klinischen Erfahrungen an Alkoholikern, die es fertigbrachten, ihren Alkoholkonsum im sozial tolerierten und gesundheitlich unbedenklichen Rahmen zu halten, die Grundlage für die Formulierung des Trinkzieles des „kontrollierten Trinkens" (über die dafür entwickelten therapeutischen Verfahren s.

8.6.1). Faßt man die umfangreiche inzwischen publizierte Literatur zusammen, so ergibt sich vor allem, daß Patienten mit Alkoholmißbrauch eher von einem Therapieprogramm mit einem solchen Ziel profitieren. Als zusätzlich mögliche Indikationskriterien für „kontrolliertes Trinken" werden nunmehr (einschränkend) genannt: „hinreichende soziale Kompetenz und hinreichendes soziales Verstärkerrepertoire, hinreichendes Umstrukturierungsfähigkeit zur Unterbrechung von Alkoholexzessen" (Revenstorf u. Metsch 1986). Solche Kriterien sind aber kaum mehr mit dem Begriff der Alkoholabhängigkeit vereinbar. Es setzt sich immer mehr die Meinung durch, daß für Alkoholabhängige die Abstinenz leichter zu verwirklichen ist. Dies ist auch das Ergebnis einer umfangreichen internationalen Diskussion in der letzten Zeit (Stockwell 1986, Galanter 1987, Helzer 1985). Überdies haben Nachuntersuchungen ergeben, daß nur sehr wenige Alkoholabhängige es schaffen, über Jahre hindurch „kontrolliert" zu trinken (etwa 2–5%). Die Gruppe der „kontrollierten Trinker" polarisiert sich vielmehr in zwei Richtungen: Abstinenz oder ungebessertes Trinkverhalten (Küfner u. Mitarb. 1988) (vgl. auch Vaillant 1983). Weitere Argumente gegen das „kontrollierte Trinken" sind folgende:

– Die Kriterien für „kontrolliertes Trinken" sind schwer festzulegen.
– Es gibt keine sicheren Prädiktoren für den Behandlungserfolg.
– Alkoholabhängige trinken um der Wirkung des Alkohols willen, weniger wegen des sozialen Drucks. Die gewünschte Wirkung besteht aber gerade in einem rauschartigen Zustand (wie er z. B. im Kontrollverlust gegeben ist).

Aus all diesen Gründen wird von den meisten mitteleuropäischen Alkoholtherapeuten an der Abstinenzforderung als Therapieziel festgehalten.

Ein weiteres Behandlungsziel neben der Abstinenz ist in den letzten Jahren in zunehmendem Maß beachtet worden: der Umgang mit Rückfällen. Dafür wurden auch eigene Behandlungsprinzipien entwickelt (s. 8.5.2).

8.1.3 Therapeuten

Die Vielfalt der therapeutischen Zugänge läßt erkennen, daß die Behandlung in der Regel nicht von einer einzigen Person geleistet werden kann. Vielmehr ist die Zusammenarbeit von professionellen Therapeuten verschiedener Fachrichtungen erforderlich (vor allem Ärzte, Sozialarbeiter, Psychologen Arbeits- und Gestaltungstherapeuten, Physiotherapeuten), die eine entsprechende Weiterbildung und längere praktische Erfahrung auf dem Gebiet der Suchtkrankheiten aufweisen sollen. Ein besonderes Problem ist die Einbeziehung von nichtprofessionellen Personen, meist von „Exalkoholikern", deren

Qualifikation sich in erster Linie (aber nicht ausschließlich) aus dem „Expertentum des Betroffenseins" (Möller 1978) ableitet, aber auch von Familienangehörigen und sonstigen Bezugspersonen. Sie haben den Vorzug der intimen Kenntnis der Befindlichkeit und der spezifischen Verhaltensweisen der Patienten. Andererseits interferieren ihre Interaktionen oft mit denen der professionellen Therapeuten, was zum Gegenstand einer speziell darauf gerichteten Reflexion und Intervention gemacht werden muß. Es besteht sonst die Gefahr, daß durch unreflektiertes Verhalten (z. B. Überidentifikation oder vorgefaßte Erklärungsmodelle) weiterer Alkoholmißbrauch aufrechterhalten wird („Enabler"-Funktion). Schließlich ist auch die therapeutische Funktion der Mitpatienten zu bedenken, deren Rolle als „Kotherapeuten" viel zu wenig gewürdigt und auch erforscht ist.

Über die Charakteristika der Therapeuten im Behandlungsprozeß gibt es relativ wenig gesichertes Wissen (vgl. Miller 1985). Es ist schwierig, die sog. Therapeutenvariable zu objektivieren. „Harte Daten" (Alter, Geschlecht, Aus- und Weiterbildung, Berufserfahrung) beschreiben nur den äußeren Rahmen. Von größerer Bedeutung sind psychologische Faktoren wie Einstellung, Erwartungen, Empathie. Gerade für letztere zeigen sich Zusammenhänge mit dem Therapieergebnis (zit. nach Miller 1985). Die Therapeutenvariablen im weiteren Sinne lassen sich unter dem Begriff des „therapeutischen Klimas" zusammenfassen, das die Interaktionen zwischen allen am therapeutischen Prozeß Beteiligten umfaßt. Dafür sind inzwischen auch einige Meßinstrumente entwickelt worden (Henrich u. Mitarb. 1979).

8.1.4 Einstellungen zur Therapie

8.1.4.1 Einstellungen der Therapeuten

Die Einstellung von Therapeuten (der Ärzte ebenso wie der Psychologen) gegenüber den Alkoholikern ist meist ebenso ambivalent wie die von Fachleuten, die nicht mit dieser speziellen Aufgabe befaßt sind. Dies gilt offenbar für angloamerikanische Experten ebenso wie für deutsche (Antons 1976, Feuerlein 1972, Bochnik u. Mitarb. 1968, Reimer u. Freisfeld 1984). Aus den Ergebnissen läßt sich ableiten, daß sich die Ärzte vielfach in ihrem Rollenverständnis gegenüber dem Alkoholiker getäuscht sehen: Konflikt zwischen der erwarteten Rolle des Sachverständigen und Helfers auf der einen Seite und der vom Patienten widergespiegelten Rolle als „Kontrolleur", als Richter (oder zumindest als Beichtvater), vielleicht sogar als uninteressierter Ignorant. Auch spezialisierte Alkoholismustherapeuten haben eine problematische Einstellung. Aus einer Analyse der einschlägigen Literatur (Antons 1976) wird der Schluß gezogen, daß das Krankheitskonzept und das Willensschwächekonzept nebeneinander bestehen.

8.1.4.2 Einstellung der Patienten

Die Einstellung der Alkoholiker gegenüber der Behandlung und den Therapeuten ist mindestens ebenso ambivalent wie die der Therapeuten gegenüber ihren Patienten. Auch bei Alkoholikern, die anscheinend freiwillig zur Behandlung kommen, steht in der Regel irgendein Druck des sozialen Umfelds im Hintergrund. Die Widerstände zeigen sich u. a. in den hohen Abbruchquoten der Therapie (nach einer Literaturanalyse von Küfner [1984] durchschnittlich 49%). Solche Widerstände sind oft Ausdruck von Abwehrmechanismen (z. B. Verdrängung, Verleugnung, Rationalisierung, Projektion). Die Verleugnungstendenzen sind offenbar abhängig von der Behandlungsphase (s. 6.1.5), am stärksten in der Kontaktphase, in der Entwöhnungsphase am schwächsten, wieder stärker in der Nachsorgephase. Sie hängen zusammen mit

– dem Eingeständnis vor sich und vor anderen, alkoholbedingte Probleme hervorgerufen zu haben;
– der Auseinandersetzung mit dem Erlebnis der eigenen Hilflosigkeit gegenüber der Droge Alkohol und der daraus resultierenden Hilfsbedürftigkeit, den Scham- und Schuldgefühlen sowie entsprechenden Kränkungen des Selbstwertgefühls;
– mit der Art der Krankheit Alkoholismus selbst. Sie ist weitgehend tabuisiert. Andererseits hat der Alkoholkonsum und auch der Alkoholmißbrauch eine uralte Tradition mit entsprechenden Affektbesetzungen. Dazu kommt, daß die Diagnose des Alkoholismus besonders in den Anfangsstadien sehr schwierig sein kann, da die Übergänge zwischen dem noch „normalen" und dem pathologischen Trinkverhalten streckenweise fließend sind.

8.2 Behandlungsablauf
8.2.1 Beginn und Dauer der Behandlung

Die Alkoholikerbehandlung erstreckt sich über Jahre. Daraus ergibt sich, daß die Behandlung, schon rein zeitlich gesehen, zum größten Teil ambulant erfolgen muß. Die stationäre Behandlung wird in der Regel nur eine relativ kurze Zeit in Anspruch nehmen. Ambulante und stationäre Behandlung sind nicht unabhängig voneinander, sondern müssen aufeinander bezogen sein. Grundsätzlich wäre es wünschenswert, mit der Behandlung des Alkoholismus wie mit der Behandlung jeder anderen Krankheit so früh wie möglich zu beginnen, nämlich bevor irreversible Schäden entstanden sind. Aus den genannten Gründen ist es jedoch verständlich, daß die meisten Alkoholiker am Anfang ihrer Krankheit nicht behandlungsbereit sind, da der Leidensdruck noch zu gering ist und andererseits die positiven Verstärkungen durch den Alkoholkonsum die negativen Konsequenzen überwiegen. In vielen Fällen kommt es erst dann zu einer Behandlung, wenn der Alkoholmißbrauch zu einem Tiefpunkt in gesundheitlicher und/oder sozialer Hinsicht geführt hat („hit the bottom") und der Leidensdruck so stark geworden ist, daß er die Widerstände gegen eine Therapie überwiegt. Diese Erkenntnis hat ihren Ausdruck in verschiedenen Schemata geführt (Glatt 1957, Rubes 1969).

Die Alkoholikerbehandlung läßt sich in vier Phasen einteilen, die manchmal nicht streng voneinander getrennt werden können:

– Kontaktphase,
– Entgiftungs- oder Entziehungsphase,
– Entwöhnungsphase,
– Weiterbehandlungs- und Nachsorgephase.

8.2.2 Kontaktphase

Die Kontaktphase dauert nur in seltenen Fällen wenige Tage, meist einige Wochen, manchmal Monate oder Jahre. Sie dient vor allem

– der Klärung der Diagnose, der somatischen Folgekrankheiten und der psychosozialen Situation,
– der Klärung der Behandlungsmöglichkeit,
– der Klärung der Behandlungsbereitschaft des Patienten und seiner Bezugspersonen,
– der Motivierung des Patienten und seiner Bezugspersonen; sie soll auf verschiedenen Ebenen geschehen (kognitive und emotionale Ebene) und vor allem auf die Selbstverantwortlichkeit und Selbstbestimmung des Patienten abheben,
– der Indikationsstellung für die nachfolgenden Behandlungsmaßnahmen (s. 9.3).

Um diese Ziele zu erreichen, bedarf es in der Kontaktphase einer eingehenden Beschäftigung mit dem Patienten, die über eine internistische Anamneseerhebung, auch über eine übliche psychiatrische Exploration hinausgeht. Oft empfiehlt es sich, nicht sofort mit dem Hauptproblem Alkoholismus zu beginnen, auch wenn es „auf der Hand liegt", sondern erst die allgemeine körperliche und psychosoziale Situation abzuklären. Sehr wichtig ist es, einen tragenden Kontakt mit dem Patienten und, sobald wie möglich, mit den Bezugspersonen herzustellen. Des weiteren ist es von Vorteil, direkten Kontakt mit dem Hausarzt, mit Suchtberatungsstellen und evtl. mit Behörden und Betrieben aufzunehmen, soweit diese mit dem Problem des Patienten befaßt sind. Nach dieser Kontaktaufnahme und allgemeinen Abklärung, die natürlich eine sorgfältige körperliche Untersuchung einschließen muß, sollen der Patient und seine Bezugspersonen über die Diagnose und das weitere therapeutische Vorgehen aufgeklärt werden. Es hat sich bewährt, dies im Rahmen von Gruppensitzungen durchzuführen, wo mehrere Alkoholiker, die sich im gleichen Stadium (der Kontaktphase) befinden, gemeinsam informiert werden. Es ist wesentlich, die vorhandenen motivierenden kognitiven und emotionalen Faktoren zu verstärken und motivationshemmende Einflüsse (besonders Ängste und Vorurteile) abzubauen.

Die Motivation erstreckt sich, genau genommen, über alle Behandlungsphasen. Die Motivation ist nicht ein statischer Zustand, sondern ein dynamischer Prozeß, bei dem Motivation (also Bereitschaft zur „Bewegung" von Einstellung und Verhalten) mit Widerständen kämpft. Wichtig ist, daß die Motivationsziele klar erkennbar, attraktiv und (prinzipiell) erreichbar sind. Es sind fünf Stufen des Motivationsprozesses beschrieben worden (Hänsel 1981):

1. erste Ahnungen zur Problematik des Trinkverhaltens,
2. Problematisierung des Trinkverhaltens,
3. Akzeptieren der Abhängigkeit-Krankheitseinsicht,
4. Therapiebereitschaft,
5. Bereitschaft zur dauerhaften und zufriedenen Abstinenz.

Für die praktische Durchführung der Motivierung empfiehlt es sich in sechs Schritten vorzugehen:

1. Erkennung der Notwendigkeit einer Änderung der gegenwärtigen Situation („so geht es nicht mehr weiter"),
2. Anerkennung der Hilfsbedürftigkeit („ich schaffe es nicht mehr allein"),
3. Akzeptieren der angebotenen Hilfe („ich lasse mir helfen"),
4. Anerkennung des Alkoholikerstatus („ich bin ein Alkoholiker"),
5. Anerkennung des Abstinenzzieles („ich darf überhaupt keinen Alkohol mehr trinken"),
6. Anerkennung des Ziels des allgemeinen Verhaltenswandels („ich muß mein Leben anders gestalten, wenn ich nicht mehr rückfällig werden soll").

Zur Reduzierung der Abbruchrate, die nach einer amerikanischen Sammelstatistik in den ersten fünf Sitzungen bei 49% liegt (Küfner 1981), wurde ein Katalog von Maßnahmen empfohlen (Baekeland u. Mitarb. 1971): fester Termin zum Erstgespräch, breites Behandlungsangebot, Klarstellung von Zielsetzung und Therapieablauf, Kontakt zu Bezugspersonen, rasche Hilfe bei psychischen und körperlichen Symptomen.

8.2.3 Entgiftungs- oder Entziehungsphase

Die Entgiftungs- oder Entziehungsphase dauert in der Regel nur einige Tage, höchstens wenige Wochen. Eine eigentliche Behandlung ist immer dann nötig, wenn der Patient unter der Dauereinwirkung von erheblichen Mengen alkoholischer Getränke steht, also mit dem Auftreten von beträchtlichen Entzugserscheinungen zu rechnen ist. Dies ist bei etwa 50% der Alkoholiker, die zur Behandlung erscheinen, der Fall. Sie kann meist ambulant durchgeführt werden. Nur bei schwereren Entzugserscheinungen ist eine stationäre Behandlung nicht zu umgehen (nur bei etwa 10% der Alkoholiker nötig). Der Alkoholentzug sollte plötzlich vorgenommen werden. Auftretende Abstinenzerscheinungen bedürfen je nach Schwere einer entsprechenden medikamentösen Behandlung (s. 8.3.3). Gegebenenfalls ist die Behandlung auf einer speziellen Entgiftungsstation durchzuführen. Auf jeden Fall sollte über die somatische Behandlung hinaus bereits auf die notwendige weitere Behandlung zur Entwöhnung hingewirkt werden.

Dabei ist es zweckmäßig, mit Sozialarbeitern bzw. Psychologen zusammenzuarbeiten. In der Regel ist eine bloße Entgiftungsbehandlung nicht ausreichend, um einen längerdauernden Erfolg zu erreichen. So waren nach einer Untersuchung in einem Berliner psychiatrischen Krankenhaus von den Patienten, bei denen nur eine Entgiftungsbehandlung vorgenommen worden war, nach einem Jahr nur 11% abstinent geblieben, bei 70,5% war diese Behandlung, auf Dauer gesehen, „völlig erfolglos" (Bonsels-Götz u. Bess 1984).

8.2.4 Entwöhnungsphase

Das Ziel der Entwöhnungsphase ist es, den Mißbrauchs- bzw. Abhängigkeitsprozeß abzubrechen. Das kann auf mehreren Wegen geschehen:

- Bewußtmachen (soweit nötig und möglich) der somatischen, psychischen und sozialen Entstehungsbedingungen;
- Erlernen neuer Bewältigungsstrategien und Sozialisationsformen des Lebens ohne Alkohol;
- evtl. Anwendung von Medikamenten zur Minderung des Verlangens nach Alkohol oder zur vermehrten Sensibilisierung gegenüber der Alkoholwirkung.

Um dies zu erreichen, bedarf es umfassender Maßnahmen. Sie sind vorwiegend psychologisch-psychotherapeutisch, aber auch sozio-therapeutisch und pädagogisch orientiert. Dies schließt auch normative Aspekte mit ein, die in bestimmten Verfahren bzw. Institutionen eine besondere Akzentuierung erfahren haben (z. B. bei den AA). Wegen der Bedeutung der Familie für die Entstehung und Aufrechterhaltung des Alkoholismus, aber auch wegen der Konsequenzen, unter denen sie zu leiden hat, ist die Einbeziehung von Familienangehörigen dringend geboten.

Die Entwöhnungsbehandlung kann ambulant wie stationär durchgeführt werden. Es werden je nach Dauer der stationären Behandlung drei Formen unterschieden:

- kurzfristige Behandlung: 4–8 Wochen,
- mittelfristige Behandlung: 2–4 Monate,
- langfristige Behandlung: 5–6 Monate, manchmal auch mehr.

In den letzten Jahren wird immer mehr Kritik an der Allgemeingültigkeit des langfristigen Behandlungskonzeptes laut (s. Bühringer 1983). Im nichtdeutschsprachigen Ausland ist eine kurzfristige Behandlung die Regel, schon aus Kostengründen.

Die ausschließlich ambulante Behandlung gewinnt zunehmend an Bedeutung. Sie wird berufsbegleitend durchgeführt und erstreckt sich meist über mehrere Monate.

Über die Indikation zu den jeweiligen Behandlungsformen s. 9.3.

8.2.5 Weiterbehandlungs-, Rehabilitations- und Nachsorgephase

Für die meisten Alkoholiker ist die Teilnahme an Aktivitäten in der Weiterbehandlungs- und Nachsorgephase von entscheidender Bedeutung. Allerdings scheint es auch eine (kleine) Gruppe von Alkoholikern zu geben, die auch ohne Nachsorge einen günstigen Verlauf nehmen (Küfner u. Mitarb. 1988).

Die Aktivitäten dieser Phase haben das Ziel, die Entwöhnung zu stabilisieren, insbesondere die neuen Sozialisationsformen bei Wiedereingliederung in die sozialen Bezüge der Arbeitsstelle und der Familie einzuüben. Eine weitere wichtige Aufgabe ist es, evtl. Rückfälle aufzufangen (s. 8.5.2). Die Weiterbehandlungs- bzw. Nachsorgephase dauert mehrere Jahre und wird grundsätzlich ambulant durchgeführt. Nur bei Patienten mit ungünstiger Sozialstruktur und starker psychischer Labilität ist eine vorübergehende Unterbringung in Übergangsheimen angezeigt. Bei schwer beeinflußbaren körperlichen und psychischen Schäden ist manchmal eine stationäre Weiterbehandlung (unter mehr kustodialen Aspekten) nicht zu umgehen.

8.3 Somatische (medikamentöse) Therapie

8.3.1 Akute Alkoholintoxikation (Liskow u. Goodwin 1987)

Die Behandlung der akuten Alkoholintoxikation erfolgt nach den Grundsätzen der klinischen Toxikologie. Die akute, schwere Alkoholintoxikation bedarf unbedingt einer stationären Behandlung, wenn möglich auf einer toxikologischen Station. Zunächst ist sicherzustellen bzw. wahrscheinlich zu machen, daß der Äthylalkohol das einzige oder hauptsächliche Toxin darstellt. In Zweifelsfällen sind Asservate des Erbrochenen und des Urins sicherzustellen und möglichst Blutalkoholproben abzunehmen. Grundsätzlich gelten die gleichen Prinzipien wie bei der Behandlung der Schlafmittelvergiftung, doch vereinfacht sich beim Alkoholrausch die Behandlung, weil die Halbwertszeit des Alkohols (gegenüber derjenigen der meisten Schlafmittel) wesentlich kürzer ist. In der Regel sind keine medikamentösen Behandlungsmaßnahmen erforderlich. In der Resorptionsphase kommt evtl. eine Magenspülung in Frage. In der Schlafphase bei schweren Intoxikationen: Infusion von Plasmaexpandern sowie Schnellinfusionen von 30–50%iger Glukoselösung (1 g/kg KG pro Stunde). Auf Fruktose sollte wegen Verstärkung der Gewebshypoxie und der Hypoglykämie verzichtet werden. Seine den Alkoholabbau beschleunigende Wirkung tritt nur bei bestimmten Konstellationen der ADH-Isoenzyme ein; außerdem kommt es zu einer Erhöhung des Azetaldehyds mit Laktatazidose. Außerdem ist die zwar seltene, aber gefährliche hereditäre Fruktose-Intoleranz zu berücksichtigen (Keller 1989). Weckmittel (z. B. Koffein) führen zu einer relativ raschen Vigilanzaufhellung, haben aber den Nachteil der Erniedrigung der Krampfschwelle. Von größerem, allerdings nur theoretischem Interesse ist ein Benzodiazepinderivat (Imidazobenzodiazepin: Ro 15-4513), das in der Lage ist, die alkoholbedingte Sedierung aufzuheben. Andere, negative Wirkungen des Alkohols (z. B. toxische Wirkungen auf innere Organe) werden aber dadurch nicht beeinflußt, bleiben also erhalten. Es eignet sich auch nicht als Therapeutikum bei akuter Alkoholintoxikation, da es bei höheren Alkoholkonzentrationen relativ unwirksam ist (Littleton 1989). (Das Präparat ist nicht im Handel.)

8.3.2 Komplizierter Rausch (Liskow u. Goodwin 1987)

Der komplizierte Rausch erfordert insbesondere wegen der damit verbundenen Erregungszustände eine intensivere Behandlung. Sofern sich die Patienten noch in der Resorptionsphase befinden, ist neben der Sedierung auch eine Magenentleerung angebracht, um eine Nachresorption zu verhindern. Apomorphin erfüllt beide Aufgaben: übliche Dosierung 10 mg Apomorphin und 10 mg Norfenefrin (= Novadral) i. m. Die Wirkung von Apomorphin kann durch die Antidote Levallorphan (= Lorfan) oder Naloxon (= Narcanti) jederzeit gesteuert werden. Im übrigen hat sich Naloxin (= Narcanti) entgegen anderslautenden ersten Berichten nicht als Antidot bei Äthanolintoxikation bewährt, jedoch kann es wegen seiner Weckwirkung bei alkoholbedingten komatösen Zuständen hilfreich sein (Dole u. Joseph 1977). Als weitere Sedierungsmittel kommen Benzodiazepine (z. B. Diazepam = Valium) oder Butyrophenone (z. B. Haloperidol = Haldol) in Frage.

8.3.3 Entzugserscheinungen und Alkoholdelir

Bei leichteren Entzugserscheinungen ist in der Regel überhaupt keine medikamentöse Behandlung notwendig. Bei mittelschweren Entzugserscheinungen kann die Behandlung auf die Sedierung, evtl. zusätzlich auf die Erhöhung der Krampfschwelle gerichtet sein. Dafür eignen sich verschiedene Stoffgruppen, die ein solches Wirkungsspektrum aufweisen, wie Benzodiazepine, Clonidin, Tiaprid, Betablocker und Antikonvulsiva (z. B. Carbamazepin). (Übersicht s. Butler u. Messhiha 1986, Busch u. Frings 1988, Liskow u. Goodwin 1987.)

Bei schweren Entzugserscheinungen, vor allem beim Alkoholdelir, sind folgende Zielsymptome zu berücksichtigen:

- Dämpfung der psychomotorischen Unruhe,
- antikonvulsive Wirkung,
- antipsychotische Wirkung,
- Dämpfung der vegetativen Symptome.

Es stehen eine große Zahl von Medikamentengruppen zur Verfügung. Allen diesen Gruppen ist eine mehr oder minder ausgeprägte Wirkung auf alle vier genannten Zielsymptome eigen. Sie haben aber auch verschiedene Nebenwirkungen, z. T. auch ein Suchtpotential. Eine Übersicht über die Wirkung auf die Zielsymptome und die Nebenwirkungen geben die Tab. 12 und 13.

Als Mittel der ersten Wahl, besonders bei schweren Delirien, haben sich Clomethiazol und Benzodiazepine bewährt. Bei Clomethiazol sind als ungünstige Nebenwirkung vor allem die Atemdepression und die vermehrte Bronchialsekretion zu bedenken. Die Dosierung des Clomethiazol erfolgt grundsätzlich nach der Wirkung. Initial werden

Tabelle 12   Zielsymptome

	Psycho-motorische Unruhe	Anti-konvulsive Wirkung	Anti-psychotische Wirkung	Adrenerge Symptome
Benzodiazepine	++	++	0	++
Clomethiazol	++	++	+	++
Butyrophenone	+	0	++	(+)
Carbamazepin	(+)	++	+	+
Na-Valproinat	+	++	0	+
Betablocker	(+)	0	0	++
Clonidin	+	0	0	++
Äthanol	+	+	0	+
Barbiturate	++	++	0	++

Tabelle 13 Nebenwirkungen und Risiken

	Hämatische Störungen	Leber-Störungen	Hypotonie	Atemdepression	Krampfschwellenerniedrigung	Extrapyramidale Störungen	Sucht-Potential	sonstige
Benzodiazepin	0	0	+	+	0	0	+	
Clomethiazol	0	0	0	++	0	0	+	
Butyrophenon	+	+	+	0	++	++	0	+
Carbamazepin	+	(+)	0	0	0	0	0	+
Na-Valproinat	+	+	0	0	0	0	0	
Clonidin	0	0	+	+	0	0	0	+
Äthanol	++	++	0	++	0	0	++	
Barbiturate	0	(+)	+	++	0	+	++	

2–4 Kapseln (je 192 mg) oder 10–20 ml Mixtur (1 ml = 31,5 mg) gegeben; wenn die Wirkung (leichter Schlafzustand mit Erweckbarkeit) nach 30–60 Minuten nicht erreicht wurde, können zusätzlich 2 Kapseln oder 10 ml Mixtur gegeben werden. Bei schweren Erregungszuständen kann die Infusionsbehandlung notwendig werden.

Die Behandlung mit Benzodiazepinen kann nach ähnlichen Richtlinien (peroral oder in schweren Fällen parenteral per infusionem) erfolgen. Die Dosierung ist je nach Präparat verschieden.

Carbamazepin allein oder auch in Kombination mit Benzodiazepin oder Barbituraten kann ein Delirium tremens nicht verhüten (Hillbom u. Hjelm-Jaeger 1984). Die Anwendung von Carbamazepin erscheint nur zur Verhütung von Anfällen indiziert. Außerdem sind die Nebenwirkungen zu bedenken, nicht zuletzt die Störungen des Wasser- und Mineralhaushaltes.

Die ältesten Schlafmittel, Chloralhydrat, Paraldehyd und Barbiturate sind zwar auch wirksam, sind aber immer mehr in den Hintergrund getreten, vor allem wegen ihrer Nebenwirkungen. Ähnliches gilt für Meprobamat. Butyrophenone werden wegen ihrer antipsychotischen und dämpfenden Wirkung angewandt, sind aber weniger wirksam bei schweren Fällen. Ihre Hauptnachteile sind, daß sie die Krampfschwelle senken und zu extrapyramidalen Erscheinungen führen können. Dies gilt erst recht für Phenothiazine, die ebenso wie Opiate (und Opioide) kontraindiziert sind.

Betablocker haben sich nur bei leichteren Entzugserscheinungen bewährt. Dies gilt ebenso für das Clonidin (ein Alpha-2-Rezeptoren-Agonist). Sie haben auch die gleichen Zielsymptome. Antikonvulsiva allein sind bei schwereren Entzugserscheinungen, insbesondere bei ausgeprägtem Alkoholdelir, nicht genügend sedativ wirksam. Magnesium wird gelegentlich empfohlen, da viele Patienten mit Entzugssyndromen eine Hypomagnesiämie aufweisen. Die Magnesiumzufuhr hat jedoch hier keinen therapeutischen Effekt, außer wenn ein Magnesiummangel nachgewiesen und Herzarrhythmien vorliegen.

Neuerdings werden Ca-Antagonisten vom Typ des Nifedipin als Mittel bei Alkoholentzugserscheinungen diskutiert, wobei auch hier die Nebenwirkungen zu bedenken sind (Littleton 1989).

Äthanol wird ebenfalls gelegentlich, vor allem von Anästhesisten, verwendet (meist in Form von Infusionen). Vorteile werden in der guten Steuerbarkeit gesehen, Nachteile sind die hohe Toxizität und das hohe Suchtpotential, weswegen von seiner Anwendung abzuraten ist.

Auch bei einigen anderen dieser Mittel, besonders bei Benzodiazepinen und Clomethiazol, ist auf das relativ hohe Suchtpotential hinzuweisen. Suchtgefährdeten Personen sollten diese Mittel in der ambulanten Praxis nicht verordnet werden.

Zusätzlich sollte allen Alkoholikern in der Entgiftungsphase und bei der Behandlung von Alkoholpsychosen Vitamine der B-Gruppe, besonders Vitamin B_1 (100–200 mg), zur Prophylaxe des Wernicke-Korsakow-Syndroms gegeben werden.

Bei schweren Entzugssyndromen, insbesondere beim vollausgeprägtem Alkoholdelir, kann die zusätzliche Behandlung nach den Grundsätzen der Intensivmedizin notwendig werden. Hierauf soll hier nicht eingegangen werden. Indikationen für die Behandlung auf einer Intensivstation sind vor allem die Notwendigkeit parentaler Behandlung (z. B. Infusionen von Clomethiazol), ferner die Bronchialtoilette und die Überwachung pulmonaler und kardiovaskulärer Funktionen, ferner das Auftreten von Krampfanfällen.

Schließlich wurde auch die Akupunktur mit Erfolg zur Bekämpfung des Alkohol- und Drogenentzugssyndroms eingesetzt. Ihre Wirksamkeit wird auf die durch sie verursachte Reizung von anticholinergen Rezeptoren zurückgeführt (Mendelson 1978). Möglicherweise spielt aber auch die bei der Akupunktur nachgewiesene Freisetzung von Endorphinen und ACTH eine Rolle.

8.3.4 Alkoholhalluzinose und alkoholische Wahnerkrankungen

Die Behandlung richtet sich nach den Grundsätzen der Therapie von Psychosen, ist also vorwiegend medikamentös: Anwendung von Neuroleptika wie Butyrophenonen oder Phenothiazinen.

8.3.5 Wernicke-Korsakow-Syndrom

Die Therapie der Wahl stellt die Anwendung von hohen Dosen der Vitamin-B-Gruppe, insbesondere von Thiamin (100–300 mg täglich) dar. (Vorsicht bei i.v.-Injektion!) Diese Therapie kann bei Patienten mit initialen Symptomen der Wernicke-Korsakow-Erkrankung (Augen- und Kleinhirnstörungen) das Auftreten eines manifesten amnestischen Syndroms verhindern. Eine spezifische Gefahr bedeutet die Anwendung von Traubenzuckerinfusionen bei Alkoholikern in schlechtem Ernährungszustand. Diese Maßnahme kann die Wernicke-Korsakow-Krankheit auslösen oder die Frühform der Erkrankung wesentlich verschlechtern, da Glukose zu einem erhöhten Bedarf an Vitamin B führt. Deshalb ist es notwendig, der Glukoselösung Vitamine der B-Gruppe zuzufügen (Victor u. Mitarb. 1971). Nach Anwendung von Clonidin bzw. Vasopressin wurde eine leichte Besserung des Gedächtnisses beobachtet (Greenberg u. Diamond 1985).

8.3.6 Anfallszustände

Nach diagnostischer Abklärung (Ausschluß einer andersartigen Ursache der Anfälle) kommen die therapeutischen Maßnahmen zur Anwendung, die allgemein bei der Epilepsie üblich sind.

8.3.7 Entwöhnungsbehandlung mit alkoholsensibilisierenden Medikamenten

Die Medikamente dieser Gruppe sind dadurch ausgezeichnet, daß sie bei gleichzeitiger Anwesenheit von Alkohol zum Auftreten von erheblichen subjektiven und objektiven Symptomen führen, die letztlich aversiv wirken. Die Anwendung von alkoholsensibilisierenden Medikamenten ist aber an eine Reihe von Voraussetzungen geknüpft:

- Die Patienten müssen über die Art der Behandlung und ihre möglichen Komplikationen genau aufgeklärt sein (diese Aufklärung soll sich der Arzt schriftlich bestätigen lassen).
- Die Patienten müssen kooperativ sein.
- Eine Bezugsperson sollte vorhanden sein, die die Einnahme überwacht. Es hat sich bewährt, die Einnahme als ein Ritual zu vollziehen, das täglich zur gleichen Zeit erfolgt (z. B. beim Frühstück) unter Überwachung, aber ohne jeglichen Kommentar des Partners (Wilchfort 1974).
- Die Therapie muß über längere Zeit (mindestens über mehrere Monate) durchgeführt werden können.
- Die Behandlung sollte nur in Kombination mit anderen (psychologischen) Verfahren durchgeführt werden.
- Kontraindikationen sind streng zu beachten: Leber- und Koronarschäden, floride Magen- und Duodenalulzera, Enzephalopathien mit schwerem psychoorganischem Abbau, Epilepsien und Psychosen in der Vorgeschichte. Eine weitere Kontraindikation ist der fortgesetzte Alkoholkonsum trotz Behandlung mit Disulfiram (mit oder ohne Auftreten der typischen Alkohol-Disulfiram-Reaktion).

Die Behandlung mit alkoholsensibilisierenden Medikamenten kann grundsätzlich in der Kontakt-, Entwöhnungs- und Nachsorgephase der Alkoholismustherapie erfolgen: in der Kontaktphase zur Erzielung einer vorläufigen Abstinenz, in der Entwöhnungsphase, wenn aus bestimmten Gründen keine stationäre oder ambulante psychotherapeutische Behandlung möglich ist, in der Nachsorgephase, wenn in schwereren Fällen, die sich psychotherapierefraktär erwiesen haben, jedoch grundsätzlich therapiemotiviert sind.

Disulfiram (= Antabus) (Banys 1988)

Disulfiram ist das verbreitetste und bekannteste Medikament dieser Gruppe. Auch ohne gleichzeitige Alkoholgabe kommt es relativ häufig zu leichten Nebenwirkungen wie Müdigkeit, Schwindel (Eddy u. Mitarb. 1965). Bei Dosierung von 0,5–1 g pro Tag kommt es unter gleichzeitiger Gabe von Alkohol (oft schon bei einem Blutalkoholspiegel von 0,1) nach 10–30 Minuten zu erheblichen subjektiven und objektiven Störungen (s. 2.2.10.3)*. Das Disulfiram wirkt 3–5 Tage (maximal 10 Tage) nach der Einnahme weiter. In Einzelfällen kommt es aber zu einer fehlenden oder abgeschwächten Alkohol-Disulfiram-Reaktion bei anscheinend gesicherter Disulfiramzufuhr. Dabei ist allerdings einschränkend zu bemerken, daß der Disulfiramnachweis im Blut relativ schwierig ist und erst in den letzten Jahren gelang. In bisher veröffentlichten Fällen bei fehlender Alkohol-Disulfiram-Reaktion wurde nicht gleichzeitig der Disulfiramspiegel im Blut bestimmt (Lenz 1957).

In vereinzelten Fällen kommt es auch unter der Einwirkung von Disulfiram ohne gleichzeitige Alkoholgabe zu erheblichen Nebenerscheinungen: zu Krämpfen (Price u. Silberfarb 1976), Leberschäden (Ranek u. Buch Andreasen 1977), in Einzelfällen zu teratogenen Schäden (Phokomelien) bei Kindern von Müttern, die im 1. Trimenon der Schwangerschaft unter Disulfirambehandlung standen (Nora 1977), bis hin zu Todesfällen, vor allen Dingen zu symptomatischen Psychosen (Reisner u. Mitarb. 1968), Polyneuropathien, Geschmacksstörungen, Artikulationsstörungen, Optikusneuritis und Ataxien, Nachlassen der Potenz und Libido (Übersicht s. Kwentus u. Major 1979).

Anwendung des Disulfirams

Um einen gleichmäßigen Blutspiegel zu erreichen, wurden verschiedene Dosierungsschemata vorgeschlagen. Eine zu hohe Dosierung kann Nebenwirkungen erzeugen, eine zu niedrige ist zu vermeiden, da die dann fehlende Alkohol-Disulfiram-Reaktion bei dem Patienten dann falsche Schlüsse über die Wirksamkeit des Präparats entstehen lassen könnte. Üblicherweise wird eine tägliche Anwendung von 0,2–0,5 g Disulfiram zu empfehlen sein, wobei auch das Körpergewicht zu berücksichtigen ist. Eine Dauerdosierung von 0,5 g pro Tag ist offenbar für manche Patienten zu hoch. Vor einigen Jahren wurde auch Disulfiram unter die Bauchhaut implantiert. Dies sollte eine Alkohol-Disulfiram-Reaktion für mehrere Monate bewirken. Die Vorteile, nämlich die Unabhängigkeit von der jeweiligen Einnahme, liegen auf der Hand. Nachteile sind lokale Unverträglichkeitserscheinungen und die etwas unsichere Wirkung. Es ist bei den Schwierigkei-

---

* Die Disulfiram-Alkohol-Reaktion kann durch ACTH (20 I.E. i.v.) kupiert werden.

ten, den Disulfiramspiegel exakt zu bestimmen, noch nicht geklärt, inwieweit das Disulfiram wirklich resorbiert wird, so daß sich bei der Beurteilung des Erfolgs bisher Plazeboeffekte nicht genau ausschließen lassen (Malcolm u. Madden 1973). Außerdem ist die aversive Wirkung (Auftreten einer Alkohol-Disulfiram-Reaktion) unsicher (Bergstroem u. Mitarb. 1982).

Bei der Anwendung des Disulfirams ist zu berücksichtigen, daß Antihistaminika und Neuroleptika vom Typ der Phenothiazine sowie Antikonvulsiva nicht gegeben werden sollen, da sie die Wirkung des Disulfirams teilweise aufheben und die Behandlung nutzlos machen. Zwischen Disulfiram und verschiedenen anderen Drogen, wie Isoniazid, Phenytoin, oralen Antikoagulantien und Amitryptilin, können toxische Interaktionswirkungen auftreten.

Behandlungsergebnisse
(Baekeland u. Mitarb. 1971, Kwentus u. Major 1979)

In einer sorgfältigen Untersuchung wurde festgestellt, daß 53% der Patienten sich unter Disulfirambehandlung besserten. Dabei wurden als Besserungskriterien nicht nur die Abstinenz, sondern auch die soziale Erprobung und die positive Persönlichkeitsentwicklung berücksichtigt. In einer Übersicht über die einschlägige Literatur (Wallerstein u. Mitarb. 1957) zeigte sich, daß die Disulfiramtherapie ihre besten Ergebnisse bei Patienten über 40 Jahren hat, die eine gute Motivation aufweisen und in stabilen sozialen Verhältnissen leben, keine depressive Verstimmung haben und die einen tragenden Kontakt zum Therapeuten herstellen können. Es handelt sich letztlich dabei um Eigenschaften, die allgemein als prognostisch günstig beim Alkoholiker zu werten sind.

Andere alkoholsensibilisierende Präparate

Calciumzyanamid = Calziumcarbamid (= Dipsan) wirkt offenbar allein durch die Blockierung der Azetaldehyddehydrogenase. Die Wirkung ist gegenüber dem Disulfiram geringer und kürzer. Als Vorteil wird die konstantere Wirkung und die leichtere Handhabung angegeben (Levy u. Mitarb. 1967). Das Präparat ist in der Bundesrepublik Deutschland nicht im Handel.

Metronidazol (= Clont): Das Präparat wurde primär zur Behandlung von Trichomonadeninfektionen entwickelt. Seine Unverträglichkeit mit Alkohol wurde wiederholt beschrieben, auch im Doppelblindversuch, ließ sich aber offenbar nur bei einer Minderheit der damit behandelten Personen beobachten (Mottin 1973). Dieses Präparat hat im deutschen Sprachraum kaum Verbreitung gefunden.

8.3.8 Sonstige somatische Behandlung

Die sonstigen, in der Behandlung des Alkoholismus verwendeten Medikamente zielen im wesentlichen darauf ab, Verstimmungszustände und andere psychische Störungen zu beeinflussen, die als Grundlage für den Alkoholmißbrauch angesehen werden. Insbesondere handelt es sich dabei um depressive Verstimmungszustände, die mit bestimmten Formen des Alkoholmißbrauchs in Beziehung gebracht werden. Zur Behandlung wurden vor allen Dingen trizyklische *Antidepressiva*, z. B. Amitryptilin und andere tri- und tetrazyklische Antidepressiva und *Butyrophenon*-Präparate (z. B. Haloperidol) empfohlen, ferner Betarezeptorenblocker (wie Propanolol) (Carlsson 1976). Ihr Hauptwert liegt in einer Unterstützung der übrigen Therapie, insbesondere der Psychotherapie. Die prophylaktische Behandlung mit *Lithiumsalzen* scheint sich nach den Erfahrungen der letzten Jahre nur bei Patienten zu bewähren, die an primären mono- oder bipolaren affektiven Psychosen leiden (Ivanets u. Mitarb. 1977, McMillan 1981, Merry u. Mitarb. 1976). Bemerkenswert ist, daß sich im Tierversuch (Ratten) durch Lithium eine Reduktion des Alkoholkonsums erzielen ließ (Sinclair 1974, 1980), ebenso die Entwicklung von Alkoholabhängigkeit (Zakusov u. Mitarb. 1978). Neuere Untersuchungen haben ergeben, daß bei Lithiumanwendung eine Reduktion der Behandlung wegen Rückfällen und eine Verbesserung der Abstinenzrate zu erzielen ist, unabhängig von bestehenden affektiven Störungen (Clark u. Fawcett 1989). Auch von dem Opiatantagonisten Naltrexon wurde berichtet, daß er im Tierversuch den spontanen Alkoholkonsum unterdrücken kann (Altshuler u. Mitarb. 1982). Eine ähnliche Wirkung wird von verschiedenen anderen Substanzen berichtet: von Dopaminagonisten (Apomorphin [Carlsson u. Mitarb. 1977], Bromocriptin [Borg 1983]), ferner von Serotoninantagonisten (z. B. Zimelidin [Naranjo u. Sellers 1989, McBride u. Mitarb. 1989]). Allerdings sind diese Arbeiten noch nicht in größerem Umfang bestätigt, manche weisen auch methodische Mängel auf. Vor allem sind die Nebenwirkungen dieser Substanzen zu bedenken.

Einen weiteren Ansatzpunkt in der Therapie von Alkoholikern stellt die *Akupunktur* dar. Von verschiedenen Autoren (s. vor allem Marx 1978), wurde die Akupunktur auch bei der eigentlichen Entwöhnungstherapie verwendet, wobei ganz individuell vorgegangen wird. Ursprünglich wurde nur eine allgemeine Akupunktur vorgenommen, die Hautpunkte wurden elektrisch stimuliert, später wurde zur Ohrakupunktur übergegangen. Meistens wurden 6–12 Sitzungen im Abstand von fünf Tagen durchgeführt. Genauere Angaben über die Effizienz werden nicht gemacht. Wichtig ist die Einbettung dieser Behandlungsmethode in ein therapeutisches Gesamtkonzept.

8.4 Psychotherapie

Nahezu alle psychotherapeutischen Verfahren sind zur Behandlung von Alkoholikern versucht worden. Es können hier nur die wichtigsten erwähnt werden.

Die meisten Verfahren können als Einzeltherapie wie als Gruppentherapie durchgeführt werden. Bestimmte Verfahren (z. B. therapeutische Gemeinschaft, Psychodrama) sind von ihrem Konzept her auf Gruppen angelegt. Aus verschiedenen Gründen, auch aus praktisch-ökonomischen, wurden andere, ursprünglich als Einzeltherapie entwickelte Verfahren (z. B. Psychoanalyse, kognitive Therapie, Verhaltenstherapie) auch in der Gruppe angewandt. Sie haben dabei methodische Abwandlungen erfahren. Die der Gruppentherapie innewohnenden Einflußfaktoren der Gruppendynamik kommen dann allerdings bei den entsprechenden therapeutischen Verfahren mit zum Tragen, was nicht immer von den Therapeuten (und Patienten) reflektiert wird.

In den letzten Jahren wurde der (alte ärztliche) Grundsatz der „individualisierten Therapie" (im Gegensatz zu starren Behandlungsprogrammen) wieder stärker betont.

8.4.1 Einzeltherapie

Die Einzeltherapie (im weiteren Sinn des Wortes) ist elementarer Bestandteil der Therapie jeder Phase. In der Kontaktphase dient sie in erster Linie zur Information und Motivierung des Patienten. In den folgenden Therapiephasen wird sie vor allem zur Unterstützung anderer therapeutischer Maßnahmen, zur Vertiefung der Erfahrungen des Patienten während der Therapie und zur gezielten Aufarbeitung von Abwehrmechanismen eingesetzt, ferner zur Bearbeitung von individuellen sozialen und technischen Problemen.

In der Entwöhnungsphase wird sie relativ selten als einziges Verfahren angewandt, obwohl sie sich in der stationären Therapie (zumindest für prognostisch günstige Patienten) als ein sehr effektives Behandlungsmerkmal erwiesen hat (Küfner u. Mitarb. 1988). Zu ihrer Methodik gibt es nur wenig systematische Arbeiten. Meist wird auf die Methoden verwiesen, die die „Gesprächspsychotherapie" (nach Rogers-Tausch) entwickelt hat. Dabei stehen im Vordergrund:

– das Bemühen um Selbstexploration des Patienten sowie die Darstellung von emotionaler Wärme und positiver Wertschätzung (Empathie), von Echtheit und Selbstkongruenz durch den Therapeuten,
– der Verzicht auf direkte Ratschläge und analytische Deutungen.

Andere Autoren (Zimberg 1982) empfehlen jedoch ein mehr direktes Vorgehen mit Unterstützung der Abwehrmechanismen des Patienten (zumindest am Anfang). Außerdem wird auf die häufige starke Übertragung des Patienten hingewiesen, die den Therapeuten in die Gefahr einer entsprechenden Gegenübertragung bringe.

8.4.2 Gruppentherapie
(Feeney u. Dranger 1976, Kanas 1982, Yalom 1974)

Gruppentherapeutische Aktivitäten haben sich in den letzten Jahrzehnten in der ambulanten wie der stationären Behandlung von Alkoholikern weithin durchgesetzt. Die psychologischen Vorzüge für sie, ähnlich wie für andere psychiatrische Patienten, lassen sich wie folgt zusammenfassend beschreiben:

- Katharsis,
- Einsicht,
- Lernen von andern,
- Gruppenkohäsion,
- Einflößen von Hoffnung,
- existentielle Faktoren,
- Unentrinnbarkeit von Schmerz und Tod,
- mitmenschlicher Umgang,
- Universalität des Leidens,
- Altruismus,
- Rekapitulation der primären Familiengruppe,
- Annehmenkönnen von Vorschlägen aus der Gruppe,
- Identifikation,
- Verminderung der Übertragung auf den Therapeuten.

Es wurden auch im deutschsprachigen Raum eine Reihe von speziellen Techniken beschrieben, die auf verschiedenen Prinzipien basieren (Zusammenfassung s. Heigl-Evers u. Schultze-Dierbach 1981, Rieth 1971, Küfner 1984, Busch 1986 von psychoanalytischer Seite, Schneider 1982, Vollmer u. Kraemer 1982, Dittmar u. Mitarb. 1978 von verhaltenstherapeutischer Seite).

Für die analytische Gruppentherapie beschrieb Fox (1967) drei Phasen:

1. Einleitungsphase mit mehr didaktisch-informativen Momenten, die aber auch schon den emotionalen Bereich anspricht.
2. Hauptphase, die als Durcharbeitungsphase bezeichnet wird und die vor allen Dingen die Abwehrmechanismen (Regression, Verleugnung, Introjektion und Projektion sowie Rationalisierung) analysiert, und zwar auf der innerpsychischen wie auf der zwischenmenschlichen Ebene. Weitere Aufgaben dieser Phase sind kathartische Ableitungen von Emotionen, die Kommunalisation von Problemen, die Prüfung der Phantasien und Illusionen an der Realität,

der Versuch der Einübung des Verzichts auf narzißtische Befriedigung zugunsten gegenseitiger Gemeinsamkeit.
3. Beendigungsphase. Hier soll der Alkoholiker lernen die dauernde Abstinenz vom Alkohol ohne Ressentiment zu akzeptieren und von neurotischen Beschränkungen und Umklammerungen freizuwerden.

Entscheidend ist in der Gruppentherapie, wie von allen Autoren betont wird, die Gewinnung einer „totalen therapeutischen Atmosphäre" (Fox 1967).

Als hilfreich hat sich für alle Arten von Gruppentherapie in geschlossenen Gruppen der Abschluß eines Behandlungsvertrages erwiesen, in dem die Rollen und Pflichten von Therapeuten und Patienten festgelegt werden.

Die analytische Gruppentherapie kann auch bei ambulanten Patienten angewandt werden (Brown u. Yalom 1977, Küfner 1978). Sie verfolgt u. a. folgende Ziele: erhöhte Sensibilität für eigene und fremde Gefühle, Verbesserung der Affekt- und Frustrationstoleranz, Verbesserung des Selbstbildes (dazu gehört Akzeptieren der eigenen Abhängigkeit), Veränderung der Objektrepräsentanzen durch Abbau eines idealen Eltern-Imago. Die Therapie arbeitet nicht mit vorgegebenen Themen, sondern mit der Dynamik in der Gruppe und den Problemen des einzelnen. Dabei werden folgende Interventionstechniken eingesetzt: Leiten, Anregen, Konfrontieren, Einüben und Klären, Deuten.

Die Gruppentherapie ist aber nicht für alle Alkoholiker geeignet. Während verbal kompetente und feldunabhängige, introspektionsfähige Patienten meist davon profitieren, sind ich-schwache und gehemmte Personen nicht (oder zunächst nicht) gruppenfähig, ebensowenig Geltungsbedürftige, die die Gruppe als Szenerie für ihre Selbstdarstellung benutzen. Beide Patiententypen brauchen zunächst oder ausschließlich Einzeltherapie, wie überhaupt wohl auch bei Alkoholikern auf Einzeltherapie nicht völlig verzichtet werden kann. Dies gilt besonders für Frauen. Die Gruppentherapie scheint den Bedürfnissen der Männer eher entgegenzukommen als denen der Frauen (Curlee 1970).

Über die Effektivität der Gruppentherapie als solcher (unter Ausblendung der anderen Basismethoden) gibt es verhältnismäßig wenig methodisch ausreichende Berichte. Dies mag auch damit zusammenhängen, daß gruppentherapeutische Aktivitäten verhältnismäßig rasch nahezu ubiquitär wurden, so daß sie eine sehr geringe Varianz aufweisen, daher auch statistisch schwer faßbar werden.

8.4.2.1 Sonderformen der Gruppentherapie

Das Konzept der *themenzentrierten, interaktionellen Methode (TZI* nach Cohn [1973]) wird in vereinfachter, weniger explizierter Art schon lange in der Gruppentherapie der Alkoholiker praktiziert. Dies geht aus einer Studie hervor (Sands u. Mitarb. 1967), in der die Themen der Gruppentherapien mit Alkoholikern zusammengestellt wurden. Die Hauptthemen, z. B. bestrafende Mutter, das rebellische Kind, Unfähigkeit, Gefühle auszudrücken, unterscheiden sich kaum von denen anderer Psychotherapiepatienten. Hervorzuheben sind bestimmte praktische Regeln (z. B. „Störungen haben Vorrang").

Die *Gestalttherapie* nach Perls (1975) geht von der Psychoanalyse, der Existentialanalyse und der Gestaltpsychologie aus. Als das zentrale Konzept lassen sich die „Bewußtsein" (awareness), d. h. bewußte Wahrnehmung seiner selbst und der anderen, ferner das Streben nach Gleichgewicht (Selbstverwirklichung) bezeichnen. Ziel der Therapie ist es, die gestörte „Bewußtheit", die Entfremdung aufzuheben, ungelöste Konflikte („unfinished business") zu Ende zu bringen und die Verantwortung dafür zu übernehmen. Schwerpunkte der therapeutischen Intervention sind die Arbeit im „Hier und Jetzt", Wahrnehmen des augenblicklichen Geschehens, Beachtung der Körpergefühle, Identifizierung mit Symptomen, Arbeit am Widerstand und an Abwehrmechanismen, Traumarbeit, Arbeit auf dem „hot seat" (Boylin 1975).

8.4.2.2 Therapeutische Gemeinschaft

Die therapeutische Gemeinschaft ist in der stationären Behandlung von Alkoholikern in größerem Umfang eingeführt worden. Das Grundprinzip der Methode, die in den vierziger Jahren von Jones entwickelt wurde, ist es, die alten hierarchischen Strukturen in der Behandlung psychisch Kranker zugunsten einer paritätisch-demokratischen Verfahrensweise abzubauen, in die die Patienten gleichberechtigt mit einbezogen sind. In einem „Stations- bzw. Abteilungsparlament" sind die Patienten in gleichem Umfang wie die Therapeuten diskussions- und stimmberechtigt. Technisch-praktische Entscheidungen des klinischen Alltags (die an manchen Orten sogar mehr grundsätzliche Regelungen wie die der Hausordnung umfassen) werden nach demokratischen Spielregeln gefällt. Dadurch sollten die Patienten aus ihrer passiven Krankenrolle herausgeführt und zur selbständigen, verantwortlichen Lebensführung angeleitet werden. Dies ist besonders für Suchtkranke von großer Bedeutung, da sie sowieso zur Abhängigkeit neigen und außerdem sich in ihrer Ambivalenz gegenüber therapeutischen Maßnahmen gerne hinter einer passiven Haltung verschanzen, aus der heraus sie später (im Falle des Mißerfolgs) triumphierend ihre Kritik an der Therapie anbringen können. Außerdem erleichtert das Training sozialer Praktiken die spätere Rehabilitation. Allerdings verursacht die Einführung der therapeutischen Gemeinschaft besonders am Anfang bei Therapeuten wie bei Patienten manche Ängste und Widerstände, die erst durch mühselige, geduldige Arbeit allmählich abgebaut werden können. Es besteht die Gefahr, daß gegenüber den Widerständen immer wieder in praxi mehr oder minder umfangreiche Konzessionen gemacht werden, die einen Rückgriff auf die „bewährten" Methoden darstellen. Bei weitem nicht alles, was heute als „therapeutische Gemeinschaft" bezeichnet wird, entspricht den ursprünglichen Zielen. Doch scheint sich das Prinzip dieser Methode in der Behandlung von stationären Alkoholikern immer mehr durchzusetzen (z. B. Dominicus 1974).

8.4.2.3 Psychodrama und Soziodrama

Mit dem Psychodrama nach Moreno wurden in den letzten Jahren bei Alkoholikern und anderen Suchtkranken umfangreiche Erfahrungen gewonnen (Petzold 1970, Weiner 1965). Die Gruppenprozesse verlaufen dabei aktiv und darstellend. Die Psychodramatherapie vollzieht sich in einer „semirealen Welt"; gerade diese Semirealität ermöglicht dem gestörten Protagonisten (dem Alkoholiker) die Auseinandersetzung mit seiner traumatisierenden Vergangenheit und mit den für ihn problematischen Bezugspersonen auf realitätsnahe und erlebnisstarke Art und Weise (Leutz 1973). Der Protagonist soll im Psychodrama in kathartischer Weise eine Freisetzung seiner Affekte erfahren und in imitierten Schlüsselsituationen agieren. Das bloße Verbalisieren von intrapsychischen Konflikten und Sozialkonflikten tritt demgegenüber zurück. Der Protagonist wird im Psychodrama von anderen Gruppenmitgliedern („Hilfs-Ich" bzw. „Doppel") unterstützt. Entscheidend ist der Rollenwandel von der Rolle des Protagonisten in die Rolle des Antagonisten, was eine neue „Rollenflexibilität und Bewußtseinserweiterung" bewirkt. Man unterscheidet drei Phasen: Die Erwärmungsphase, die Spielphase und die anschließende Gesprächsphase. In dieser letzten Phase verbalisiert zunächst das „Hilfs-Ich" seine Gefühle, während im anschließenden Identifikations-Feed-back die übrigen Gruppenmitglieder dem Protagonisten ihre Gefühle kundgeben. Weitere besondere Techniken sind die „Hinter-dem-Rücken-Technik" und die Technik des „Spiegelerlebnisses", wodurch der Protagonist von den übrigen Gruppenmitgliedern scheinbar indirekt weitere Informationen über sein Verhalten erhält. Das Psychodrama wurde verschiedentlich modifiziert, u. a. von Petzold (1970), der es mit Elementen der Verhaltenstherapie anreicherte (Behaviordrama), außerdem wurde es mit Hypnose, mit Signalbildern und mit dem katathymen Bilderleben nach Leuner (1957) kombiniert (Symboldrama).

8.4.2.4 Kombinierte Verfahren

In den meisten stationären und auch ambulanten Behandlungsprogrammen werden mehrere der bisher genannten Methoden kombiniert bzw. integriert, wobei besonderer Wert auf milieutherapeutische Aspekte gelegt wird, die auf Förderung von Aktivität und Selbstverantworung sowie Verwirklichung einer Zusammenarbeit von Therapeuten und Patienten zielen (Beispiele: Brenk-Schulte 1978, Dominicus 1974). Wesentlich ist die enge Verbindung von stationärer mit ambulanter Therapie. Ein derartig integratives Behandlungsprogramm kann auch ausschließlich ambulant durchgeführt werden, wobei sich an eine initiale, mehrwöchige Intensivphase (mit Wochenend-Blocktherapie) für den Rest der auf ein Jahr konzipierten Behandlungszeit wöchentliche Vertiefungsphasen anschließen.

8.4.3 Familientherapie

Ausgehend von der Tatsache, daß das Fehlverhalten der Familienmitglieder eine wesentliche Bedingung für die Entstehung und Aufrechterhaltung des Alkoholismus sein kann („enabler" oder „co-alcoholic") (anschaulich zur Rolle des Alkohols als „Problemlöser" in diesem Zusammenhang, s. Abb. **10**), werden seit langem verschiedene Versuche gemacht, die Familienangehörigen in die Behandlung mit einzubeziehen. (Übersichtsarbeiten zur Familientherapie bei Alkoholkranken s. Esser 1971, Kaufman 1983, Meeks u. Kelly 1970, Paolino u. McCrady 1977, Steinglass 1977, 1983a).

Es gehört inzwischen zur Routine einer Alkoholikerbehandlung, mit den Ehepartnern ausführlich zur Erhebung der Fremdanamnese und zur Klärung von Aktualkonflikten zu sprechen. Bei den meisten stationären Behandlungen von Alkoholikern werden die Partner darüber hinaus in eigenen, meist mehrtägigen Besuchen („Eheseminaren") über die wichtigsten Formen ihres Fehlverhaltens informiert (Brenk u. Mitarb. 1978, Kuypers 1980, Obert 1982, Sandmann 1974). Gegebenenfalls finden auch (meist psychagogisch-supportive) Einzelberatungen statt. Dieses Vorgehen, das durch therapeutische Maßnahmen mit den Partnern in der Nachsorge ergänzt werden muß, hat die Therapie der Alkoholiker auf eine wesentlich breitere Basis gestellt. Insbesondere eröffnet sich die Möglichkeit, die Alkoholkarriere zu einem früheren Zeitpunkt zu unterbrechen (Howard u. Howard 1978).

Für die Betreuung der gesunden Partner von Alkoholikern haben die Anonymen Alkoholiker eigene Organisationsformen „Al-Anon", „Alteen" und „Al-Afam" entwickelt, wobei die ersten beiden Formen den Alkoholkranken ausschließen und mit den Angehörigen und Kindern gearbeitet wird, „Al-Afam" jedoch die gesamte Familie einschließt.

Psychotherapie 195

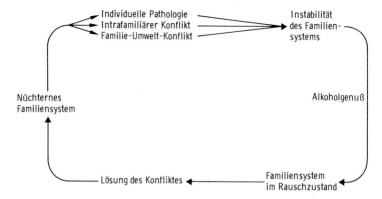

Abb. **10** Aufrechterhaltung von Alkoholmißbrauch (aus: P. Steinglass: Familientherapie mit Alkoholabhängigen: Ein Überblick. In: Familientherapie bei Alkohol- und Drogenabhängigkeit, hrsg. v. E. Kaufman, P. N. Kaufman. Lambertus, Freiburg 1983).

Eine interessante, die Entwicklungsperspektive einbeziehende Konzeption entwirft ein *„lebensgeschichtliches Modell"* der Alkoholfamilie, das durch „Alkoholismussystem", „Familienhomöostase" und „Alkoholismusphasen der Familie" gekennzeichnet ist.

Es werden sechs Schlüsselkonzepte beschrieben (Steinglass 1983a), die die Familientherapie von anderen Behandlungsformen unterscheiden:

- die *Familie als System* (Krankheit wird hier definiert als strukturelles oder funktionelles Ungleichgewicht in der Familie und nicht als Schwierigkeit eines einzelnen Individuums);
- das *Konzept der Homöostase* oder des relativen Gleichgewichts (die kybernetische Regulierung ist das Schlüsselkonzept, mit dem man das Fortbestehen und die Aufrechterhaltung chronischer Verhaltensmuster – z. B. Alkoholismus – im Familiensystem zu erklären versucht);
- das *Konzept des „identifizierten Patienten"* oder „Sündenbocks" (das symptomatische – z. B. alkoholabhängige Familienmitglied – wird nicht als gestörtes Individuum, unabhängig vom Verhaltenskontext gesehen, sondern es wird der identifizierte Patient vom Familiensystem ausgewählt, um für die gesamte Familie der besonderen Störung Ausdruck zu verleihen);
- *Kommunikationsmuster* (der Gegensatz zwischen Kommunikationsmustern der gesamten Familie im nüchternen und im Rauschzustand wird neben der allgemeinen Verbesserung von Kommunikationsmustern besonders beachtet);

- *Verhaltenskontext* (das Trinkverhalten muß auch in Beziehung zum Verhaltenskontext, innerhalb dessen es auftritt, und der unter Alkohol auftretenden Beziehungsstile zwischen den Mitgliedern der Familie untersucht werden);
- *Grenzen* (als therapeutische Interventionen werden die Grenzen zwischen einzelnen Mitgliedern sowie zwischen Familie und Außenfeld untersucht. Alkoholfamilien zeichnen sich durch starre Grenzen aus, die zu einem charakteristischen Gefühl von Isolation innerhalb der Gemeinschaft führen).

Die familientherapeutischen Therapieansätze führen in der Konsequenz zu einer veränderten Sehweise von Alkoholkranken.

Als „*Familientherapie im engeren Sinne*" wird die „conjoint family therapy" (Luthman u. Kirschenbaum 1977, Satir 1970) oder simultane Mehrgenerationstherapie bezeichnet. Hier werden möglichst alle in Lebensgemeinschaft wohnenden Personen gleichzeitig von demselben Therapeuten behandelt. Dieser Therapieansatz geht davon aus, daß Störungen der Interaktions- und Beziehungsstruktur der Familie sich weitgehend wechselseitig bedingen und/oder aufrechterhalten. Auf die Arbeit mit Abhängigen bezogen bedeutet dies, daß es vorwiegend um die Paar-Probleme der Elterngeneration geht und daß die zumeist zu dem Alkoholabusus parallel laufenden veränderten und gestörten Rollenbeziehungen der Familienmitglieder auch Schwierigkeiten in der Kommunikation mit sich bringen.

Familientherapie bei Suchtkranken ist nicht an eine bestimmte Einrichtung oder Form gebunden. Die einzige Vorbedingung, die allgemein anerkannt wird, ist das Vorhandensein einer intakten (auch de facto) Familie. Clarkin u. Mitarb. (1981) nennen jedoch als Selektionskriterien für Familientherapie motivierende und hemmende Faktoren sowie Kontraindikationen.

Mehrere, aus unterschiedlichen theoretischen Richtungen kommende Therapieformen werden, z. T. kombiniert, angewandt. Gemeinsam ist allen Formen, daß sie nicht das symptomtragende Individuum („identifizierter Patient") als krank und behandlungsbedürftig ansehen, sondern das gesamte System als dysfunktional und veränderungswürdig betrachten und ihr therapeutisches Handeln an dieser Sehweise orientieren. Die wichtigsten Richtungen sind u. a.:

- der *systemtheoretisch orientierte Ansatz* (Steinglass 1977, 1982, 1983a, b): Hier wird z. T. mit paradoxen Symptomverschreibungen eine vom – sehr direktiv sich verhaltenden – Therapeuten induzierte Blockade der bisherigen Systemregeln angestrebt, welche die Beteiligten zwingt, neue Formen und Regeln miteinander zu entdecken und zu erproben:
- der *kommunikationspsychologische Ansatz* (Satir 1970, 1975): Hier

wird, am Kommunikationsverhalten der Partner ansetzend, das typische konflikthafte Verhalten der Partner im Sinne ines Kommunikationstrainings dadurch verändert, daß im Rahmen eines stark strukturierten Settings alternative Erfahrungen ermöglicht und eingeübt werden;
- der *verhaltensmodifizierende Ansatz* (Weiss 1980): Dabei werden in einer Verhaltensanalyse die spezifischen Verhaltenskonflikte des Paares aufgezeigt. Hier hat sich am besten die Verstärkung des Partners für positives partnerschaftliches Verhalten im Sinne von Mandel u. Mitarb. (1971, 1975) bewährt (z. B. Entwicklung von Regeln, welche die Kommunikation innerhalb der Familie erleichtern und den einzelnen Familienmitgliedern Raum zum Ausdrücken von Bedürfnissen, Gefühlen und Angst geben). Dabei ist das Verhalten des Therapeuten gleichzeitig Modell für das Verhalten der Familienmitglieder untereinander.
- der *psychodynamische Ansatz* (Paolino u. McCrady 1977, Richter 1972, Stierlin 1975, Willi 1978). Diese Therapieform, die sich als aufdeckend oder konfliktverarbeitend versteht, versucht, unbewußte, komplexhafte und dem Wiederholungszwang unterliegende Konfliktkonstellationen aufzuzeigen, insbesondere soweit sie für die Eheproblematik von Bedeutung sind (z. B. Kindheitskonflikte mit einem Elternteil, die später unbewußt auf den Partner übertragen werden);
- der *transaktionale Ansatz* Steiner (1971) (in Weiterentwicklung des Ansatzes von Berne [1967]) wendet die Transaktionsanalyse auf das Alkoholproblem an. Mit der Spielanologie beschreibt er eine Serie sich wiederholender, interaktionaler Sequenzen, die für den Alkoholkranken charakteristisch sind.

Es können *fünf Methoden familientherapeutischer Techniken* beschrieben werden (Steinglass 1983a):
- „reine" Familientherapie, die auf einer „systemischen" Interpretation der Alkoholabhängigkeit beruht;
- Gruppen- oder Individualtherapie;
- ergänzende therapeutische Arbeit mit weiteren Familienmitgliedern;
- Verwendung von für die Arbeit mit Ehepaaren speziell entwickelten Techniken, meist eklektischer Natur;
- stützende Verfahren für Ehepartner und Kinder des Alkoholabhängigen.

Im allgemeinen wird es als vorteilhaft erachtet, bei der Therapie stärker die zugrundeliegenden Partnerkonflikte als die Alkoholproblematik als solche anzugehen. Diese Art der Therapie erfordert im Schnitt 10–20 Therapiesitzungen pro Familie, speziell dafür trainierte Therapeuten (vgl. Haley 1977, Kuypers 1981, Luthmann u. Kirschen-

baum 1977) und von seiten der Alkoholiker und ihrer Partner einen
mindestens durchschnittlichen psychischen Differenzierungsgrad und
Kooperationsbereitschaft.

Für diese in den USA entstandene und in Deutschland erst seit kurzem
bekannte Methode liegen erst wenige systematische Nachuntersuchungen vor; erste Behandlungsergebnisse einer älteren Studie (ohne Kontrollfälle) zeigen eine Erfolgsquote von ca. 50% (Gallant 1970). Sie
liegt damit etwa so hoch wie die Erfolgsquote sonstiger Verfahren.

Am Ende der *Weiterentwicklung* des familientherapeutischen Ansatzes
bei Alkoholkranken könnten in letzter Konsequenz folgende zwei
Behandlungsmodelle stehen (Steinglass 1983a):

– *familienorientierter psychosozialer Ansatz* bei Alkoholkranken der
  Mittel und Oberschicht mit intakten Familien,
– *biomedizinischer Ansatz,* Verbindung von Pharmakotherapie, verhaltenstherapeutischen Techniken und Gruppentherapie für alleinstehende und ledige Alkoholkranke.

Zur Relativierung des familientherapeutischen Ansatzes ist allerdings
auf folgende Aspekte hinzuweisen: eine Reihe von „Barrieren" – in
der Organisation der Behandlungseinrichtung, in den Einstellungen
der Therapeuten, der Familienangehörigen und des Alkoholkranken
selbst – stehen der Nutzung der Familie als therapeutisches Mittel
entgegen (Ritson 1982). Zudem stellt die Abwesenheit von Familie
eine natürliche Grenze dar (Harwin u. Orford 1982).

8.4.4 Verhaltenstherapie

(Blöschl 1972, Schneider 1982, Schulte 1974, Vogler u. Revenstorf 1978, Vollmer u. Mitarb. 1982).

8.4.4.1 Allgemeines

Die Verhaltenstherapie basiert auf den Ergebnissen der experimentellen Psychologie, speziell der Lehre Pawlows über bedingte Reflexe
und den Theorien des instrumentellen Lernens oder des Lernens am
Erfolg. Beide Prinzipien lassen sich in der Praxis nicht immer trennen,
insbesondere, wenn es um die Erklärung des Trinkverhaltens geht. In
den erwähnten Verfahren des klassischen Konditionierens und des
instrumentellen Lernens spielt bei der praktischen Verhaltenstherapie
auch noch das Imitationslernen eine Rolle (Bandura u. Walters 1963).
In den letzten Jahren haben neue Ansätze entscheidenden Einfluß auf
die Weiterentwicklung der Verhaltenstherapie genommen, vor allem
das soziale Lernen, die kognitiven Therapieansätze und die Reflexion
auf die Beziehung und Interaktion zwischen Patient und Therapeut.
Auch wurde das Konzept über das der Verhaltenstherapie zugrundeliegende Menschenbild erweitert.

Nach Auffassung der Verhaltenstherapie äußern sich psychische Störungen auf drei Ebenen:
- der physiologischen Ebene (z. B. vegetative Störungen),
- der motorischen (Verhaltens-)Ebene (beobachtbares äußeres Verhalten),
- auf der subjektiven Ebene (Wahrnehmungen, Phantasien, Kognition). Die subjektive Ebene tritt vorwiegend durch verbale Äußerungen in Erscheinung.

Die Verhaltenstherapie nimmt an, daß sich die Therapie (zumindest zunächst) auf eine Modifikation des unerwünschten Verhaltens erstreckt. Das bedeutet, daß die Grenzen zur Pädagogik fließend sind.

Die Verhaltenstherapie läßt sich durch folgende Merkmale näher kennzeichnen:

- Ihre Vorgehensweisen sind klar zu definieren und empirisch-wissenschaftlich nachzuprüfen;
- sie erklärt Verhalten (V) (Handeln, Denken, Gefühle) aus Persönlichkeits- (P) wie aus Umgebungsvariablen (U) sowie deren Interaktionen (Abb. 11);
- fehlangepaßtes Verhalten ist zum großen Teil erlernt;
- sie konzentriert sich mehr auf das Verhalten selbst als auf die ihm zugrundeliegenden Ursachen;
- sie folgt für die Modifikation gestörten Verhaltens den Lernprinzipien;
- sie legt klar definierte, spezifische Behandlungsziele fest;
- sie paßt sich in ihren Methoden den jeweiligen Problemen des Patienten an;
- sie konzentriert sich auf Veränderungen im „Hier" und „Jetzt", wobei sie ihr Vorgehen in einzelne Teilkomponenten aufgliedert, die operational definiert werden.

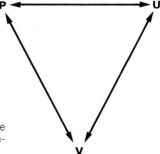

Abb. 11 Merkmale der Verhaltenstherapie (aus: A. Bandura: Sozial-kognitive Lerntheorie. Klett-Cotta, Stuttgart 1979).

Aus der Forderung nach experimentell-empirischen Methoden ergibt sich die Aufgabe, vor Beginn der Bemühungen um eine Verhaltensmodifikation eine eingehende Verhaltensanalyse vorzunehmen. Sie hat folgende Fragen zu prüfen:

- Welche spezifischen Verhaltensmuster bedürfen einer Veränderung?
- Unter welchen Bedingungen wurden diese Verhaltensmuster erworben und welche Faktoren erhalten sie aufrecht?
- Welche Interaktionen können die angestrebten Veränderungen bewirken?

Bei der Analyse der Verhaltensweisen kommen auch biographische Faktoren ins Spiel, allerdings nur insoweit, als sie einen Anhalt für die Aufrechterhaltung der Entstehungsbedingungen des Alkoholismus geben.

Aus diesen vereinfachten und unvollständigen Darstellungen der Grundprinzipien der Verhaltenstherapie ergeben sich hinsichtlich des Alkoholismus folgende Konsequenzen:

- Alkoholismus wird als ein erlerntes, deviantes Verhalten aufgefaßt. (Damit wird auch der Krankheitsbegriff des Alkoholismus in Frage gestellt!)
- Die Heilung wird in der Modifikation des unerwünschten Verhaltens gesehen, die entweder direkt oder durch eine Veränderung der Bedingungen angestrebt werden kann, die diese Störungen unterhalten.
- Der Patient wird für die ätiologischen Komponenten, die zu seiner Störung geführt haben, zum größten Teil nicht verantwortlich gemacht, jedoch wird für die Veränderung seiner Problemlage eine persönliche Verantwortung und Mitarbeit gefordert.

8.4.4.2 Aversionstherapie

Die Aversionstherapie geht von der in früheren Jahrzehnten üblichen Emetikabehandlung aus. Damals wurde versucht, den Probanden den Alkoholkonsum durch Beigabe von Brechreiz erregenden Mitteln (z. B. Emetin) zu verleiden. Auch das Erlebnis einer Alkohol-Disulfiram-Reaktion beim sog. Alkoholprobetrunk stellt für den Patienten einen aversiven Reiz dar. Die verbale Darstellung der Alkohol-Disulfiram-Reaktion, wie sie bei der Aufklärung der Patienten vor Beginn der Disulfiramtherapie gefordert wird, stellt eine „Aversionstherapie in der Vorstellung" dar.

Eine moderne Form bedient sich des elektrischen Schmerzreizes, der kontingent auf das zu erlernende Verhalten gegeben wird, d. h., sobald der Patient nach seinem Lieblingsgetränk greift bzw. den

Alkohol in den Mund nimmt, wenn über Alkohol gesprochen oder wenn die Flasche angeschaut wird. Die elektrische Aversionstherapie hatte gute Kurzzeitergebnisse (Vogler u. Mitarb. 1970). Dagegen waren die Langzeitergebnisse weniger gut. Alternative Behandlungsmethoden haben bei gleicher Wirksamkeit keine der unangenehmen subjektiven Begleiterscheinungen und Nebenwirkungen.

Die Therapie der aversiven Vorstellung wurde von Cautela (1967) u. a. angewandt (covered sensitization). Der Proband stellt sich eine zum Alkoholkonsum verführende Situation vor, um dann sofort wieder in der Vorstellung einen negativen Stimulus zu bekommen. Die Methode der verbalen Konditionierung hat den Vorteil, daß man auf Drogen oder elektrische Apparaturen verzichten kann und daß sie der Patient auch zu Hause üben kann. Ein Nachteil besteht darin, daß nicht alle Patienten über eine genügend ausgebildete Vorstellungsfähigkeit verfügen.

In einer weiteren Methode wird die Aversion durch eine Selbstkonfrontation des Alkoholikers mit seinem eigenen Fehlverhalten angestrebt, indem man ihm dieses Fehlverhalten in einem Bildband (videotape) vorspielt, das während seines betrunkenen Zustandes aufgenommen worden war. Die Methode hat aber ihre Probleme. Die dadurch ausgelösten Reize führen eher zu einem vorzeitigen Abbruch der Behandlung (Baker u. Mitarb. 1972).

Die Aversionstherapie als einziges therapeutisches Mittel dürfte am ehesten bei solchen Alkoholikern Aussicht auf Dauererfolg haben, die ihre Trinkgewohnheiten durch ausgedehntes soziales Trinken erworben haben und die andere Möglichkeiten haben, adäquate Befriedigungen auch im nüchternen Zustand zu erleben.

8.4.4.3 Desensibilisierungsbehandlung

Bei dieser Behandlung wird versucht, die dem Trinkverhalten zugrundeliegenden Angst- und Streßstimuli durch Desensibilisierung zu beseitigen. Das Grundprinzip dieser Methode ist die reziproke Hemmung der Angstreaktion, wie sie von Wolpe (1966) eingeführt wurde: „Wenn eine Reaktion, die antagonistisch zur Angst ist, in Gegenwart des angsterzeugenden Stimulus produziert werden kann, so daß die Angstreaktion vollständig oder teilweise unterdrückt wird, so wird das Band zwischen jenen Reizen und der Angstreaktion geschwächt." Bei der Desensibilisierungsbehandlung wird zunächst eine Hierarchie der Ängste aufgestellt, die den Patienten zum Alkoholkonsum bestimmen. In der Behandlung selbst werden dann die einzelnen Angstreize in der Vorstellung oder in vivo gegeben, beginnend bei den Stimuli, die am geringsten mit Angst besetzt sind. Wenn dann Angst auftritt, so wird sofort die Entspannung (z. B. mit der Methode nach Jacobsen) durchgeführt. Die Behandlung wird so lange fortgesetzt, bis eine Desensibilisierung gegen das Item erreicht ist, das in der Angsthierarchie an erster Stelle steht bzw. gegen das Alkoholgetränk, das bevorzugt wird (Kraft 1969, Kraft u. Wijesinghe 1970).

8.4.4.4 Münz- bzw. Punkte-Belohner-Verfahren

Dieses Verfahren arbeitet mit dem operanten Konditionieren durch positive und negative Verstärker. Es wird vor allen Dingen bei chronischen, wenig motivierten Alkoholikern angewandt, die sich in stationärer Behandlung befinden. Hier werden zum Sozialtraining Punkt-Verstärkungssysteme und externe Verstärkungssysteme (durch die Gruppe) eingesetzt. Als Verstärker werden z. B. Ausgang, Urlaub, Teilnahme an Spiel und Sport usw. gegeben. Das Programm kann in Stufen gegliedert werden mit dem Ziel einer immer differenzierteren Aufgabenstellung und stärkeren Selbstkontrolle (Zeisel 1977).

8.4.4.5 Selbstkontrolltechniken

Unter diesem Begriff werden eine Reihe von Verfahren zusammengefaßt, die mehr pädagogisch-edukative Ausrichtung haben und vorwiegend bei ambulanten Patienten angewandt werden, vielfach auch im Verbund mit anderen Techniken (Bibliotherapie oder Entspannungsübungen). Die wichtigsten sind folgende:

- (Selbst-)Definition des Therapieziels,
- Eigenkontrolle des Alkoholkonsums durch Selbstdokumentation („Alkohol-Tagebuch"),
- Selbstkontrolle der näheren Umstände des Alkoholkonsums (hinsichtlich Ort und Zeit),
- Selbstanalyse des Trinkverhaltens,
- Konzeption und Einübung von Verhaltensweisen, die eine Alternative zum Alkoholtrinkverhalten darstellen.

Bei Effektivitätsstudien (Litman u. Topham 1983) ergaben sich keine Differenzen zwischen den verschiedenen Selbstkontrolltechniken.

8.4.4.6 „Breitbandprogramme"

Wenn mehrere der genannten Verfahren kombiniert werden, spricht man von „Breitbandverfahren". Dabei werden oft auch noch weitere Methoden wie „Gedankenstopp" und systematische Reduktion der Fremdkontrolle sowie „flankierende Maßnahmen" wie Entspannungsübungen, Rollenspiel, Sport und Spiel, Kreativitätsübungen eingesetzt. Wesentlich ist, daß möglichst auf die individuellen Bedürfnisse des Patienten eingegangen wird (Übersicht s. Miller 1985). Genaue Indikationen für diese aufwendige Therapie sind noch nicht ermittelt.

Ein wesentlicher Vorteil wird in der geringeren Abbruchrate gesehen. Außerdem sollen sie erfolgreicher als die Monotechniken sein (70% Besserungen) (Litman u. Topham 1983).

8.4.5 Kognitive Therapie

In den letzten Jahrzehnten sind verschiedene psychotherapeutische Formen entwickelt worden, die unter den Begriff „kognitive Therapie" zusammengefaßt werden können (Ellis 1962). Sie haben auch schon hier und dort bei der Behandlung von Alkoholikern Anwendung gefunden (z. B. Merkle u. Wolf 1982, Schneider 1982). Dabei sind folgende Therapieschritte vorgeschlagen worden:

1. die inadaptativen Einschätzungen müssen aufgedeckt werden,
2. neue Schätzungs- bzw. Bewertungsmuster müssen entwickelt werden,
3. die Neueinschätzungen müssen in verschiedenen problematischen Situationen und unter unterschiedlichen Streßsituationen eingeübt werden.

Die wichtigsten Ansätze der kognitiven Therapie sind folgende:

- Die *rational-emotive* Therapie:
  Sie ist eine integrative Therapieform, die rationale, emotional-expressive und verhaltenszentrierte Techniken anwendet. Sie ist von (z. T. antiken) philosophischen Prinzipien und Techniken beeinflußt. Entsprechend dem „ABC-Modell" werden „A" aktivierende Erfahrungen „B" bewertet, was schließlich zu „C" consequences führt;
- Die *kognitive* Verhaltensmodifikation:
  Sie hat eine Reihe von verhaltensorientierten Techniken entwickelt, u. a.:
  o Selbstinstruktionstraining, wobei handlungsadäquate „innere Dialoge" aufgebaut werden sollen,
  o systematische kognitive Restrukturierung; dabei geht es darum, durch schrittweises Vorgehen nach einer Konfrontation mit realitätsadäquaten Annahmen eine rationale Problemanalyse herbeizuführen und zu einer Modifikation der aufgedeckten irrationalen Annahmen zu kommen. Über die Ergebnisse liegen bisher nur wenige systematische Untersuchungen vor (Petry 1985).

8.4.6 Analytische Psychotherapie (vgl. 2.5.2.3)

Die psychoanalytische Therapie des Alkoholismus basiert auf den psychodynamischen Theorien der Sucht im allgemeinen und des Alkoholismus im besonderen. Schon die frühe Psychoanalyse beschäftigte sich mit Alkoholikern (z. B. Knight 1937, Rado 1975). Nachdem im klassischen analytischen Verfahren keine Erfolge erzielt werden konnten, wurden modifizierte Verfahren eingesetzt. Die psychotherapeutischen Ziele wurden anders gesetzt. Statt der Förderung der Regression wurde mehr Wert darauf gelegt, die schwachen Ichfunktionen der Alkoholiker zu stützen, die Frustrationstoleranz und die emotionale Reife zu stärken. Dabei wurde keine totale Abstinenz verlangt. Aber auch diese Therapieformen haben keine befriedigenden Ergebnisse gebracht. Die Schwierigkeiten wurden zunächst in den Wesenseigentümlichkeiten der Alkoholiker gesucht: in ihrem oralen Charakter und ihrer Ich-Schwäche, ihrer Abhängigkeit und Passivität sowie in ihrer geringen Frustrationstoleranz (Blum 1966, Fox 1967). Außerdem wurde darauf hingewiesen, daß der Alkoholismus bei vielen Patienten eine „Gemeinschaftsneurose" darstelle, die als solche einer individuellen analytischen Behandlung nicht zugänglich sei. Weitere Schwierigkeiten in der Psychoanalyse liegen in der Gegenübertragung. Der infantil-abhängige Alkoholiker provoziert beim Therapeuten ungeduldige Abwehr und Reaktionsbildung. In den letzten Jahren ist wieder ein wachsendes Interesse der analytischen Psychotherapie an Suchtpatienten zu beobachten (z. B. Krystal u. Raskin 1970, Wurmser 1972, im deutschen Sprachraum Heigl-Evers u. Schultze-Dierbach 1981). Ausgehend von den Ichstörungen der Suchtkranken wurde empfohlen, daß der Therapeut quasi eine Hilfs-Ichfunktion übernehmen solle, um die Wahrnehmungsfunktion von Eigen- und Fremdaffekten zu fördern, Realitätsprüfungen und Urteilskorrekturen einzuleiten. Bei Mangel an Affekt- und Impulskontrolle und antizipierter Urteilsfunktion seien Konfrontationen notwendig. In ähnliche Richtung weisen die Arbeiten verschiedener psychoanalytisch orientierter Alkoholismustherapeuten (Hutschenreuter 1981, Rieth 1978). Dabei wird auf die bewußte Übernahme der Überichfunktion durch den Therapeuten hingewiesen, die Paradoxien enthalte (annehmend gegenüber konfrontativ). Besonderer Wert wird auf die Bewältigung der Probleme von Übertragung und Gegenübertragung gelegt.

8.4.7 Psychotherapie in Verbindung mit Halluzinogenen
(Leuner 1981)

Zu den psychotherapeutischen Verfahren ist auch die Behandlung mit LSD und anderen Halluzinogenen zu rechnen. Das Ziel dieser Therapie ist es, die pathologische Alkoholikerpersönlichkeit durch das sehr eindrucksvolle Erlebnis der Halluzinogenpsychose aufzubrechen, das als eine „peak-experience" wirken soll. Wesentlich ist dabei, daß die Patienten auf diese experimentellen Psychosen entsprechend vorbereitet werden und daß die psychotischen Erlebnisse dann während des Rausches und hinterher aufgearbeitet werden. Die Ergebnisse werden unterschiedlich beurteilt: Die meisten Autoren (Bryce 1970, Ludwig u.

Mitarb. 1969) raten aufgrund sehr sorgfältiger Katamnesen von einer LSD-Behandlung ab, weil die Ergebnisse nicht besser seien als die der konventionellen Behandlung, z. T. sogar schlechter. Andererseits sei die Behandlung umständlich und nicht risikofrei.

8.4.8 Pragmatische Psychotherapie

Unter pragmatischer Psychotherapie werden Entspannungsverfahren und Suggestivtherapie verstanden. Das autogene Training (nach Schultz) und ähnliche Entspannungsverfahren (z. B. Jacobsen) vermögen als unspezifische therapeutische Maßnahmen durch ihren entspannenden Effekt auf die Muskulatur und durch eine Affektdämpfung wesentlich zur Lockerung und Beruhigung der oft innerlich sehr erregten und gespannten Patienten beizutragen. Als solches haben Entspannungsverfahren als Basisbehandlung erhebliche Bedeutung. Sie werden oft in Gruppensitzungen angewandt. Auf dem autogenen Training baut die gestufte Aktivhypnose auf, die zu einer vertieften Entspannung und Lockerung führt. Außerdem sind bei ihr formelhafte Vorsatzbildungen möglich, die gegen den Alkoholkonsum gerichtet sind, aber positiv formuliert werden sollen, z. B. „Alkohol völlig gleichgültig". Auch die Fremdhypnose wird mit Erfolg in die Behandlung des Alkoholismus eingesetzt. Es wird dabei zunächst eine Externalisierung der Interessen angestrebt, die vom Alkohol wegführt, insbesondere wieder in Verbindung mit formelhaften Vorsatzbildungen. Darüber hinaus ist es durch fremdhypnotische Maßnahmen möglich, eine Aversion gegen den Alkohol zu erreichen, die während der Hypnose selbst erlebbar gemacht wird und die als posthypnotischer Auftrag gegeben werden kann. Bei der Aversionsbehandlung während der Hypnose selbst wird durch Suggestion (durch verbales Konditionieren) ein bedingter Reflex erreicht, der Übelkeit und Erbrechen bei sinnlichen Wahrnehmungen von alkoholischen Getränken (Sehen, Riechen, Schmecken) und auch bei der bloßen Vorstellung von Alkohol erzeugt. Dieser Aversionen können auch in Gruppensitzungen erzielt werden. Nach 5–8 Sitzungen sind sie in der Regel völlig eingeschliffen, bedürfen aber wegen der Tendenz zur spontanen Löschung einer Wiederholungstherapie im Abstand von 2–3 Wochen. Dies gilt übrigens auch für alle anderen Hypnosebehandlungen.

Die Hypnosebehandlung kann in einzelnen Fällen sehr gute Ergebnisse bringen, wie in zahlreichen Mitteilungen dargelegt wird. Fremdhypnose wird vor allen Dingen für Gewohnheitstrinker empfohlen, während für süchtige Alkoholiker ein variiertes, aktiv-autohypnoides Verfahren vorgeschlagen wird (Langen 1972).

Bei Auswertung größerer Fallzahlen sind die Ergebnisse der Hypnotherapie weniger ermutigend, wie eine kontrollierte Studie (Edwards

1966) zeigt, in der sich keine Vorteile gegenüber anderen Verfahren erkennen ließen.

Als besonders effektiv haben sich Gruppensitzungen erwiesen, in denen lebenspraktische Probleme diskutiert und eingeübt werden (Küfner u. Mitarb. 1988).

8.4.9 Sonstige Methoden

8.4.9.1 Arbeitstherapie

Die Arbeitstherapie dient zunächst als Ausgleich für die mehr geistige Tätigkeit in der Gruppentherapie und in den sonstigen Formen der Psychotherapie. Sie hat hier vor allen Dingen bei mehrmonatiger stationärer Behandlung ihre Funktion. Außerdem hat die Arbeitstherapie als Trainings- und Erprobungsfeld für die Belastbarkeit der Patienten im Hinblick auf die spätere Rehabilitation ihre Bedeutung. Schließlich kommt auch der Arbeitstherapie in der Gruppe eine bemerkenswerte gruppendynamische Wirkung zu, die allerdings nur dann voll in heilsamem Umfang ausgenutzt werden kann, wenn die Arbeitstherapeuten entsprechend ausgebildet sind. Bei der Arbeitstherapie ist zu bedenken, daß sie den Erfordernissen der modernen Industriegesellschaft Rechnung tragen soll, vor allen Dingen, was die einzelnen Sparten der Therapie angeht. Aus diesen Gründen ist der Einsatz in landwirtschaftlichen Betrieben in der Regel problematisch, jedenfalls in der früher geübten Art. Andererseits kann der Kontakt mit Pflanze und Tier, wie ihn die Arbeit in der Landwirtschaft bzw. in der Gärtnerei vermittelt, emotionale Kräfte freisetzen und Einsichten vermitteln, die dem naturentfremdeten Menschen der modernen Industriegesellschaften abhanden gekommen sind.

8.4.9.2 Beschäftigungstherapie

Die Beschäftigungstherapie sollte besser „Gestaltungstherapie" heißen. Sie soll den Patienten in die Lage versetzen, aus vorgegebenem Material sinnvolle Gegenstände zu schaffen (durch Modellieren von Holz, Metall, Ton, durch Weben und sonstige Handarbeiten mit Textilien, durch Malen, Zeichnen, evtl. Fotografieren). Dadurch soll die Gestaltungsfähigkeit und Kreativität angeregt werden, was mit einer Steigerung des Selbstwertgefühls verbunden sein kann. Sie führt zu einer Ichstärkung, die die ichschwachen Alkoholiker dringend benötigen. Dazu kommt, daß bei der Interpretation mancher Produkte der Gestaltungstherapie (insbesondere von Bildern) Einsichten in unbewußte oder vorbewußte psychische Abläufe und Konflikte möglich werden. Allerdings ist dafür die Anleitung durch tiefenpsychologisch ausgebildete Therapeuten nötig. Schließlich kann die Gestaltungstherapie auch dazu verhelfen, neue Fähigkeiten zu erlernen, die später für die Freizeitgestaltung geeignet sind. Dies ist um so wichtiger, als viele Alkoholiker nicht oder nicht mehr wissen, was sie in sinnvoller Weise mit ihrer Freizeit anfangen sollen, da es infolge der Suchtentwicklung zu einer Einengung der Interessen auf den Alkohol gekommen ist.

8.4.9.3 Sport und Physiotherapie

Sportliche Betätigung und Physiotherapie (z. B. Kneippsche Anwendungen) sind als Ausgleich für die bisher genannten Formen der Behandlung wichtig. Darüber hinaus haben sie, vor allem, wenn sie in der Gruppe angewendet werden, gruppendynamische und selbstbestätigende Wirkungen, die besonders dann eintreten, wenn die Betreffenden durch Sport und andere körperliche Betätigungen bis an die Grenze ihrer körperlichen Leistungsfähigkeit gefordert werden. Deswegen sind in den letzten Jahren in viele stationäre Behandlungsprogramme anstrengende tagelange Bergtouren oder andere „Abenteueraktivitäten" aufgenommen worden, wobei selbstverständlich auf die körperliche und psychische Belastbarkeit der Patienten Rücksicht genommen werden muß.

8.4.9.4 Musiktherapie

Musiktherapie wurde verschiedentlich bei Alkoholikern (und Drogenabhängigen) zur Therapie angewandt (Formann-Radl u. Kryspin-Exner 1973, Radl 1967). Dabei wurde sogar eine Differenzierung je nach Geschlecht versucht (rhythmisch und melodisch). Besonderer Wert wird auf Hörstunden und Gruppenreigen gelegt. Die regulative Musiktherapie stellt ein Trainingsverfahren dar, bei dem es durch Rezeption von harmonischer Musik zu Entspannung und verbesserter Körperwahrnehmung kommen soll.

8.5 Verfahren für spezielle Behandlungsziele

8.5.1 Einübung des kontrollierten Trinkens bei Alkoholikern

Das Problem des kontrollierten Trinkens als Behandlungsziel wird in 8.1.2 näher diskutiert. Hier soll kurz auf die dafür verwendeten Techniken eingegangen werden. 1970 wurden erstmals Probleme zur Einübung des kontrollierten Trinkens aufgestellt (Lovibond u. Caddy 1970). Voraussetzung war die Selbsteinschätzung des eigenen Blutalkoholspiegels. Als Außenkriterium diente der gemessene Wert des Atemalkohols. (Inzwischen hat sich gezeigt, daß die Patienten meist dazu nicht in der Lage sind [Huber u. Mitarb. 1976, Silverstein u. Mitarb. 1974].) Die Patienten sollten dann lernen beim Alkoholkonsum ihren Blutalkoholspiegel unterhalb eines vorgegebenen Wertes (z. B. 0,65‰) (Cohen 1971) zu halten. Wenn ihnen das nicht gelang, wurden sie (mit Aversionsmethoden) sanktioniert.

8.5.2 Vermeidung von Rückfällen und Einüben des Umgangs mit Rückfällen

In therapeutischer Hinsicht wird vorgeschlagen, auf der Grundlage dieser Erkenntnisse in die Entwöhnungsbehandlung die Programmierung eines Rückfalls mit aufzunehmen.

Die therapeutischen Interventionen richten sich in erster Linie nach dem zugrundegelegten theoretischen Modell der Rückfallentstehung (s. 6.4). Es soll hier nur auf die beiden besprochenen Modelle von Litman und Marlatt abgehoben werden.

Von Litman u. Mitarb. (1977) werden folgende Bewältigungsstrategien empfohlen (wobei der Flexibilität in ihrer Anwendung besondere Bedeutung beigemessen wird):

1. „positives Denken",
2. Ablenkung bzw. Ersatzhandlungen,
3. Denken an negative Konsequenzen des Rückfalls.

Marlatt u. Gordon (1978) geben ein ganzes Bündel von therapeutischen Interventionsstrategien an. Sie unterscheiden zwischen spezifischen und globalen Interventionen. Die spezifischen Interventionen vollziehen sich in fünf Schritten:

1. Sensibilisierung für das Rückfallrisiko durch Selbstbeobachtungstraining,
2. Vermittlung allgemeiner Problemlösungsfähigkeiten und sozialer Kompetenz,
3. Stärkung der Meinung, daß es möglich sei, den Alkoholkonsum unter Kontrolle zu halten, Reduzierung der positiven Erwartungen an die Wirkung des Alkohols,
4. Einübung von Notfallmaßnahmen für den Fall des „Ausrutschers" (z. B. Anruf beim Therapeuten, Trinkpause von mindestens 20 Minuten),
5. Kognitive Verarbeitung des „Abstinenzverletzungseffekts" (Abwehr von Schuldzuweisungen).

Die globalen Interventionen dienen der Reduktion der allgemeinen Rückfallbereitschaft (z. B. durch Aufbau „positiver Sucht" wie Meditation und Jogging).

Aus den Studien über Rückfälle und ihre Prävention können einige Gesichtspunkte für die Modifikation für die Alkoholikertherapie abgeleitet werden.

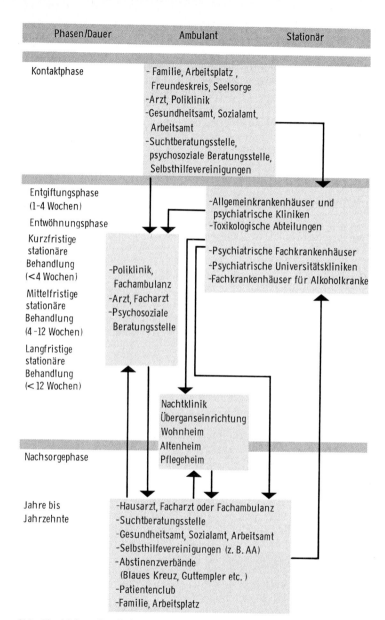

Abb. **12** Mehrstufige Behandlungskette für Alkoholkranke (aus: D. Athen, E. Schuster: Alkoholismusreport, hrsg. vom Bayerischen Staatsministerium für Arbeit und Sozialordnung, München 1978).

- Die Verhütung von Rückfällen sollte ein Schwerpunkt der Behandlung werden. Eine stationäre Behandlung sollte, wenn überhaupt, nur am Anfang vorgenommen werden, die nachfolgende ambulante Behandlung sollte auf die Rückfallverhütung ausgerichtet sein.
- Die verschiedenen Bewältigungsstrategien sollen in Beziehung zu der jeweiligen Lebenssituation des Betroffenen dargelegt und eingeübt werden, so daß er auf Rückfälle gefaßt ist und diese Strategien „zur Hand" hat.

8.6 Behandlungsinstitutionen

8.6.1 Behandlungsnetz

Da sich die Alkoholismustherapie meist über Jahre erstrecken muß und in unterschiedlichen Phasen vollzieht, sind in der Regel verschiedene Institutionen in diese Behandlung mit einbezogen. Das ursprüngliche sequentielle Modell der mehrstufigen Behandlungskette (Abb. **12**) wurde später durch ein interaktionelles Modell (Behandlungsnetz) erweitert. Es sieht Quer- und Rückverweisungen zwischen den einzelnen Institutionen vor. Zwischen den beiden klassischen Grundmustern der Behandlungsinstitutionen (ambulant und stationär) sind fakultativ sog. teilstationäre Einrichtungen (z. B. Übergangsheime) eingefügt. Vereinzelt bestehen institutionalisierte Programme für eine kombinierte ambulante, stationäre und teilstationäre Behandlung (z. B. Gordis u. Mitarb. 1981).

8.6.2 Ambulante Behandlung

Die ambulante Behandlung hat im wesentlichen folgenden Aufgaben:

- Erfassung der Patienten, ihre Untersuchung und Diagnosestellung. Die Erfassung schließt eine Kontaktnahme mit den Angehörigen, Betrieben, Behörden, Selbsthilfeorganisationen, Suchtberatungsstellen, vor allen Dingen aber mit den überweisenden Ärzten und Sozialarbeitern ein.
- Vorbereitung der stationären Behandlung.
Information über Grundbegriffe, Wesen, Ursachen, Folgen und Therapiemöglichkeiten des Alkoholismus, Weckung der Motivation für die Behandlung. Versuch, eine vorläufige Abstinenz zu erreichen. Behandlung der körperlichen und psychischen Störungen, soweit ambulant möglich.
- Alleinige ambulante Entwöhnungsbehandlung ohne Einschaltung einer stationären Behandlungsphase.
- Nachgehende Behandlung und Nachsorge nach Entlassung aus der stationären Behandlung. Vertiefung des in stationärer Behandlung Erlernten, insbesondere durch Anwendung auf das praktische Verhalten.

Die ambulante Behandlung wird hauptsächlich von ambulanten Beratungsstellen sowie von niedergelassenen Ärzten und Polikliniken durchgeführt. Des weiteren kommen sonstige Einrichtungen von Selbsthilfegruppen dafür in Frage (s. auch 8.7).

Die ambulante Behandlung hat gegenüber der stationären eine Reihe von Vorzügen

- Es werden Personen einbezogen, die wahrscheinlich zu einer stationären Therapie nicht bereit gewesen wären;
- der Patient verbleibt in seinem sozialen Umfeld (Beruf und Familie), es entfallen die durch einen stationären Aufenthalt bedingten Probleme der Wiedereingliederung in Beruf und Primärgruppe ebenso wie der der Ablösung aus der stationären Einrichtung;
- die in der Therapie erarbeiteten Erkenntnisse und Fertigkeiten können unmittelbar auf die realistischen Umweltbedingungen übertragen und dort erprobt werden;
- die Probleme des Alltags, die u. U. zum Alkoholmißbrauch immer werden, so daß er auf Rückfälle gefaßt ist und diese Strategien „zur Hand" hat.

8.6.2.1 Niedergelassener Arzt (Feuerlein 1975, Schmidt 1970)

Der niedergelassene Arzt ist häufig mit der Aufgabe der alleinigen Behandlung des Alkoholikers überfordert, schon aus zeitlichen Gründen. Jedoch ist er ein wichtiges und oft ausschlaggebendes Glied in der Behandlungskette. Zu seinen Aufgaben gehört vor allem:

- Die Diagnosestellung, die in Initialfällen und bei der Neigung des Alkoholikers zur Dissimulation oft keineswegs einfach ist. Hier obliegt ihm besonders, aus dem vielfältigen Beschwerdeangebot der Patienten, das auf den ersten Blick überhaupt nichts mit Alkoholismus zu tun haben scheint, den richtigen diagnostischen Schluß zu ziehen, nämlich in diesem Fall Alkoholismus.
- Die Weckung und Aufrechterhaltung der Motivation. Der niedergelassene Arzt hat in den meisten Fällen die „Initialzündung" für die Behandlung zu geben und diese Motivation gegenüber allen Anfechtungen und Zweifeln der Patienten und seiner Angehörigen aufrechtzuerhalten. Im übrigen können ihm alle die Anforderungen und Aufgaben zuwachsen, die im Kap. 8.2.2 genannt wurden. Der niedergelassene Arzt ist vor allen Dingen (bei entsprechenden Spezialkenntnissen) aufgerufen, stundenweise in ambulanten Beratungsstellen mitzuarbeiten. Dies gilt vor allen Dingen für den niedergelassenen Nervenarzt.

Unter Mitarbeit von Sozialarbeitern können Nervenärzte in einem großen Einzugsbereich mit hoher Alkoholismusprävalenz eine intensive Alkoholikerbetreuung und -behandlung durchführen.

8.6.2.2 Ambulante Beratungs- und Behandlungsstellen

Die ambulanten Beratungsstellen, die von verschiedenen Institutionen getragen werden (Selbsthilfegruppen, Gesundheitsämtern, Polikliniken, Universitätskliniken und Fachkrankenhäusern) sind personell unterschiedlich besetzt. Meistens besteht ein Team aus Psychiatern und Sozialarbeitern. Dazu kommen häufig noch Psychologen und Vertreter anderer Fachgebiete, vor allen Dingen in Teilzeitarbeit. Die Aufgaben der ambulanten Beratungsstellen entsprechen im wesentlichen den im Kap. 8.6.2 genannten. In vielen Fällen wird soziale Gruppenarbeit betrieben. Die sonstigen therapeutischen Angebote sind relativ gering. Um den vielfältigen Aufgaben, die sich in Zukunft in wechselndem Maße den ambulanten Einrichtungen stellen werden, besser gerecht zu werden, hat die Psychiatrie-Enquete-Kommission der Bundesregierung (Psychiatrie-Enquete 1975) die Einrichtung von sog. Fachambulanzen in jedem Standardversorgungsgebiet (ca. 250 000 Einwohner) gefordert, die in engem Kontakt mit allen anderen Trägern der Suchtkrankenfürsorge stehen sollen. In Gebieten mit größerer Bevölkerungsdichte und hohem Bedarf an Behandlungsplätzen sollen mehrere Fachambulanzen zu Schwerpunktambulanzen zusammengeschlossen werden.

8.6.3 Stationäre Behandlung (s. 8.2.4)

Alkoholiker werden relativ häufig in Krankenhäusern eingeliefert. Abgesehen von psychiatrischen Kliniken finden sich wohl die meisten Alkoholiker auf internen Abteilungen. Die internen Kliniken sind in erster Linie Aufnahmeabteilungen für die Entgiftungsbehandlung, die optimalerweise in eigenen Stationen durchgeführt werden soll, in denen neben Internisten auch Psychiater tätig sind. Zahlreiche Patienten kommen aber auch mit Alkoholfolgekrankheiten auf interne Abteilung. Es ist möglich, auch im allgemeinen Krankenhaus im Rahmen von sozialmedizinischen Abteilungen unter Einsatz verschiedener Verfahren kurz- bis mittelfristige Entziehungsbehandlungen durchzuführen, wenn dazu entsprechend ausgebildete Therapeuten zur Verfügung stehen (Beispiel: Jüdisches Krankenhaus, Berlin) (Schmidt 1970). In speziell dafür eingerichteten psychosomatischen Kliniken werden sogar hochdifferenzierte Programme durchgeführt, in denen eine große Zahl von therapeutischen Verfahren zur Anwendung kommt. Die Behandlungszeiten entsprechen hier einer kurz- oder mittelfristigen Behandlung. Diese psychosomatischen Kliniken bilden den Übergang zu den Fachkliniken für Alkoholkranke, die zum Teil auch andere Suchtkranke aufnehmen. Die stationäre Entwöhnungsbehandlung hat (ebenso wie umgekehrt die ambulante Behandlung) ihre spezifischen Vorteile:

- die zeitlich begrenzte Herausnahme aus einer Lebenssituation, die infolge ihrer Frustrationen oder/und Versuchungen den Alkoholmißbrauch begünstigt,
- die nur in stationärer Behandlung mögliche „totale therapeutische Atmosphäre", fördert den Aufbau erwünschter Verhaltensweisen und den Erwerb neuer Einsichten und Erfahrungen,
- der ständige Kontakt mit Therapeuten und Mitpatienten begünstigt durch seine Modellfunktion das Einüben neuer Muster zwischenmenschlicher Beziehungen (vgl. 8.4.2.2). Die stationäre Behandlung wird hauptsächlich in spezialisierten Fachkliniken sowie in psychiatrischen Krankenhäusern durchgeführt, von denen mehr als die Hälfte eigene Suchtabteilungen aufweisen. In der Bundesrepublik Deutschland gab es Ende 1987 etwa 250 Suchtfachkliniken mit etwa 8750 Betten, in denen aber neben Alkoholikern auch Medikamentenabhängige (wenn auch zu einem geringen Prozentsatz) behandelt wurden.

8.6.3.1 Fachkliniken für Suchtkranke

Diese Fachkliniken haben ein umfassendes Programm für die Behandlung bzw. Umerziehung ihrer Patienten entwickelt. Kernstück dieser Programme sind Gruppentherapien mit verschiedenen Modifikationen und die Arbeitstherapie. Aber auch Gestaltungstherapie, Familientherapie, Entspannungstechniken, Sport und sonstige physikalische Therapien finden dort ihre Anwendung. Hinzu kommt vielfach die Bemühung um die Erarbeitung von Sinn- und Wertbezügen im Rahmen von Seelsorge. Entscheidend ist in diesen Institutionen die bereits erwähnte „total therapeutische Atmosphäre". Die Behandlungsdauer (kurz-, mittel- oder langfristig) ist in der Regel als Charakteristikum des jeweiligen Behandlungsprogrammes von vornherein festgesetzt. Es gibt aber auch Einrichtungen, die die Zeit der Kur nicht limitieren, sondern von dem Zustand der Patienten und dem Fortgang der Therapie abhängig machen, wie z.B. die österreichischen Heilstätten (Kryspin-Exner 1967). Andere Heilstätten, z.B. in der Schweiz, bevorzugen eine Behandlungsdauer von 6–12 Monaten. Die Kliniken sind in ihrem therapeutischen Angebot sowie in ihrer Führung oft recht unterschiedlich strukturiert, so daß ein Vergleich zwischen ihnen schwierig ist.

Sonderformen der Fachkliniken sind Tag- und Nachtkliniken für Suchtkranke, wie sie vereinzelt eingerichtet wurden (z.B. in Bremen).

8.6.3.2 Psychiatrische Krankenhäuser

Ein großer Teil von Alkoholikern wird in psychiatrische Krankenhäuser aufgenommen. 1972 waren 24% aller Aufnahmen in Psychiatrische

Landeskrankenhäuser der Bundesrepublik Deutschland Alkoholkranke (oder Mischtypen, d. h. Mehrfachabhängige) (Keup 1975), vor allem aber auch mit mehr oder minder schweren Alkoholfolgekrankheiten auf psychiatrischem und neurologischem Gebiet. Oft sind die Schäden in somatischer und psychischer Hinsicht nicht mehr behebbar. Aber auch weniger geschädigte, häufig rückfällige Alkoholiker werden dort untergebracht, nachdem alle anderen Behandlungsversuche fehlgeschlagen sind.

Auf die Behandlung von Alkoholikern ohne Alkoholpsychosen und sonstige grobe psychiatrische Auffälligkeiten sind jedoch die psychiatrischen Landeskrankenhäuser manchmal noch nicht genügend eingerichtet. In einer zunehmenden Zahl von Landeskrankenhäusern sind inzwischen differenzierte Behandlungsprogramme für Alkoholiker entwickelt worden, z. T. für spezielle Patientengruppen (z. B. Rothenbacher u. Truöl 1981, Ruf u. Andritsch 1986). Bei der Einleitung der Weiterbehandlung bzw. Nachsorge hat sich gezeigt, daß das bloße Anbieten von Nachsorgeeinrichtungen wie AA-Gruppen, Blaukreuz-Gruppen usw. nicht genügt, die Mehrzahl der Patienten dafür zu motivieren. Als Mindestforderung sollte gelten, die Alkoholiker und die übrigen Suchtkranken auf eigenen Stationen unterzubringen, wo sich eine Zusammenfassung der Patienten nach verschiedenen Gesichtspunkten der Therapie, insbesondere Gruppentherapie, ermöglichen läßt. Die Behandlungsmöglichkeiten von Alkoholikern in *Universitätskliniken* und *anderen Nervenkliniken* sind ebenfalls beschränkt. Obwohl hier mehr Ärzte und sonstige Therapeuten zur Verfügung stehen, sind die therapeutischen Möglichkeiten nicht voll auszuschöpfen, da wegen der Heterogenität des Krankenguts und wegen des Fehlens von weiteren therapeutischen Möglichkeiten (insbesondere meist von Arbeitstherapie), auch wegen des Fehlens entsprechender spezieller Behandlungsprogramme und Erfahrungen auf dem Gebiet der Alkoholismusbehandlung, dem Patienten nicht die notwendige, „totale therapeutische Atmosphäre" geboten werden kann, die letztlich ein ganz wesentliches Kriterium für die erfolgreiche stationäre Behandlung von Alkoholikern darstellt. Allerdings gibt es auch hier in einigen Kliniken spezielle Behandlungsprogramme.

8.6.4 Teilstationäre Einrichtungen

Diese Institutionen stehen zwischen stationären Einrichtungen und dem Leben in völliger Selbständigkeit. Sie dienen zur schrittweisen Eingliederung der Patienten in die Gemeinschaft. Voraussetzung ist eine Arbeitsstelle. Übergangsheime sind für die Klienten vorgesehen, die über keine eigene Wohnung verfügen und Schwierigkeiten in der Beschaffung von Wohnraum sowie mit der Führung einer Wohnung haben. Die Patienten werden für mehrere Monate, maximal für ein

Jahr, in den Übergangsheimen bzw. therapeutischen Wohngemeinschaften untergebracht, die ein Sozialarbeiter betreut. Er hat die Aufgabe, das Verhalten der Klienten im Wohnbereich möglichst unauffällig zu koordinieren, Angebote für die Freizeitgestaltung zu machen und ggf. bei Krisensituationen zu intervenieren (besonders bei evtl. Rückfällen).

8.7 Weiterbehandlung, Rehabilitation und Nachsorge

8.7.1 Weiterbehandlung

Bei einem Teil der Patienten ist nach einer Entwöhnungsbehandlung eine professionelle Weiterbehandlung angezeigt. So haben von den Patienten der MEAT-Studie (Küfner u. Mitarb. 1986) innerhalb der ersten 18 Monate nach Abschluß der stationären Behandlung 8% an einer Gruppenpsychotherapie und 31% an einer Einzelpsychotherapie teilgenommen. Allerdings werden diese Therapien oft nicht lange fortgesetzt. Ergänzend sei noch darauf hingewiesen, daß 14% dieser Patienten innerhalb des genannten Zeitraumes wieder eine stationäre Behandlung in einer psychiatrischen Klinik oder einer Suchtfachklinik brauchten.

8.7.2 Rehabilitation

Die Rehabilitation von Alkoholikern nach Abschluß der Entwöhnungsphase ist wegen der sozialen Implikationen dieser Krankheit und wegen der lebenslangen Gefährdung durch die latent weiterbestehende psychische Abhängigkeit besonders wichtig, aber auch schwierig.

Wie bei anderen chronischen Krankheiten verbinden sich rehabilitative und therapeutische Maßnahmen, so daß es oft schwer ist, sie genau auseinanderzuhalten. Grundsätzlich sind die Methoden der Rehabilitation die gleichen wie bei anderen psychisch Kranken. Vor allen Dingen ist zu beachten, daß die Alkoholabstinenz nicht Ziel, sondern Voraussetzung der Rehabilitation darstellt.

Die Rehabilitation vollzieht sich in mehreren Stufen:

1. Stufe der Erprobung,
2. Stufe der Belastung,
3. Stufe der Verselbständigung.

Die rehabilitativen Maßnahmen sollen mit der Entziehungsbehandlung beginnen bzw. zumindestens schon vorbereitet werden.

8.7.2.1 Rehabilitation im Beruf

- Die Entlassung des Alkoholikers aus seinem bisherigen Arbeitsverhältnis ist vom Rehabilitationsstandpunkt her gesehen allgemein als ungünstig zu bezeichnen. Wenn irgend möglich, sollte er an seinen alten Arbeitsplatz zurückkehren. Allerdings gibt es Berufe und Arbeitsplätze, bei denen eine Wiederbeschäftigung sehr problematisch ist, vor allen Dingen im Bereich der sog. Alkoholberufe und der sonstigen „Berufe mit hohem Opportunitätsbudget". In diesen Fällen ist ein Arbeitsplatzwechsel und u. U. ein Berufswechsel nach vorheriger Umschulung wünschenswert.
- Wenn Alkoholiker an ihren alten Arbeitsplatz zurückkehren, sollten ihre Mitarbeiter und, wenn nötig, auch die Vorgesetzten über das Alkoholismusproblem informiert sein. Insbesondere sollten sie über die Notwendigkeit der strikten Abstinenz Bescheid wissen, um ein künftiges Fehlverhalten dem Alkoholiker gegenüber zu vermeiden. Es ist dabei zu bedenken, daß viele Alkoholiker gerade im Betrieb durch das oft unbedachte Verhalten von „Ko-Alkoholikern" wieder gefährdet werden: „Verbindungsleute" stecken Alkohol zu, „stumme Helfer" decken alkoholbedingte Ausfälle oder fördern durch Wort und Tat zu weiterem Alkoholkonsum auf.

8.7.2.2 Rehabilitation im Bereich der Primärgruppen

Die Ehepartner und sonstigen Familienangehörigen sollen frühzeitig in die rehabilitativen Bemühungen einbezogen werden. Sie müssen über die Natur der Alkoholkrankheit, über ihr eigenes Fehlverhalten (im Sinne von „Ko-Alkoholikern") und über die Schwierigkeiten bei der Wiedereingliederung des Alkoholikers in den Beruf und in die Familie aufgeklärt werden. Insbesondere ist es notwendig, ihnen eine gewisse Einsicht in ihr eigenes Rollenverhalten zu geben, das möglicherweise eine Verstärkung des Alkoholismus des Partners darstellt. Auch ist eine Änderung der negativen Erwartungshaltung gegenüber den Alkoholikern anzustreben.

8.7.2.3 Rehabilitation im Wohnbereich

Solange eine intakte Familie besteht, die den Alkoholiker wieder aufnehmen kann, ist die Frage weniger aktuell. Viele Alkoholiker verlieren aber mit der Desintegration der Familienverhältnisse (Ehescheidung) oder der der beruflichen Verhältnisse (was z. B. zum Verlust einer Betriebswohnung führen kann) ihr Dach über dem Kopf. Für diesen Personenkreis ist die Besorgung einer entsprechenden Wohnung von entscheidender Bedeutung. Sie muß spätestens nach der Entlassung aus der stationären Behandlung oder schon während der ambulanten Behandlung erfolgen. In manchen Fällen empfehlen sich

Übergangsheime (half-way-houses), wo Patienten für einige Zeit untergebracht werden können. Vor allen Dingen in angloamerikanischen Ländern hat man damit ausgedehnte und gute Erfahrungen gemacht (s. 8.6.4).

8.7.2.4 Rehabilitation im Freizeitbereich

Viele Alkoholiker sind nicht in der Lage, ihre Freizeit selbständig zu bewältigen. Sie sind deswegen besonders an Feiertagen und Wochenenden der Gefahr des Rückfalls ausgesetzt. Die rehabilitativen Bemühungen müssen deswegen auch alle sinnvollen Methoden der Freizeitgestaltung mit einbeziehen, besonders solche, die nicht mit Versuchungen zum Alkoholkonsum verbunden sind. Dies gilt vor allen Dingen für Sport, musische Betätigung, Basteln. Das Angebot an Freizeitbeschäftigung wird freilich abhängig von den Bedürfnissen (Differenzierungsgrad, Antrieb) der Probanden sein müssen. Entsprechende Aktivitäten werden von einigen Selbsthilfe-Organisationen durchgeführt.

Zusammenfassend kann man als Grundsatz formulieren: Kein Alkoholiker sollte aus ärztlicher Behandlung entlassen werden, der nicht einen festen Arbeitsplatz, eine Wohnung und einen engen persönlichen Kontakt zu einer Nachsorgeorganisation hat.

8.7.3 Nachsorge

8.7.3.1 Allgemeines

Die Nachsorge hat in den verschiedenen deutschsprachigen Ländern unterschiedliche Schwerpunkte. Während in Österreich Selbsthilfegruppen weniger verbreitet sind, liegt in der Bundesrepublik Deutschland und in der Schweiz ein vielfältiges Angebot von Nachsorgeaktivitäten vor, die von den Gesundheitsämtern, Außenstellen von psychiatrischen Krankenhäusern, psychosozialen Beratungsstellen, niedergelassenen Ärzten und Psychotherapeuten bis hin zu nichtprofessionellen Selbsthilfegruppen reicht. Der Großteil der Patienten, die überhaupt an einer Nachsorge teilnehmen (in der MEAT-Studie über 75%), haben Selbsthilfegruppen aufgesucht. Allerdings haben nur 25% dies regelmäßig über 18 Monate hindurch getan. Nach anderen Erhebungen ist dieser Prozentsatz höher (39–50% im ersten Jahr) (Keup 1985, Bonsels-Goetz u. Bess 1984). Allerdings zeigen neuere Studien, daß es einen beträchtlichen Prozentsatz von Alkoholikern gibt, die nach stationärer oder ambulanter Entwöhnungsbehandlung abstinent geblieben sind, obwohl sie an keinen Nachsorgeaktivitäten teilgenommen haben (Küfner u. Feuerlein 1989, Pfeiffer u. Mitarb. 1988).

8.7.3.2 Nachsorgeinstitutionen

Die *Selbsthilfegruppen* (Blaues Kreuz, Kreuzbund, Guttempler, Freundeskreise) bestehen vorwiegend aus ehemaligen Alkoholikern, die ihre Expertenschaft aus ihrem Betroffensein ableiten. Ihr Ziel ist vor allem eine Solidargemeinschaft (nicht eine bloße Interessengemeinschaft) zu sein. Sie haben meist eine ideologische Basis (humanitäre, oft auch christliche Konzepte). Die meisten Selbsthilfegruppen unterhalten neben den Mitgliedergruppen auch Beratungsstellen, z. T. auch Suchtfachkliniken, in denen neben Exalkoholikern auch wissenschaftlich ausgebildete Fachkräfte beschäftigt werden. (Anschriften der Kontaktstellen s. Anhang.)

Sie stellen sich wie folgt dar: Das *Blaue Kreuz* Deutschland (BKD) will auf bewußt christlicher Grundlage Suchtgefährdeten und ihren Angehörigen umfassend helfen sowie dem Mißbrauch des Alkohols entgegenwirken. Seine Angebote der vorbeugenden, beratenden und nachgehenden Suchtkrankenhilfe (Begegnungsgruppen, Vereine, Beratungsstellen usw.) sowie seine Einrichtungen (Fachkrankenhäuser, Rehabilitationsheime und ein Familienferienheim) verstehen sich als Glieder einer Therapiekette. Das BKD ist als selbständiger Fachverband Mitglied des Diakonischen Werkes und arbeitet überkonfessionell.

Der *Kreuzbund* ist ein freier Zusammenschluß von Männern und Frauen, denen Selbsthilfe zuteil wurde und die aus eigener leidvoller Erfahrung heraus anderen zu helfen bereit sind. Er leistet Hilfe im Rahmen der Therapiekette: in der Behandlungsmotivation, in der begleitenden Hilfe während der ambulanten bzw. stationären Behandlung und ganz besonders im Bereich der Nachsorge durch seine Gruppenarbeit. Schwerpunkte in der Arbeit des Kreuzbundes sind das Angebot persönlicher Hilfe für Suchtgefährdete und Suchtkranke und ihre Angehörigen, die sachliche Information über Hilfsmöglichkeiten, Hinführung zu Gruppenarbeit und sinnvoller Gestaltung des eigenen Lebensbereiches sowie der Aufbau tragfähiger Bindungen.

Der *Guttemplerorden* (IOGT) ist eine Gemeinschaft alkoholfrei lebender Menschen. Seit seiner Gründung vor über 125 Jahren hilft er Alkoholgefährdeten, Alkoholkranken und deren Angehörigen. Der Guttemplerorden sieht seine Aufgabe darin,

- durch bewußte alkoholfreie Lebenseinstellung des einzelnen zu verhindern, daß eine Abhängigkeit eintritt;
- Abhängigen aus ihrer Krankheit herauszuhelfen;
- Hilfestellung bei der Entwicklung der Persönlichkeit zu geben.

Die *Anonymen Alkoholiker (AA)* nehmen unter den Selbsthilfegruppen eine gewisse Sonderstellung ein. Sie sind die weltweit verbreitetste, haben wohl auch in der Bundesrepublik Deutschland die meisten Besucher (1983 etwa 1500 Gruppen). Sie werden seit ihrer Gründung in den Dreißiger Jahren in den USA ausschließlich durch Exalkoholiker getragen, deren Ziel es ist, „nüchtern" zu werden bzw. zu bleiben und anderen Alkoholikern auf diesem Weg zu helfen. Sie versuchen dies ohne Beiziehung von nicht betroffenen Experten. Ihre Gruppen sind wenig strukturiert und verzichten auf jegliche rechtliche Institutionalisierung. Sie erheben auch keine Beiträge und nehmen keinerlei Zuschüsse von dritter Seite an. Ihre (geringen) Ausgaben bestreiten sie vorwiegend aus freiwilligen Spenden der Besucher und dem Verkauf von Schriften. Die Gruppen treffen sich zu wöchentlichen Meetings, an denen nur Personen teilnehmen dürfen, die eine „Trinkerkarriere" hinter sich haben und bereit sind, sich als Alkoholiker zu bezeichnen. Die Anonymität wird durch ausschließlichen Gebrauch von Vornamen und Verzicht auf sonstige Identifikationsangaben gewahrt. Neulinge werden durch erfahrene Mitglieder betreut („Sponsoren"). Die Notwendigkeit, auch Familienmitglieder anzusprechen, führte zur Bildung von eigenen Gruppen für Familienmitglieder (Al-Anon bzw. Fam-Anon) und Kinder von Alkoholikern (Al-Teen). Die Ideologie der AA basiert auf den Prinzipien der englischen Oxford-Bewegung (erste Hälfte des 19. Jahrhunderts)*. Sie ist in den sog. zwölf Schritten niedergelegt:

1. Wir geben zu, daß wir Alkohol gegenüber machtlos sind und unser Leben nicht mehr meistern können.
2. Wir glauben, daß nur eine Macht – größer als wir selbst – uns unsere geistige Gesundheit wiedergeben kann.
3. Wir entschließen uns, unseren Willen und unser ganzes Leben der Sorge Gottes – wie wir ihn verstehen – anzuvertrauen.
4. Wir machen gewissenhaft und furchtlos Inventur in unserem Inneren.
5. Wir gestehen Gott, uns selbst und einem anderen Menschen die genaue Art unserer Fehler ein.
6. Wir sind vorbehaltlos bereit, unsere Charakterfehler von Gott ausmerzen zu lassen.
7. Demütig bitten wir ihn, uns von unseren Mängeln zu befreien.
8. Wir machen eine Liste aller Personen, denen wir Unrecht zugefügt haben, und nehmen uns vor, es an ihnen allen wiedergutzumachen.
9. Wenn immer möglich, bemühen wir uns aufrichtig um direkte Wiedergutmachung an ihnen, ausgenommen, sie oder andere würden dadurch verletzt.
10. Wir machen täglich Gewissensinventur, und wenn wir unrecht haben, geben wir es sofort zu.
11. Durch Gebet und Meditation versuchen wir, die bewußte Verbindung zu Gott – wie wir ihn verstehen – zu vertiefen und bitten ihn um die Fähigkeit, seinen Willen für uns zu erkennen und um die Kraft, ihn auszuführen.

---

* Eine eingehende geistesgeschichtliche Analyse der AA-Iedologie gibt E. Kurtz (1982).

12. Nachdem wir durch diese Schritte ein inneres Erwachen erlebt haben, versuchen wir, diese Botschaft an andere weiterzugeben und uns in allen unseren Angelegenheiten nach diesen Grundsätzen zu richten.

Wesentlich für den Erfolg scheinen noch einige andere Punkte, auf die die AA aufmerksam gemacht haben:

– Der Alkoholiker bleibt lebenslang gefährdet; es wird nur zwischen „nassen" und „trockenen" Alkoholikerstatus unterschieden.
– Der Alkoholiker kann sich nicht mehr allein helfen.
– Der Weg zur Abstinenz vollzieht sich in kleinen Schritten: „Garantie" nur für einen Tag!

Das Programm und die Vorgehensweise der AA sprechen nicht alle Alkoholiker an (wie dies auch bei anderen Gruppen und Programmen der Fall ist). Besonders geeignet erscheinen für die Mitgliedschaft bei den AA Patienten mit guter Anpassungsfähigkeit, langer Alkoholanamnese, starker Motivation, mit dem Trinken aufzuhören und spontaner Bereitschaft, sich den AA anzuschließen (also Eigenschaften, die auch für andere Therapieformen eine günstige Voraussetzung bieten) (Emrick u. Mitarb. 1977). Die Beschreibung einer „AA-Persönlichkeit" wurde aber 1989 von dem gleichen Autor wieder in Frage gestellt.

Über die Erfolge der AA, die insbesondere in den USA sehr hoch geschätzt werden, ist aber wenig Konkretes bekannt (nach Angaben eines AA-Mitgliedes, 34,6% Besserung) (Baekeland 1977). Nach einer anderen Übersichtsarbeit (Bebbington 1976) beträgt die Mindesterfolgsquote 26%. Es werden aber auch höhere Quoten angegeben! Die Ergebnisse dieser so unterschiedlichen Nachuntersuchungen sind aber in ihrer Aussagekraft fragwürdig. Dies liegt vor allem in der Natur dieser Organisation, in ihrer Anonymität und dem Fehlen straffer Strukturen, aber auch in ihrer Ideologie. Deswegen sollte die Effektivität der AA nicht mit den üblichen Maßstäben der empirisch-statistischen Erfolgsbeurteilung allein beurteilt werden.

9 Behandlungsergebnisse, Prognose und Indikationsstellung

9.1 Probleme bei der Beurteilung von Behandlungsergebnissen

Es soll hier nicht auf die Probleme eingegangen werden, die generell bei der Gewinnung und Beurteilung von Behandlungsergebnissen psychischer Störungen zu beachten sind (z. B. Begriffsdefinition, Entwicklung von Katamnesestandards, Validität und Reliabilität der Daten, prospektives Vorgehen, häufige „Zeitfenster", möglichst Beiziehung von Kontrollgruppen bzw. randomisierte Zuweisung von Patienten zu verschiedenen Behandlungsverfharen und -institutionen, Ausschöpfungsquote, Wahl der Erfolgskritierien). Bei Suchtkranken, speziell bei Alkoholikern, ist darüber hinaus folgendes zu bedenken:

- „Natürlicher Verlauf" bzw. Spontanremissionsrate (s. 6.3). Der Alkoholismus ist eine chronisch verlaufende Krankheit mit Neigung zu Rückfällen, aber auch zu temporären Remissionen.
- Patientenselektion. Es gibt kaum eine Behandlungseinrichtung, die einen repräsentativen Querschnitt der gesamten Alkoholikerpopulation betreut. Vielmehr sind immer mehr oder minder gezielte Selektionsvorgänge bei der Rekrutierung der Patienten anzunehmen.
- Erfaßbarkeit der Behandlungsvariablen. Manche Variablen sind kaum oder gar nicht objektivierbar (z. B. die „Therapeutenvariable" oder das „therapeutische Klima", Einflüsse der Mitpatienten als „Ko-Therapeuten"). Dabei sind diese Variablen wahrscheinlich von besonderer Bedeutung.
- Mehrdimensionalität der Behandlung. Eine eindimensionale Behandlung ist kaum möglich, zumindest nicht erstrebenswert. Die Beurteilung der Wirksamkeit mehrerer gleichzeitig laufender Verfahren ist aber methodisch schwierig.
- Einfluß von späteren „intervenierenden Variablen" (z. B. Lebensereignissen in ihrer individuell unterschiedlichen Wertigkeit).

Unter diesen Umständen soll bei der Besprechung der Behandlungsergebnisse zunächst auf die Darstellung der Erfolgsquoten einzelner Behandlungsverfahren verzichtet werden, sofern sie nicht in früheren Kapiteln erwähnt wurden. Außerdem müssen, um überhaupt Ergebnisse mitteilen zu können, die Anforderungen an die einzelnen Publikationen reduziert werden. Deswegen sind auch die im folgenden mitgeteilten Ergebnisse mit Vorbehalt zu verwerten. Besonders zu berücksichtigen sind die hohen Schwundzahlen (z. B. 38%) (Robson 1963).

9.2 Statistiken über Behandlungsergebnisse

9.2.1 Kurz- und mittelfristige Katamnesendauer

Die schlechtesten Ergebnisse bietet ein Krankengut, das aus Alkoholikern besteht, die zwangsweise in psychiatrischen Landeskrankenhäusern untergebracht wurden und bei denen keine wesentlichen therapeutischen Aktivitäten erfolgten. Hier liegen die Abstinenzquoten bei Nachuntersuchungen nach einem und mehr Jahren zwischen 9% und 17%. Handelt es sich um freiwillig untergebrachte Patienten, die auch sonst eine günstige Selektion darstellen (gute soziale Anamnese, intensive Behandlung), so steigen die Erfolgsziffern auf 34% bis 80% an (Davies u. Mitarb. 1956).

Die umfassendste Sammelstatistik über 265 Auswertungsstudien der englischsprachigen Literatur der Jahre 1952–1971 stammt von Emrick (1974) (Tab. **14**). Man kann folgendermaßen zusammenfassen: Je ein Drittel war abstinent, gebessert und völlig ungebessert. Allerdings sind dabei weder die Behandlungsmethoden noch die Patientenselektion noch die Katamnesedauer berücksichtigt. Außerdem müssen die Standardabweichungen der Ergebnisse in Rechnung gestellt werden. Von Emrick wurde u. a. formuliert: ungewöhnlich sind Abstinenzraten unter 10,5% und über 53,3%, Raten für „absolut ungebessert" unter 15,8% und über 52%. Von Einzelstudien ist trotz mancher methodischer Bedenken der sog. Rand-Report zu erwähnen. Nach 18 Monaten waren 33% nicht remittiert, 22% „normale Trinker", 24% für sechs Monate abstinent. Dem entsprechen auch z. B. die Ergebnisse einer anderen großen Studie aus den USA (Gordis u. Mitarb. 1981): 27% abstinent nach zwei Jahren. In einer großen Katamnesestudie über Patienten deutscher Suchtfachkliniken (Keup 1985) ergaben sich höhere Zahlen: nach einem Jahr waren 51% abstinent, 67% sozial integriert. Die Münchner Evaluation der Alkoholismustherapie (MEAT) (Küfner u. Mitarb. 1986), eine multizentrische prospektive Studie an 1410 Patienten aus 21 Suchtfachkliniken ergab nach 18 Monaten (bei einer Ausschöpfungsquote von 84%) eine Abstinenzrate von 53%, eine Besserungsrate (entsprechend dem sog. kontrollierten Trinken) von 8,5%. Der Rest von 38% war ungebessert. Die Zahl der Arbeisunfähigkeitstage reduzierte sich um 64%, die der Tage stationärer Behandlung um 58%.

Tabelle 14 Behandlungsergebnisse in 265 englischsprachigen Therapieuntersuchungen aus den Jahren 1952 bis 1971 (aus: C. D. Emrick, Quart. J. Stud. Alc. 35 [1974] 523)

Kategorien*	Ergebnisse durch Zusammenfassung der Patienten			Ergebnisse durch Zusammenfassung der Untersuchungen				
	Gesamtzahl** Patienten	Anzahl Patienten in Kategorie	%**	Anzahl der Untersuchungen**	Mittelwert** [%]	Median** [%]	Standardabweich. [%]	Streubreite [%]
abstinent	13 570	4591	33,8	113	31,9	30,2	21,4	0–100
kontrolliert	3 847	225	5,8	40	5,2	0	13,8	0– 81,8
deutlich gebessert	3 980	670	16,8	21	15,5	17,5	10,8	0– 35
leicht gebessert	3 723	1033	27,7	19	17,9	14,7	17,0	0– 53,6
ungebessert	13 817	4537	32,8	114	34,0	33,3	18,2	0– 90,5
verschlechtert	1 670	97	5,8	22	10,4	7,5	10,2	0– 30

* Auf drei Mischkategorien in der ursprünglichen Tabelle von *Emrick* wird hier nicht eingegangen.
** Bei zahlreichen Arbeiten waren nicht zu allen Kategorien Angaben vorhanden. Aus diesem Grund variiert die Gesamtzahl der Patienten bzw. Untersuchungen über die Kategorien und summieren sich deren Prozente, Mittelwerte und Mediane nicht zu 100 Prozent

Die Ergebnisse ambulanter Behandlung sind aus methodischen Gründen schwerer zu erfassen. In einer Übersicht von Küfner (1984) werden 3650 Patienten aus 27 Untersuchungen ausgewertet. Faßt man die Kategorien Abstinenz, kontrolliertes Trinken und Reduzierung des Alkoholkonsums zusammen, so errechnet sich eine Besserungsrate von 37% (Spannweite 8%–88%!). Die katamnestische Auswertung einer deutschen Studie ergab bei drei unterschiedlichen Therapieverfahren eine Besserungsrate (abstinent oder gebessert) von 38% (Pfeiffer u. Mitarb. 1987).

9.2.2 Langzeitkatamnesen

Es gibt in der Literatur nur wenige Arbeiten, die über Verläufe von mehreren Jahren nach der Indexbehandlung berichten. Die meisten dieser Arbeiten sind aber in methodischer Hinsicht problematisch. Wenn man nur Arbeiten mit Katamnesen von mindestens vier Jahren berücksichtigt, so ergibt sich folgendes:

- Totalabstinenz über einen derartig langen Zeitraum ist nicht so selten, wie nach früheren, meist ausländischen Arbeiten anzunehmen war (7%–37%). Nach neueren (deutschen) Studien ist eher mit Zahlen zwischen 40% und 50% zu rechnen (nach der MEAT-Studie 46%).
- Die Zahl der Ungebesserten im gesamten katamnestischen Zeitraum liegt zwischen 42% und 81%.
- „Kontrolliertes Trinken" wird nur selten über mehrere Jahre konstant durchgehalten. Die Werte liegen um 5%. Viel häufiger kommt es bei Patienten, die zunächst „kontrolliert" trinken, zu einer Polarisierung in Richtung Abstinenz oder ungebessertem Trinkverhalten.
- Wenn man nur das Zeitfenster sechs Monate vor Erhebung der Langzeitkatamnese betrachtet, so findet man wesentlich höhere Prozentsätze der Abstinenten: 20%–66%. Auch die Zahl der Gebesserten ist dann höher, der Anteil der Ungebesserten entsprechend niedriger: 30%–54%.
- Ein relativ großer Prozentsatz der Patienten zeigt einen Wechsel des Status des Trinkverhaltens, auch noch 18 Monate nach der Indexbehandlung. Nach der MEAT-Studie (Küfner u. Mitarb. 1988) wurden 12% der bis dahin abstinenten Patienten wieder rückfällig, andererseits 22% der bis dahin ungebesserten werden abstinent. Am stabilsten ist offenbar die Gruppe, die bereits im ersten Halbjahr nach der Indexbehandlung abstinent geblieben ist.

Im einzelnen findet man folgende Angaben: Im Rand-Report (Polich u. Mitarb. 1980a, 1980b) waren außerdem je 7% stabile Non-problemdrinkers und Trinker, die zwischen Non-problem-drinking und Abstinenz hin und her wechselten, 81% waren Problem-drinkers. In der

MEAT-Studie waren nach vier Jahren (Ausschöpfungsquote 81%) 46% total abstinent geblieben, gebessert waren 3%, ungebessert 51%. Die Rate der „kontrolliert" Trinkenden lag zwischen 3% und 6%. Betrachtet man nur den Zeitraum sechs Monate vor der letzten Katamneseerhebung, so waren jetzt 66% abstinent, 4% gebessert, 30% ungebessert. Im gleichen Zeitraum waren nach dem Rand-Report 28% abstinent, 18% gebessert und Problem-drinkers 54%.

9.2.3 Faktoren, die die Verlaufsprognose beeinflussen

Die Prognose des Alkoholismus wird unabhängig von der angewandten Methode durch eine Reihe von Faktoren beeinflußt. Eine Übersicht über die wichtigsten Ergebnisse der Literatur gibt Tab. **15**.

Verschiedene Arbeiten (z. B. Armor u. Mitarb. 1976, Edwards u. Mitarb. 1977) weisen darauf hin, daß die Patientenvariablen, insbesondere Trinkverhalten, Ausmaß der Schäden, berufliche und partnerschaftliche Stabilität, entscheidend für das Behandlungsergebnis sind. Besonders hervorzuheben sind die Kriterien des Lebensalters: Jenseits

Tabelle **15** Zusammenstellung wichtiger Prognosekriterien

Prognosevariable	Günstiger Einfluß auf Verlauf und Behandlungserfolg
Alkoholismus in der Familienvorgeschichte	keinen
Geschlecht	männlich
Alter	mittleres bis hohes Lebensalter
Familienstand	verheiratet
Prämorbides antisoziales Verhalten	keines
Soziale Stabilität (Zusammenfassung von Familienstand, Beruf, wirtschaftlichen Verhältnissen und Wohnverhältnissen)	hoch
Intelligenz	hoch
Persönlichkeitsstruktur	keine psychopathischen Persönlichkeitszüge, eher phobisch-anankastische Strukturanteile
Therapiemotivation	hoch
Zwischenmenschliche Beziehungen	gut
Kooperationsbereitschaft bei einer Therapie	gut

des 60. Jahres kann mit einer günstigen Prognose gerechnet werden. Die Art der Behandlung wurde als weniger wichtig angesehen. Entscheidend sei vielmehr eher die Dauer der Behandlung und die Bereitschaft, die Behandlung weiterzuführen (Finney u. Mitarb. 1981). In anderen Arbeiten wird betont, daß ein Zusammenhang zwischen der Dauer und dem Erfolg der Behandlung nur bei Patienten niedriger sozialer Schichten nachweisbar sei (Welte u. Mitarb. 1981) und daß der Behandlungsmethode doch eine wesentlich größere Bedeutung zukomme als früher angenommen. Dabei ist zu berücksichtigen, daß die Art der Behandlung weitgehend mit Patientenvariablen zusammenhängt. Die Gruppe der erfolgreichen Behandlungseinrichtungen wird wie folgt beschrieben (Costello 1975a, b):

– entsprechende Patientenselektion,
– Orientierung in Richtung therapeutische Gemeinschaft,
– Einbeziehung von Partnern und sonstigen Bezugspersonen,
– Anwendung von Techniken der Verhaltensmodifikation mit sofortiger Rückmeldung und aktiver Einbeziehung des Patienten,
– Anwendung von Disulfiram,
– „Continuity of care" mit aktiver Nachsorge.

Bei medizinischer Behandlung findet man im Vergleich zu nichtmedizinischer Behandlung weniger häufig vorzeitige Behandlungsabbrüche. In einer Übersicht über die Literatur (Matakas u. Mitarb. 1978) wird grundsätzlich festgestellt, daß es keine absoluten Indikationen für bestimmte Therapieverfahren gibt. Die ambulante Therapie scheint trotz der relativ großen Zahl von Behandlungsabbrüchen nicht weniger erfolgreich als die stationäre Behandlung. Für ambulante Therapie spricht die Aufrechterhaltung des Arbeitsplatzes (sofern die sozialen Verhaltensmuster noch relativ stabil sind). Indikationen für stationäre Therapie sind vor allem soziale und psychische Instabilität. Außerdem sind Kriterien des Ablaufs der Behandlung wichtig. Ungünstig sind Abbruch der Behandlung und fehlende Nachbetreuung. Es ist aber zu betonen, daß diese Aussagen sich meist auf Arbeiten aus dem angloamerikanischen Raum stützen, während aus dem deutschen Sprachgebiet kaum vergleichbare Ergebnisse aus jüngerer Zeit vorliegen. Ein günstiger Ausgang (Abstinenz) korreliert hoch mit intervenierenden Variablen, die nicht direkt mit einer professionellen Therapie zusammenhängen: Aufbau von Hoffnung und Selbstachtung durch vermehrte Zuwendung zur Religion und zu Selbsthilfegruppen (AA), ferner soziale Rehabilitation, insbesondere Aufbau neuer Liebesbeziehungen (Vaillant 1983).

9.3 Indikationsstellung

Die Indikation für eine bestimmte Behandlung zu stellen bedeutet zunächst, eine Auswahl zu treffen im Hinblick auf mindestens drei

Variablenbereiche: den Patienten, die Behandlung und den Therapeuten („selektive Indikation"). Ein weiterer Aspekt der Indikation besteht darin, während des Behandlungsprozesses Kriterien für die Modifikation der weiteren Behandlung zu finden (adaptive Indikation) (Baumann 1981). Die bisherige Praxis der Indikationsstellung, wie sie, zumindest im deutschen Sprachraum, von professionellen und nichtprofessionellen Helfern sowie von Verwaltungsinstanzen vorgenommen wird, berücksichtigt zwar diese Gesichtspunkte implizit, ist jedoch nicht durch empirische Befunde belegt und somit nachvollziehbar. Sie beruhen lediglich auf Expertenurteil.

In den letzten Jahren wurde versucht, die Indiaktionsstellung für stationäre Behandlung auf eine empirische Grundlage zu stellen, wobei vor allem die Dauer dieser Behandlung berücksichtigt wurde. Ausgangspunkt war die MEAT-Studie (Küfner u. Mitarb. 1986, 1988). Methode und Ergebnisse können hier nur verkürzt und vereinfacht dargestellt werden.

Aufgrund der Ergebnisse der 18-Monats-Katamnese wurden Patientenmerkmale ausgesucht, die sich in prognostischer Hinsicht relevant erwiesen. Es handelte sich dabei vorwiegend um soziodemographische Merkmale. Aus diesen neun bzw. fünf Merkmalen (für Männer und Frauen getrennt) wurde jeweils ein Prognoseindex gebildet, mit dessen Hilfe die Patienten in solche mit günstiger, mittlerer und ungünstiger Prognose eingeteilt werden konnten. Diese Merkmale und Indizes wurden in der Vier-Jahres-Katamnese überprüft. Sie konnten bei den Männern in vollem Umfang, bei den Frauen weitgehend bestätigt werden. Mit Hilfe dieser Indizes wurden globale Indikationshinweise für die kurzfristige (6–8 Wochen), mittelfristige (4–5 Monate) und langfristige Behandlung (6 Monate) entwickelt. Dieses Vorgehen ist aus verschiedenen Gründen nicht ganz befriedigend. Deswegen wurden genauere Indikationsmerkmale aufgestellt, die aus verschiedenen Bereichen stammen: soziodemographische und psychologische Daten, Daten über Alkohol- und Medikamentenkonsum und Alkoholfolgekrankheiten. Mit Hilfe dieser Merkmale wurde ein Indikationsmodell entwickelt, das eine Neueinschätzung der prognostizierten Abstinenzraten für die jeweiligen Behandlungstypen gestattet. Die dabei geschätzte Verbesserung der Abstinenzraten beträgt bei Männern 13%, bei Frauen 19%.

Indikationskriterien für die ambulante Behandlung

Zusätzlich lassen sich aufgrund von Literaturangaben noch folgende Indikationen für die ambulante Therapie herausstellen (Küfner 1981): Patienten mit zwangsneurotischer Struktur (im Gegensatz zu stark soziopathischen oder hysterischen Strukturen), gute soziale Kompetenz (vor allem in Richtung Unabhängigkeit und Eigenaktivität).

10 Prävention

10.1 Allgemeines (Ciompi 1986, Feser 1977, 1980)

Man kann die Prävention psychischer Störungen (nach Caplan) in drei Maßnahmen-Gruppen einteilen:

- *Primärprävention:* Darunter versteht man zunächst wie in der somatischen Medizin die Verhütung des Erstausbruchs einer Krankheit. (Ihre Effektivität ließe sich vordergründig nach dem Rückgang der Inzidenzzahlen einer Krankheit beurteilen.) Nach neueren Definitionen (z. B. WHO 1973) gehen die Ziele der Primärprävention psychischer Störungen aber darüber hinaus. Sie beinhalten eine Verbesserung der Lebensqualität, eine Reform sozialer und gesellschaftlicher Strukturen und eine Förderung der Toleranz der Gesellschaft für individuelle Lebensformen.
- *Sekundärprävention:* Damit ist die Verkürzung der Dauer und die Verhütung von Rückfällen gemeint.
- *Tertiärprävention:* Darunter versteht man die individualisierte Verhütung von Rückfällen und weiteren ungünstigen Spätfolgen.

Sekundär- und Tertiärprävention überschneiden bzw. decken sich weitgehend mit therapeutischen und rehabilitativen Maßnahmen.

Bei der Planung präventiver Maßnahmen muß man von folgender derzeitiger Situation in Mitteleuropa ausgehen (nach Solms 1975):

- „Gestiegene Griffnähe": Alkohol ist leicht verfügbar, praktisch an allen Orten und zu jeder Zeit. Mit dem allgemeinen Wohlstand ist das „freie Geld", das auch für Alkohol einsetzbar ist, wesentlich vermehrt.
- Änderung der Trinkgewohnheiten. Es wird häufiger und mehr getrunken, häufiger zu Hause, das bedeutet ohne soziale Kontrolle. Es werden mehr höherprozentige Alkoholika, wie Wein und Spirituosen, getrunken (z. B. Feuerlein u. Küfner 1977).
- Der Alkoholkonsum entwickelt sich auch in Gruppen, die früher abstinent oder fast abstinent waren, besonders bei Frauen. Dort kommt es auch vermehrt zu Alkoholmißbrauch.
- Mit der Zunahme mancher verstärkenden Bedingungen wie Spannung, Angst, Langeweile und unbewältigter Freizeit wird die Versuchung, Alkohol (oder andere Drogen mit Mißbrauchspotential) zu konsumieren, ansteigen.

– Andererseits ist im Zuge der allgemein wachsenden Sensibilisierung für Gesundheits- und Umweltprobleme auch mit einem kritischeren Umgang mit Alkohol (wie mit anderen chemischen Substanzen) vor allem im Verkehrsbereich zu rechnen.

10.2 Ziele

Als Ziel der Alkoholismusprävention (wie der Suchtprävention überhaupt) kann gelten: abhängig machende personale und gesellschaftliche Strukturen aufzulösen und jedes Entstehen von Abhängigkeit zu verhindern (Classen u. Rennert 1980).

Dieses sehr allgemein formulierte Ziel bedarf der Konkretisierung (vgl. Renn 1982). Bei der Diskussion der Zielsetzung präventiver Maßnahmen geht es zunächst um die Frage, ob das Ziel ausschließlich in der Reduktion der Alkoholismusrate besteht oder ob gleichzeitig oder als Mittel dazu der Alkoholkonsum insgesamt vermindert werden sollte (vgl. Küfner u. Feuerlein 1978). Nach dem Konsumverteilungsmodell von Ledermann (s. 3.1.2) korreliert die Alkoholismusrate sowie der Alkoholmißbrauch mit dem Pro-Kopf-Verbrauch von Alkohol in der jeweiligen Gesellschaft. Daraus würde folgen, daß der allgemein steigende Alkoholverbrauch auch von einer entsprechend steigenden Zahl von Alkoholikern gefolgt ist.

Das Hochziel einer alkoholfreien Gesellschaft ist, zumindestens im mitteleuropäischen Bereich, utopisch. Dies schon deswegen, weil dafür in der Bevölkerung unseres Kulturkreises kein Verständnis zu gewinnen ist. Alkohol hat in einer jahrtausendelangen Tradition eine feste Stelle als rituelles Getränk und als Bestandteil unserer Trinkkultur bekommen. Darüber hinaus ist er Bestandteil sehr beliebter durstlöschender und wohlschmeckender Getränke. Es ist zu bedenken, daß alkoholische Getränke relativ einfach von nahezu jedermann aus Rohstoffen hergestellt werden können, die allgemein zugänglich sind (z. B. Obst). Des weiteren muß man sich bei der Diskussion präventiver Maßnahmen gegen den Alkoholismus vor Augen halten, daß der weitaus größte Teil der Bevölkerung in der Lage ist, seinen Alkoholkonsum in gesundheitlich und sozial vertretbaren Grenzen zu halten, allerdings unter den gegenwärtig herrschenden sozialen, psychologischen und wirtschaftlichen Verhältnissen und bei den gegenwärtig geltenden Präventivbestimmungen. Aus den genannten Gründen ist ein generelles Verbot von alkoholischen Getränken, also eine Prohibition, in Deutschland nicht diskutabel. Dies um so mehr, als man mit diesen Maßnahmen in anderen Ländern, z. B. in den USA, genügend schlechte Erfahrungen gemacht hat, so daß man schließlich wieder davon abkam. Das besagt jedoch nicht, daß nicht bestimmte Beschränkungen in der Produktion und vor allen Dingen im Vertrieb von alkoholischen Getränken eine Wirkung auf die Bekämpfung des Alkoholismus haben. Eine Reduktion des Alkoholangebots ist durchaus in der Lage, die Häufigkeit des Alkoholismus und seiner Folgekrankheiten entscheidend herabzusetzen. Dies zeigt das Beispiel des erheblichen Rückgangs von Alkoholpsychosen in den Krankenhausaufnahmen wegen Alkoholismus in Schweden, nach einer Alkoholverknappung infolge eines Streiks (Herner 1972). Dazu müssen soziale Strukturverbesserungen kommen, z. B. Verbesserung der Freizeitgestaltung, Verhinderung von Stigmatisierung von Abweichenden. Die Maßnahmen der Prävention müssen auf der Kenntnis des Entstehungsgefüges des Alkoholismus aufbauen. Viele der auf diesem Gebiet gesammelten Fakten sind aber vom Präventionsgesichtspunkt aus wenig relevant.

10.3 Methoden der Primärprävention

10.3.1 Strukturelle Maßnahmen

Darunter werden ganz allgemein Maßnahmen und Techniken verstanden, die der Eindämmung oder Ausschaltung von schädigenden Einwirkungen von seiten der Umwelt dienen.

Reduktion der „Griffnähe"

- Volle Ausschöpfung der bestehenden gesetzlichen Bestimmungen über Ausschank- und Verkaufsverbote an junge Menschen (vgl. „Aktionsprogramm zur Eindämmung und Verhütung des Alkoholmißbrauchs" der Bundeszentrale für gesundheitliche Aufklärung [1976]).
- Erhöhung der Alkoholsteuern mit dem Ziel einer ausgewogenen Erhöhung des Verkaufspreises von alkoholischen Getränken. Die Wirksamkeit entsprechender steuerlicher Maßnahmen auf die Höhe des Alkoholkonsums kann als erwiesen gelten (de Lint u. Schmidt 1971, Nielsen u. Strömgren 1969), wie Beispiele aus Kanada und Skandinavien zeigen. Dabei erscheint es wichtig, daß *alle* Alkoholika besteuert werden, jedoch in gestaffelter Höhe, entsprechend ihrem Alkoholgehalt (Flath 1975).
- Freiwillige qualitative Selbstbeschränkung der Werbung. Im Aktionsprogramm sind 16 Überlegungen zu diesem Thema niedergelegt. Die wichtigsten sind: Verbot der Werbung, die auf die Wirkung von Alkoholika zielt bzw. die speziell auf Jugendliche zugeschnitten ist. In diesem Zusammenhang ist darauf hinzuweisen, daß der Einfluß der Werbung auf das Ausmaß des Alkohol*miß*-*brauchs* bislang nicht verläßlich abgeschätzt werden kann.
- Einzelmaßnahmen wie
  o temporäre und lokale Restriktion des Alkoholangebotes, z. B. Verbot des Alkoholvertriebs in Autobahnraststätten und Tankstellen sowie zu bestimmten Tageszeiten (z. B. in den späten Nachtstunden),
  o Restriktion des Alkoholangebotes in Betrieben (z. B. Abschaffung von Bierautomaten, Abschaffung von Alkoholnaturallieferungen [sog. Deputaten] an Betriebsangehörige von alkoholproduzierenden Industrien, Ersatz der kostenlos gelieferten Alkohol-

getränke in Hitze- und Durstberufen durch alkoholfreie Getränke einschließlich des sog. alkoholfreien Bieres (Feuerlein 1974).

10.3.2 Kommunikative Maßnahmen

Hier geht es darum, den Widerstand des Individuums gegen künftige schädigende Einflüsse zu erhöhen. Barrieren gegen die Entwicklung riskanter Gewohnheiten aufzubauen.

Verbesserung der Aufklärung der Allgemeinbevölkerung

Durch die Information in den Massenmedien soll zwar letztlich die Gesamtbevölkerung beeinflußt werden, doch hat es sich als zweckmäßig erwiesen, sich vorwiegend an Zielgruppen zu wenden. Die Gründe dafür sind folgende (Küfner u. Feuerlein 1978):

- Nach der Zweistufentheorie des Kommunikationsflusses wirkt der Einfluß der Massenmedien (und damit auch der Aufklärungskampagne) zunächst auf sog. Meinungsführer, die die eigentliche Zielgruppe darstellen. Meinungsführer gibt es in allen sozialen Schichten und für alle Lebensbereiche. Es ist anzunehmen, daß im Gesundheitsbereich die Berufsgruppen der Ärzte, Psychologen und Sozialarbeiter eine Schlüsselfunktion ausüben (Janz 1980).
- Die Präventionskampagnen sollen auf die Einstellungs- und Motivationsstruktur einer Zielgruppe optimal abgestimmt sein.
- Aus ökonomischen Gründen sollen die vorhandenen Mittel auf bestimmte Gruppen konzentriert werden.

Die zweite, eigentliche Zielgruppe ist typischerweise eine Risikogruppe. Ihre Definition ist schwierig, da Alkohol grundsätzlich von sehr vielen konsumiert wird und auch die Zahl der Starkkonsumenten mit potentieller Mißbrauchs- bzw. Abhängigkeitsgefährdung relativ hoch ist. Andererseits ist die Bestimmung einer Zielgruppe vom prophylaktischen Standpunkt aus wichtig. Hier könnte dann auch eine Individualprävention einsetzen, die darauf abzielt, die Resistenz des einzelnen zu erhöhen. Dazu kommt die Sicherstellung planungsgerechten Vorgehens, z. B. des Zugangs und der aktiven Teilnahme der Zielgruppe (z. B. Abbau von Schwellenangst).

Besser als breit angelegte, aber punktuell-episodische Aufklärungskampagnen sind vermutlich häufiger wiederholte aufklärende Beiträge in den Gesundheitsteilen von Illustrierten bzw. Gesundheitsprogrammen von Hörfunk und Fernsehen.

Verbesserung der Aufklärung der Fachleute

Bessere Information der Fachleute, die mit Alkoholikern beruflich zu tun haben (besonders Ärzte, Psychologen, Sozialarbeiter), ferner der

Studenten, insbesondere der Medizin, Psychologie, Sozialpädagogik, Pädagogik, Publizistik, Jurisprudenz. Das bisherige Angebot an Vorlesungen und Lehrbüchern auf dem Gebiet des Alkoholismus ist unzureichend.

Bessere Information und Schulung von Organisationen wie Polizei, Bundeswehr, Durchführung einer „Alkoholerziehung" (etwa analog der Verkehrs- und Sexualerziehung) in den Schulen.

10.3.3 Allgemeine sozialhygienische Maßnahmen

– Besserung der psychohygienischen Maßnahmen zur Vermeidung potentieller, zum Alkoholismus führender Konflikte, insbesondere Förderung der Eheberatung und Lebensberatung,
– edukative Maßnahmen besonders im Bereich der Erwachsenenbildung zur besseren Bewältigung der Freizeit,
– Abbau des Images des Alkoholkonsumenten in der Öffentlichkeit und den Massenmedien,
– neue Formen der „Gegensteuerung" durch Entwicklung geeigneter Einsichten mit Vorbildwirkung müssen angestrebt werden (z. B. alkoholfreie [Jugend-]Gaststätten und Jugendfreizeitheime).
– Zu erwägen wäre die Propagierung eines systematisch induzierten Lernprozesses, durch den Jugendliche durch Aufklärung, vor allem aber durch „Lernen am Modell" der Eltern oder Gleichaltriger zum sinnvollen und risikobewußten Umgang mit der Allerweltsdroge Alkohol erzogen werden sollen.

10.4 Sekundärprävention (Feuerlein 1969)

– Früherfassung von Alkoholikern durch Vorsorgeuntersuchungen des besonders gefährdeten Personenkreises, also von Angehörigen von Alkoholberufen,
– Verbesserung der Behandlungsmöglichkeiten im ambulanten und stationären Bereich sowie in der Nachsorge, Verbesserung der rehabilitativen Maßnahmen.
  Dazu ist es erforderlich, die bestehenden Einrichtungen zu erweitern, um zu einem flächendeckenden, bedarfsgerechten Netz solcher Einrichtungen zu kommen.

Ein gesondertes, wichtiges Problem stellt die Beurteilung der Wirksamkeit präventiver Maßnahmen dar (Renn 1982).

Dafür sind bereits Prinzipien erarbeitet worden, z. B. Ausweitung von Teilnehmerzahlen in Programmen.

11 Rechtsfragen

B. Schulte, München, W. Laubichler, Salzburg, und R. Müller, Lausanne

11.1 Zivilrechtliche Aspekte

11.1.1 Entmündigung, Vormundschaft und Pflegschaft

11.1.1.1 Bundesrepublik Deutschland

Ein Alkoholiker kann *wegen „Trunksucht"* entmündigt werden, wenn er wegen Abhängigkeit vom Alkoholgenuß seine Angelegenheiten nicht mehr zu besorgen vermag; ferner kann entmündigt werden, wer infolge von Trunksucht sich oder seine Familie der Gefahr des Notstandes aussetzt oder die Sicherheit anderer gefährdet (§ 6 Abs. 1 Ziff. 3 BGB). Aus den beiden zuletzt genannten Alternativen ergibt sich, daß die Vorschrift auch die Interessen Dritter schützen soll. Durch die Entmündigung wird dem Betroffenen die Geschäftsfähigkeit genommen, d. h. die Fähigkeit, Rechtsgeschäfte wirksam vorzunehmen. Während der wegen Geisteskrankheit Entmündigte geschäftsunfähig ist wie ein Kind, welches das siebte Lebensjahr nicht vollendet hat (§ 104 BGB), ist der wegen Trunksucht Entmündigte lediglich in der Geschäftsfähigkeit beschränkt und steht insofern einem Minderjährigen, d. h. jemandem, der das siebte Lebensjahr vollendet, aber das 18. Lebensjahr noch nicht erreicht hat, gleich (§ 114 BGB). Ein in der Geschäftsfähigkeit Beschränkter kann selbständig rechtswirksam nur solche Rechtsgeschäfte vornehmen, durch die er lediglich einen rechtlichen Vorteil erlangt; zu anderen Rechtsgeschäften bedarf er der Einwilligung seines gesetzlichen Vertreters (§ 107 BGB). Die Entmündigung erfolgt auf Antrag durch Beschluß des Amtsgerichts (§ 680 Abs. 1 u. 2 ZPO).

Antragsberechtigt sind neben dem Ehegatten und den Verwandten des zu Entmündigenden vom jeweiligen Landesrecht bestimmte Behörden (§ 680 Abs. 5 ZPO). Ist die Entmündigung wegen Trunksucht beantragt, so kann das Gericht die Beschlußfassung über die Entmündigung aussetzen, wenn Aussicht besteht, daß der zu Entmündigende sich bessern wird (§ 681 ZPO). Gegen einen Beschluß, der die Entmündigung ausspricht, kann der Betroffene binnen eines Monats klagen. Die Entmündigung muß wieder aufgehoben werden, wenn feststeht, daß ein Entmündigungsgrund nicht oder nicht mehr vorliegt; die Feststellung einer Besserung gegenüber dem Zeitpunkt der Entmündigung ist nicht notwendig.

Eine volljährige Person, deren Entmündigung beantragt ist, kann unter sog. *vorläufige Vormundschaft* gestellt werden, wenn das Gericht dies zur Abwendung einer Gefährdung der Person oder des Vermögens des Betroffenen für erforderlich hält (§ 1906 BGB). Die vorläufige Vormundschaft setzt einen gültigen Entmündigungsantrag voraus: Sie endet entweder mit der Rücknahme bzw. mit der rechtswirksamen Abweisung des Antrags auf Entmündigung oder mit der Bestellung eines Vormundes; sie ist aufzuheben, wenn der Mündel dieses Schutzes nicht mehr bedarf.

Wie die Vormundschaft stellt auch die *Pflegschaft* eine fürsorgliche Tätigkeit für eine Person dar. Allerdings läßt sie grundsätzlich die *Geschäftsfähigkeit* des Pflegebefohlenen unberührt. Die Pflegschaft kommt in Form der sog. *Gebrechlichkeitspflegschaft* in Betracht, wenn ein Volljähriger infolge körperlicher oder geistiger Gebrechen seine Angelegenheiten, insbesondere seine Vermögensangelegenheiten, nicht mehr besorgen kann (§ 1910 BGB). Der Gebrechliche kann dann für alle, einzelne oder einen bestimmten Kreis seiner Angelegenheiten einen Pfleger erhalten, dessen Wirkungskreis entsprechend dem hervorgetretenen Schutzbedürfnis des Pfleglings zu bemessen ist. Die Fähigkeit des Betroffenen, im Rechtsverkehr eigenverantwortlich zu handeln, wird durch die Bestellung eines Pflegers nicht beeinträchtigt. Auch eine Beeinträchtigung der staatsbürgerlichen Rechte und Pflichten (z. B. des Wahlrechts) tritt nicht ein.

11.1.1.2 Österreich

Mit 1.7.1984 ist die aus der Monarchie stammende österreichische Entmündigungsordnung ausgelaufen und wurde durch das neue Gesetz der Sachwalterschaft abgelöst, das flexiblere Abstufungen der Rechtsfürsorge ermöglicht. Je nach Art und Grad der Auswirkung psychischer Beeinträchtigungen auf die Regelung der Lebensverhältnisse und Rechtsgeschäfte des Alltags ist die Betreuung durch den Sachwalter

- nur für einzelne Angelegenheiten,
- für einen umschriebenen Kreis von Angelegenheiten oder
- für alle Lebensbereiche des Betroffenen vorgesehen.

Voraussetzung dazu ist gemäß § 273 ABGB, daß die betroffene Person an einer psychischen Krankheit oder an einer geistigen Behinderung leidet; gleichzeitig wird jedoch gefordert, daß diese Person deswegen alle oder einzelne ihrer Angelegenheiten nicht ohne Gefahr eines Nachteiles für sich selbst besorgen kann (Ent u. Hopf 1983). Die Bestellung eines Sachwalters ist unzulässig, wenn der Betreffende durch andere Hilfen, besonders im Rahmen seiner Familie oder von Einrichtungen der öffentlichen oder privaten Behindertenhilfe in die

Lage versetzt werden kann, seine Angelegenheiten im erforderlichen Ausmaß zu besorgen; d. h., das Gericht greift nur mit dem Instrument der Sachwalterschaft ein, wenn konkrete Schwierigkeiten auftreten, die nicht mehr von Familie usw. kompensiert werden. Der Eingriff gemäß der eingangs genannten Dreiteilung der Aufgabenbereiche des Sachwalters orientiert sich nicht ausschließlich am Schweregrad der Behinderung des Patienten, sondern auch an den Erfordernissen der konkreten Situation. Für den Begriff einer „geistigen Behinderung" nennt der Gesetzgeber zwei wesentliche Komponenten:

- ein intellektueller Entwicklungsrückstand, der beträchtlich unter dem Durchschnitt liegt und der seit frühem Lebensalter vorhanden ist,
- eine auffallende Schwächung der Anpassungsfähigkeit an soziale Anforderungen der Gesellschaft.

Damit ist der Ausdruck „geistige Behinderung" praktisch auf Schwachsinn beschränkt, und dementive Abbauzustände können diagnostisch nicht mehr als geistige Behinderung benannt werden. Früher wurde unter dem Begriff der „Geistesschwäche" Schwachsinn und Demenz zusammengefaßt (Laubichler u. Ruby 1985). Der Begriff „psychische Krankheit" wurde zwar wohl auf Psychosen bzw. psychotische Defektzustände usw. projiziert, muß jetzt aber auch dementive Zustandsbilder aufnehmen.

Parallel zur neuen gesetzlichen Regelung wurde auch ein „Verein für Sachwalterschaft" geschaffen, um geschulte und erfahrene Sachwalter in genügender Anzahl sicherzustellen. Aus finanziellen Gründen hinkt der Ausbau dieses Vereins für Sachwalter den tatsächlichen Erfordernissen nach. Sind ausschließlich oder vorwiegend rechtliche Angelegenheiten für den Patienten zu regeln (z. B. Vertretung in einem Zivilprozeß usw.), dann wird in der Regel ein Rechtsanwalt oder Notar zum Sachwalter bestellt.

Im Gegensatz zur ausgelaufenen Entmündigungsordnung kann Sucht oder Alkoholismus Sachwalterschaft nicht mehr begründen. Nur wenn der Alkoholmißbrauch Ausdruck einer psychischen Krankheit darstellt, d. h. symptomatischer Alkoholismus vorliegt, oder wenn eine Alkoholpsychose bzw. Alkoholdemenz vorliegt, kann ein Sachwalter bestellt werden. Allerdings wurde schon in der Auslaufperiode der Entmündigungordnung „Trunksucht" selten zu einem Entmündigungsgrund (Laubichler u. Ruby 1985). Das neue Gesetz hat im übrigen ein altes Ärgernis (bis jetzt) nicht beseitigt: Der unter Sachwalterschaft Stehende verliert automatisch das Wahlrecht, auch dann, wenn er nur für eine einzige Angelegenheit, z. B. zur Vertretung in einem Zivilprozeß, Scheidungsverfahren usw. einen Sachwalter erhält (Laubichler u. Ruby 1987).

11.1.1.3 Schweiz

In der Schweiz kann ein Alkoholiker entmündigt werden, sofern er sich oder seine Familie der Gefahr des Notstandes oder der Verarmung aussetzt (Art. 370, Schweizerisches Zivilgesetzbuch, ZGB).

Allerdings darf eine Person wegen Trunksucht nicht entmündigt werden, ohne daß sie vorher angehört worden ist (Art. 374 ZGB). Das Entmündigungsverfahren obliegt kantonaler Jurisdiktion (Art. 373 ZGB). Zwar ist eine Bevormundung im Amtsblatt des Wohnsitzes des Entmündigten zu publizieren, doch kann eine Aufsichtsbehörde eine Verschiebung der Veröffentlichung bewilligen, solange der Trunksüchtige in einer Anstalt untergebracht ist (Art. 375 ZGB). Die Aufhebung einer wegen Trunksucht angeordneten Vormundschaft darf der Bevormundete nur beantragen, wenn er seit mindestens einem Jahr hinsichtlich des Bevormundungsgrundes keinen Anlaß zu Beschwerden mehr gegeben hat (Art. 437 ZGB). Die Behörde ist zur Aufhebung verpflichtet, sobald der Grund zur Bevormundung nicht mehr besteht (Art. 433 ZGB).

11.1.2 Geschäftsfähigkeit

11.1.2.1 Bundesrepublik Deutschland

Nach § 104 Ziff. 2 BGB ist *geschäftsfähig,* wer sich in einem die freie Willensbestimmung ausschließenden Zustand krankhafter Störung der Geistestätigkeit befindet, sofern nicht der Zustand seiner Natur nach ein vorübergehender ist. Eine derartige krankhafte Störung kann auch auf einer – evtl. längerdauernden – Alkoholpsychose beruhen. Bei einer kurzdauernden Störung, etwa einem Alkoholrausch, liegt demgegenüber keine Geschäftsunfähigkeit vor. Gemäß § 105 Abs. 2 BGB ist eine Willenserklärung nichtig, die im Zustande der Bewußtlosigkeit oder der vorübergehenden Störung der Geistestätigkeit abgegeben wird. Hier wird nicht auf die Krankhaftigkeit einer Störung und auf eine bestimmte, nicht nur vorübergehende Dauer der Störung abgestellt, sondern es genügt das Vorliegen der Bewußtlosigkeit oder der vorübergehenden Störung der Geistestätigkeit.

Bewußtlosigkeit erfordert kein völliges Fehlen des Bewußtseins mit der Folge, daß dann bereits tatbestandlich überhaupt keine Willenserklärung vorliegt, sondern es genügt eine hochgradige Bewußtseinstrübung, die das Erkennen von Inhalt und Wesen einer Handlung ganz oder in bestimmter Richtung ausschließt. Eine derartige Beeinträchtigung kann auch bei Trunkenheit vorliegen, wobei die Frage, ob der Betroffene den Zustand verschuldet hat, keine Rolle spielt.

11.1.2.2 Österreich

Die Geschäftsfähigkeit wird durch das Allgemeine Bürgerliche Gesetzbuch (ABGB) geregelt. § 865 bestimmt, daß Kinder unter sieben Jahren und Personen über sieben Jahren, die den Gebrauch der Vernunft nicht haben, mit Ausnahme von geringfügigen Geschäften des täglichen Lebens unfähig sind, „ein Versprechen zu machen oder es anzunehmen", es wird „Handlungsunfähigkeit" angenommen.

Es bestehen Einschränkungen, z. B. „Der nur von bestimmten Wahnideen Beherrschte ist außerhalb dieses Gebietes vertragsfähig." Diese Bestimmung wurde vor allem in Hinblick auf paranoide Patienten getroffen und kann etwa bei alkoholischem Eifersuchtswahn wirksam werden. Weiter: „Der Alkoholiker ist handlungsfähig, wenn nicht zur Zeit eine akute Alkoholvergiftung besteht." Die Handlungsunfähigkeit wird angenommen, wenn die geistigen Fähigkeiten der behinderten Personen einen Vergleich mit den Fähigkeiten eines Kindes unter sieben Jahren zuläßt.

Konkreter wird § 869 ABGB, der bestimmt, daß die Einwilligung in einen Vertrag „frei, ernstlich bestimmt und verständlich" erklärt werden muß, um gültig zu sein. Hierzu wird weiter ausgeführt: „Der im Rausche (wenngleich nicht in Volltrunkenheit) geschlossene Vertrag kann mangels Ernstlichkeit des Willens ungültig sein." Das heißt, für Rechtsgeschäfte ist der Begriff einer alkoholischen Beeinträchtigung wesentlich weiter gefaßt als im Strafrecht, wo nur Volltrunkenheit zurechnungsunfähig macht.

11.1.2.3 Schweiz

Nach schweizerischem Recht ist handlungsfähig (geschäftsfähig), wer mündig (vollendetes 20. Lebensjahr) und urteilsfähig ist (Art. 12 ZGB). Urteilsfähig im Sinne des Gesetzes ist jeder, dem nicht wegen seines Kindesalters oder infolge von Geisteskrankheit, Geistesschwäche, Trunksucht oder ähnlichen Zuständen die Fähigkeit mangelt, vernunftgemäß zu handeln (Art. 16 ZGB).

11.1.3 Reformbestrebungen

11.1.3.1 Bundesrepublik Deutschland

Spätestens seit Veröffentlichung der *Psychiatrieenquête* im Jahre 1975 wird in der Bundesrepublik Deutschland über die *Reform des Entmündigungs-, Vormundschafts- und Pflegschaftsrechts* diskutiert. Die Reformdiskussion ist mittlerweile in ein entscheidendes Stadium getreten. Eine vom Bundesminister der Justiz eingesetzte interdisziplinäre Arbeitsgruppe „Neuregelung des Entmündigungs-, Vormundschafts-

und Pflegschaftsrechts" hat Ende 1987/Anfang 1988 einen zweiteiligen „Diskussionsteilentwurf eines Gesetzes über die Betreuung Volljähriger (Betreuungsgesetz – BtG)" vorgelegt. Dieser Entwurf trägt der am geltenden Recht geübten Kritik Rechnung, die u. a. folgende Punkte betrifft:

- die Uneinheitlichkeit und Schwerfälligkeit des Verfahrens;
- die zu hohe Entmündigungsrate;
- die Überlastung von Vormündern und Pflegern durch eine zu große Zahl zu betreuender Mündel und Pfleglinge;
- der Mangel an Fachärzten mit ausreichenden Kenntnissen und Erfahrungen für die Begutachtung;
- die überholte, diskriminatorische gesetzliche Terminologie;
- die mangelhafte (insbesondere Personen-)Sorge der (zu wenigen) Vormünder und Pfleger;
- die rechtsstaatlich bedenkliche Unverhältnismäßigkeit der getroffenen Rechtsbeschränkungen;
- die Therapiefeindlichkeit des geltenden Rechts.

Die geplante Neuregelung soll folgende Grundzüge aufweisen: das Nebeneinander von Vormundschaft und Pflegschaft über Volljährige soll durch ein einheitliches, aber flexibles Rechtsinstitut („Betreuung") abgelöst werden; das neue Recht soll stärker auf das individuelle Betreuungsbedürfnis des Betroffenen eingehen und seine verbliebenen Fähigkeiten berücksichtigen und stärken (m. a. W.: rehabilitativ sein); in die Rechte des Betroffenen soll nur eingegriffen werden, soweit dies erforderlich ist; die mit dem automatischen Wegfall der Geschäftsfähigkeit verbundene „Totalentmündigung", wie sie das geltende Recht bei „Geisteskrankheit" vorsieht (s. o. 10.1.1.1), soll deshalb entfallen; die Überbetonung der vermögensrechtlichen Aufgaben des heutigen Vormunds/Pflegers soll abgebaut und statt dessen soll die persönliche Betreuung (durch den „Betreuer") in den Vordergrund gerückt werden; die als diskriminierend empfundene Bezeichnung Volljähriger als „Mündel" oder „Pflegling" soll ersetzt werden; an die Stelle des Nebeneinanders von ZPO- und FGG-Verfahren soll ein einheitliches Verfahren der freiwilligen Gerichtsbarkeit treten; dieses Verfahren soll so ausgestaltet werden, daß die rechtsstaatlichen Garantien gewährleistet sind; die materiellen Voraussetzungen der zivilrechtlichen Unterbringung sollen im Gesetz ausdrücklich geregelt werden; die öffentliche Bekanntmachung der „Entmündigung" wegen Verschwendung, Trunksucht oder Rauschgiftsucht soll entfallen. Trunksucht und Rauschgiftsucht sollen überdies keine eigenständigen gesetzlichen Tatbestände sein, an die eine zivilrechtliche Betreuungsmaßnahme geknüpft wird, vielmehr soll ganz allgemein an das Vorliegen einer körperlichen, psychischen oder geistigen Behinderung angeknüpft werden, die zur Folge hat, daß der Betroffene seine Angelegenheiten ganz oder teilweise nicht zu besorgen vermag. Damit wird dem Umstand Rechnung getragen, daß Ende 1981 die Entmündigungsgründe Trunksucht (6%) und Rauschgiftsucht (0,1%) nur eine recht untergeordnete Rolle spielten und auch ihre Abgrenzug zu den Entmündigungsgründen „Geisteskrankheit" und „Geistesschwäche" recht willkürlich war. Vorgesehen ist auch, die gegenwärtig bestehende Einschränkung im Wahlrecht für Personen, die entmündigt sind, unter vorläufiger Vormundschaft oder wegen geistigen Gebrechens unter Pflegschaft stehen, abzuschaffen.

Nach den derzeitigen Vorstellungen des Bundesministers der Justiz soll das neue „Betreuungsrecht" noch in der jetzigen Legislaturperiode vom Parlament verabschiedet werden.

11.1.4 Eherecht

11.1.4.1 Bundesrepublik Deutschland

Die Trunksucht in allen ihren Erscheinungsformen kann Zerrüttungsursache bei der Ehescheidung i. S. d. § 1565 Abs. 1 BGB sein. Im Gegensatz zum alten Recht kommt Verschuldensgesichtspunkten keine ausschlaggebende Rolle mehr zu. Es gibt auch keine absoluten Scheidungsgründe mehr. Vielmehr stehen nach neuem Recht grundsätzlich alle Zerrüttungsursachen auf einer Stufe. Es kommt auf eine individualisierte Zerrüttungsdiagnose in bezug auf die konkrete Ehe an. Zerrüttungsursachen können auch bereits die Gefährdung des Unterhalts der Familie, die rücksichtslose oder rohe Behandlung des Ehegatten oder anderer Familienangehöriger, sowie der Verlust der allgemeinen Achtung als Folgen des trunksüchtigen Verhaltens sein.

Auch geistige Störungen kommen bei Alkoholikern als Zerrüttungsursache in Betracht. Allerdings ist stets die Intensität und Dauer der Störung sowie allgemein ihre ehezerstörende Wirkung im Einzelfall ausschlaggebend.

Leben die Ehegatten noch nicht ein Jahr getrennt, so kann die Ehe nur unter verschärften Voraussetzungen geschieden werden, nämlich dann, wenn die Fortsetzung der Ehe aus in der Person des anderen Ehegatten liegenden Gründen eine unzumutbare Härte darstellen würde (§ 1565 Abs. 2 BGB). Umstände, die eine „unzumutbare Härte" begründen, können insbesondere auch Alkoholmißbrauch, Gewalttätigkeiten oder Bedrohungen mit Gewalttätigkeiten im Rausch u. ä. sein. Auf ein Verschulden des Ehegatten, der die Zerrüttungsursache gesetzt hat, kommt es hier gleichfalls nicht an.

11.1.4.2 Österreich

Entgleisungen und Fehlverhalten im Rahmen einer Trunksucht können zum Tatbestand einer Eheverfehlung im Sinne des § 49 des Ehegesetzes werden. Liegt eine Geisteskrankheit vor (z. B. alkoholischer Eifersuchtswahn), so kann der § 51 wirksam werden, der besagt: „Ein Ehegatte kann die Scheidung begehren, wenn der andere geisteskrank ist, die Krankheit einen solchen Grad erreicht hat, daß die geistige Gemeinschaft zwischen den Ehegatten aufgehoben ist und eine Wiederherstellung dieser Gemeinschaft nicht mehr erwartet werden kann."

In diesem Fall ist eine Scheidung vom erkrankten Ehepartner möglich, ohne daß diesem ein Eheverschulden angerechnet werden kann, was rechtliche Folgen in bezug auf Alimentationsverpflichtungen usw. hat. § 50 bestimmt weiter, daß ein „auf geistiger Störung beruhendes Verhalten" ähnlich wie die Geisteskrankheit (§ 51) einen Scheidungsgrund darstellen kann. Im Kommentar wird dazu noch ausgeführt, daß „Rauschgiftsucht" diese Voraussetzung schaffen kann. Bei Alkoholikern kommt § 50 für ein Ehescheidungsvefahren allerdings selten zur Anwendung, wie auch im Rahmen eines lang zurückreichenden Ehekonflikts der Alkoholismus eines Partners meist nur in der Endphase ein Eheverschulden in Frage stellen kann.

11.1.4.3 Schweiz

Mißhandlung, schwere Ehekränkung (Art. 138 ZGB), unehrenhafter Lebenswandel (Art. 139 ZGB) können im Zusammenhang mit der Trunksucht eines Ehegatten Scheidungsgründe sein. Ebenso kann analog dem deutschen Recht die Trunksucht Zerrüttungsursache bei der Ehescheidung sein (Art. 142 ZGB).

11.2 Strafrechtliche Aspekte

11.2.1 Schuldunfähigkeit, verminderte Schuldfähigkeit und Vollrausch

11.2.1.1 Bundesrepublik Deutschland

Nach § 20 StGB handelt ohne Schuld, wer bei Begehung der Tat wegen einer krankhaften seelischen Störung, wegen einer tiefgreifenden Bewußtseinsstörung, wegen Schwachsinns oder einer schweren anderen seelischen Abartigkeit unfähig ist, das Unrecht der Tat einzusehen oder nach dieser Einsicht zu handeln. § 21 StGB bestimmt, daß dann, wenn die Fähigkeit des Täters, das Unrecht der Tat einzusehen oder nach dieser Einsicht zu handeln, aus einem der in § 20 StGB bezeichneten Gründe bei Begehung der Tat erheblich vermindert ist, die Strafe nach § 49 Abs. 1 StGB gemindert werden kann. Die Voraussetzungen dafür sind allerdings bei Rauschzuständen erst dann erfüllt, wenn die psychischen Beeinträchtigungen einen erheblichen Grad erreicht haben. Bei gewöhnlichen Rauschzuständen ist das im allgemeinen noch nicht der Fall. Die Beurteilung ist oft sehr schwierig. Nach Langelüddecke (1971) kann man bei Alkoholikern in der Annahme der Schuldfähigkeit prinzipiell mehr oder weniger weit gehen, je nachdem, ob man das Vergeltungsprinzip oder den Schutz der Gesellschaft voranstellt. Der dadurch entstehenden Rechtsunsicherheit wirkt die Vorschrift des § 323a StGB entgegen. Danach wird mit Freiheitsstrafe bis zu fünf Jahren oder mit Geldstrafe bestraft, wer sich vorsätzlich oder fahrlässig durch alkoholische Getränke oder andere berauschende Mittel in einen Rausch versetzt, in diesem Zustand eine rechtswidrige Tat begeht und ihretwegen nicht bestraft werden kann, weil er infolge des Rauschzustandes schuldunfähig war oder weil Schuldunfähigkeit nicht auszuschließen ist. Die Strafe, die wegen Vollrausches verhängt wird, darf nicht schwerer sein als diejenige, die für die im Rausch begangene Tat (sog. Rauschtat) angedroht ist. § 323 Abs. a StGB ist als Auffangtatbestand zu verstehen, der nicht nur die Fälle umfaßt, in denen die Schuldunfähigkeit feststeht, sondern auch diejenigen, in denen sie (nach dem Grundsatz in dubio pro reo) nicht auszuschließen ist. §323a StGB setzt ferner voraus, daß sich der Täter vorsätzlich oder fahrlässig in den Rauschzustand versetzt hat; ist dies nicht der Fall, weil z. B. dem Täter noch nicht bekannt war, wie er auf Alkohol reagiert (z. B. bei einem Jugendlichen) oder daß er schon auf geringe Alkoholmengen abnorm reagiert, so entfallen Schuld und Strafbarkeit. Ist andererseits dem Betroffenen eine pathologische Reaktionsweise auf Alkohol bekannt, dann ist von ihm zu verlangen, daß er abstinent bleibt. Bei chronischen Alkoholikern, bei denen das Trinken zur körperlich bedingten Sucht geworden ist, kann man überdies wohl kaum lediglich Fahrlässigkeit in bezug auf das Hineingleiten in den Rausch annehmen; hier wird vielmehr in der Regel bedingter Vorsatz gegeben sein. Die Begehung der Rauschtat, d. h. der im Rauschzustand begangenen rechtswidrigen Tat, ist bloße Strafbarkeitsbedingung in dem Sinne, daß eine rechtswidrige Tat überhaupt nur vorliegen muß.

Das strafrechtlich geschützte Rechtsgut ist hier nämlich nur in zweiter Linie das durch die Rauschtat verletzte Gut, sondern § 323a StGB dient primär vielmehr dem Schutz der Allgemeinheit vor der von berauschten Personen erfahrungsgemäß ausgehenden Gefahr. Der Vollrausch ist insofern ein sog. *abstraktes Gefährdungsdelikt.*

Vorsatz und Fahrlässigkeit dürfen sich nicht auf die Rauschtat beziehen. Versetzt sich jemand in einen die Schuldfähigkeit ausschließenden Rausch mit dem Vorsatz, in diesem Rausch eine bestimmte Straftat (z. B. eine Körperverletzung, § 223 StGB) zu begehen, und begeht er diese Tat anschließend auch, so ist er deshalb nicht nach § 323a StGB, sondern nach der Strafvorschrift (z. B. § 223 StGB) zu beurteilen, die er im Rausch verletzt hat (sog. Actio libera in causa). Dies gilt auch dann, wenn der Betroffene sich fahrlässig in einen solchen Rauschzustand versetzt hat und außerdem fahrlässig nicht bedacht hat, daß er im Rauschzustand eine Straftat, z. B. eine Körperverletzung, begehen könnte (sog. fahrlässige Actio libera in causa). Die Vorschrift des § 323a StGB ist rechtsdogmatisch wie rechtspolitisch äußerst umstritten.

Bei der strafrechtlichen Beurteilung von Rauschdelikten ist zu prüfen, ob ein Alkoholrausch im Gefüge einer Tatsituation den Rang eines katalysierenden Faktors einnimmt oder ob sich die Straftat aus einem Zustand entwickelt, der die Erlebniskontinuität in der Art eines Ausnahmezustandes durchbricht. Letzteres liegt nahe, wenn die Tat als persönlichkeitsfremd anzusehen ist, wenn das Verhalten im Rausch eine Sinnlosigkeit erkennen läßt oder wenn während des Rausches eine Amnesie besteht. Die Rauschzustände nach ihrem Schweregrad einzuteilen ist problematisch, weil der Rauschzustand ja nicht nur von der Höhe des Blutalkoholspiegels, sondern auch von einer Reihe anderer Faktoren abhängt, z. B. von der körperlichen Konstitution, der psychologischen Struktur, der aktuellen körperlichen Verfassung, Befindlichkeit und Erlebniskonstellation. Immerhin läßt sich sagen, daß der leichte Rausch i. d. R. noch nicht die Anwendung der §§ 20, 21 StGB rechtfertigt (vgl. 4.2.1). Der mittelgradige Rausch läßt hingegen zumeist keine Delikte mehr zu, die planmäßiges, zielgerichtetes Verhalten erfordern; hingegen kommt es häufig zu Aggressionshandlungen. Die Anwendung des § 21 StGB ist in diesem Falle oft geboten wegen des Vorliegens erheblich verminderter Steuerungsfähigkeit, d. h., weil das Hemmungsvermögen des Täters so herabgesetzt ist, daß er Tatreizen erheblich weniger Widerstand entgegensetzen kann, als dies im normalen, rauschfreien Zustand der Fall ist. Der schwere Rausch, in dem persönlichkeitsfremde Taten mit Sinnlosigkeit des Verhaltens vorherrschen, gebietet häufig die Anwendung des § 20 StGB. Die strafrechtliche Beurteilung komplizierter Räusche wirft oft schwierige Probleme auf. Bei Delikten, die im alkoholischen Eifersuchtswahn begangen werden, kann die Abgrenzung gegenüber einer abnormen, noch verständlichen Eifersuchtsreaktion einerseits sowie gegenüber einer paranoiden Schizophrenie oder auch gegenüber einer paranoiden Alterspsychose andererseits sehr schwierig sein. Beim ausgeprägten Eifersuchtswahn verliert das Erleben in den von der Wahnthematik beherrschten Bereichen seine Sinnordnung, auch wenn der Wahnträger in anderen Bereichen eine ungestörte Verantwortungsfähigkeit zeigt.

11.2.1.2 Österreich

Das österreichische Strafrecht unterscheidet sich vom deutschen vor allem dadurch, daß es den Begriff einer verminderten Schuldfähigkeit für den Psychiater nicht gibt. Der psychiatrische Sachverständige hat nur die Zurechnungsfähigkeit festzustellen oder auszuschließen (§ 11 österr. StGB).*

Es bleibt dem richterlichen Ermessen vorbehalten, aus dem psychiatrischen Gutachten besondere Milderungsgründe (bzw. eine Schuldverminderung) herauszulesen. Gemäß § 34, Z. 1 österr. StGB gilt als besonderer Milderungsgrund: „Wenn der Täter die Tat ... unter dem Einfluß eines abnormen Geisteszustandes begangen hat, wenn er schwach an Verstand ist oder wenn seine Erziehung sehr vernachlässigt worden ist."

Die Fähigkeit, das Unrecht der Tat einzusehen, wird als Diskretionsfähigkeit bezeichnet, die Fähigkeit, danach das Verhalten zu steuern, als Dispositionsfähigkeit. Hebt ein Vollrausch oder ein abnormer bzw. „pathologischer" Rausch das Diskretions- und/oder Dispositionsvermögen auf, dann ist der Täter für seine Tat zurechnungsunfähig. Die akute Alkoholintoxikation entspricht in diesem Fall einer tiefgreifenden Bewußtseinsstörung. Der Täter wird aber bestraft, sich vorsätzlich oder fahrlässig in diesen schweren Rauschzustand versetzt zu haben, wobei § 287 des österr. StGB dem § 323a des deutschen StGB ähnelt.

Als Höchststrafe gilt in Österreich hierfür eine Freiheitsstrafe bis zu drei Jahren oder eine Geldstrafe bis zu 360 Tagessätzen, wobei aber (ähnlich wie im deutschen StGB) festgehalten wird: „Die Strafe darf jedoch nach Art und Maß nicht strenger sein, als sie das Gesetz für die im Rausch begangene Tat androht." Versetzt sich ein Täter in eine schwere Alkoholintoxikation mit dem Vorsatz, eine Tat zu begehen (Actio libera in causa), so wird der § 287 des österr. StGB nicht wirksam. Begeht ein Täter bei relativ niedriger Alkoholisierung infolge eines (komplizierten abnormen bzw. „pathologischen") Rausches ein Delikt, so gilt er als schuldunfähig, wenn er sich seiner abnormen Alkoholunverträglichkeit zuvor nicht bewußt war, er also diesen Zustand zum ersten Mal erlebt hatte und nicht damit rechnen konnte, daß ein geringer Alkoholkonsum bei ihm eine tiefgreifende Bewußtseinsstörung auslösen kann. Da selten der erste komplizierte Rausch zu einem delinquenten Tatbild führt, ist dies, wie die Actio

---
* § 11 StGB: „Wer zur Zeit der Tat wegen einer Geisteskrankheit, wegen Schwachsinns, wegen einer tiefgreifenden Bewußtseinsstörung oder wegen einer anderen schweren, einem dieser Zustände gleichwertigen seelischen Störung unfähig ist, das Unrecht seiner Tat einzusehen oder nach dieser Einsicht zu handeln, handelt nicht schuldhaft."

libera in causa, eine theoretische Möglichkeit, die tatsächlich extrem selten anfällt (Laubichler 1982).

Meist wird der Täter im abnormen Rausch so abgeurteilt, als hätte ein Vollrausch vorgelegen. Die Berauschung ohne völligen Verlust des Diskretions- und Dispositionsvermögens kann gemäß § 35 des österr. StGB als strafmildernd (bzw. schuldvermindernd) wirksam werden. Sie wird aber ein Straferschwerungsgrund, wenn der Alkoholkonsum ein mangelhaftes Verantwortungsbewußtsein des Täters anzeigt, z. B., wenn der Alkoholkonsum vor einer beabsichtigten Inbetriebnahme eines Pkw usw. erfolgte (§ 81 Z. 2 österr. StGB).

11.2.1.3 Schweiz

Wie das deutsche Strafgesetz umschreibt das schweizerische die Zurechnungsfähigkeit (Art. 10, Schweizerisches Strafgesetzbuch, StGB) sowie die Verminderung der Zurechnungsfähigkeit (Art. 11 StGB) nach einer gemischten Methode: Erstens muß für die Zurechnungsfähigkeit oder die Verminderung der Zurechnungsfähigkeit ein abnormer psychischer Zustand vorliegen (biologische Seite) und zweitens, als Folge davon, die Verminderung oder Aufhebung der Einsichts- oder Steuerungsfähigkeit (psychologische Seite). Es besteht kaum ein Zweifel darüber, daß „jeder Rausch als Intoxikationspsychose" die biologischen Erfordernisse des Art. 10 und 11 StGB ohne weiteres erfüllt (Flück 1968). Umstritten ist jedoch die Frage, ob vor allem bei geringer bis mittlerer Blutalkoholkonzentration auch die psychologische Seite im Sinne von Art. 11 StGB erfüllt sei. Die herrschende Lehrmeinung geht dahin, daß im allgemeinen bei niedriger bis mittlerer Blutalkoholkonzentration an einer intakt gebliebenen Zurechnungsfähigkeit nicht mehr gezweifelt wird (Schmutz 1978).

Art. 12 des Schweizerischen Strafgesetzbuches erklärt die Regeln über die Zurechnungsfähigkeit und die geminderte Zurechnungsfähigkeit nicht anwendbar, wenn die schwere Störung oder Beeinträchtigung des Bewußtseins vom Täter selbst in der Absicht herbeigeführt worden war, in diesem Zustand eine strafbare Handlung zu begehen. Obgleich Art. 12 einzig von der absichtlich ausgeführten Actio libera in causa spricht, anerkennen Rechtssprechung und Doktrin die Strafbarkeit des Täters wegen fahrlässiger Begehung, wenn er sich fahrlässigerweise in den zur Rechnungsunfähigkeit führenden Zustand versetzte und die Verübung bestimmter strafbarer Handlungen voraussehen konnte.

Auch das schweizerische Strafrecht räumt dem berauschten Straffälligen eine besondere Stellung ein, indem selbstverschuldete Trunkenheit nicht schuldausschließend wirkt. Art. 263 StGB, der sog. Vollrauschtatbestand, stellt sich als Versuch des Gesetzgebers dar, Bedürfnisse der Kriminalpolitik mit dem Schuldgrundsatz in Einklang zu bringen. Entsprechende Straftatbestände werden in Übereinstimmung mit der deutschen Ansicht als abstrakte Gefährdungsdelikte bezeichnet.

Mit dem Erfordernis des Selbstverschuldens bestimmt der Artikel 263 StGB, daß hinsichtlich der vollen Berauschung sowohl Vorsatz und Fahrlässigkeit in Frage kommen. Der subjektive Tatbestand der Berauschung ist nur dann nicht erfüllt, wenn der Trinkende auch bei pflichtgemäßer Aufmerksamkeit nicht erkennen konnte, daß Art und Menge des genossenen Alkohols bei ihm zu einem Vollrausch führen können. Vor allem in zwei Fällen wird der subjektive Tatbestand nicht erfüllt. Einmal im Falle desjenigen, der infolge Täuschung, nichtfahrlässigen Irrtums oder völliger Unkenntnis der Alkoholwirkungen in einen Rausch gerät, und zum anderen Fälle atypischer Räusche, die schon nach geringer Alkoholeinnahme zu Unzurechnungsfähigkeit führen, sofern der Trinkende seine abnorme Veranlagung nicht erkennen konnte. Die Frage, inwiefern der akute Rausch eines Trunksüchtigen oder eines Alkoholpsychotikers „selbstverschuldet" ist, läßt sich nicht einheitlich beantworten.

11.3 Straßenverkehrsrecht

11.3.1 Bundesrepublik Deutschland

11.3.1.1 Führung eines Fahrzeuges unter Alkoholeinfluß

Nach § 316 StGB wird mit Freiheitsstrafe bis zu einem Jahr oder mit Geldstrafe bestraft, wer *im Verkehr ein Fahrzeug führt*, obwohl er infolge des Genusses alkoholischer Getränke oder anderer berauschender Mittel nicht in der Lage ist, das Fahrzeug sicher zu führen. Die Tat, deren vorsätzliche und fahrlässige Begehung bestraft wird, gilt in allen Verkehrsbereichen, also im Straßen-, im Schienenbahn-, Schiffs- und Luftverkehr. Geschütztes Rechtsgut ist die Sicherheit des Verkehrs. § 316 StGB stellt die Trunksucht im Verkehr als *abstraktes Gefährdungsdelikt* unter Strafe. Dementsprechend gehen die Vorschriften, welche die konkrete Gefährdung des Bahn-, Schiffs- und Luftverkehrs pönalisieren (§§ 315a, 315c StGB), als Leges speciales vor; § 316 StGB tritt also gegenüber diesen Vorschriften zurück.

Tathandlung des § 316 StGB ist das Führen eines Fahrzeugs im Zustand der *rauschbedingten Fahruntüchtigkeit* infolge des Genusses von Alkohol oder anderen berauschenden Mitteln. Die Fahruntüchtigkeit ist auch dann Folge des Rauschmittelgenusses, wenn andere Ursachen (z. B. Nikotingenuß, Alkoholüberempfindlichkeit) mitwirken. Bei § 316 StGB werden eine relative und eine absolute Fahruntüchtigkeit unterschieden. *Absolute Fahruntüchtigkeit* ist bei einem

Kraftfahrer mit einer Blutalkoholkonzentration von mindestens 1,3‰ zur Tatzeit gegeben. Dieser Wert gilt auch für Mofa- und Mopedfahrer. Demgegenüber wird für Radfahrer die Festsetzung eines absoluten Grenzwertes abgelehnt. Bei einem Blutalkoholspiegel unter 1,3‰ ist sog. *relative Fahruntüchtigkeit* dann gegeben, wenn die Umstände erweisen, daß der Täter im konkreten Fall infolge des Alkoholgenusses das Fahrzeug nicht sicher zu führen in der Lage ist. Mit Freiheitsstrafe bis zu fünf Jahren oder mit Geldstrafe wird bestraft, wer ein Schienenbahn- oder Schwebebahnfahrzeug, ein Schiff oder ein Luftfahrzeug führt, obwohl er infolge des Genusses alkoholischer Getränke oder anderer berauschender Mittel nicht in der Lage ist, das Fahrzeug sicher zu führen, und dadurch Leib und Leben eines anderen oder fremde Sachen von bedeutendem Wert gefährdet (§ 315a StGB).

Im Gegensatz zu § 316 StGB muß hier das Führen eines Fahrzeugs im Zustand der Fahruntüchtigkeit als Tathandlung zu einer konkreten Gefahr führen. § 315c StGB ist die entsprechende Vorschrift für den Straßenverkehr. Fahruntüchtigkeit ist hier gegeben, wenn der Führer eines Kraftfahrzeugs nicht imstande ist, eine längere Strecke so zu steuern, daß er den Anforderungen des Straßenverkehrs – und zwar auch bei plötzlichem Auftreten schwieriger Verkehrslagen – so gewachsen ist, wie es von einem durchschnittlichen Fahrzeugführer zu erwarten ist. Ergänzend dazu bestimmt § 24a StGB, daß ordnungswidrig handelt, wer vorsätzlich oder fahrlässig ein Kraftfahrzeug führt, obwohl er eine Blutalkoholkonzentration von mindestens 0,8‰ aufweist. Diese Ordnungswidrigkeit, die auch fahrlässig begangen werden kann, wird mit einer Geldbuße bis zu 3000 DM geahndet. Darüber hinaus ist i. d. R. auch ein *Fahrverbot* (§ 25 StVG) anzuordnen. Eine Tat nach § 316 StGB kann die *Entziehung der Fahrerlaubnis* (§ 69 StGB) oder gleichfalls ein Fahrverbot (§ 44 StGB) zur Folge haben. Die Maßregel des § 69 StGB und die Nebenstrafe des § 44 StGB kommen auch in den Fällen der §§ 315a, 315c StGB in Betracht.

Die Entziehung der Fahrerlaubnis wird als Maßregel angeordnet, wenn jemand wegen einer rechtswidrigen Tat, die er im Zusammenhang mit dem Führen eines Kraftfahrzeuges oder unter Verletzung der Pflichten eines Kraftfahrzeugführers begangen hat, verurteilt wird oder wenn er nur deshalb nicht verurteilt wird, weil seine Schuldunfähigkeit erwiesen oder aber nicht auszuschließen ist und wenn sich aus der Tat die mangelnde Eignung zum Führen von Kraftfahrzeugen ergibt. Eine vorläufige Entziehung des Führerscheins ist möglich, wenn anzunehmen ist, daß die Fahrerlaubnis nach § 69 StGB entzogen werden wird (§ 111a StBO). Unterbleibt eine Entziehung der Fahrerlaubnis nach § 63 StGB, so kann das Gericht für die Dauer von ein bis drei Monaten demjenigen, der wegen einer einschlägigen Tat verurteilt worden ist, untersagen, im Straßenverkehr Kraftfahrzeuge zu führen (§ 44 StGB). Was die Voraussetzungen für die Wiedererlangung der Fahrerlaubnis nach einer Entziehung angeht, so bestimmt das Gericht im Zusammenhang mit dieser Maßnahme zugleich eine *Sperrfrist,* während der keine neue Fahrerlaubnis erteilt werden darf. Diese Sperre kann für die Dauer von sechs Monaten bis zu fünf Jahren angeordnet werden; sie endet mit Ablauf der Frist oder durch vorzeitige Aufhebung. Im Zusammenhang mit der Gestattung der Wiedererteilung der Fahrerlaubnis können u. a. folgende Faktoren eine Rolle spielen: eine Entziehungskur; eine relativ günstige soziale Vorgeschichte; eine Fahranamnese ohne grobe Entgleisungen; eine Grundpersönlichkeit, welche die Fahreignung nicht ausschließt; eine kontrollierte Abstinenz für einen bestimmten Zeitraum, z. B. ein bis zwei Jahre; das Nichtvorliegen sekundärer organischer Schäden.

11.3.1.2 Unfallflucht

Ein Unfallbeteiligter, der sich nach einem Unfall im Straßenverkehr vom Unfallort entfernt, bevor er zugunsten der anderen Unfallbeteiligten und Geschädigten die Feststellung seiner Person, seines Fahrzeugs und der Art seiner Beteiligung durch seine Anwesenheit und durch die Angabe, daß er an dem Unfall beteiligt ist, ermöglicht hat oder bevor er eine nach den Umständen angemessene Zeit gewartet hat, ohne daß jemand bereit war, die obigen Feststellungen zu treffen, wird mit Freiheitsstrafe bis zu drei Jahren oder mit Geldstrafe bestraft (§ 142 Abs. 1 StGB). Das durch diese Vorschrift geschützte Rechtsgut ist nicht das öffentliche Interesse an der Erfassung von Verkehrsunfällen und Unfallbeteiligten, insbesondere um diese der Bestrafung zuzuführen, sondern allein die Feststellung und Sicherheit der durch einen Unfall entstandenen Ansprüche sowie der Schutz vor unberechtigten Ansprüchen.

Bei einer Unfallflucht im Zusammenhang mit einer Trunkenheitsfahrt kommt es nur sehr selten zur Annahme einer rauschbedingten oder einer hirntraumatisch bedingten Aufhebung der Schuldfähigkeit. Sofern es sich nicht um ein planmäßiges Verhalten handelt mit dem Ziel, der Feststellung der Alkoholbeeinflussung zu entgehen, ist zumeist eine Primitiv- oder Kurzschlußreaktion anzunehmen. Hier kommt dem Alkoholeinfluß (oder dem Schädel-Hirn-Trauma) ggf. die Bedeutung eines „konstellativen Faktors" zu. Die Anwendbarkeit des § 20 StGB aus diesem Grunde wird zumeist abgelehnt.

11.3.2 Österreich

Der besonderen Gefährdung des Verkehrs durch alkoholisierte Lenker wird durch § 5 der Straßenverkehrsordnung (StVO) 1960 Rechnung getragen: „Wer sich in einem durch Alkohol beeinträchtigten

Zustand befindet, darf ein Fahrzeug weder lenken noch in Betrieb nehmen. Bei einem Blutalkoholgehalt von 0,8‰ und darüber gilt der Zustand einer Person als vom Alkohol beeinträchtigt." Eine Alkoholbeeinträchtigung kann im Falle eines Unfalles vom Gericht auch bei einer Alkoholisierung unter 0,8‰ angenommen werden, wenn Übermüdung, gleichzeitige Medikamenteneinnahme oder eine stoßartige Anflutung der Alkoholisierung vorlag. In Österreich gilt 0,8‰ als unwiderlegbarer Beweisgrenzwert. Die Inbetriebnahme oder das Lenken eines Fahrzeuges in alkoholbeeinträchtigtem Zustand stellt eine Verwaltungsübertretung dar, die mit Geldstrafe, im Wiederholungsfall mit Führerscheinentzug in der Dauer von mindestens 3–6 Monaten geahndet wird. Vor Wiedererteilung des Führerscheins wird in der Regel eine ärztliche Eignungsuntersuchung vorgeschrieben, der zuständige Amtsarzt fordert dazu meist verkehrspsychologische und/ oder nervenärztliche Gutachten an. Das Gericht schreitet nur bei Verkehrsunfällen ein, bei denen eine Person verletzt oder getötet wurde. In diesem Fall wird gem. § 81 Ziff. 2 des österr. StGB die Alkoholbeeinträchtigung als Handeln unter „besonders gefährlichen" Verhältnissen durch verschärfte Strafsanktionen bekämpft.

Zu erwähnen ist allerdings, daß eine fahrlässig zugefügte Körperverletzung, die zu keiner Gesundheitsschädigung oder Berufsunfähigkeit von mehr als 3tägiger Dauer führt, gemäß § 88 (2) 4 vom Gericht nicht beachtet wird bzw. nicht als Verletzung in rechtlicher Hinsicht gilt. Dies führt unter anderem dazu, daß manche Verletzte aus eigenem Antrieb innerhalb der Dreitagesfrist die Arbeit wieder antreten, um den befreundeten oder verwandten Lenker vor Strafverfolgung zu schützen.

Durch das Gericht kann in Österreich der Führerschein nicht entzogen werden; dies ist allein den Verwaltungsbehörden vorbehalten.

11.3.3 Schweiz

Unter dem dritten Teil des Bundesgesetzes über den Straßenverkehr, welcher die Verkehrsregeln enthält, fordert Art. 31: Der Führer muß das Fahrzeug so beherrschen, daß er seinen Vorsichtspflichten nachkommen kann. Wer angetrunken, übermüdet oder sonst nicht fahrfähig ist, darf kein Fahrzeug führen. Auf den 2. Absatz dieses Artikels nimmt die Strafbestimmung Art. 91 in ihren ersten beiden Absätzen Bezug, indem dort ausgeführt wird: Wer in angetrunkenem Zustand ein Motorfahrzeug führt, wird mit Gefängnis oder mit Buße bestraft. Wer in angetrunkenem Zustand ein nichtmotorisches Fahrzeug führt, wird mit Haft oder mit Buße bestraft.

Die schweizerische Rechtssprechung betrachtet eine Blutalkoholkonzentration von 0,8 Gewichtspromille als sog. Beweisgrenzwert, ab diesem Wert wird in der Schweiz immer und ausnahmslos Angetrunkenheit im Sinne des Gesetzes angenommen. Jedoch bildet die 0,8‰-Grenze nicht die absolute Grenze nach unten. Praktisch wird ein Lenker mit einer Blutalkoholkonzentration zwischen 0,5‰ und 0,8‰ allerdings regelmäßig nur zur Rechenschaft gezogen, wenn er einen Fahrfehler mit oder ohne konkrete Folgen beging, da der Nachweis der Fahruntüchtigkeit in den anderen Fällen schwierig ist (Schmutz 1978). Gemäß einem Entscheid des Bundesgerichtes genügt eine BAK unter 0,8‰ zur Herbeiführung der Fahruntüchtigkeit beim Vorliegen eines sog. Schlußtrunkes, weil der Betreffende sich in der Anflutungsphase befindet, was zu ausgeprägten Störungen führt.

Die Grundsätze über die Strafzumessung (Art. 63 StGB) schließen es aus, die Strafe beim Fahren in angetrunkenem Zustand einfach schematisch entsprechend dem Ausmaß des Blutalkoholgehaltes zu bemessen. Maßgebend ist das Verschulden des Täters, und dafür ist es vor allem auch wesentlich, wie es zur strafbaren Handlung gekommen ist. Dem Richter ist damit ein relativ breiter Ermessensspielraum in der Strafzumessung gegeben. Die Statistik über die Strafurteile in den einzelnen Kantonen zeigt denn auch, daß die Ansichten über das Verschulden im Hinblick auf das Führen eines Motorfahrzeugs in angetrunkenem Zustand in den verschiedenen Regionen ganz erheblich variieren. Auch hinsichtlich der Gewährung des bedingten Strafvollzuges spielt das richterliche Ermessen eine Rolle, hält doch Art. 4 des Strafgesetzbuches fest, daß der Richter den Vollzug einer Freiheitsstrafe aufschieben kann, „wenn Vorleben und Charakter des Verurteilten erwarten lassen, er werde dadurch von weiteren Verbrechen und Vergehen abgehalten ..." Der Richter hat somit eine Prognose über das zukünftige Verhalten des Verurteilten zu stellen. Nach Art. 44 des StGB können angetrunkene Motorfahrzeugführer auch in eine Trinkerheilanstalt eingewiesen werden, wenn der Täter trunksüchtig ist.

Nach Straßenverkehrsgesetz (SVG) muß der Führerschein entzogen werden, wenn der Führer in angetrunkenem Zustand gefahren ist.

Dabei ist der Entzug des Führerscheins eine verkehrspolizeiliche Maßnahme zur Beseitigung einer Verkehrsgefahr und nicht Strafe. Die Dauer des Entzugs ist je nach Umständen festzusetzen (Art. 17 Abs. 1 SVG), wobei die Entzugsdauer mindestens zwei Monate betragen muß; für mindestens ein Jahr muß der Ausweis entzogen werden, wenn der Täter innerhalb von fünf Jahren seit Ablauf des früheren Entzugs erneut den Tatbestand von Art. 91 erfüllt.

Das Führen eines Fahrzeuges im angetrunkenen Zustand ist ein Vergehen im strafrechtlichen Sinne. Wer dazu vorsätzlich Hilfe leistet, wer einen anderen vorsätzlich dazu anstiftet, und wer gewollt bei der

Entschließung, Planung und Ausführung eines Vergehens maßgeblich beteiligt ist, muß als Gehilfe, Anstifter oder Mittäter in das Strafverfahren miteinbezogen werden. Das Bundesgericht hat mehrfach die Anwendbarkeit der allgemeinen Bestimmungen des schweizerischen Strafgesetzbuches für das Fahren in angetrunkenem Zustand bestätigt.

11.4 Untersuchung auf Beeinflussung durch Alkohol
(Federhen 1967)

11.4.1 Allgemeines

Die Berechnung des Blutalkoholspiegels zur Tatzeit bringt erhebliche Probleme mit sich, die hier nur angedeutet werden können (Näheres s. Lehrbücher der forensischen Medizin und Forster u. Joachim 1975).

Die Blutalkoholkonzentration zur Tatzeit wird erforderlichenfalls durch Rückrechnung festgestellt. Sie setzt voraus,

- daß die Blutalkoholspiegelkurve absolut rektilinear verläuft,
- daß der Zeitpunkt, auf den zurückgerechnet werden soll, in die Eliminationsphase und nicht in die Resorptionsphase fällt.

Das Verhältnis der Alkoholkonzentration im Gesamtkörper zum Alkoholspiegel wird nach der Widmark-Formel berechnet.*

11.4.2 Durchführung der Untersuchung auf Alkoholeinwirkung, Ausführung der Blutentnahme

Die Blutentnahme erfolgt am zweckmäßigsten mittels Vakuumvenüle aus der Kubitalvene (möglichst 6–7,5 ml Blut). Nach der Blutentnahme muß das Blut sorgsam geschüttelt werden, damit sich die gerinnungshemmende Substanz mit dem Blut mischt. Bei Verwendung von Rekordspritzen zur Blutentnahme müssen Spritze und Kanüle absolut trocken sein und dürfen nicht mit einer oxidablen Substanz (Desinfektionsmittel) in Berührung gekommen sein. Das gleiche gilt für die Glasröhrchen, die mit dem Blut beschickt werden.

Wenn sich ein Arzt zur Blutentnahme bereitfindet, ist er auch zur Durchführung einer klinischen Untersuchung verpflichtet. Die dabei erhobenen Befunde sind in einem Blutentnahmeprotokoll (auf vorge-

---

* Widmark-Formel: $\dfrac{A}{p \cdot r} = $ BAS in g‰

A = aufgenommener Alkohol in g
p = Körpergewicht in kg
r = Reduktionsfaktor (beim Mann 0,7, bei der Frau 0,6)

schriebenem Formblatt) festzuhalten. Zur klinischen Untersuchung gehört:

1. eine körperlich-neurologische Untersuchung, die neben der Feststellung von Körpergewicht, Körperlänge und Konstitution vor allen Dingen folgende Tests umfassen soll:
   a) Nystagmus (Prüfung des Drehnystagmus nach fünfmaliger Drehung des Probanden um seine Längsachse innerhalb zehn Sekunden),
   b) Romberg-Versuch,
   c) Prüfung des Gehvermögens mit geöffneten und geschlossenen Augen sowie des sog. Seiltänzerganges bei geöffneten Augen;
2. Feststellung psychopathologischer Befunde:
   Verhalten bei der Untersuchung (verbales Verhalten, psychomotorisches Verhalten), Bewußtseinslage, Stimmungslage, Aufmerksamkeit, Auffassungsfähigkeit, Merkfähigkeit.

Bei anderen Personen als Beschuldigten, insbesondere bei Zeugen, ist die Entnahme von Blutproben ohne Einwilligung des zu Untersuchenden nur zulässig, wenn kein Nachteil für die Gesundheit des Betroffenen zu befürchten steht und die Maßnahme selbst zur Erforschung der Wahrheit unerläßlich ist (§ 81 c Abs. 2 StPO). Bei der Gewinnung von Untersuchungsmaterial braucht der Beschuldigte nicht mitzuwirken. Deswegen ist die Untersuchung z. B. von Ausatemluft und Harn ohne Einwilligung des Beschuldigten nicht möglich. Ein Arzt kann grundsätzlich nicht von der Polizei bzw. Staatsanwaltschaft gezwungen werden, eine Blutentnahme durchzuführen; ein angestellter (Krankenhaus-)Arzt kann jedoch kraft Anstellungsvertrags zu dieser Tätigkeit verpflichtet sein.

Der Beschuldigte kann nach deutschem Recht von der Polizei zur Blutentnahme gezwungen werden. Die Blutentnahme soll möglichst bald nach dem Vorfall durchgeführt werden. Das ist besonders wichtig, wenn zwei Blutentnahmen vorgenommen werden. Das zwischen die erste und zweite Blutentnahme am zweckmäßigsten einzuschaltende Intervall richtet sich danach, wann die erste Blutentnahme (nach Beendigung des Trinkens) durchgeführt werden kann. Im allgemeinen wird 45 Minuten gewartet. Wenn ein „Nachtrunk" behauptet wird, ist eine zweite Blutentnahme im Abstand von 45 Minuten durchzuführen.

11.4.3 Zu den rechtlichen Grundlagen der Blutentnahme und der Untersuchung (Forster u. Joachim 1975)

11.4.3.1 Bundesrepublik Deutschland

Nach § 81a Abs. 1 StPO darf eine körperliche Untersuchung des Beschuldigten zur Feststellung von Tatsachen angeordnet werden, die für das Verfahren von Bedeutung sind. Zu diesem Zweck sind Entnahmen von Blutproben und andere körperliche Eingriffe, die von einem Arzt nach den Regeln der örtlichen Kunst zu Untersuchungszwecken vorgenommen werden, ohne Einwilligung des Beschuldigten zulässig, wenn kein Nachteil für seine Gesundheit zu befürchten ist. Im Ordnungswidrigkeitsrecht (z. B. in Zusammenhang mit § 24a StVG) findet diese Vorschrift mit der Einschränkung Anwendung, daß nur die Entnahme von Blutproben und andere geringfügige Eingriffe zulässig sind (§ 46 Abs. 4 OWiG). Die Blutentnahme muß durch einen Arzt vorgenommen werden. Ihre Anordnung hat der Richter zu treffen, bei Gefährdung des Untersuchungserfolgs auch der Staatsanwalt und seine Hilfsbeamten, d. h. die Polizei.

11.4.3.2 Österreich

Problematisch ist der Nachweis einer Alkoholbeeinträchtigung. Die Blutabnahme ist gem. § 5 Abs. 6 StVO nur dann vorgesehen, wenn der Angezeigte einen Verkehrsunfall verursacht hatte, bei dem eine Person getötet oder erheblich verletzt wurde.

§ 5 Abs. 7 StVO besagt weiter „ein im öffentlichen Sanitätsdienst stehender Arzt hat eine Blutabnahme zum Zwecke der Bestimmung des Blutalkoholgehaltes auch vorzunehmen, wenn sie ein Vorgeführter verlangt oder ihr zustimmt oder wenn sonst eine Person, die in Verdacht steht, eine Verwaltungsübertretung gem. § 29 Abs. Lit. a StVO begangen zu haben, oder ein Fußgänger, der in Verdacht steht, in einem durch Alkohol beeinträchtigten Zustand einen Verkehrsunfall verursacht zu haben, eine Blutentnahme verlangt". Das heißt, es werden Fußgänger, Radfahrer und Kfz-Lenker im Falle eines Unfalles zwar gleichgestellt, doch ist die Blutabnahme nicht erzwingbar, weil sie nach österreichischem Recht einen Eingriff in die körperliche Unversehrtheit darstellt ... Die Alkoholbeeinträchtigung wird durch eine „klinische Untersuchung", durch Alkotest und (evtl.) durch Blutabnahme festgestellt; die zweimalige Blutabnahme zu zwei verschiedenen Zeitpunkten oder die gleichzeitige Harnabnahme zwecks Sicherstellung einer An- oder Abflutphase der Alkoholisierung ist nicht vorgesehen. Verweigert ein Verdächtiger die Untersuchung (oder die Blutabnahme), so stellt dies nach § 99 Abs. 1 Lit. b StVO eine Verwaltungsübertretung dar. Von den Behörden wird die Verweigerung der Untersuchung gleich behandelt, als wäre eine Alkoholbeeinträchtigung nachgewiesen worden, d. h., die Verweigerung führt zu Geldstrafen und evtl. zum Verlust des Führerscheines.

Vor allem im Falle eines gerichtlichen Strafverfahrens ist jedoch der Verweigerer oftmals bessergestellt, da bei nicht nachweisbarer Alkoholbeeinträchtigung die verschärften Strafbedingungen des § 81 des österr. StGB nicht zum Tragen kommen.

1988 wird die Exekutive in Österreich für das gesamte Staatsgebiet 410 Alkomaten erhalten. Ein positives Ergebnis (ab 0,4 mg/l) wird als unwiderlegbarer Beweis gelten. Allerdings soll bei schweren Verkehrsunfällen doch zusätzlich noch eine Blutalkoholprobe abgenommen werden. Bei einem Ergebnis von 0,4–0,5 mg/l (entsprechend 0,8–1,0‰) wird dem betreffenden Lenker das Recht eingeräumt, die Abnahme einer Blutalkoholprobe zu verlangen. Die „klinische Untersuchung" soll damit überflüssig werden. Konkrete Ergebnisse liegen noch nicht vor. Versuchsweise wurde der Alkomat in Wien und in der Südsteiermark schon verwendet. Es war zu beobachten, daß die Gäste von Heurigenlokalen ihre Fahrzeuge unbenützt stehen ließen und durch einen rasch organisierten Taxidienst nach Hause gebracht wurden, nachdem sich herumsprach, die Gendarmerie sei mit Alkomat vorgefahren. Es sollen aber auch ernsthaft geführte Diskussionen entstanden sein, daß ein derartiger Einsatz (bzw. eine allfällige Alkomatprobe auch bei verkehrsunauffällig gebliebenen Lenkern) die Existenzgrundlage von Heurigenbetrieben usw. vernichten würde.

11.4.3.3 Schweiz

Wer sich vorsätzlich einer amtlich angeordneten Blutprobe widersetzt, entzieht oder den Zweck dieser Maßnahme vereitelt, wird in der Schweiz mit Gefängnis bis zu sechs Monaten oder mit Buße bestraft (Art. 91 Abs. 3 SVG).

Die Blutprobe ist vorzunehmen, wenn Anzeichen von Trunksucht bestehen. Dabei kann zur Vorprobe ein Atemprüfungsgerät verwendet werden. Von den weiteren Untersuchungen wird abgesehen, wenn die Atemprobe einen Alkoholgehalt von weniger als 0,6 Gewichtspromille ergibt (Art. 138, Bundesverordnung über die Zulassung von Personen und Fahrzeugen zum Straßenverkehr, VZV). Die Blutentnahme muß durch einen Arzt oder, unter seiner Verantwortung, durch eine von ihm bezeichnete sachkundige Hilfsperson erfolgen. Behauptet der Verdächtige, eine halbe bis dreiviertel Stunde vor der Blutentnahme noch Alkohol zu sich genommen zu haben, so ist er nach frühestens einer Viertelstunde einer zweiten Blutentnahme zu unterziehen (Art. 139 VZV). Der mit der Blutentnahme beauftragte Arzt hat den Verdächtigen zusätzlich auf die medizinisch feststellbaren Anzeichen von Angetrunkenheit zu untersuchen (Art. 140 VZV). Die Blutanalyse hat nach zwei grundlegend verschiedenen Methoden zu erfolgen. Weichen die Resultate wesentlich voneinander ab, so ist die Analyse zu wiederholen (Art. 141 Abs. 2 VZV).

11.4.4 Nachweis des Blutalkohols*

Zum Nachweis des Blutalkohols stehen verschiedene Methoden zur Verfügung:

– Das *Widmark-Verfahren* mit seinen Modifikationen: Bestimmung der reduzierenden Eigenschaften des Blutalkohols, also unspezifische Methode. Das Widmark-Verfahren ist dementsprechend störbar, vor allem durch Narkosemittel und gasförmige gewebliche Stoffe. Obstsäfte und Fuselöle spielen praktisch keine Rolle. Disulfiram kann jedoch zu einer geringen Verfälschung der Werte (um 0,1–0,35‰) bei gleichzeitigem Konsum von Alkohol (erhöhter Blut-Azetaldehyd-Spiegel) führen.
– Das *ADH-Verfahren* und seine Modifikationen (enzymatisches Verfahren, also spezifische Nachweismethode).
– *Gaschromatographische Methoden* (noch spezifischer als die Enzymmethode, aber apparativ sehr aufwendig).

Näheres über diese Methoden s. Lehrbücher der gerichtlichen Medizin.

Der Blutalkoholgehalt läßt sich auch durch Bestimmung des Alkoholgehalts der *Ausatemluft* bestimmen. Die Geruchsprobe ist ein äußerst unzuverlässiges Mittel zur Feststellung der Alkoholbeeinflussung (zit. nach Forster u. Joachim [vgl. 4.2.1]). Der Foetor alcoholicus stammt hauptsächlich aus den Aroma- und Abbaustoffen des Alkohols, besonders in der Resorptionsphase. Als Störfaktoren werden genannt: Tee, in den man den Alkohol gibt, Nikotin, Chlorophyllpräparate, Knoblauch, Kaffeebohnen. Ein grob quantitatives, unspezifisches Verfahren ist das sog. Alkotest-Verfahren. Beim Durchblasen eines Röhrchens mit alkoholhaltiger Luft entsteht eine Grünverfärbung der Indikatorschicht (Kieselsäuregel mit bestimmter Menge Dichromat-Schwefelsäure). Wird die Indikatorschicht bis zum Markierungsring verfärbt, so liegt ein Blutalkoholspiegel über 0,8‰ vor. Bis zur Durchführung der Alkotest-Probe müssen nach dem Alkoholgenuß mindestens 15 Minuten vergangen sein. Andernfalls besteht die Gefahr einer Verfälschung durch Alkohol, welcher der Mundschleimhaut anhaftet. Störungen sind auch beim Aufstoßen nach Erbrechen alkoholhaltigen Mageninhalts gegeben und bei Einnahme von Essig und anderen reduzierenden Substanzen. In den letzten Jahren sind eine Reihe von Geräten auf den Markt gekommen, die eine genauere Bestimmung des

---

* Das Untersuchungssystem ist die Serum-Alkohol-Konzentration (SAK). Der Umrechnungsfaktor auf Blutalkohol-Konzentration (BAK) ist folgender:
SAK × 0,89 → BAK ($\approx$ –20%)
BAK × 1,236 → SAK ($\approx$ +25%)

Blutalkoholwertes auf der Bais der Atemluft erlauben und einige der genannten Störfaktoren ausschalten. Bei den neueren Geräten (Alcotest 7010–Dräger bzw. Alkomat–Siemens) basiert das Meßprinzip auf der Eigenschaft des Alkohols, Infrarotstrahlen zu absorbieren. Die Intensitätsabnahme der Infrarotstrahlung ist ein exaktes Maß für die Blutalkoholkonzentration der Ausatemluft. Andere im Atem enthaltenen Gase (O_2, N_2, CO_2, H_2O, Raucher CO) beeinträchtigen die Messung nicht. Trotzdem sind noch nicht alle mit Alkoholbestimmung aus der Atemluft verbundenen Probleme (Übersicht s. Grüner 1985) beseitigt. Eine weiterhin bestehende Fehlerquelle besteht z. B. darin, daß die gemessenen Werte von der Temperatur der Atemluft abhängig sind. Aus diesen Gründen sind in der Bundesrepublik Deutschland diese Geräte, die sich für klinische Zwecke sehr bewährt haben, für polizeilichen Gebrauch nur als Suchtest-Geräte zugelassen. Den damit gemessenen Werten wird im Gerichtsverfahren kein Beweiswert zuerkannt. In Österreich werden sie allerdings neuerdings unter bestimmten Bedingungen auch für forensische Zwecke verwendet (s. 11.4.3.2). Ähnliches gilt für die Schweiz (s. 11.4.3.3).

11.5 Unterbringungsrechtliche Aspekte

11.5.1 Bundesrepublik Deutschland

Eine zwangsweise Unterbringung von Alkoholikern ist nach folgenden gesetzlichen Vorschriften möglich:

- nach den Unterbringungs- bzw. Psychisch-Kranken-Gesetzen der Länder,
- im Rahmen des Entmündigungs-, Vormundschafts- und Pflegschaftsrechts („bürgerlich-rechtliche Unterbringung"),
- im Rahmen der Maßregeln zur Besserung und Sicherung (§§ 63, 64 StGB, 93a JGG) („strafrechtliche Unterbringung"),
- nach sonstigen gesetzlichen Bestimmungen.

11.5.1.1 Unterbringungs- bzw. Psychisch-Kranken-Gesetze der Länder

An die Stelle der klassischen Verwahrungsgesetze der Länder sind mittlerweile Unterbringungs- bzw. Psychisch-Kranken-Gesetze (= Gesetze über Hilfen und Schutzmaßnahmen bei psychischen Krankheiten) getreten. Diese Gesetze enthalten auch Vorschriften über die Unterbringung von Suchtkranken bzw. alkohol- bzw. rauschgiftsüchtigen Personen. Auf die einzelnen Bestimmungen, die in ihrer Ausgestaltung von Bundesland zu Bundesland unterschiedlich sind, kann hier nicht eingegangen werden. Wichtige Unterschiede bestehen insbesondere zwischen den Unterbringungsgesetzen und den „Psychisch-

Kranken-Gesetzen", welche tendenziell die Fürsorge für den Kranken stark in den Vordergrund rücken und die Interessen Dritter, den Schutz der Allgemeinheit und damit gewissermaßen den „polizeilichen Aspekt" an die zweite Stelle treten lassen. Wesentlich ist, daß bei diesen Gesetzen neben den Voraussetzungen der Alkohol- bzw. Rauschgiftsucht für die Zulässigkeit der Unterbringung einerseits die Selbstgefährdung des Betroffenen und damit der Gedanke, ihn vor sich selbst zu schützen und auf diese Weise für ihn zu sorgen, andererseits aber auch die Gefährdung der öffentlichen Sicherheit und Ordnung und damit der Schutz der Interessen Dritter vor dem Betroffenen die maßgebliche Rolle spielen. Die Gesetze unterscheiden sich darin, in welchem Ausmaß sie den einen oder den anderen Gesichtspunkt betonen, wobei die Entwicklung gegenwärtig in Richtung auf die Betonung der Sorge für den Kranken und die Bereitstellung von Hilfen für ihn geht; dabei wird in wachsendem Maße auch zu ambulanten und teilstationären Hilfen übergegangen, damit eine Unterbringung nur noch als „Ultima ratio" in Betracht kommt. Hinzuweisen ist in diesem Zusammenhang auf die praktisch sehr wichtige Rolle der Polizei „vor Ort", gleichsam beim ersten Zugriff. Auch hier gibt es allerdings erhebliche Unterschiede je nach Bundesland.

11.5.1.2 Bürgerlich-rechtliche Unterbringung

Besteht die Notwendigkeit, einen Entmündigten (vgl. 11.1.1.1) in eine geschlossene Anstalt unterzubringen, so kann dies auf Anordnung des *Vormunds* mit Genehmigung des Vormundschaftsgerichts geschehen (§§ 1897 BGB in Verbindung mit 1800, 1631 BGB). Ohne diese Genehmigung ist die Unterbringung in einer geschlossenen Einrichtung nur zulässig, wenn mit dem Aufschub Gefahr verbunden ist (z. B. Suizidgefahr, Gefahr der Begehung suchtmotivierter Straftaten); in derartigen Fällen ist die Genehmigung jedoch unverzüglich nachzuholen, und der behandelnde Arzt hat sich ggf. darum zu bemühen. (Der rechtsdogmatische Unterschied zum Unterbringungsrecht [vgl. 11.5.1.1] liegt darin, daß nicht der Staat, sondern ein Privater [Vormund] die Unterbringung anordnet und sie auch allein wieder aufheben kann. Zum Schutze des Betroffenen ist bei der Unterbringung [nicht bei ihrer Aufhebung!] die Genehmigung des Gerichts notwendig.)

Eine Gebrechlichkeitspflegschaft nach § 1910 BGB (vgl. 11.1.1.1) kann bei Vorliegen der gesetzlichen Voraussetzungen (Gebrechen u. a.) zum Zwecke der Aufenthaltsbestimmung und damit auch im Zusammenhang mit der Unterbringung in einer geschlossenen Einrichtung angeordnet werden. Allerdings ist zu beachten, daß die Pflegschaft grundsätzlich nur mit Einwilligung des Gebrechlichen angeordnet werden darf, es sei denn, daß eine Verständigung mit ihm nicht möglich ist (§ 1910 Abs. 3 BGB). Solange der Betroffene imstande ist, „eine auf vernünftigen Erwägungen beruhende Willensmeinung zu äußern, die unbeeinflußt von krankhaften Vorstellungen ist", scheidet deshalb die Anordnung dieser Maßnahme aus. Der Gebrechliche hat Anspruch auf rechtliches Gehör, und ihm steht auch ein Beschwerderecht gegen die Anordnung der Pflegschaft zu, und zwar selbst dann, wenn er geschäftsunfähig ist (§ 1846 BGB).

Entmündigung und Pflegschaft als Formen der „familienrechtlichen" Unterbringung werden häufig als der „menschlichere" Weg angesehen, um zu einer Unterbringung in einer geschlossenen Einrichtung zu kommen. Allerdings muß gesagt werden, daß dieser Weg in der Vergangenheit zugleich durch ein Weniger an rechtsstaatlichen Sicherungen im Vergleich zu den Unterbringungs- und Psychisch-Kranken-Gesetzen gekennzeichnet gewesen ist. So kann das Vormundschaftsgericht etwa gemäß § 1846 BGB einstweilige Maßregeln treffen, insbesondere wenn ein Vormund noch nicht bestellt ist. Von dieser Möglichkeit wird in der Praxis allerdings sehr unterschiedlich Gebrauch gemacht, auch im Zusammenhang mit der Bestimmung des Aufenthalts in einer geschlossenen Einrichtung. Rechtsstaatlich ist dieser Weg deshalb bedenklich, weil er zu einer Umgehung des für den Regelfall angeordneten Verfahrens führt; er darf deshalb von Rechts wegen nur in engen Ausnahmefällen Anwendung finden und auch nur dann, wenn das normale, „regelrechte" Verfahren nicht stattfinden kann.

Die bereits angesprochene Reform des Entmündigungs-, Vormundschafts- und Pflegschaftsrechts (vgl. 11.1.1.4) läßt das Nebeneinander von zivilrechtlicher und öffentlich-rechtlicher Unterbringung grundsätzlich bestehen. Der Vorteil der zivilrechtlichen Unterbringung wird darin gesehen, daß die Entscheidung über Notwendigkeit und Dauer der Unterbringung nicht ausschließlich in die Hände von Behörden und Gerichten gegeben ist, die insbesondere bei längerdauernden Unterbringungen keine vergleichbar engen Kontakte zum Untergebrachten haben, wie sie der Betreuer wegen des Grundsatzes der persönlichen Betreuung haben muß. Anders als bei der „öffentlichrechtlichen" Unterbringung psychisch Kranker, die der Richter auf Antrag einer Behörde anordnet, soll die Enscheidung über die zivilrechtliche Unterbringung in der Hand des Betreuers bleiben, der zur Unterbringung allerdings der Genehmigung des Vormundschaftsgerichts bedarf. Auch künftig wird der Betreuer die Aufhebung der Unterbringung jederzeit ohne vorherige gerichtliche Entscheidung herbeiführen können. (Das Nebeneinander der beiden verschiedenen Unterbringungsarten birgt allerdings die Gefahr in sich, daß über die Art der Unterbringung nicht ausschließlich nach sachlichen Gesichtspunkten entschieden wird, sondern danach, welches Verfahren den geringeren Aufwand erfordert. Um dieser Gefahr zu begegnen, soll künftig ein einheitliches Verfahrensrecht für beide Unterbringungsarten gelten.) In Abkehr von der Regelung des § 1846 BGB soll eine zivilrechtliche Unterbringung allein durch das Gericht künftig nicht mehr zulässig sein. Auch sollen die materiellen Voraussetzungen der zivilrechtlichen Unterbringung ausdrücklich geregelt werden. Nur näher umschriebene Fälle der Selbstgefährdung oder Behandlungsbedürftigkeit sollen eine zivilrechtliche Unterbringung rechtfertigen. Im Interesse Dritter oder der Allgemeinheit soll eine solche Maßnahme nicht zulässig sein; vielmehr soll hier nur eine öffentlich-rechtliche Unterbringung nach Landesrecht in Betracht kommen. Neu eingeführt wird der Begriff der „unterbringungsähnlichen Maßnahme": Der Unterbringung in einer geschlossenen Einrichtung oder einem abgeschlossenen Teil einer Einrichtung soll der Fall gleichgestellt werden, daß der Betroffene durch mechanische Vorrichtungen, Medikamente oder auf andere Weise ununterbrochen oder regelmäßig am Verlassen seines Aufenthaltsortes gehindert wird.

11.5.2 Österreich (vgl. 11.1.1.2)

Bei der Behandlung von Patienten in der geschlossenen psychiatrischen Krankenanstalt ist die Aufnahme sowie die „Anhaltung" (d. h. die Zeitdauer der Unterbringung) in zwei verschiedene Schritte mit unterschiedlicher gesetzlicher Regelung geteilt. § 49 (1) des Krankenanstaltengesetzes (KAG) besagt, daß nur eine solche Person aufgenommen werden kann, für die eine Bescheinigung („Parere") beigebracht wird, wonach anzunehmen ist, daß die aufzunehmende Person infolge einer Geisteskrankheit ihre eigene oder die Sicherheit anderer Personen gefährdet. Ein solches „Parere" darf nur ein Amtsarzt der zuständigen Bezirksverwaltungsbehörde bzw. Bundespolizeibehörde ausstellen, und sie darf nicht älter als eine Woche sein. Wird infolge einer Notfallsituation ein Patient ohne dieses „Parere" aufgenommen, so muß das psychiatrische Krankenhaus dies sofort dem zuständigen Amtsarzt melden, der binnen 48 Stunden in das psychiatrische Krankenhaus kommen muß, um die Aufnahme in die geschlossene psychiatrische Krankenabteilung mittels „Parere" zu sanktionieren. Wesentlich ist, daß die Geisteskrankheit allein die Einweisung bzw. Krankenhausaufnahme nicht begründen kann, sondern gleichzeitig die Selbst- oder Gemeingefährlichkeit angenommen werden muß.

Liegt eine Geisteskrankheit nicht vor, dann kann eine Selbst- oder Gemeingefährlichkeit die Aufnahme auch nicht begründen. Dies kann letztlich dahingehend ausgelegt werden, daß Sucht oder Alkoholismus kein Aufnahmegrund mittels „Parere" darstellt, obwohl § 37 KAG festhält, daß ein psychiatrisches Krankenhaus für die Behandlung von Geisteskranken, Geistesschwachen und Süchtigen bestimmt sei. Der Gesetzgeber war ursprünglich wohl der Auffassung, daß die Voraussetzung von Aufnahme und Internierung eines Alkoholikers in einer psychiatrischen Krankenanstalt die beschränkte Entmündigung wegen Trunksucht (bzw. Mißbrauch von „Nervengiften") sei. Nach erfolgter Entmündigung konnte vom Pflegschaftsgericht die Einweisung und „Anhaltung" des Süchtigen verfügt werden.

Dies ist durch das Sachwalterrecht jetzt nicht mehr möglich, da Sucht für sich alleine keinen Grund darstellt, den Patienten unter Sachwalterschaft zu stellen. Die geplante gesetzliche Neuregelung der Anhaltung ist bis jetzt noch nicht zustande gekommen, so daß immer noch der Aufenthalt in der geschlossenen psychiatrischen Krankenabteilung durch den 3. Abschnitt der (im übrigen ausgelaufenen) Entmündigungsanordnung geregelt wird.

Das Krankenhaus muß innerhalb von 24 Stunden, längstens binnen 48 Stunden dem zuständigen Bezirksgericht die Aufnahme anzeigen. Das Gericht hat binnen zwei Wochen zu überprüfen, ob die „Anhaltung" zulässig ist; wird die Notwendigkeit der Anhaltung bestätigt, so nennt das Gericht im Anhaltebeschluß auch einen Zeitraum, für den dieser Beschluß Gültigkeit hat. Kann man den Patienten während dieses Zeitraumes nicht entlassen, dann muß er neuerlich dem Bezirksgericht gemeldet werden. Aufgrund dieser Gesetzeslage hat sich die Praxis eingespielt, daß alle zwei Wochen ein Bezirksrichter mit einem oder zwei psychiatrischen Sachverständigen als „Gerichtskommission" beim psychiatrischen Krankenhaus erscheint und alle gemeldeten, neu aufgenommenen Patienten vorgestellt bekommt.

Diese gesetzliche Regelung stammt noch aus der Monarchie und entspricht nicht mehr gänzlich unseren Bedürfnissen, was dazu führte, daß die praktische Handhabung wohl nicht mehr exakt dem entspricht, was 1916 vermutlich vom Gesetzgeber erwartet wurde. Zunächst sind „Amtsärzte" keine Psychiater, sondern beamtete praktische Ärzte, die letztlich nur den Verdacht einer Geisteskrankheit mit Selbst- oder Gemeingefährlichkeit bescheinigen können. Da § 16 der Entmündigungsordnung einräumt, daß ein psychiatrischer Patient sich freiwillig aufnehmen lassen kann, wenn er vor dem Anstaltsleiter und zwei Zeugen eine schriftliche Erklärung abgibt, wird von dieser Möglichkeit manchen Ortes reichlich Gebrauch gemacht. Ferner haben die einzelnen Bundesländer auch Durchführungsbestimmungen zum KAG erlassen. Zum Beispiel hat die Landesregierung Salzburg für das Bundesland Salzburg in einer „Krankenanstaltenordnung" den § 49 KAG dahingehend ergänzt, daß auch die Rauschmittelabhängigkeit, wie eine Geisteskrankheit, einen Einweisungsgrund darstellen kann, was die hiesigen Amtsärzte ermächtigt, Süchtige in bestimmten Fällen einzuweisen. Die Anhaltung kann aber nur begründet werden, wenn der Alkoholismus Ausdruck einer psychischen Erkrankung ist bzw. bereits zu einer solchen geführt hat.

11.5.3 Schweiz (vgl. 11.1.1.3)

Gem. Artikel 397a Abs. 1 und 2 des Schweizerischen Zivilgesetzbuches darf eine mündige oder unmündige Person wegen Geisteskrankheit, Geistesschwäche, Trunksucht, anderen Suchterkrankungen oder schwerer Verwahrlosung in einer geeigneten Anstalt untergebracht oder zurückbehalten werden, wenn ihr die nötige persönliche Fürsorge nicht anders erwiesen werden kann (fürsorgerische Freiheitsentziehung). Dabei ist auch die Belastung zu berücksichtigen, welche die Person für ihre Umgebung bedeutet. Dabei gilt nach Entscheid des Bundesgerichtes als trunksüchtig, wer sich seines Hanges zum Mißbrauch von Alkohol nicht mehr aus eigener Kraft zu erwehren vermag; zeitweiliger Alkoholmißbrauch ist somit noch keine Trunksucht im Sinne des Gesetzes.

Das Verfahren der *fürsorgerischen Freiheitsentziehung* wird durch das kantonale Recht geordnet. Wesentlicher Vorbehalt ist dabei, daß die betroffene Person schriftlich darauf aufmerksam gemacht werden muß, daß sie den Richter anrufen kann. Die Einführung des Artikels 397 in das Zivilgesetzbuch im Jahre 1978 zwang die Kantone, auf den 1. Januar 1981 entsprechende Einführungsgesetze zu erlassen. Aus zeitlichen Gründen haben viele Kantone lediglich eine Verordnung im Sinne einer Übergangslösung geschaffen.

11.6 Maßregeln der Besserung und Sicherung

11.6.1 Bundesrepublik Deutschland

Hat ein Alkoholiker eine rechtswidrige Tat im Zustand der Schuldunfähigkeit (§ 20 StGB) oder der verminderten Schuldfähigkeit (§ 21 StGB) begangen (vgl. 11.2.1.1), so muß das Gericht die Unterbringung in einem psychiatrischen Krankenhaus anordnen, wenn die Gesamtwürdigung des Täters und seiner Tat ergibt, daß von ihm infolge seines Zustandes erhebliche rechtswidrige Taten zu erwarten sind und er deshalb für die Allgemeinheit gefährlich ist (§ 63 StGB). Trunksucht, die auf Charaktermängeln beruht, reicht allein nicht aus. Auch genügt nicht, daß ein Psychopath unter Alkohol Straftaten begeht. Eine auf geistiger Erkrankung beruhende Alkoholsucht kommt demgegenüber für eine solche Unterbringung in Betracht, desgleichen auch eine nicht krankhafte, hochgradige Intoleranz gegenüber Alkohol, die zur Schuldunfähigkeit führt, wenn der Betroffene auch nur ganz geringe Mengen Alkohol trinkt. Hat jemand den Hang, alkoholische Getränke oder andere berauschende Mittel im Übermaß zu sich zu nehmen, und wird er wegen einer rechtswidrigen Tat, die er im Rausch begangen hat oder die auf seinen Hang zurückgeht, verurteilt oder nur deshalb nicht verurteilt, weil seine Schuldunfähigkeit erwiesen oder nicht auszuschließen ist, so ordnet das Gericht die Unterbringung in einer Entziehungsanstalt an, wenn die Gefahr besteht, daß der Betroffene infolge seines Hanges erhebliche rechtswidrige Taten begehen wird (§ 64 Abs. 1 StGB). Die Anordnung unterbleibt gem. § 64 Abs. 2 StGB, wenn eine Entziehungskur von vornherein aussichtslos erscheint. Die Dauer der Maßregel darf zwei Jahre nicht übersteigen. Unterbringungsvoraussetzung ist u. a. der Hang, berauschende Mittel im Übermaß zu sich zu nehmen, der in der Anlage des Täters begründet oder aber auch (verschuldet oder unverschuldet) erworben sein kann. Der Grad der psychischen Abhängigkeit muß noch nicht vorliegen. „Übermaß" bedeutet, daß der Täter Alkohol oder Rauschmittel in einer derartigen Menge konsumiert, daß er sozial gefährdet oder wesentlich beeinträchtigt ist. Das gelegentliche oder auch häufigere Trinken und die Begehung von Straftaten im Rausch allein reichen nicht aus. Bei mehreren Unterbringungsmöglichkeiten hat bei Alkoholikern die Entziehungsanstalt den Vorrang, wenn Aussicht auf Heilung der Sucht besteht. Das psychiatrische Krankenhaus (§ 63 StGB) kommt vor allem dann in Betracht, wenn die Sucht ihre Ursache in einer geistigen Erkrankung hat und die Heilung dieser Erkrankung zu erwarten steht oder wenn der Täter dauernd betreuungsbedürftig ist.

11.6.2 Österreich

§ 22 des österreichischen StGB regelt die Unterbringung entwöhnungsbedürftiger Rechtsbrecher mit schlechter Prognose. In die Entwöhnungsanstalt ist ein Rechtsbrecher einzuweisen: „ wenn ... zu befürchten ist, daß er ... im Zusammenhang mit seiner Gewöhnung an berauschende Mittel oder Suchtmittel eine mit einer Strafe bedrohte Handlung mit schweren Folgen oder doch mit Strafe bedrohte Handlungen mit nicht bloß leichten Folgen begeht." Das heißt, die Kleinkriminalität wird in der Regel nicht zum Anlaß einer solchen Maßnahme. Wird eine Strafe von mehr als zwei Jahren verhängt, dann ist eine Einweisung gem. § 22 StGB nicht vorgesehen; ebensowenig, wenn die Voraussetzungen zu einer Einweisung in eine Anstalt für geistig abnorme Rechtsbrecher (§ 21 österr. StGB) vorliegen. Die Einweisung wird auch dann nicht ausgesprochen, wenn der Versuch einer Entwöhnung von vorneherein aussichtslos erscheint, was u. a. dazu führt, daß die Gerichte diese Einweisung in der Regel nicht verfügen, wenn sich der Rechtsbrecher kategorisch dagegen ausspricht. Der Aufenthalt in der Entwöhnungsanstalt wird der Strafe angerechnet, der Strafvollzug verkürzt sich um die Zeit, die in der Entwöhnungsanstalt verbracht wird.

Theoretisch könnte die Anhaltung länger werden als die Strafe beträgt, dies ist jedoch unüblich. Zeigt sich der Verurteilte in der Entwöhnungsanstalt therapieunzugänglich, so wird er meist nach einigen Wochen in die Strafvollzugsanstalt zurückgeführt (Ranefeld 1979).

Bei der Entlassung kann die Weisung erteilt werden, daß eine psychotherapeutische Behandlung fortgesetzt werden muß.

Für Frauen existiert eine Entwöhnungsanstalt noch nicht, sondern ein Provisorium in einer Strafvollzugsanstalt. Die Rückfallsquote hinsichtlich Straftaten nach dieser Maßnahme wird mit 75% angegeben, beträgt aber bei Alkoholikern nur 41% (Salem u. Werdenich 1981).

11.7 Sonstige gesetzliche Bestimmungen

11.7.1 Bundesrepublik Deutschland

Nach § 7, 10 Abs. 2, und § 105 JGG kommen die Maßregeln der Besserung und Sicherung der §§ 63 und 64 StGB auch gegenüber *Jugendlichen* und *Heranwachsenden* in Frage. § 93a JGG verlangt in diesem Zusammenhang, daß die Unterbringung in einer Einrichtung vollzogen wird, in der die für die Behandlung suchtkranker Jugendlicher bzw. Heranwachsender erforderlichen besonderen therapeutischen Mittel und sozialen Hilfen zur Verfügung stehen.

Gem. § 81 StPO kann das Gericht zur Vorbereitung eines *Gutachtens* über den psychischen Zustand eines Beschuldigten unter bestimmten Voraussetzungen anordnen, daß der Beschuldigte in ein öffentliches psychiatrisches Krankenhaus gebracht und dort beobachtet wird. Ziel der Untersuchung kann auch die Beantwortung der Frage sein, ob die Voraussetzungen für die Anordnung einer freiheitsentziehenden Maßregel der Besserung und Sicherung vorliegen. Die *Unterbringung* selbst darf die Dauer von insgesamt sechs Wochen nicht überschreiten (§ 81 Abs. 3 StPO).

§ 126a StPO gestattet schließlich unter bestimmten Voraussetzungen eine einstweilige Unterbringung.

11.8 Sozialrecht in der Bundesrepublik Deutschland

11.8.1 Sozialgesetzbuch (SGB)

Um die Bürger über die ihnen zustehenden Sozialleistungen zu informieren und um der Zersplitterung des Sozialleistungsrechts entgegenzuwirken, hat der Gesetzgeber die Schaffung eines Sozialgesetzbuchs in Angriff genommen. Es soll nach seiner Fertigstellung zehn Bücher umfassen. Gegenwärtig sind das Erste Buch – der Allgemeine Teil des Sozialgesetzbuchs – (SGB I), das 1. Kapitel des Vierten Buches – gemeinsame Vorschriften für die Sozialversicherung – (SGB IV), das Zehnte Buch – Verwaltungsverfahren – (SGB X) fertiggestellt.

Geplant sind ferner Bücher zu den Bereichen Ausbildungsförderung (SGB II), Arbeitsförderung (SGB III), Sozialversicherung (SGB IV), Soziale Entschädigung (SGB V), Wohngeld (SGB VI), Kindergeld (SGB VII), Jugendhilfe (SGB VIII) und Sozialhilfe (SGB IX). Geplant ist auch ein Sozialgesetzbuch „Eingliederung Behinderter", das für Kranke und Behinderte und damit auch für Alkoholiker natürlich von besonderer Bedeutung wäre. Die Gliederung des SGB in einzelne Bücher entspricht weitgehend dem Katalog der sog. sozialen Rechte, die im 1. Abschnitt des SGB I geregelt sind. Aus ihnen können unmittelbar keine Rechtsansprüche geltend gemacht werden; vielmehr muß sich der Bürger bei der Rechtsdurchsetzung auf die Vorschriften der besonderen Teile des Sozialgesetzbuches berufen. Bis zur Einordnung in das SGB als „besondere Teile", d. h. bis zur Schaffung der vorstehend aufgeführten einzelnen Bücher des SGB gelten bereits bestehende Sozialgesetze als „besondere Teile", so das Bundesausbildungsförderungsgesetz (BAföG), das Arbeitsförderungsgesetz (AFG), das Schwerbehindertengesetz (SchwbG), die Reichsversicherungsordnung (RVO), das Bundessozialhilfegesetz (BSHG), das Gesetz über die Angleichung der Leistungen zur Rehabilitation (RehaAnglG) u. a. Bei der Auslegung der Vorschriften dieser Gesetze sind die „sozialen Rechte" zu beachten, d. h. das soziale Recht Bildungs- und Arbeitsförderung (§ 3 SGB I), Sozialversicherung (§ 4 SGB I), Soziale Entschädigung bei Gesundheitsschäden (§ 5 SGB I), Minderung des Familienaufwands (§ 6 SGB I), Zuschuß für eine angemessene Wohnung (§ 7 SGB I), Jugendhilfe (§ 8 SGB I), Sozialhilfe (§ 9 SGB I) sowie Eingliederung Behinderter (§ 10 SGB I). Die sog. Einweisungsvorschriften der §§ 18–29 SGB I geben einen anschaulichen Überblick über die einzelnen Sozialleistungen und die zuständigen Leistungsträger des gesamten Sozialrechts.

11.8.2 Recht der Gesetzlichen Krankenversicherung (GKV)

Krankheit i. S. d. § 182 RVO ist ein regelwidriger Körper- oder Geisteszustand, der eine ärztliche Heilbehandlung und/oder Arbeitsunfähigkeit zur Folge hat. Nach nunmehr ständiger Rechtsprechung des Bundessozialgerichts (BSG) ist die Sucht ein derartiger regelwidriger Körper- und Geisteszustand, der im Verlust der Selbstkontrolle und in der krankhaften Abhängigkeit von Suchtmitteln, im Nichtmehr-aufhören-Können seinen Ausdruck findet. Im Gegensatz zur früheren Judikatur muß die Sucht, z. B. die Trunksucht, nicht bereits in einem vorgerückten Stadium bestehen; auch sind nicht lediglich Sekundärschäden als Krankheit anzusehen. Für die Frage, ob eine Krankheit (und mithin auch eine Sucht) vorliegt, spielt grundsätzlich auch die Frage, ob der Zustand auf ein gesundheitliches Fehlverhalten oder ein sonstiges Verschulden des Betroffenen zurückzuführen ist, keine Rolle. Etwaiges Fehlverhalten des Versicherten wird erst im Zusammenhang mit dem Leistungsanspruch, z. B. dem Anspruch auf Krankengeld relevant. Nach § 182 Abs. 1 Nr. 1 RVO werden als sog. *Krankenhilfe* Krankenpflege und Krankengeld gewährt. Im Rahmen der *Krankenpflege,* die ausreichend und zweckmäßig sein muß, jedoch das Maß des Notwendigen nicht überschreiten darf (§ 182 Abs. 2 RVO), werden u. a. ärztliche Behandlung, Versorgung mit Arzneimitteln sowie andere Hilfsmittel gewährt. *Ärztliche Behandlung* kann nur durch Ärzte gewährt werden, wobei diese sich der Hilfe anderer Personen bedienen können (§ 122 Abs. 1 RVO). Nicht ärztlich approbierte Behandler, z. B. Heilpraktiker, können zwar berufsrechtlich selbständig die Heilkunde ausüben, wenn sie die Erlaubnis nach dem Heilpraktikergesetz (HPG) besitzen, können aber nicht im Rahmen der Gesetzlichen Krankenversicherung tätig werden; die Ausübung der Heilkunde hier ist im Interesse einer möglichst effektiven und wirtschaftlichen Leistungserbringung den Ärzten vorbehalten. Auch nichtärztliche Psychotherapeuten (Diplompsychologen) als besonders qualifizierte nichtärztliche Behandler können nur unter ärztlicher Aufsicht und damit nur unselbständig heilkundliche Leistungen erbringen (sog. Delegationsverfahren). Die Krankenpflege – auch in Gestalt der Entziehungsbehandlung und der Behandlung von Alkoholfolgeerkrankheiten – wird vom Beginn der Behandlung an ohne zeitliche Begrenzung gewährt. Dies gilt auch für die ggf. notwendige Krankenhauspflege (§ 184 Abs. 1 RVO), die auch in Fachkrankenhäusern für Suchtkranke erbracht werden kann. Zuständige Leistungsträger sind die Krankenkassen (Allgemeine Ortskrankenkassen, Ersatzkassen, Betriebskrankenkassen, Innungskrankenkassen u. a.).

Macht die Krankheit den Versicherten arbeitsunfähig, so hat er Anspruch auf Krankengeld von dem Tage an, an dem die Arbeitsunfähigkeit ärztlich festgestellt wird (§ 182 RVO). Arbeitsunfähigkeit liegt vor, wenn der Erkrankte nicht in der Lage ist, seiner bisher ausgeübten Erwerbstätigkeit nachzugehen. Auch bei Arbeitsunfähigkeit infolge einer Suchterkrankung besteht der Krankengeldanspruch. Der Anspruch auf Krankengeld ruht, wenn und soweit der Versicherte während der Krankheit weiterhin sein Arbeitsentgelt erhält (§ 189 RVO). Nach dem (für Arbeiter geltenden) § 1 LFG besteht der Anspruch auf Lohnfortzahlung jedoch nur dann fort, wenn den Arbeitnehmer an der Arbeitsunfähigkeit infolge Krankheit kein Verschulden trifft. Das Bundesarbeitsgericht (BAG) vertritt hierzu (allerdings zuweilen ohne überzeugende Begründung und restriktiver als das BSG) die Auffassung, ein Trunksüchtiger könne sich die Alkoholabhängigkeit schuldhaft i. S. d. § 1 LFG zuziehen, mit der Folge, daß ihm kein Anspruch auf Lohnfortzahlung zustehe. Allerdings setzt dies den Nachweis des Verschuldens durch den Arbeitgeber und in diesem

Zusammenhang dann auch die Aufklärung der Umstände voraus, welche die Alkoholabhängigkeit herbeigeführt haben.

11.8.3 Recht der Gesetzlichen Rentenversicherung (GRV)

Für die Behandlung von Alkoholikern steht im Vordergrund die Gewährung von Maßnahmen nach §§ 1235 ff. RVO (für Arbeiter) bzw. §§ 12 ff. AVG (für Angestellte), die der Erhaltung, Besserung und Wiederherstellung der Erwerbsfähigkeit des Versicherten dienen. Ist die Erwerbsfähigkeit infolge einer Krankheit (wied im Rahmen der GKV ggf. auch einer Sucht), Gebrechen oder Schwächen der körperlichen oder geistigen Gesundheit des Versicherten gefährdet oder gemindert und kann sie voraussichtlich wiederhergestellt oder wesentlich gebessert werden, so können (also kein Rechtsanspruch des Versicherten!) die Träger der GRV Maßnahmen zur Rehabilitation erbringen (§ 1236 RVO). Dabei – allerdings nach Maßgabe bestimmter rechtlicher Vorgaben, die sich im Einzelfall auch zu einer Verpflichtung „verdichten" können – übernehmen die Rentenversicherungsträger – Landesversicherungsanstalten (für Arbeiter) und Bundesversicherungsanstalt für Angestellte, Bundesknappschaft (Bergbau), Landwirtschaftliche Alterskassen – auch die Kosten für *Entziehungskuren* in anerkannten Suchtfachkrankenhäusern. Vor Beginn einer derartigen Behandlung muß ein Antrag auf Kostenübernahme gestellt werden. Voraussetzung ist allerdings, daß eine nicht unerhebliche Besserung zu erwarten steht (eine bei Suchtkranken häufig nicht einfach zu beurteilende Frage). Man wird eine wesentliche Besserung jedenfalls dann annehmen können, wenn der Alkoholkranke nach Durchführung des Heilverfahrens für eine nicht unerhebliche Zeit abstinent bleiben wird. Da es ein Merkmal der Sucht ist, daß der Kranke zu Rückfällen neigt, kann die Möglichkeit eines Rezidivs nicht bereits die Ablehnung eines Heilverfahrens rechtfertigen. Die schwierige Kompetenzabgrenzung zwischen GKV und GRV wird so vorgenommen, daß die Rentenversicherung bei länger dauernden Erkrankungen eintritt, während die Krankenversicherung für kurzfristige, akute Erkrankungen zuständig ist. Dies gilt auch im Falle älterer, nicht mehr arbeitsfähiger Personen. Näheres regeln Vereinbarungen zwischen den jeweiligen Trägern. Neben den medizinischen Maßnahmen bei Rehabilitation kommen auch berufsfördernde Leistungen in Betracht, insbesondere im Anschluß an den Verlust des Arbeitsplatzes infolge der Sucht oder im Hinblick auf einen notwendigen Berufswechsel (besonders bedeutsam bei „Alkoholberufen"). Ferner kommt Hilfe bei Erhaltung bzw. Erlangung einer Arbeitsstelle in Frage. Während der Rehabilitationsmaßnahmen wird ein Übergangsgeld gezahlt zur Deckung der Kosten des normalen Lebensunterhalts.

Führt die Alkoholkrankheit zur Berufs- oder Erwerbsunfähigkeit, so besteht bei Vorliegen der versicherungsrechtlichen Voraussetzungen Anspruch auf eine entsprechende Rente. Wer sich absichtlich berufsunfähig oder erwerbsunfähig macht, hat nach § 1227 RVO keinen Anspruch auf Rente. Das Merkmal der „Absicht" wird allerdings nur in den seltensten Fällen vorliegen und nachzuweisen sein.

11.8.4 Recht der Gesetzlichen Unfallversicherung (GUV)

Versichertes Risiko in der Gesetzlichen Unfallversicherung sind in ursächlichem Zusammenhang mit der versicherten Tätigkeit stehende *Unfälle* und *Berufskrankheiten*. Als Berufskrankheiten gelten nur solche Krankheiten, die in der sog. Berufskrankheiten-Verordnung aufgeführt sind. Gegenwärtig enthält diese Verordnung keine Suchtkrankheiten, so daß der Alkoholismus keine Berufskrankheit i. S. der GUV ist. Ein Arbeitsunfall ist ein Unfall, den ein Versicherter bei einer der in den §§ 539, 540, 543–545 RVO genannten Tätigkeiten erleidet. Die Leistungspflicht der GUV setzt ein, wenn der Unfall ursächlich auf die versicherte Tätigkeit zurückzuführen ist, d. h. die versicherte Tätigkeit den Eintritt des Unfalls „wesentlich mitbedingt" hat (sog. Theorie der wesentlichen Bedingung). Die versicherte Tätigkeit muß nicht die alleinige oder allein wesentliche Unfallursache sein, der Unfall darf sich aber auch nicht nur „gelegentlich" der versicherten Tätigkeit ereignet haben.

Aus § 539 Abs. 1 Nr. 17 Buchst. a RVO ergibt sich, daß z. B. Tätigkeiten im Rahmen der Arbeitstherapie oder die Teilnahme am Sport während der stationären Behandlung in einem Fachkrankenhaus für Suchtkranke in ursächlichem Zusammenhang mit der dortigen Behandlung steht und deshalb dabei Versicherungsschutz gegeben ist. (Ein Unfall während einer Sporttherapie gilt also ggf. als Arbeitsunfall.)

Was Alkohol als Ursache eines Arbeitsunfalls (und als solcher gilt auch ein sog. *Wegeunfall*, d. h. ein Unfall auf dem Weg zum oder vom Arbeitsplatz) angeht, so kommt es darauf an, ob der Alkoholgenuß allein die wesentliche Ursache des Unfalls darstellt. Ist dies der Fall, so liegt kein Arbeitsunfall vor. Hat Alkoholgenuß bei einem Unfall mitgewirkt, ist zu prüfen, ob nur der Alkoholgenuß den Unfall wesentlich verursacht hat oder ob auch die versicherte Tätigkeit eine wesentliche Ursache des Unfalls war.

Sucht kann auch die Folge eines Arbeitsunfalls sein, wenn dieser eine wesentliche Ursache für ihre Entstehung gesetzt hat (z. B. Alkoholismus hervorgerufen durch die Zuwendung zu diesem Suchtmittel, um bestimmte Folgen einer Krankheit, z. B. große Schmerzen zu überwinden).

Als Leistungen werden Heilbehandlung, Verletztengeld oder Übergangsgeld, Berufshilfe u.a. gewährt. Im Rahmen der GUV ist (im Gegensatz zu GKV und GRV) auch die Pflegebedürftigkeit ein Leistungsfall.

11.8.5 Sozialhilferecht

Im Gegensatz zu Leistungen der Sozialversicherung, die nur dort (mit)versicherten Personen zustehen, stehen die Leistungen der Sozialhilfe, allerdings nachrangig gegenüber Möglichkeiten der Selbsthilfe und Verpflichtungen Dritter (auch der Träger anderer Sozialleistungen) grundsätzlich jedermann zu. (Wegen der Nachrangigkeit gehen also z. B. Leistungsverpflichtungen der einzelnen Zweige der Sozialversicherung [vgl. 11.8.2–4] denjenigen der Sozialhilfe vor.)

Anspruch auf *Hilfe zum Lebensunterhalt* hat derjenige, der seinen notwendigen Lebensunterhalt nicht oder nicht ausreichend aus eigenen Kräften und Mitteln, vor allem aus seinem Einkommen und Vermögen, beschaffen kann. Die Gründe für die Hilfsbedürftigkeit und die Frage der etwaigen Verantwortlichkeit des Hilfesuchenden dafür spielen keine Rolle. Keinen Anspruch auf Hilfe zum Lebensunterhalt hat, wer sich weigert, zumutbare Arbeit zu leisten (§ 25 Abs. 1 BSHG). Voraussetzung für den Wegfall bzw. für eine Kürzung der Hilfe ist jedoch, daß das Verhalten, an das diese Rechtsfolge geknüpft werden soll, vorwerfbar ist und die Versagung bzw. Kürzung der Hilfe dazu beitragen kann (im Sinne des Zwecks der Sozialhilfe, „Hilfe zur Selbsthilfe" zu sein), den Hilfsbedürftigen wieder auf eigene Füße zu stellen. An dieser Voraussetzung wird es bei Alkohol- und anderen Suchtkranken i. d. R. fehlen. Die Leistungsgewährung kann aber der Form nach der besonderen Situation des Alkoholikers angepaßt werden (z. B. durch Gewährung von Ratenzahlungen, evtl. auch Gutscheinen und Sachleistungen), wenn dies ausnahmsweise geboten erscheint. Neben der Gewährleistung des notwendigen Lebensunterhalts stellt die Sozialhilfe *in besonderen Lebenslagen* spezielle Hilfen zur Verfügung. Für Alkoholkranke kommen insbesondere die *Krankenhilfe* (§ 37 BSHG), die auch die Alkoholbehandlung umfassen kann und deren Leistungsniveau i. d. R. demjenigen der Allgemeinen Ortskrankenkassen in der GKV entspricht, die *Eingliederungshilfe für Behinderte* (§§ 39–47 BSHG), die dann eingreift, wenn die Suchterkrankung die Fähigkeit des Alkoholikers zur sozialen Integration in erheblichem Umfange beeinträchtigt oder zu beeinträchtigen droht, sowie die sog. *Hilfe zur Überwindung besonderer sozialer Schwierigkeiten* (§ 72 BSHG), die gerade auch Suchtkranke zur Zielgruppe hat, in Betracht. Für diese wie für die weiteren Hilfen in besonderen Lebenslagen – zu erwähnen sind in diesem Zusammenhang insbesondere die (sehr kostenintensive) Hilfe zur Pflege (§§ 68, 69 BSHG) bei

Pflegebedürftigkeit sowie die Altenhilfe (§ 75 BSHG) – gilt gleichfalls, daß sie nur nachrangig gewährt werden, d. h., Selbsthilfe und Eigenmittel des Betroffenen und der ihm unterhaltspflichtigen Personen sowie Hilfs- und Leistungsverpflichtungen von dritter Seite sind – in gewissen, im Vergleich zur Hilfe zum Lebensunterhalt allerdings viel großzügiger bemessenen Grenzen – vorrangig. (Nachdrücklich ist deshalb darauf hinzuweisen, daß die Sozialhilfe insbesondere in Gestalt der Hilfe in besonderen Lebenslagen nicht nur für „arme" Hilfesuchende in Betracht kommt, sondern auch in Fällen, in denen der Hilfesuchende zwar seinen normalen Lebensunterhalt aus eigenen Mitteln bestreiten kann, er jedoch außerstande ist, mit zusätzlichen Bedürfnissen, die aus einer besonderen Lebenslage erwachsen (z. B. Arbeitslosigkeit, Krankheit, eine Behinderung nach sich ziehender Alkoholismus), aus eigenen Kräften fertig zu werden.

11.8.6 Sonstige Sozialleistungen

Im Zusammenhang mit dem System der sozialen Sicherung ist auch die *Arbeitsförderung* (früher: Arbeitsvermittlung und Arbeitslosenversicherung) zu erwähnen, die deswegen eine besondere Rolle spielt, weil Alkoholiker als Folge ihrer Sucht häufig den Arbeitsplatz verlieren. Als Leistung an Arbeitslose kommen vor allem das Arbeitslosengeld und die – steuerfinanzierte und deshalb bedarfsabhängige – Arbeitslosenhilfe als monetäre Leistungen sowie Arbeitsvermittlung, Berufsberatung, Umschulung, Förderung der Arbeitsaufnahme u. ä. in Betracht. Träger dieser Leistungen ist die Bundesanstalt für Arbeit, der die Landesarbeitsämter und Arbeitsämter nachgeordnet sind. Leistungsempfänger der Bundesanstalt für Arbeit werden auch in das übrige soziale Sicherungssystem (insbesondere Kranken-, Unfall-, Rentenversicherung) einbezogen.

Für Beschäftigte im öffentlichen Dienst stellt die sog. *Beihilfe* Leistungen auch bei Suchterkrankungen bereit; diese werden mehr und mehr den Leistungen der Sozialversicherung – GKV und GRV – angeglichen. Zugleich ist darauf hinzuweisen, daß bis heute die *Disziplinargerichte* die chronische Trunksucht häufig als selbstverschuldetes Dienstvergehen ansehen mit der Konsequenz der Entfernung des Beamten aus dem Dienst und sogar der Aberkennung des Ruhegehaltes. Dies wird selbst für den Fall der lediglich fahrlässigen Verursachung chronischer Trunksucht für zulässig erachtet (eine Praxis, die häufig noch das Wesen der Alkoholabhängigkeit verkennt, und eine Judikatur, die hinter dem entsprechenden Erkenntnisstand anderer Zweige der Gerichtsbarkeit, insbesondere der Sozialgerichtsbarkeit hinterherhinkt).

11.9 Privatversicherung

In der privaten Krankenversicherung (PKV) gilt für Alkoholismus und andere Suchtkrankheiten häufig ein Leistungsausschluß oder doch zumindest eine umfangmäßige Leistungsbegrenzung. Entsprechendes gilt für die private Unfallversicherung.

Ob diese Ausgestaltung des Privatversicherungsrechts immer Sinn und Zweck dieser Institute entspricht, mag bezweifelt werden. Dies gilt insbesondere für die Fälle, in denen Personen (aus welchen Fällen auch immer) auf die private Krankenversicherung angewiesen sind, weil sie die Beitrittsvoraussetzungen zur GKV nicht erfüllen. Die geplante Strukturreform im Gesundheitswesen mag sowohl für die GKV also auch – mittelbar – im Rahmen der PKV künftig zusätzliche Probleme in diesem Bereich aufwerfen.

Literatur

Abbasakoor, A., D. S. Belands, S. M. McLeod: Electrocardiographic changes during ethanol withdrawal. Ann. N.Y. Acad. Sci. 273 (1976) 364

Abel, E. L., S. Jacobson, B. T. Sherwin: Prenatal alcohol exposure: Functional and structural effects in rats. Alcoholism 6 (1982) 134

Agarwal, D. P., H. W. Goedde: Alkoholmetabolisierende Enzyme. In: K. D. Zang (Hrsg.): Klinische Genetik des Alkoholismus. Kohlhammer, Stuttgart 1984 (S. 65–89)

Albrecht, G.: Nichtseßhaftigkeit und Sucht. In: W. Feuerlein (Hrsg.): Sozialisationsstörungen und Sucht. Akademische Verlagsgesellschaft, Wiesbaden 1981 (S. 63–94)

Allolio, B., W. Winkelmann, F. N. Hipp, H. Bosch, W. Böttcher: Das alkoholinduzierte Cushing-Syndrom. Dtsch. med. Wschr. 105 (1980) 819

Altenkirch, H., H. Schulze: Schnüffelsucht und Schüffler-Neuropathie. Neurologische Befunde und Sozialdaten von 40 Fällen. Nervenarzt 50 (1979) 21

Altshuler, H. L., L. Talley: Intragastric self-administration of ethanol by rhesus monkey: an animal model of alcoholism. Curr. Alc. 1 (1977) 243

Altshuler, H. L., J. A. Amiran, B. S. Osei-Frimpong, J. Osei-Frimpong: The development of a subhuman primate model on the fetal alcohol syndrome. Alcoholism 6 (1982) 134

Amak, C.: A study in alcoholism. Stockholm 1961 zit. nach Amer. J.Psychiat. 109 (1953) 754

Amit Z., R. G. Meade, D. E. Levitan, J. Singer: Effects of dorsal and ventral lateral hypothalamic lesions on voluntary alcohol consumption by rats. J. Stud. Alc. 37 (1976) 1188

Amit, Z., D. E. Levitan, Z. E. Brown, E. A. Sutherland: Catecholaminergic involvementin alcohol's rewarding properties: implications for a treatment model for alcoholics. In: Advances in Experimental Medicine and Biology, Bd. IIIa. Plenum Press, New York 1977

Amit, Z., B. R. Smith, Z. W. Brown, R. L. Williams: An examination of the role of TIQ alkaloids in alcohol intake: reinforcers, satiety agents or artifacts. Progr. clin. biol. Res. 90 (1982) 345

Ammann, A. J., D. W. Wara, M. J. Cowan, D. J. Barrett, E. R. Stiehm: The DiGeorge syndrome and the fetal alcohol syndrome. Amer. J. Dis. Child. 136 (1982) 906

Anonym: Ist Alkohol doch ein pathogener Faktor? Euromed 19 (1977) 778

Antons, K.: Therapie des Alkoholismus. Methoden und Probleme. Nicol, Kassel 1976

Antons,K., W. Schulz: Normales Trinken und Suchtentwicklung. Theorie und empirische Ergebnisse interdisziplinärer Forschung zum sozialintegrierten Alkoholkonsum und süchtigen Alkoholismus. Hogrefe, Göttingen 1976 (Bd. I); 1977 (Bd. II)

Apfeldorf, M., P. J. Hunley: The Mac Andrew scale: A measure of the diagnosis of alcoholism. J. Stud. Alc. 42 (1981) 80

Arbeitskreis Alkohol: Materialien zum Alkoholmißbrauch in der Bundesrepublik Deutschland einschl. West-Berlin. Arbeitskreis Alkohol, Bonn 1979

Armor, D. J., J. M. Polich, H. B. Stambul: Alcoholism and Treatment. CA Rand-Corp., Santa Monica 1976

Arnold, U., W. Feuerlein: Der Alkoholiker im Krankenhaus – Alkohol oder Psychopharmaka beim Entzugsdelir? Klinikarzt 12 (1983) 203

Ashley, M. J., J. S. Olin, W. Harding le Richle, A. Kornaczewski, W. Schmidt, J. G. Rankin: Morbidity in alcoholics. Arch. intern. Med. 137 (1977) 883

Athen, D.: Syndrome der akuten Alkoholintoxikation und ihre forensische Bedeutung. Habil. München 1983

Athen, D., B. Schuster: Zur Häufigkeit von Alkoholikern im Krankengut einer medizinischen Klinik. In: W. Keup (Hrsg.): Behandlung der Sucht und des Mißbrauchs chemischer Stoffe. Thieme, Stuttgart 1981

Athen, D., E. Schuster: Alkoholismus-Report. Bayer. Staatsministerium für Arbeit und Sozialordnung, München 1978

Athen, D., H. Hippius, R. Meyendorf, C. Riemer, C. Steiner: Ein Vergleich der Wirksamkeit von Neuroleptika und Chlormethiazol (Distraneurin) bei der Behandlung des Alkoholdelirs. Nervenarzt 48 (1977) 528

Atkinson, J. P., T. J. Sullivan, J. P. Kelly, C. W. Parker: Stimulation by alcohols of cyclic AMP metabolism in human leukocytes. J. clin. Invest. 60 (1977) 284

Auerbach, P., K. Melchertsen: Zur Häufigkeit des Alkoholismus stationär behandelter Patienten aus Lübeck. Schlesw. Holst. Ärzteblatt 5 (1981) 223

Avdaloff, W., W. Mauersberger: Über die frühen Symptome der Kleinhirnatrophie beim chronischen Alkoholismus. Nervenarzt 52 (1981) 333

Bacon, D.: Sociology and the problems of alcohol. Foundations for a sociological study of drinking behaviour. New Haven 1946

Badr, F. M., F. H. Hussain: Chromosomal aberrations in chronic male alcoholics. Alcoholism 6 (1982) 122

Badr, F. M., R. S. Badr, R. L. Asker, F. H. Hussain: Evaluation of the mutagenic effects of ethyl alcohol by different techniques. In: Advances in Experimental Medicine and Biology, Bd. IIIa. Plenum Press, New York 1977 (S. 25)

Baekeland, F.: Evaluation of treatment methods in chronic alcoholism. In: B. Kissin, H. Begleiter (Hrsg.): The Biology of Alcoholism, Bd. V. Plenum, New York 1977

Baekeland, F., L. Lundwall, B. Kissin, T. Shanahan: Correlates of outcome in disulfiram treatment of alcoholics. J. nerv. ment. Dis. 153 (1971) 1

Baekeland, F., L. Lundwall, B. Kissin: Methods of the treatment of chronic alcoholism: a critical appraisal. In: R. J. Gibbins et al. (eds): Research Advances in Alcohol and Drug Problems. Wiley, New York 1975

Baer, A.: Alkoholismus. Berlin 1878

Baines, D. R., D. Hurt, R. M. Morse: Peptic ulcer disease in alcoholics. Alcoholism 6 (1982) 135

Baker, T. B., D. S. Cannon: Potentiation of ethanol withdrawal by prior dependence. Psychopharmacology 60 (1979) 105

Baker, F. B., H. Udin, R. E. Vogler: A short term alcoholism treatment program using videotape and self-confrontation techniques. Paper 80th Annual Convention American Psychol. Ass., Sept. 1972

Bales, R. F.: Cultural differences in rates of alcoholism. Quart. J. Stud. Alc. 6 (1946) 480

Bales, R. F.: Attitudes toward drinking in the Irish culture. In: Society, Culture and Drinking Patterns, hrsg. von D. J. Pittman, C. R. Snyder. Wiley, New York 1962 (S. 157)

Ballenger, J. C., R. M. Post: Kindling as a model for alcohol withdrawal syndromes. Brit. J. Psychiat. 133 (1978) 1

Bandura, A.: Sozial-kognitive Lerntheorie. Klett-Cotta, Stuttgart 1979

Bandura, A., R. H. Walters: Social Learning and Personality Development. Rinehart & Winston, New York 1963

Banys, P.: The clinical use of disulfiram (Antabuse): a review. J. psychoact. Drugs 20 (1988) 243–261

Baraona, E.: Ethanol and lipid metabolism. In: B. Kommerell, H. K. Seitz (ed.). Spinger, Berlin 1985

Barcha, R., M. A. Stewart, S. B. Guze: The prevalence of aclohohism among general hospital ward patients. Amer. J. Psychiat. 125 (1968) 681

Barnes, G. E.: Characteristics of the clinical alcoholic personality. J. Stud. Alc. 41 (1980) 894

Barr, H. L., D. Antes, D. J. Ottenberg, A. Rosen: Mortality of treated alcoholics and drug addicts: the benefits of abstinence. J. Stud. Alcohol 45 (1984) 440–452

Bastine, R., P. A. Fiedler, K. Grawe, S. Schmidtchen, G. Sommer: Grundbegriffe der Psychotherapie. Edition Psychologie, Weinheim 1982

Battegay, R.: Der Mensch in der Gruppe, Bd. III. Huber, Bern 1969

Baumann, U. (Hrsg.): Indikation zur Psychotherapie. Urban & Schwarzenberg, München 1981

Bayerische Staatsministerien des Innern und für Arbeit und Sozialordnung: Alkohol – Drogen – Medikamente – Tabak. Jugend fragt Jugend – Repräsentativerhebungen bei Jugendlichen in Bayern 1973, 1976, 1980. München 1982

Bayerisches Staatsministerium des Innern: Alkohol, Drogen, Medikamente, Tabak: Jugend und ... München 1986

Bebbington, P. E.: The efficacy of alcoholics anonymous: the elusiveness of hard data. Brit. J. Psychiat. 128 (1976) 572

Becker, P. E.: Persönlichkeit und Neurosen in der Zwillingsforschung. In: A. Heigl-Evers, H. Schepank (Hrsg.): Ursprünge seelisch bedingter Krankheiten. Verlag für Medizinische Psychologie Vandenhoeck & Ruprecht, Göttingen 1980

Beckman, L. J.: Women alcoholics. A review of social and psychological studies. J. Stud. Alc. 36 (1975) 797

Begleiter, H., B. Projesz, B. Kissin: Brain dysfunction in alcoholics with and without a family history of alcoholism. Alcoholism 6 (1982) 136

Bejerot, N.: A theory of addiction as an artificially induced drive. Amer. J. Psychiat. 128 (1972) 842

Bell, R. A., K. A. Keely, R. D. Clements, G. J. Warheit, C. E. Holzer: Alcoholism. Life events and psychiatric impairment. Ann. N.Y. Acad. Sci. 273 (1976) 467

Bergener, M.: Psychiatrie und Rechtsstaat. Luchterhand, Neuwied 1981

Berger, H.: Die Therapie und soziale Reintegration männlicher Alkoholiker. Volkswirtschaftl. Diplomarbeit, Köln 1972/73

Berges, W., M. Wienbeck: Alkohol und Gastrointestinaltrakt. In: R. Teschke, C. S. Lieber (Hrsg.): Alkohol und Organschäden. Witzstrock, Baden-Baden 1981

Berglund, M.: Mortality and alcoholics related to clinical state at first admission: a study of 537 deaths. Acta psychiat. scand. 70 (1984) 407–416

Berglund, M., G. Bliding, A. Bliding, J. Risberg: Reversibility of cerebral dysfunction in alcoholism during the first seven weeks of abstinence – a regional cerebral blood flow study. In: C. M. Idestroem (Hrsg.): Alcohol and Brain Research. Acta psychiat. scand., Suppl. 286 (1980) 119

Bergman, H., S. Borg, T. Hindmarsh, C. M. Idestroem, S. Muetzell: Computed tomography of the brain, clinical examination and neuropsychological assessment of a random sample of men from the general population. Acta psychiat. scand., Suppl. 286 (1980a) 47

Bergman, H., S. Borg, T. Hindmarsh, C. M. Idestroem, S. Muetzell: Computed tomography of the brain and neuropsychological assessment of male alcoholic patients and a random sample from the general male population. Acta psychiatr. scand., Suppl 296 (1980b) 77

Bergstroem, B., H. Ohlin, P. E. Lindblom, J. Wadstein: Is disulfiram implantation effective? Lancet 1982/I, 49

Berne, E.: Spiele der Erwachsenen. Rowohlt, Reinbek b. Hamburg 1967

Besson, J. A. O., A. I. Glen, E. I. Foreman: Nuclear magnetic resonance observations in alcoholic cerebral disorder and the role of vasopression. Lancet 1981/II, 923–924

Biener, K., W. Lang: Berufsspezifischer Alkoholkonsum (Trinkgewohnheiten in der Schweiz – Ergebnisse einer Studie). Ärztl. Prax. 29 (1976) 4089

Bierich, J. R.: Pränatale Schädigungen durch Alkohol. Internist 19 (1978) 131

Bigelow, G., I. Liebson: Cost factors controlling alcoholic drinking. Psychol. Rep. 22 (1972) 305
Binder, H.: Über alkoholische Rauschzustände. Schweiz. Arch. Neurol. Psychiat. 35 (1935) 209; 36 (1935) 17
Binder, S., C. Happe, W. Schmitz: Erprobung verhaltenstherapeutischer Behandlungstechniken und Modell einer Breitbandtherapie bei chronischem Alkoholismus. Öff. Gesundh.-Wes. 40 (1978) 253
Bing, R. J., R. E. Weishaar: Cardiovascular disease in the alcoholic. In: Medical Consequences of Alcohol Abuse, hrsg. von P. M. Clark, L. J. Kricka. Wiley, New York 1980
Bischof, H. L.: Zur Pathogenese des Alkoholdelirs. Dargestellt aufgrund von Beobachtungen an 209 Fällen. Nervenarzt 40 (1969) 318
Bischof, H. L.: Forensisch-psychiatrische Probleme bei der strafrechtlichen Begutachtung Alkoholkranker und Drogenabhängiger. Forensia 2 (1978) Nr. 3/4
Bischoff, A.: Die alkoholische Polyneuropathie. Dtsch. med. Wschr. 96 (1971) 317
Blackstock, E., D. H. Gath, B. C. Gray, G. Higgins: The role of thiamine deficiency in the etiology of the hallucinatory states complicating alcoholism. Brit. J. Psychiat. 121 (1972) 357
Blanck, G., R. Blanck: Angewandte Ich-Psychologie. Klett, Stuttgart 1978 (Orig.-Ausgabe 1974)
Blane, H. T.: The Personality of the Alcoholic. Guises of Dependency. Harper & Row, New York 1968
Blane, H. T., H. Barry III: Birth order and alcoholism; a review. Quart. J. Stud. Alc. 34 (1973) 837
Bleuler, M.: Familial and personal background of chronic alcoholics. In: Etiology of Chronic Alcoholism. Thomas, Springfield/Ill. 1955
Bliven, F. E.: The skeletal system: alcohol as a factor. In: E. M. Pattison, E. Kaufman (Hrsg.): Encyclopedic Handbook of Alcoholism. Gardener, New York 1982 (S. 215)
Blöschl, L.: Grundlagen und Methoden der Verhaltenstherapie, 3. Aufl. Huber, Bern 1972
Blum, K.: Neurophysiological effects of alcohol. In: E. M. Pattison, E. Kaufman (Hrsg.): Encyclopedic Handbook of Alcoholism. Gardener, New York 1982 (S. 105)
Bochnik, H. J., A. Hofinga, W. Pittrich: Statistische Strukturuntersuchungen bei Suchtkranken. I. Chronischer Alkoholismus. Zbl. ges. Neurol. Psychiat. 191 (1968) 19–20
Bode, J. C., H. Menge: Verdauungskanal und Alkohol. Internist 19 (1978) 116
Böning, J.: Psychopathologisch-neurobiologische Aspekte süchtigen Verhaltens. Vortrag, 8. wissensch. Symposium. DHS, Tutzing 1989
Böning, J., E. Holzbach: Klinik und Pathophysiologie des Alkoholismus. In: K. P. Kisker, H. Lauter, J. E. Meyer, C. Müller, E. Strömgren (Hrsg.): Psychiatrie der Gegenwart, Bd. III. Springer, Berlin 1987 (S. 143–177)
Boeters, U., F. Reimer: Zur Genese von Antabus-Psychosen unter besonderer Berücksichtigung hirnelektrischer Befunde. Nervenarzt 39 (1968) 422
Bogovski, P.: In der Hälfte des selbstgebrannten Calvados Nitrosamine gefunden. Med. Trib. 49 (1973) 48
Bohman, M., S. Sigvardsson, C. R. Cloninger: Maternal inheritance of alcohol abuse. Cross-fostering analysis of adopted women. Arch. gen. Psychiat. 38 (1981) 965
Bonsels-Goetz, C., R. Bess: Alkoholismus. Behandlung in der Klinik. Eine empirische Untersuchung. Spitz, Berlin 1984
Bonte, W.: Begleitstoffe alkoholischer Getränke. Schmidt-Roemhild, Lübeck 1987 (S. 352)
Bonte, W.: Alkoholismus = Methanolismus? Diss. Univ.-Ztg. 16 (1987) 3
Bosch, M.: Möglichkeiten und Notwendigkeiten einer umfassenden Familientherapie. In: Schriftenreihe zum Problem der Suchtgefahren: Familie und Suchterkrankung. Hoheneck, Hamm 1977 (S. 172)

Boylin, E. R.: Gestalt incounter in the treatment of hospitalized alcoholic patients. Amer. J. Psychother. 29 (1975) 524

Brackmann, K.: Handbuch der Sozialversicherung, Bd. III, Stand 1978. Asgard, Bonn 1978 (S. 670 L)

Bräutigam, W.: Neuere Erfahrungen in der Psycho- und Soziotherapie der Alkoholiker. Zbl. ges. Neurol. Psychiat. 191 (1968) 20

Brenk, E., R. D. Dominicus, I. Hauer, C. Jochinke: Kommunikationstraining in der Ehepaartherapie Alkoholkranker. Psychiat. Prax. 5 (1978) 159

Brenk-Schulte, E.: Aspekte eines milieutherapeutischen Behandlungskonzeptes für Alkoholkranke. ICAA Proceedings, Zürich 1978

Brenk-Schulte, E.: Konzept und praktische Durchführung einer integrativen ambulanten Gruppenpsychotherapie mit Alkoholkranken: Vorläufige Mitteilung und erste Ergebnisse. Suchtgefahren 27 (1981) 129

Brenner, B.: Estimating the prevalence of alcoholism toward a modification of the Jellinek formula. Quart. J. Stud. Alc. 20 (1959) 255

Brewer, C., L. Perrett: Brain damage due to alcohol consumption. An airencephalographic, psychometric and electroencephalographic study. Brit. J. Addict. 66 (1971) 170

Brewster, D. J.: Ethanol preference in strains of rats selectively bred for behavioral characteristics. J. genet. Psychol. 115 (1969) 217

Briddell, D. W., D. E. Nothan: Behavior assessment and modification with alcoholics: Current status and future trends. In: M. Hersen, R. M. Eisler, P. M. Miller (Hrsg.): Progress in Behavior Modification, Bd. I/II. Academic Press, New York 1975/76

Brinkmann, R.: Untersuchung zur Persönlichkeit und sozialen Stellung von Alkoholikern nach Suicidversuch. Inaug. Diss., München 1973

Brion, S.: Marchiafava-Bignami-Syndrome. In: P. J. Vinken, G. W. Bruyn (Hrsg.): Handbook of Clinical Neurology 28/II. North-Holland Publ. Comp., Amsterdam 1976

Bronisch, T.: Zur Beziehung zwischen Alkoholismus und Depression anhand eines Überblicks über empirische Studien. Fortschr. Neurol. Psychiat. 53 (1985) 454–468

Brown, S., I. D. Yalom: International group therapy with alcoholics. J. Stud. Alc. 38 (1977) 426

Bruell, J. H.: Dominance and segration in the inheritance of quantitative behaviour in mice. In: E. L. Bliss (Hrsg.): Roots of Behaviour. Harper, New York 1962

Bryce, J. C.: An evaluation of LSD in the treatment of chronic alcoholism. Canad. Psychiat. Ass. J 15 (1970) 77

Bühringer, G.: Planung, Steuerung und Bewertung von Therapieeinrichtungen für junge Drogen- und Alkoholabhängige. IFT Texte 4, Röttger, München 1981

Bühringer, G.: Argumente zur Neuorientierung der Therapiedauer bei Abhängigen. Suchtgefahren 29 (1983) 202–210

Bürger-Prinz, H.: Über den Zwang. Nervenarzt 17 (1944) 1

Bundeszentrale für gesundheitliche Aufklärung: Aktionsprogramm zur Eindämmung und Verhütung des Alkoholmißbrauchs. Bundeszentrale für gesundheitliche Aufklärung, Köln 1976

Burch, G. E., A. Ansari: Chronic alcoholism and carcinoma of the pancreas. Arch. intern. Med. 122 (1968) 273

Busch, H.: Gruppenpsychotherapie mit Alkoholkranken. Gruppenpsychother. Gruppendynamik 22 (1986) 76–89

Busch, H., A. Frings: Pharmacotherapy of alcohol-withdrawal syndrome in hospitalised patients. Pharmacopsychiat. 21 (1988) 232–7

Busch, H., E. Körmendy, W. Feuerlein: Partners of female alcoholics. Brit. J. Addict. 68 (1973) 3

Busche, P., E. Marg, H. J. Knittel: Zum Problem des chronischen Alkoholismus; vergleichende Untersuchung der wegen chronischem Alkoholmißbrauch und Delirium tremens aufgenommenen männlichen Patienten der Nervenklinik Neuruppin. Psychiat. Neurol. med. Psychol. (Lpz.) 22 (1970) 418

Butler, D., F. S. Messhiha: Alcohol withdrawal and carbamazepin. Alcohol 3 (1986) 113–129

Butters, N., E. Granholm: The continuity hypothesis: alcohol Korsakoff syndrome. Guilford, New York 1984 (S. 176–206)

C. B.: The growth and effectiveness of alcoholics in a south-western city, 1945–1962. Quart. J. Stud. Alc. 26 (1965) 279

Caddy, G. R.: Toward a multivariate analyse of alcohol abuse. In: P. E. Nathan, A. G. Marlatt, T. Loberg (Hrsg.): Alcoholism. New Directions in Behavioral Research and Treatment. Plenum, New York 1978

Cadoret, R. J., A. Gath: Inheritance of alcoholism in adoptees. Brit. J. Psychiat. 132 (1978) 252

Cadoret, R. J., C. A. Cain, W. M. Grove: Development of alcoholism in adoptees raised apart from alcoholic biologic relatives. Arch. gen. Psychiat. 37 (1980) 561

Cahalan, D., I. H. Cisin: American drinking practises. Quart. J. Stud. Alc. 29 (1968) 130 (VI/2); 30 (1969) 642 (VI/7)

Cahalan, D., I. H. Cisin, H. Crossley: American Drinking Practises: A National Study of Drinking Behavior and Attitudes. Rutgers Center of Alcohol Studies, New Brunswick, N.Y. 1969

Cala, L. A., F. L. Mastaglia: Computerized tomography in chronic alcoholics. Alcoholism 5 (1981) 283

Cala, L. A., B. Jones, F. L. Mastaglia, B. Wiley: Brain atrophy and intellectual impairment in heavy drinkers – a clinical, psychometric and computerized tomography study. Aust. N.Z. J. Med. 8 (1978) 147

Caplan, G.: Principles of Preventive Medicine. Tavistock, London 1964

Cappell, H., C. P. Herman: Alcohol and tension reduction: a review. Quart. J. Stud. Alc. 33 (1972) 33

Carlen, P. L., B. Kapur, L. A. Huszar, M. A. Lee, G. Moddel, R. Singh, D. A. Wilkinson: Prolonged cerebrospinal fluid acidosis in recently abstinent chronic alcoholics. Neurology Minneap. 30 (1980) 956

Carlsson, C.: Propranolol in the treatment of alcoholism: a review. Postgrad. med. J. 55, Suppl. 4 (1976) 166

Carlsson, C., P. R. Johannson, B. Gullberg: A double-blind cross-over study: apomorphine/placebo in chronic alcoholics. Int. J. clin. Pharmacol. 15 (1977) 211

Casriel, D.: Die Wiederentdeckung des Gefühls. Bertelsmann, München 1972

Castelli, W. P., J. T. Doyle, T. Gordon, C. G. Hames, M. Hjortland, S. B. Hulley, A. Kagan, W. J. Zukel: Alcohol and blood lipids. Lancet 1977/II, 153

Cautela, J. R.: Covered sensitization. Psychol. Rep. 20 (1967) 459

Chernoff, G. F.: The fetal alcohol syndrome in mice: an animal model. Teratology 15 (1977) 223

Chien, C. P.: Psychiatric treatment for geriatric patients: „pub" or drug? Amer. J. Psychiat. 127 (1971) 1070

Cicero, T. J.: Animal models of alcoholism. In: K. Erikson, J. D. Sinclair, K. Kiianmaa (Hrsg.): Animal Models in Alcohol Research. Academic Press, London 1980

Ciompi, L., M. Eisert: Mortalité et causes de décès chez les alcooliques. Soc. Psychiat. 4 (1969) 159

Ciompi, L.: Prävention. In: C. Müller (Hrsg.): Lexikon der Psychiatrie. Springer, Berlin 1986

Clark, D. C., J. Fawcett: Does lithium carbonate therapy for alcoholism deter relapse drinking? Recent Develop. Alcoholism 7 (1989) 315–328

Clark, P. M. S., L. J. Kricka: Medical Consequences of Alcohol Abuse. Wiley, New York 1980

Clarkin, J. F., A. J. Frances, J. D. Glick: The decision to treat a family: selection criteria and enabling factors. In: Group and Family Therapie 1981, hrsg. von L. R. Wolberg, M. L. Aronson. Brunner/Mazel, New York 1981 (S. 149)

Classen, G., M. Rennert: Prävention und Schule – von der Fragwürdigkeit drogenspezifischer Ansätze. Arbeitspapier DHS-Dok. 10 zum Workshop der Deutschen Hauptstelle gegen die Suchtgefahren über Strukturmaßnahmen im Bereich der Drogenprävention. Bad Neuenahr, 11.–13.9.1980

Cloninger, C. R., M. Bohmann, S. Sigvardsson: Inheritance of alcohole abuse. Cross-fostering analysis of adopted men. Arch. gen. Psychiat. 38 (1981) 861–868

Cohen, G., M. Collins: Alkaloids from catecholamines in adrenal tissue: possible role in alcoholism. Science 167 (1970) 1749

Cohen, M.: Alcoholism: controlled drinking and incentives for abstinence. Psychol. Rep. 28 (1971) 575

Cohen, R., S. Davies-Osterkamp, E. Koppenhöfer, E. Müllner, R. Olbrich, R. Rist, H. Watzl: Ein verhaltenstherapeutisches Behandlungsprogramm für alkoholkranke Frauen. Nervenarzt 47 (1976) 300

Cohn, R. C.: Stil und Geist der themenzentrierten interaktionellen Methode. In: C. J. Sager, H. S. Kaplan (Hrsg.): Handbuch der Ehe-, Familien- und Gruppentherapie, Bd. III. Kindler, München 1973

Collins, R. L., G. A. Marlatt: Social modelling as a determinant of drinking behavior: implications for prevention and treatment. Addict. Behav. 6 (1981) 233–239

Colmant, H. J.: Encephalopathien bei chronischem Alkoholismus. Enke, Stuttgart 1965

Cooke, D. J. U.: Spontaneous recovery or statistical artifact? Brit. J. Addict. 75 (1980) 323

Cooney, N. L., R. E. Meyer, R. F. Kaplan, L. H. Baker: A validation study of four scales measuring severity of alcohol dependence. Brit. J. Adict. 81 (1986) 223–229

Costello, R. M.: Alcoholism treatment and evaluation: in search of methods. Int. J. Addict. 10 (1975a) 251

Costello, R. M.: Alcoholism treatment and evaluation: in search of methods II. Collation of two-year follow-up studies. Int. J. Addict. 10 (1975b) 857

Cotton, N. W.: The familial incidence of alcoholism: a review. J. Stud. Alc. 40 (1979) 89

Cremer, U.: Gefährdung durch Alkohol – die Situation in der Bundesrepublik Deutschland. Drug Alc. Depend. 11 (1983) 121

Criteria Committee, National Council on Alcoholism: Criteria for the diagnosis of alcoholism. Amer. J. Psychiat. 129 (1972) 127

Cronkite, R. C., R. H. Moos: Evaluating alcoholism treatment programs: An integrated approach. J. Consult. clin. Psychol. 46 (1978) 1105

Cruz-Coke, R., J. Mardones: Detection of the population vulnerable to alcoholism by means of a genetic marker. Bol. Ofic. sanit. panamer. 71 (1971) 187

Cruz-Coke, R., A. Varela: Genetic factors in alcoholism. In: R. E. Popham (Hrsg.): Alcohol and Alcoholism. University of Toronto Press, Toronto 1970

Curlee, J.: A comparison of male and female patients at an alcoholism treatment center. J. Psychol. 74 (1970) 239

Cutter, H. S.: Alcohol, drinking patterns and the psychological probability of success. Behav. Sci. 14 (1969) 19

Cutting, J.: Specific psychological deficits in alcoholism. Brit. J. Psychiat. 133 (1978) 119

Cutting, J. C.: Alcohol cognitive impairment and aging: still an uncertain relationship. Brit. J. Addict. 83 (1988) 995–997

Dahlgren, K. G.: On death-rates and causes of death in alcohol addicts. Acta psychiat. scand. 26 (1951) 297

Dahlgren, L., M. Myrhed: Alcoholic females II. Causes of death with reference to sex difference. Acta psychiat. scand. 56 (1977) 81

Davies, D. L., M. Shepherd, E. Myers: The two-years-prognosis of 50 alcohol addicts after treatment in hospital. Quart. J. Stud. Alc. 17 (1956) 485

Davis, V. E., M. J. Walsh: Alcohol, amines and alkaloids: a possible biochemical basis for alcohol addiction. Science 167 (1970) 1005

Demakis, J. G., S. H. Rahimtoola, M. Jamil, G. C. Sutton, K. M. Rosen, R. M. Gunnar, J. Tobin: The natural cause of alcoholic cardiomyopathy. Ann. intern. Med. 80 (1980) 293

Demling, L.: Klinische Gastroenterologie. Thieme, Stuttgart 1973

Deutsche Hauptstelle gegen die Suchtgefahren: Stellungnahme zur Frage der Alkohol-Grenzwerte. DHS-Presse- und -Informationsdienst, Hamm, 15.4.1980

Devenyi, P., G. M. Robinson, B. M. Kapur, D. A. K. Roncari: High-density lipoprotein cholesterol in male alcoholics with and without severe liver disease. Amer. J. Med. 71 (1981) 588

Diagnostic and Statistical Manual of Mental Disorders – DSM III – (3. Ed.): Substance use disorders. Amer. Psychiat. Ass. 5 (1981)

Dichter, M., G. Z. Driscoll, D. J. Ottenberg, A. Rosen: Marathon therapy with alcoholics. Quart. J. Stud. Alcohol 32 (1971) 66

Dietrich, H., L. Herle: Über Alter, Sozialschicht, Mobilität und Wohnort chronischer Alkoholiker. Köln. Z. Soziol. Sozialpsychol. 15 (1963) 277

Dilling, H., S. Weyerer: Behandelte und nicht behandelte psychiatrische Morbidität in der Bevölkerung. Bericht an die Deutsche Forschungsgemeinschaft über das Projekt A 10 im Sonderforschungsbereich 116 „Psychiatrische Epidemiologie" an der Univ. Heidelberg-Mannheim, Außenstelle München. Psychiatr. Klinik d. Univ. München, München 1980

Dittmar, F., W. Feuerlein, C. Voit: Entwicklung von Selbstkontrolle als ambulante verhaltenstherapeutische Behandlung bei Alkoholkranken. Programm und erste Ergebnisse. Z. klin. Psychol. 7 (1978) 90

Dölle, W.: Alkohol und Gastrointestinaltrakt. Therapiewoche 31 (1981) 4700

Dominicus, R. D.: Das sozialpsychiatrische Modell eines Therapiegemeinschaftskrankenhauses für Alkoholkranke. Suchtgefahren 20 (1974) 2

Doss, M.: Alkohol und Porphyrie. In: R. Teschke, S. Lieber (Hrsg.): Alkohol und Organschäden. Witzstrock, Baden-Baden 1981

Dreher, E., H. Tröndle: Strafgesetzbuch und Nebengesetze. Beck'sche Kurzkommentare, 38. Aufl., Bd. X. Beck, München 1978

Drewery, J., J. Brae: A group comparison of alcoholic and nonalcoholic marriages using the interpersonal perception technique. Brit. J. Psychiat. 115 (1969) 287

Dürr, H. K.: Alkoholschädigung des Pankreas. Internist 19 (1978) 123

Duffy, J. C.: Alcohol consumption, alcoholism and excessive drinking – errors in estimates from consumption figures. Int. J. Epidem. 6 (1977) 375

Eagon, P. K., L. E. Porter, J. S. Gavaler, K. M. Egler, D. H. van Thiel: Effect of ethanol feeding upon levels of a male-specific hepatic estrogen-binding protein: a possible mechanism for feminization. Alcoholism 5 (1981) 183

Earnest, M. P., P. R. Yarnell: Seizure admissions to a city hospital: the role of alcohol. Epilepsia (Amst.) 17 (1976) 387

Eberhardt, G.: Alkoholkonsum und Beruf. Ein Beitrag zum Trinkverhalten von Arbeitnehmern in Westfalen. Med. Sachverst. 73 (1977) 8

Eckardt, M. J., T. C. Harford, T. C. Kaelber, E. S. Parker, L. S. Rosenthal, R. S. Ryback, G. C. Salmoiraghi, E. Vancerveen, K. R. Warren: Health hazards associated with alcohol consumption. J. Amer. med. Ass. 246 (1981) 648

Eddy, N. B., H. Halbach, H. Isbell, H. Seevers: Drug dependence: its significance and characteristics. Bull. WHO 32 (1965) 721

Editorial: Muscle disease in chronic alcoholics. Lancet 1971/I, 1171

Edwards, G.: Hypnosis in treatment of alcohol addiction. Controlled trial with analysis of factors affecting outcome. Quart. J. Stud. Alc. 27 (1966) 221

Edwards, G.: The alcoholic doctor; a case of neglect. Lancet 1975/II, 1297

Edwards, G., M. M. Gross: Alcohol dependence: provisional description of a clinical syndrome. Brit. med. J. 6017 (1976) 1058

Edwards, G., A. Hawker, C. Hensman, J. Peto, V. Williamson: Alcoholics known or unknown to agencies. Epidemiological studies in a London suburb. Brit. J. Psychiat. 123 (1973) 169

Edwards, G., M. M. Gross, M. Keller, J. Moser: Alcohol-related problems in the disability perspective. A summary of the consensus of the WHO group of investigators on criteria for identifying and classifying disabilities related to alcohol consumption. J. Stud. Alc. 37 (1976) 1360

Edwards, G., M. M. Gross, M. Keller, J. Moser, R. Room: Alcohol-related disabilities. WHO Offset Publ. 32 (1977a) Geneva

Edwards, G., J. Orford, S. Egert, S. Guthrie, A. Hawker, C. Hensman: Alcoholism: a controlled trial of "treatment" and "advice". J. Stud. Alc. 38 (1977b) 1004

Edwards, G., E. Kyle, P. Nicholis, C. Taylor: Alcoholism and correlates of mortality. Implications for epidemiology. J. Stud. Alc. 39 (1978) 1607

Eisenhofer, G., D. G. Lamble, E. A. Whiteside, R. H. Johnson: Vasopressin concentrations during alcohol withdrawal. Brit. J. Addict. 80 (1985) 195–199

Ellingboe, J., C. Varanelli: Ethanol inhibits testosterone biosynthesis by direct action on Leydig cells. Chem. Path. Pharmacol. 24 (1979) 67

Ellis, A.: Reason and Emotion in Psychotherapy. Lyle Stuart, New York 1962

Elster, A., H. Lingemann, R. Sieverts: Handwörterbuch der Kriminologie, 2. Aufl. De Gruyter, Berlin 1966

Emrick, C. D.: A review of psychologically oriented treatment of alcoholism. I. The use and interrelationship of outcome criteria and drinking behavior following treatment. Quart. J. Stud. Alc. 35 (1974) 523

Emrick, C. D.: A review of psychologically oriented treatment of alcoholism. II. The relative effectiveness of different treatment approaches and the effectiveness of treatment versus no treatment. J. Stud. Alc. 36 (1975) 88

Emrick, C. D.: Alcoholics Anonymous: membership characteristics and effectiveness as treatment. Recent Develop. Alcoholism 7 (1989) 337 53

Emrick, C. D., D. W. Stilson: The „Rand Report". Comment. J. Stud. Alc. 38 (1977) 152

Emrick, C. D., C. L. Lassen, M. T. Edwards: Nonprofessional peers as therapeutic agent. In: A. S. Gurman, A. M. Razin (Hrsg.): The Therapeutist's Contribution to Effective Psychotherapy. An Empirical Assessment. Pergamon, Oxford 1977

Ends, E. J., C. W. Page: A study of 3 types of group psychotherapy with hospitalized male inabriates. Quart. J. Stud. Alc. 18 (1957) 263

Engel, G. L.: The need for a new medical model: challenge for biomedicine. Science 196 (1977) 204

Ent, H., G. Hopf: Das Sachwalterrecht für Behinderte. Wien 1983

Eriksson, K., J. D. Sinclair, K. Kiianmaa: Animal Models in Alcohol Research. Academic Press, London 1980

Erwin V. G., G. E. McClearn: Genetic influences on alcohol consumption and actions of alcohol. Curr. Alc. 8 (1981) 405

Esser, P. H.: Evaluation of family therapy with alcoholics. Brit. J. Addict. 66 (1971) 251

Ettinger, P. O., C. F. Wu, C. de la Cruz: Arrhythmias and the "holiday heart": alcohol-associated cardiac rhythm disorders. Amer. Heart J. 95 (1978) 555

Ewing, J. A., B. Rouse: Failure of an experimental treatment program to inculcate controlled drinking in alcoholics. Brit. J. Addict. 71 (1976) 123

Ewing, J. A., B. A. Rouse, E. D. Pellizari: Alcohol sensitivity and ethnic background. Amer. J. Psychiat. 131 (1974) 206

Fahrner, E. M.: Sexualstörungen bei männlichen Alkoholabhängigen: Häufigkeit, Erklärungskonzepte, Behandlung. Suchtgefahren 28 (1982) 27

Fahrner, E. M.: Sexualität bei Abhängigen: empirische Ergebnisse. Tagung des Verbandes der Fachkrankenhäuser für Suchtkranke, Kassel 1987 (S. 21–40)

Fairclough, P. D., M. L. Clark: Alcohol related diseases of the gastrointestinal tract. In: P. M. S. Clark, L. J. Krikka

(Hrsg.): Medical Consequences of Alcohol Abuse. Wiley, New York 1980
Federhen, N. L.: Der Arzt des öffentlichen Gesundheitsdienstes. Thieme, Stuttgart 1967
Feeney, D. J., P. Dranger: Alcoholics view group therapy: process and goals. J. Stud. Alcohol 38 (1976) 611–618
Fenichel, O.: The Psychoanalytic Theory of Neurosis. Norton, New York 1945
Ferstl, R.: Verhaltenstheoretische Modelle zu den Grundstörungen der Sucht. Vortrag, 8. wissensch. Symposium. DHS, Tutzing 1989
Feser, H.: Angewandte Prävention. In: L. J. Pongratz (Hrsg.): Handbuch der Psychologie – Klinische Psychologie. 2. Halbbd. Hogrefe, Göttingen 1977
Feser, H.: Drogenerziehung durch Familienbildung als sozialpädagogische Aufgabe. In: DHS (Hrsg.) Prävention. Hoheneck, Hamm 1980
Feuerlein, W.: Der Alkoholismus in sozialpsychiatrischer Sicht. Med. Klin. 23 (1967a) 922
Feuerlein, W.: Neuere Ergebnisse der Alkoholdelirforschung. Nervenarzt 38 (1967b) 492
Feuerlein, W.: Sucht und Süchtigkeit. Münch. med. Wschr. 111 (1969) 2593
Feuerlein, W.: Zur Frage des Alkoholentzugs-Syndroms. Nervenarzt 43 (1972a) 247
Feuerlein, W.: Die Behandlung der Alkoholiker in der ärztlichen Praxis. Sozialpsychiatrie 7 (1972b) 36
Feuerlein, W.: Der Alkoholiker im Betrieb. Arbeitsmed. Sozialmed. Präventivmed. 9 (1974) 199
Feuerlein, W.: Ambulante Behandlung der Alkoholiker. Der Alkoholkranke in Klinik und Praxis. Thieme, Stuttgart 1975
Feuerlein, W.: a) Indikationskriterien für die Behandlung Alkoholkranker (S. 71–80); b) Indikationskriterien für die Behandlung Suchtkranker (S. 81–82). In: E. Knischewski (Hrsg.): Alkoholismus-Therapie. Vermittlung von Erfahrungsfeldern im stationären Bereich. Nicol, Kassel 1981a
Feuerlein, W.: Aktuelle Probleme des Alkoholismus. Übersicht – Epidemiologie. In: H. H. Wieck, A. Schrader, H. Daun, R. Witkowski (Hrsg.): Krankheit Alkoholismus. Perimed, Erlangen 1981b
Feuerlein, W.: Akute und chronische Alkoholschäden des zentralen und peripheren Nervensystems einschl. Entzugssymptome. In: H. Ch. Hopf, K. Poeck, H. Schliack (Hrsg.): Neurologie in Praxis und Klinik, Bd. II. Thieme, Stuttgart 1981c
Feuerlein, W.: Sucht und Suicid. In: C. Reimer (Hrsg.): Suicid. Springer, Berlin 1982c
Feuerlein, W.: Langzeitverläufe des Alkoholismus (mit Literaturübersicht aus dem europäischen Raum). In: D. Kleiner (Hrsg.): Langzeitverläufe bei Suchtkrankheiten. Springer, Berlin 1986 (S. 40–54)
Feuerlein, W.: Zur Diagnostik des chronischen Alkoholismus. Öff. Gesundh.-Wes. 49 (1987a) 522–527
Feuerlein, W.: Alkoholiker – ungeliebte Patienten. Schlesw.-Holst. Ärztebl. (1987b) 509–512
Feuerlein, W.: Definition und Diagnose der Suchtkrankheiten. In: K. P. Kisker, H. Lauter, J. E. Meyer, C. Müller, E. Strömgren (Hrsg.): Psychiatrie der Gegenwart, Bd. III. Springer, Berlin 1987c (S. 3–18)
Feuerlein, W.: Therapie des Alkoholismus. In: K. P. Kisker, H. Lauter, J. E. Meyer, C. Müller, E. Strömgren (Hrsg.): Psychiatrie der Gegenwart, Bd. III. Springer, Berlin 1987d (S. 274–304)
Feuerlein, W., H. Busch: Über die Lebenserwartung der Alkoholiker. Lebensversicher.-Med. 25 (1973) 49
Feuerlein, W., H. Heyse: Die Weite der 3. Hirnkammer bei Alkoholikern. (Ergebnisse echoencephalographischer Messungen). Arch. Psychiat. Nervenkr. 213 (1970) 78
Feuerlein, W., H. Küfner: Alkoholkonsum, Alkoholmißbrauch und subjektives Befinden: Ergebnis einer Repräsentativerhebung in der Bundesrepublik Deutschland. Arch. Psychiat. Nervenkr. 224 (1977) 89
Feuerlein, W., G. Kunstmann: Die Häufigkeit des Alkoholismus. Ver-

gleich zwischen verschiedenen Krankenanstalten. Münch. med. Wschr. 115 (1973) 1991

Feuerlein, W., R. Zorn: Katamnestische Erhebungen an stationär behandelten Alkoholikern. In: Mißbrauch chemischer Substanzen. 1. Wiss. Symposium d. DHS, Tutzing 1974

Feuerlein, W., H. Küfner, C. Ringer, K. Antons: Kurzfragebogen für Alkoholgefährdete (KFA). Eine empirische Analyse. Arch. Psychiat. Nervenkr. 222 (1976) 139

Feuerlein, W., H. Küfner, C. Ringer, K. Antons: Der Münchner Alkoholismustest (MALT) Testmanual. Beltz, Weinheim 1979

Feuerlein, W., C. Ringer, H. Küfner, K. Antons: Diagnose des Alkoholismus: Der Münchner Alkoholismustest (MALT). Münch. med. Wschr. 119 (1977) 1275

Feuerlein, W., M. von Clarmann, A. Fischer, E. Schröder, H. Lepthien: Psychiatrische Notfälle bei akuter Alkoholintoxikation. Therapiewoche 28 (1978) 2913

Feuerlein, W., H. Küfner, C. M. Haf, C. Ringer, K. Antons: Kurzfragebogen für Alkoholgefährdete (KFA). Beltz-Test, Weinheim 1989

Fichter, M. M.: Die oberbayerische Verlaufsuntersuchung: Psychische Erkrankungen in der Bevölkerung. Bericht an DFG, 1988

Finney, J. W., R. H. Moos, C. R. Mewborn: Posttreatment experiences and treatment outcome of alcoholic patients six months and two years after hospitalization. J. cons. clin. Psychol. 48 (1980) 17

Finney, J. W., R. H. Moos, D. A. Chan: Length of stay and program component effects in the treatment of alcoholism: a comparison of two techniques for process analyses. J. Consult Clin. Psychol. 49 (1981) 120

Fitzgerald, B. J., R. A. Pasewark, R. Clark: 4-year follow-up of alcoholics treated at a rural state hospital. Quart. J. Stud. Alc. 32 (1971) 636

Flath, K.: Volkswirtschaftliche Kosten durch Alkohol- und Tabakkonsum. In: W. Steinbrecher, H. Solms (Hrsg.): Sucht und Mißbrauch, III/41, 2. Aufl. Thieme, Stuttgart 1975

Flück, C. M.: Alkoholrausch und Zurechnungsfähigkeit. Helbing u. Lichtenhahn, Basel 1968

Fodstad, H.: Untersuchung zur Frage der Alkoholparanoia: Beitrag zur Deutung der somatogenen Psychosen. Schweiz. Arch. Neurol. Neurochir. Psychiat. 102 (1968) 432

Formann-Radl, I., K. Kryspin-Exner: The effect of musical experience in male and female alcoholics. A comparative study. Z. Psychother. med. Psychol. 23 (1973) 150

Fornazzari, L., P. L. Carlen: Transient choreiform diskinesias during alcohol withdrawal. Canad. J. Neurol. Sci. 9 (1982) 89

Forster, B., H. Joachim: Blutalkohol und Straftat. Thieme, Stuttgart 1975

Fox, R.: Gruppentherapie mit Alkoholikern. In: H. G. Preuss (Hrsg.): Analytische Gruppenpsychotherapie. Urban & Schwarzenberg, München 1966

Fox, R.: A multidisciplinary approach to the treatment of alcoholism. Amer. J. Psychiat. 123 (1967) 69

Freed, E. X.: Alcoholism and schizophrenia: the search for perspectives. A review. J. Stud. Alc. 36 (1975) 853

French, S. W., D. S. Palmer, K. S. Wiggers: Changes in receptor sensitivity of the cerebral cortex and liver during chronic ethanol ingestion and withdrawal. In: Advances in Experimental Medicine and Biology, Bd. IIIa, Plenum, New York 1977 (S. 515)

Freund, G.: Chronic central nervous system. Toxity of alcohol. Ann. Rev. Pharmacol. 13 (1973) 217

Fried, R.: Possible pyridoxine deficiency due to disulfiram. I. Essay of disulfiram metabolites. Curr. Alc. 1 (1967) 211

Friend, W. G., V. M. Sardesai, J. J. Pitt, J. C. Hale: Effect of fructose on delirium tremens. J. Amer. med. Ass. 217 (1971) 474

De Fries, J. C.: Quantitative genetics and behavior. In: J. Hirsch (Hrsg.): Behavior Genetic Analysis. McGraw Hill, New York 1967

Funke, J., M. Klein, R. Scheller: Zur Klassifikation von Alkoholikern durch Persönlichkeitsmerkmale. Psychol. Beitr. 23 (1981) 146

Gabriel, E.: Die Süchtigkeit. Psychopathologie der Suchten. Neuland, Berlin 1962

Galanter, M.: Consensual support for abstinence, an integral component of alcoholism treatment. Brit. J. Addict. 82 (1987) 841

Gallant, D. M.: Group psychotherapy with married couples: a successful technique in New Orleans alcoholism clinic patients. J. La med. Soc. 122 (1970) 41

Gebsattel, V. E. v.: Zur Psychopathologie der Sucht. Stud. Gen. 1 (1958) 258–265

Geller, S. A.: Muscle disease in the alcoholic. In: P. M. S. Clark, L. J. Kricka (Hrsg.): Medical Consequences of Alcohol Abuse. Wiley, New York 1980

Genest, K., B. B. Goldwell, D. W. Hughes: Potentation of ethanol by coprinus atramentarius in mice. J. Pharm. Pharmacol. 20 (1968) 102

Gerchow, J.: Alkohol und Verkehrssicherheit. Dtsch. med. J. 23 (1972) 518

Gerock, W., K. Sickinger, H. H. Hennekeuser: Alkohol und Leber. Int. Sympos. Freiburg/Brsg. 1970

Ghatak, N. W., M. G. Hadfield, W. I. Rosenblum: Association of central pontine myelinolysis and Marchiafava-Bignami-disease. Neurology (Minneap.) 28 (1978) 1295

Gill, J., A. V. Zezulka, M. J. Shipley, S. K. Gill, D. G. Beevers: Stroke and alcohol consumption. New Engl. J. Med. 315 (1986) 1041–1046

Gitlow, S. E., S. W. Dziedzic, L. B. Dziedzic: Persistent abnormalities in central nervous system function (long-term tolerance) after brief ethanol administration. Drug Alc. Depend. 2 (1977) 453

Glass, I. B.: Alcoholic hallucinosis: a psychiatric enigma: 1. the development of an idea. Brit. J. Addict. 84 (1989) 29–41

Glass, I. B.: Alcoholic hallucinosis: a psychiatric enigma: 2. Follow-up studies. Brit. J. Addict. 84 (1989) 151–164

Glatt, M. M.: Alcoholism in industry. Brit. J. Addict. 54 (1957) 21

Glatt, M. M.: Treatment results in an English mental hospital alcoholic unit. Acta psychiat. scand. 37 (1961) 143

Glatt, M. M.: Alcoholism and occupational hazard for doctors. J. Alcohol. 11 (1976) 85

Goddard, G. B., R. M. Douglas: Does the engram of kindling model the engram of normal long term memory? Canad. J. neurol. Sci. 2 (1975) 385

Goebel, K. M.: Alkoholbedingte hämatologische Störungen. Internist 19 (1978) 110

Goebell, H., M. V. Singer: Alkohol und Pankreas. In: R. Teschke, C. S. Lieber (Hrsg.): Alkohol und Organschäden. Witzstrock, Baden-Baden 1981

Goebell, H., C. Bode, R. Bastian, G. Strohmeyer: Klinische asymptomatische Funktionsstörungen des exokrinen Pankreas bei chronischen Alkoholikern. Dtsch. med. Wschr. 95 (1970) 808

Goedde, H. W., S. Harada, D. P. Agarwal: Racial differences in alcohol sensitivity: a new hypothesis. Hum. Genet. 51 (1979) 331

Goetze, P., D. Kuehne, J. Hansen, H. P. Knipp: Hirnatrophische Veränderungen bei chronischem Alkoholismus. Eine klinische und computertomographische Studie. Arch. Psychiat. Nervenkr. 226 (1978) 137

Goldstein, D. B.: Letter: Inherited differences in intensity of alcohol withdrawal reactions in mice. Nature (Lond.) 245 (1973) 154

Goodwin, D. W.: Is alcoholism hereditary? Arch. gen. Psychiat. 25 (1971a) 545

Goodwin, D. W.: Two species of alcohol „blackout". Amer. J. Psychiat. 127 (1971b) 1665

Goodwin, D. W.: Alcoholism and heredity. Arch. gen. Psychiat. 36 (1979) 57

Goodwin, D. W.: Family studies of alcoholism. J. Stud. Alc. 42 (1981) 156

Goodwin, D. W.: Alcoholism and affective disorders. In: J. Salomon (Hrsg.):

Alcoholism and Clinical Psychiatry. Plenum, New York 1982

Goodwin, D. W., C. K. Erickson: Alcoholism and Affective Disorders. Clinical, Genetic and Biochemical Studies. SP Medical & Scientific Books, New York 1979

Goodwin, W., F. Freeman, B. Janzito, E. Othmer: Alcohol and narcolepsy. Brit. J. Psychiat. 117 (1970) 705

Goodwin, D. W., F. F. Schulsinger, L. Hermansen, S. B. Guze, G. Winokur: Alcohol problems in adoptees raised apart from alcoholic biological parents. Arch. gen. Psychiat. 28 (1973) 238

Goodwin, D. W., F. Schulsinger, L. Hermansen, S. B. Guze, G. Winokur: Alcoholism and the hyperactive child syndrome. J. nerv. ment. Dis. 160 (1975) 349

Goodwin, D. W., F. Schulsinger, J. Knop, S. Mednick, S. B. Guze: Psychopathology in adopted and nonadopted daughters of alcoholics. Arch. gen. Psychiat. 34 (1977) 1005

Gordis, E., D. Dorph, V. Sepe, H. Smith: Outcome of alcoholism treatment among 5578 patients in an urban comprehensive hospital-based program: application of a computerized data system. Alcoholism (N.Y.) 5 (1981) 509–522

Gross, M. M., E. Halpert, L. Sabot: Toward a revised classification of the acute alcoholic psychoses. J. nerv. ment. Dis. 145 (1968) 500

Gross, M. M., S. M. Rosenblatt, B. Malenkowski, M. Broman, E. Lewis: A Factor Analytic Study of the Clinical Phenomena in the Acute Alcohol Withdrawal Syndromes. Press of Addiction Res. Foundation, Toronto 1971

Gross, M. M., D. R. Goodenough, J. M. Hastey, S. Rosenblatt, E. R. N. Lewis: Sleep disturbances in alcoholic intoxication and withdrawal. In: N. K. Mello, J. Mendelson (Hrsg.): Proceedings of Recent Advances in Studies of Alcoholism. U.S. Government Printing Office, Washington D.C. 1972a

Gross, M. M., S. M. Rosenblatt, B. Malenkowski, M. Broman E. Lewis: Classification of acute alcohol withdrawal syndromes. Quart. J. Stud. Alc. 33 (1972b) 400

Gross, R.: Krankheiten und Leiden. Dtsch. Ärztebl. 85 (1988) 2356–2357

Grünberger, J.: Psychodiagnostik des Alkoholkranken. Maudrich, Wien 1977

Grünberger, J., K. Kryspin-Exner: Struktur und Restitution der sogenannten „Alkoholdemenz". In: K. Kryspin-Exner, K. T. Olteanu (Hrsg.): Klinik und Therapie des Alkoholismus. Wiener med. Akademie, Wien 1969

Grünberger, J., K. Irsigler, K. Kryspin-Exner: Chronischer Alkoholismus: Beziehung zwischen Hirnleistung und Leberschaden. Wien. Z. Nervenheilk. 28 (1970) 235

Grüner, O.: Die Atemalkoholprobe. Heymanns, Köln 1985 (S. 138)

Grüner, O., R. Jeahn: Die Aufmerksamkeitsablenkung bei Alkoholeinfluß. Blutalkohol 12 (1975) 382

Gruner, W.: Medizinisch-psychiatrische Aspekte des Jugendalkoholismus – Versuch einer Darstellung jugendlicher Alkoholikertypen. Suchtgefahren 22 (1976) 53

Gsell, O., A. Loeffler: Ätiologische Faktoren des Ösophaguskarzinoms. Dtsch. med. Wschr. 87 (1962) 2173

Gurling, H. M., R. M. Murray, C. A. Clifford: Investigations into the genetics of alcohol dependence and into its effects on brain function. Progr. clin. biol. Res. 69 (1981) 77

Gundel, K.: Vergleich der Soziogenese des weiblichen und männlichen Alkoholismus anhand einer Sekundär-Analyse klinischer Daten. Inaug.-Diss., München 1972

Gundel, K.: Die Ökologie der Sucht. Medizin – Mensch – Gesellschaft 5 (1980a) 187

Gundel, K.: Die Ökologie der Sucht – eine neue Perspektive. Med. Mensch Ges. 5 (1980b) 187–192

Haan, J.: Zentralnervöse Komplikationen beim Alkoholismus. Kraniale Computertomographie und Neurophysiologie (VEP, BAEP, EEG) in Korrelation zur Klinik. Thieme, Stuttgart 1986

Hackl, H.: Untersuchungen zur Ermittlung der wahren Alkoholismus-Sterblichkeit. Dtsch. med. Wschr. 105 (1980) 1743

Hänsel, D.: Zum Verlauf der Motivation bei alkoholkranken Männern und Frauen. In: E. Knischewski (Hrsg.): Alkoholismus-Therapie. Vermittlung von Erfahrungsfeldern im stationären Bereich. Nicol, Kassel 1981

Hafter, E.: Praktische Gastroenterologie, 5. Aufl. Thieme, Stuttgart 1973; 7. Aufl. 1988

Haggard, H. W., E. M. Jellinek: Alcohol Explored. Doubleday, Garden City, N.Y. 1942

Hahn, R. F.: Episodischer Alkoholismus, Literaturübersicht und klinische Erhebung. Diss. LMU München 1987 (S. 1–180)

Haley, J.: Direktive Familientherapie. Pfeiffer, München 1977

Hallen, O., B. Neundörfer, V. von Rad: Neurologische Erkrankungen bei chronischem Alkoholismus. Nervenarzt 42 (1971) 57

Hanson, P. G.: Patterns of communication in alcoholic marital couples. Psychiat. Quart. 42 (1968) 538

Hargens, J.: Familien-System und Alkohol. Suchtgefahren 29 (1983) 47

Harper, C. G., J. J. Kril, R. J. Holloway: Brain shrinkage in chronic alcoholics: a pathological study. Brit. med. J. 290 (1985) 501–504

Harper, C. G.: Brain damage and alcohol abuse: where do we go from here? Brit. J. Addict. 83 (1988) 613–615

Harris, R., D. B. Bylund, J. Dexter, M. Tumbelson: Neurochemical effects of long-term alcohol consumption in pigs. Alcoholism. 6 (1982) 144

Harwin, J., J. Orford: Overview: Problems in establishing a family perspective. In: J. Oxford, J. Harwin (Hrsg.): Alcohol and the Family. Croom Helm, London 1982 (S. 260)

Hasselbalch, H., J. Selmer, L. Sestoft, H. Kehlet: Hypothalamic-pituitary-adrenocortical function in chronic alcoholism. Clin. Endocr. (Oxf.) 16 (1982) 73

Hassler, R.: Extrapyramidal-motorische Syndrome und Erkrankungen. In: G. v. Bergmann, W. Frey, H. Schwiegk (Hrsg.): Handbuch der inneren Medizin, Bd. V/3. Springer, Berlin 1953 (S. 868)

Heather, N., J. Robertson: Controlled Drinking. Methuen, London 1983

Heck, J., G. Gehrmann: Alkoholische Thrombozytendepression. Dtsch. med. Wschr. 97 (1972) 1088

an der Heiden, W., K. H. Kistner: Alkoholismus: Inanspruchnahme und Versorgungsparameter in einer gemeindenahen Versorgungsregion. In: H. Häfner, R. Welz (Hrsg.): Drogenabhängigkeit und Alkoholismus. Tagungsberichte, Bd. VII. Rheinland-Verlag, Köln 1981

Heigl-Evers, A., E. Schultze-Dierbach: Therapeut-Patient-Beziehung. In: E. Knischewski (Hrsg.): Alkoholismus-Therapie. Vermittlung von Erfahrungsfeldern im stationären Bereich. Nicol, Kassel 1981

Helbig, H.: Das tödliche Alkohol-Delir. Helmchen, H.: Befunde und Anamnesen von klinisch aufgenommenen Alkoholikern. Dtsch. med. J. 23 (1972) 505

Helzer, J. E., T. R. Pryzbeck: The co-occurrence of alcoholism with other psychiatric disorders in the general population and its impact on treatment. J. Stud. Alcohol 49 (1988) 219–224

Helzer, J. E., L. N. Robins, K. Carey, R. H. Miller, T. Combs-Orme, A. Farmer: The extent of long-term moderate drinking among alcoholics discharged from medical and psychiatric treatment facilities. N. Engl. J. Med. 314 (1985) 1678–1682

Hemmer, C.: Das Alkoholismusproblem aus der Sichtweise des kommunikationstheoretischen Ansatzes. In: F. Stimmer (Hrsg.): Alkoholabhängigkeit. Soziologenkorrespondenz 6 (1979)

Hemmingsen, R., P. Kamp, O. F. Rafaelsen: Delirium tremens and related clinical states. Acta psychiat. scand. 5(1979) 337

Henkel, D.: Kurzbericht über das Forschungsprojekt: Arbeitslosigkeit und Alkoholismus. Suchtgefahren 33 (1987) 286–289

Henrich, D., R. DeJong, N. Mai, D. Revenstorf: Aspekte des therapeutischen Klimas – Entwicklung eines Fragebogens. Z. klin. Psychol. 8 (1979) 41–55

Herner, T.: The frequency of patients with disorders associated with alcoholism in mental hospitals and psychiatric departments in general hospitals in Sweden during the period 1954–1964. Acta psychiat. scand., Suppl. 234 (1972)

Herz, A.: Recent developments, in opiate research and their implications for psychiatry. Arch. Psychiat. Nervenkr. 221 (1976) 183

Herz, A., T. S. Shippenberg: Neurochemical aspects of addiction: opioids another drugs of abuse. Vortr. 13.4.1988, Stanford Univ., Palo Alto (USA) 1988 (S. 1–40)

Hill, M., H. T. Blane: Evaluation of psychotherapy with alcoholics. A critical review. Quart. J. Stud. Alc. 28 (1967) 76

Hillblom, M. E., M. Hjelm-Jaeger: Should alcohol withdrawal seizures be treated with anti-epileptic drugs? Acta neurol. scand. 69 (1984) 39–42

Hillbom, M., M. Kaste: Does ethanol intoxication promote brain infarction in young adults? Lancet 1978/II, 1181

Hoellen, B. M., M. Hoellen: Neue Ergebnisse der Alkoholismustherapie: ein Überblick. Suchtgefahren 33 (1985) 402–413

Hövels, O., I. Eckert: Säuglingsernährung in den ersten Lebensmonaten in Klinik und Praxis. Thieme, Stuttgart 1978

Hoffmeister, F.: Pharmakologische Grundlagen des Mißbrauchspotentials von Abhängigkeit erzeugenden chemischen Substanzen. In: W. Steinbrecher, H. Solms (Hrsg.): Sucht und Mißbrauch, 2. Aufl. II/3–II/50. Thieme, Stuttgart 1975

Holzbach, E.: Postdelirantes Syndrom: neurophysiologische Befunde in der Restitutionsphase des Delirium tremens. In: W. Keup (Hrsg.): Folgen der Sucht. Thieme, Stuttgart 1979 (S. 50)

Holzbach, E.: Faktorenanalytische Untersuchung der Symptomatologie des Delirium tremens. Suchtgefahren 27 (1981) 33–40

Holzbach, E., K. E. Bühler: Die Behandlung des Delirium tremens mit Haldol. Nervenarzt 49 (1978) 405

Holzgreve, W.: Zur steigenden Suchtgefährdung in der Bundesrepublik und in anderen Ländern unter besonderer Berücksichtigung der Gefährdung junger Menschen. Suchtgefahren 20 (1974) 265

Hopf, G.: Das österreichische Modell; von der Entmündigung zur Sachwalterschaft – der Stand der Reform der Entmündigungsordnung in Österreich. In: H. Bergener (Hrsg.): Psychiatrie und Rechtsstaat. Luchterhand, Neuwied 1981

Horton, D.: The function of alcohol in primitive societies: a cross cultural study. Quart. J. Stud. Alc. 4 (1943/44) 199

Horvath, T. B.: Clinical spectrum and epidemiological features of alcoholic dementia. In: J. G. Rankin (ed.): Alcohol, Drugs and Brain Damage. Addiction Research Foundation of Ontario, Toronto 1975

Howard, D. P., N. T. Howard: The treatment of significant others. In: S. Zimberg, J. Wallace, S. B. Blume (Hrsg.): Practical Approaches to Alcoholism Psychotherapy. Plenum, New York 1978 (S. 137)

Hoyumpa, jr., A. M.: Mechanisms of thiamin deficiency in chronic alcoholism. Amer. J. clin. Nutr. 33 (1980) 2750

Hrubec, Z., G. S. Omenn: Evidence of genetic predisposition to alcoholic cirrhosis and psychosis: twin concordances for alcoholism and its biological endpoints by zygosity among male veterans. Alcoholism 5 (1981) 207

Huber, A., R. Karlin, P. E. Nathan: Blood alcohol level discrimination by nonalcoholics. J. Stud. Alc. 37 (1976) 27

Hudolin, V.: Pneumencefalografska slika oštecenja mozga kod kroničnog alkoholizma. Anali Bolnice „Dr. M. Stojanovio" I, Suppl. 1 (1962)

Hull, C. L.: Principles of Behaviour. Appleton-Century-Crofts Inc., New York 1943

Hunter, B. E., D. W. Walker: The neural basis of ethanol dependence: is the withdrawal reaction mediated by localized changes in synaptic excitability? Advanc. exp. med. Biol. 126 (1980) 251

Hurt, R. D., R. E. Finlayson, R. M. Morse, J. R. Davis: Alcoholism in elderly persons: medical aspects and prognosis of 216 in-patients. Mayo Clin. Proc. 63 (1988) 753–760

Huss, M.: Chronische Alkoholkrankheiten oder Alkoholismus chronicus. Stockholm 1852

Hutschenreuter, U.: Beziehungsdynamik zwischen Patient und Therapeut. In: E. Knischewski (Hrsg.): Alkoholismus-Therapie. Vermittlung von Erfahrungsfeldern im stationären Bereich. Nicol, Kassel 1981

Imber, S., E. Schultz, F. Funderburk, R. Allen, R. Flamer: The fate of the untreated alcoholic. Toward a natural history of the disorder. J. nerv. ment. Dis. 162 (1976) 238

Infratest: Drogen, Alkohol, Nikotin. Repräsentativerhebung bei Jugendlichen in Bayern. Wiederholung 1976

Irvin, M., E. Dreyfus, S. Baird, T. L. Smith, M. Schuckit: Testosterone in chronic alcoholic men. Brit. J. Addict. 83 (1988) 949–953

Israel, Y., J. Mardones: Biological Basis of Alcoholism. Wiley & Sons, New York 1971

Ivanets, N. N., G. M. Rudenko, A. L. Igonin, T. P. Nebarakova: Lithium-Therapie bei chronischem Alkoholismus. Zh. Nevropat. Psychiatr. 77 (1977) 1237

Jackson, J. K., R. Connor: Attitudes of the parents of alcoholics, moderate drinkers and nondrinkers toward drinking. Quart. J. Stud. Alc. 14 (1953) 569

Jacobi, C., J. Brand-Jacobi, F. Marquardt: Die „Göttinger Abhängigkeitsskala" (GABS): ein Verfahren zur differentiellen Erfassung der Schwere der Alkoholabhängigkeit. Suchtgefahren 33 (1987) 23–26

Jacobson, G. R.: The Alcoholism: Detections, Diagnosis and Assessment. Human Sciences Press, New York 1976

Janz, H. W.: Prävention der Abhängigkeitskrankheiten als Aufgabe und Problem des Arztes. In: Prävention – Möglichkeiten und Grenzen bei Suchterkrankungen, hrsg. von der Dtsch. Hauptstelle gegen die Suchtgefahren. Hoheneck, Hamm 1980

Jasinsky, M.: Alkoholkonsum Hamburger Schüler. Ergebnisse einer Nachauswertung der Erhebungsdaten von zwei Untersuchungen (1971 u. 1973) der Behörde für Schule, Jugend und Berufsausbildung, hrsg. von der Freien und Hansestadt Hamburg, Behörde für Schule, Jugend und Berufsbildung 1974

Jellinek, E. M.: Alcohol addiction and Chronic Alcoholism. Yale University Press, New Haven 1942

Jellinek, E. M.: Phases in the drinking history of alcoholics. Analysis of a survey conducted by the official organ of AA. Quart. J. Stud. Alc. 7 (1946) 1

Jellinek, E. M.: Phases of alcohol addiction. Quart. J. Stud. Alc. 13 (1952) 673

Jellinek, E. M.: The Disease Concept of Alcoholism. Yale University Press, New Haven 1960a

Jellinek, E. M.: Alcoholism, a genus and some of its species. Canad. med. Ass. J. 83 (1960b) 1341

Johnson, C., J. A. Burdick, J. Smith: Sleep during alcohol intake and withdrawal in the chronic alcoholic. Arch. gen. Psychiat. 22 (1980) 406

Johnson, R. B.: The alcohol withdrawal syndromes. Quart. J. Stud. Alc., Suppl. 1 (1961) 66–76

Jones, M. C.: Personality correlates and antecendents of drinking patterns in adult males. J. consult. clin. Psychol. 32 (1968) 2

Jones, R. J., D. M. Bowden: Social factors influencing alcohol consumption of alcoholic beverages in Animal Models in Alcohol Research, hrsg. von K. Erikson, J. D. Sinclair, K. Kiianmaa. Academic Press, London 1980 (S. 185)

Jonsson, E., T. Nilsson: Consumption of alcoholic beverages in monozygotic and dizygotic pairs of twins. Nord. hyg. T. 49 (1968) 21

Jürgens, U.: Intrakranielle Selbstreizung – ein Modell zum Suchtverhalten? In: W. Keup (Hrsg.): Sucht als Symptom. Thieme, Stuttgart 1978

Jung, R.: Selbstreizung des Gehirns im Tierversuch. Dtsch. med. Wschr. 83 (1958) 1716

Kagan, A., J. S. Popper, G. G. Rhoads: Factors related to stroke incidence in Hawaii on Japanese men: The Honolulu heart study. Stroke 11 (1980) 14–21

Kaij, L.: Alcoholism and Twins. Almquist & Wiksell, Stockholm 1960

Kaim, S. C., C. J. Klett: Treatment of delirium tremens. A comparative evaluation of 4 drugs. Quart. J. Stud. Alc. 33 (1972) 1065

Kalant, H.: Comparative aspects of tolerance to, and dependence on alcohol, barbiturates and opiates. Advanc. exp. med. Biol. 85 B (1977) 169

Kalin, R., D. McClelland, M. Kahn: The effects of male social drinking on fantasy. J. Personal. soc. Psych. 1 (1965) 441

Kammeier, M.-L., H. Hoffmann, R. G. Loper: Personality characteristics of alcoholics as college freshmen and at time of treatment. Quart. J. Stud. Alc. 34 (1973) 390

Kanas, N.: Alcoholism and group therapy. In: E. Pattison, E. Kaufman: Encyclopedic Handbook of Alcoholism. Gardner, New York 1982

Kanzow, W. T.: Das alkoholische Delirium tremens, Pathogenese und Therapie. Dtsch. Ärztebl. 80 (1983) 43–46

Kaufman, E.: Die Anwendung der Familientherapie bei Alkohol- und Drogenabhängigkeit. In: E. Kaufman, P. N. Kaufman (Hrsg.): Familientherapie bei Alkohol- und Drogenabhängigkeit. Lambertus, Freiburg 1983 (S. 215)

Kaufman, E., P. N. Kaufman: Family Therapy of Drug and Alcohol Abuse. Gardner, New York 1979

Kaye, S., H. B. Haag: Terminal blood alcohol concentration in ninety-four fatal cases of acute alcoholism. J. Amer. med. Ass. 165 (1957) 451

Keller, M.: The definition of alcoholism and the estimation of its prevalence. In: D. J. Pittman, C. R. Snyder (Hrsg.): Society, Culture and Drinking Patterns. Wiley, New York 1962

Keller, M.: On the loss-of-control phenomen in alcoholism. Brit. J. Addict. 67 (1972) 153

Keller, U.: Zuckerersatzstoffe Fructose und Sorbit: ein unnötiges Risiko in der parenteralen Ernährung. Schweiz. med. Wschr. 119 (1989) 101–106

Kendell, R. E.: Normal drinking by former alcohol addicts. J. Stud. Alc. 26 (1965) 247

Kendell, R. E., N. McStaton: The fate of untreated alcoholics. Quart. J. Stud. Alc. 27 (1966) 30

Kesselman, M. S., J. Solomon, M. Beaudett, B. Thornton: Alcoholism and schizophrenia. In: J. Solomon (Hrsg.): Alcoholism and Clinical Psychiatry. Plenum, New York 1982

Keup, W.: Umweltverursachung und Therapie der Drogenabhängigen. M.kurse ärztl. Fortbild. 23 (1973) 326

Keup, W.: „Ist-Daten" zum Abhängigkeitsproblem (Alkohol, Rauschmittel, Arzneimittel) in der Bundesrepublik Deutschland einschl. Berlin (West.) In: Bericht über die Lage der Psychiatrie in der Bundesrepublik Deutschland. Anhang. Deutscher Bundestag, Drucksache 7/4201. Heger, Bonn-Bad Godesberg 1975 (S. 521)

Keup, W.: Jahresstatistik 1983 der Fachkrankenhäuser für Suchtkranke. In: Ziegler (Hrsg.): Jahrbuch 85 zur Frage der Suchtgefahren. Neuland, Hamburg 1985

Keyserlingk, H. v.: Zur Epidemiologie des Delirium tremens im Bezirk Schwerin. Psychiat. Neurol. med. Psychol. 30 (1978) 483–490

Khan, M. A., K. Jensen, H. J. Krogh: Alcohol-induced hangover; a double-blind comparison of pyritinol and placebo in preventing hangover symptoms. Quart. J. Stud. Alc. 34 (1973) 1195

Kielholz, P., D. Ladewig: Die Drogenabhängigkeit des modernen Menschen. Lehmann, München 1972

Kissin, B., H. Begleiter: The Biology of Alcoholism, Bd. I: Biochemistry. Plenum, New York 1971

Kissin, B., H. Begleiter: The Biology of Alcoholism, Bd. II: Physiology and Behavior. Plenum, New York 1972

Kissin, B., M. M. Kaley, Wen Huey Su, R. Lener: Head and neck cancer in alcoholics: the relationship to drinking, smoking and dietary patterns. J. Amer. med. Ass. 224 (1973) 1174

Kitson, T. M.: The disulfiramethanol reaction: a review. J. Stud. Alc. 38 (1977) 96

Klassen, R. W., T. V. Persaud: Experimental studies on the influence of male alcoholism on pregnancy and progeny. Exp. Path. 12 (1976) 38

Klatsky, A. L., G. Friedman, A. B. Siegelaub: Alcohol consumption before myocardial infarction. Results from the Kaiserpermanente epidemiologic study of myocardial infarction. Ann. intern. Med. 81 (1974) 294

Klatsky, A. L., G. Friedman, A. B. Siegelaub: Alcohol use, myocardial infarction, sudden cardiac death, and hypertension. Alcoholism 3 (1979) 33

Klein, H.: Durch Medikamente verursachte Alkoholunverträglichkeit und verstärkte Alkoholwirkung. Fortschr. Med. 82 (1964a) 169

Klein, H.: Durch Medikamente veränderte Alkoholwirkung. Fortschr. Med. 182 (1964b) 335

Kley, H. K., B. Both, F. Moreno: Alkohol und Endokrinium. In: R. Teschke, C. S. Lieber (Hrsg.): Alkohol und Organschäden. Witzstrock, Baden-Baden 1981 (S. 125)

Knight, R.: The psychodynamics of chronic alcoholism. J. nerv. ment. Dis. 86 (1937) 538

Knischewski, E.: Alkoholismus-Therapie – Vermittlung von Erfahrungsfeldern im stationären Bereich. Nicol, Kassel 1981

Knorring, A. L. von, M. Bohman, L. von Knorring, L. Oreland: Platelet MAO acitvity as a biological marker in subgroups of alcoholism. Acta psychiat. scand. 72 (1985) 511–58

Koerkel, J. (Hrsg.): Der Rückfall des Suchtkranken. Springer, Berlin 1988 (S. 318)

Köster, H., F. Matakas, E. K. Scheuch: „Alkoholismus als Karriere". Inst. f. angewandte Sozialforschung d. Universität zu Köln. Rhein. Landesklinik Düren 1978

Kogan, K. L., J. V. Jackson: Stress personality and emotional disturbance in wives of alcoholics. Quart. J. Stud. Alc. 26 (1965) 486

Kojić, T., A. Dojcinova, D. Dojcinov, O. Stojanovic, S. Jakulic, N. Susakovic, V. Gligorovic: Possible genetic predisposition for alcohol addiction. Advanc. exp. med. Biol. 85 A (1977) 7

Kolle, K.: Über Eifersucht und Eifersuchtswahn bei Trinkern. Mschr. Psychiat. Neurol. 83 (1932) 224

Kopun, M., P. Propping: The kinetics of ethanol absorption and elimination in twins and supplementary repetitive experiments in singleton subjects. Europ. J. clin. Pharmacol. 11 (1977) 337

Kornhuber, J., C. H. Kaiserauer, A. S. W. Kornhuber, M. Kornhuber: Alcohol consumption and blood-cerebral fluid barrier dysfunction in man. Neurosci. Lett. 79 (1987) 218–222

Kozararevic, D. J., u. Mitarb.: Frequency of alcohol consumption and morbidity and mortality: the Yugoslavia cardiovascular disease study. Lancet 1980/I, 613

Kraemer, S.: Kontrolliertes Trinken als Therapieziel für Alkoholabhängige. Klin. Psychol. 9 (1980) 10

Kraemer, S.: Erklärungskonzepte der Alkoholabhängigkeit und therapeutische Konsequenzen aus lerntheoretischer Sicht. In: H. Vollmer, S. Kraemer (Hrsg.): Ambulante Behandlung junger Alkoholabhängiger: Erfahrungen und Ergebnisse mit einem verhaltenstherapeutischen Ansatz. Röttger, München 1982

Kraepelin, E.: Psychiatrie, 4. Aufl. Abel, Leipzig 1893

Kraft, T.: Alcoholism treated by systematic desensitization. A follow-up of eight cases. J. roy. Coll. gen. Practit. 18 (1969) 336

Kraft, T., B. Wijesinghe: Systematic desensitization of social anxiety in the treatment of alcoholism. A psychometric evaluation of change. Brit. J. Psychiat. 117 (1970) 443

Krasney, O. E.: Sozialrechtliche Vorschriften bei der Betreuung Suchtkranker. 3. Aufl. Nicol, Kassel 1980

Kryspin-Exner, K.: Über die Persönlichkeit des Alkohol-Deliranten. In: Bericht über die Arbeitstragung über Alkoholismus der Neurol. Klinik d. Univ. Wien, Wien 1962

Kryspin-Exner, K.: Psychosen und Prozeßverläufe des Alkoholismus. Überreuter, Wien 1966

Kryspin-Exner, K.: Die offene Anstalt für Alkoholkranke in Wien-Kalksburg. Hollinek, Wien 1967

Krypsin-Exner, K., H. G. Zapotoczky: Der Alkoholismus tuberkulöser Heilstättenpatienten. Wien. Z. Nervenheilk. 28 (1970) 153

Krystal, H., H. A. Raskin: Drug Dependence. Wayne, Detroit 1970

Küfner, H.: Konzept einer ambulanten analytischen Gruppenpsychotherapie für Alkoholabhängige. Nicol, Kassel 1978

Küfner, H.: Zur Persönlichkeit von Alkoholabhängigen. In: E. Knischewski (Hrsg.): Alkoholismustherapie – Vermittlung von Erfahrungsfeldern im stationären Bereich. Nicol, Kassel 1981a (S. 23)

Küfner, H.: Entwicklung eines mehrdimensionalen Alkoholismustests (MDA). Inaug. Diss., München 1981b

Küfner, H.: Ambulante Therapie von Alkoholabhängigen: Empirische Ergebnisse und Indikation. In: W. Keup (Hrsg.): Behandlung der Sucht und des Mißbrauchs chemischer Stoffe. Thieme, Stuttgart 1981c (S. 73)

Küfner, H.: Systemwissenschaftlich orientierte Überlegungen zu einer integrativen Alkoholismustheorie. Wien. Z. Suchtforsch. 4 (1981d) 3

Küfner, H.: Zur Frage der Verleugnungstendenzen von Alkoholabhängigen. Drogalkohol 3, Lausanne 1982

Küfner, H.: Zur Prognose des Alkoholismus. Therapiewoche 34 (1984) 3636–3643

Küfner, H., W. Feuerlein: Prävention und Alkoholmißbrauch. Medizin-Mensch-Gesellschaft 3 (1978) 10

Küfner, H., W. Feuerlein: Fragebogendiagnostik des Alkoholismus. Überblick über verschiedene Ansätze und Verfahren. Wien. Z. Suchtforsch. 6 (1983) 3

Küfner, H., W. Feuerlein: In-patient treatment for alcoholics. Springer, Berlin 1989

Küfner, H., W. Feuerlein, T. Flohrschütz: Die stationäre Behandlung von Alkoholabhängigen: Merkmale von Patienten und Behandlungseinrichtungen, katamnestischer Ergebnisse. Suchtgefahren 32 (1986) 1–86

Küfner, H., W. Feuerlein, M. Huber: Die stationäre Behandlung von Alkoholabhängigen: Ergebnisse der 4-Jahreskatamnesen, mögliche Konsequenzen für Indikationsstellung und Behandlung. Suchtgefahren 34 (1988) 157–271

Kuhn, H.: Alkohol und Herz. In: R. Teschke, C. S. Lieber (Hrsg.): Alkohol und Organschäden. Witzstrock, Baden-Baden 1981

Kuhn, H., F. Loogen: Die Wirkung von Alkohol auf das Herz einschl. der Alkoholkardiomyopathie. Internist 19 (1978) 97

Kuriyama, K.: Ethanol-induced changes in activities of adenylate cyclase. Guanylate cyclase and cyclic adenosine 3', 5'-monophosphate dependent protein kinase in the brain and liver. Drug Alc. Depend. 2 (1977) 335

Kurtz, E.: Why A. A. works. The intellectual significance of alcoholics anonymous. J. Stud. Alc. 43 (1982) 38

Kurz, H.: Interaktionen von Arzneimitteln und Alkohol. Dtsch. Ärztebl. 79 (1982) 33

Kuypers, U.: Familienbehandlung bei Suchtkranken. Lambertus, Freiburg 1980

Kuypers, U.: Familientherapie bei Suchtkranken. In: W. Keup (Hrsg.): Behandlung der Sucht und Mißbrauch chemischer Stoffe. Thieme, Stuttgart 1981

Kuypers, U.: Sucht und Therapie. Lambertus, Freiburg 1982

Kwentus, J., L. F. Major: Disulfiram in the treatment of alcoholism. J. Stud. Alc. 40 (1979) 428

Ladewig, D.: Biologische und lerntheoretische Aspekte süchtigen Verhaltens. Schweiz. med. Wschr. 104 (1974) 545

Langelüddecke, A.: Gerichtliche Psychiatrie, 3. Aufl. De Gruyter, Berlin 1971

Langen, D.: Kompendium der med. Hypnose, 3. Aufl. Karger, Basel 1972

LaPorte, R. E., J. K. Cresanta, L. H. Kuller: The relationship of alcohol consumption to atherosklerotic heart disease. Prev. Med. 9 (1980) 22

Laubichler, W.: Nosologie somatogener Dämmerzustände. Psychose 8 (1982) 633

Laubichler, W., W. Klimesch: Die alkoholischen Bewußtseinsstörungen aus forensischer Sicht. Blutalkohol 20 (1983) 81–90

Laubichler, W., M. Ruby: Die Patienten des Entmündigungsverfahren. Forensia 2 (1979) 33

Laubichler, W., M. Ruby: Die Patienten des Entmündigungsverfahrens, Teil 2: Die Situation vor der gesetzlichen Neuregelung. Forensia 2 (1985) 33

Laubichler, W., M. Ruby: Daten über die Betroffenen des Sachwalterverfahrens. RZ 104 (1987)

Lavon, R., P. Pages, P. Passouant, R. Labauge, J. Minvielle, C. Cadilhac: Les données de la pneumencephalographie et de l'electroencephalographie au cours de l' alcoolisme chronique. Ref. Neurol. 94 (1956) 611

Lazarus, A. A.: Towards the understanding and effective treatment of alcoholism. S. Afr. med. J 39 (1965) 736

Leach, B.: Alcoholics Anonymous: its effectiveness, nature and availability. Vortrag, geh. a. d. 28. Internat. Congr. Alcohol and Alcoholism. Washington D.C. 1968

Ledermann, S.: Mesures du degrée d'intoxication alcooique d'une population. Presses Universitaires de France, Paris 1956a

Ledermann, S.: Alcool, alcoolisme, alcoolisation. Données scintiefiques de caractére psychologique, economique et sociale. Institut National d'Etudes Demographiques, Paris 1956b

Le Gô, P. M.: Le depistage précoce de l'ethylisme. Presse med. 76 (1968) 579–580

Lelbach, W. K.: Zur leberschädigenden Wirkung verschiedener Alkoholika. Dtsch. med. Wschr. 92 (1967) 233

Lelbach, W. K.: Dosis-Wirkungsbeziehung bei Alkohol-Leberschäden. Dtsch. med. Wschr. 97 (1972) 1435

Lemere, J.: What happens to alcoholics. Amer. J. Psychiat. 109 (1953) 674

Lennertz, E.: Verhaltensgewohnheit und Drogenbindung. Alber, Freiburg 1974

Lenz, H.: Zur Ursache der fehlenden Antabus-Alkohol-Reaktion. Wien. klin. Wschr. 38/39 (1957) 743

Lesch, O. M.: Chronischer Alkoholismus – Typen und ihr Verlauf. Thieme, Stuttgart 1985

Lester, R., D. H. van Thiel: Gondal function in chronic alcoholic men. Advanc. exp. Med. Biol. 85 A (1977) 399

Leu, R., P. Lutz: Ökonomische Aspekte des Alkoholkonsums in der Schweiz. In: P. Bernholz, G. Bombach, R. L. Frey (Hrsg.): Basler sozialökonomische Studien. Schulthess, Zürich 1977

Leuner, H. C.: Halluzinogene. Psychische Grenzzustände in Forschung und Psychotherapie. Huber, Bern 1981

Leutz, G. A.: Die Bedeutung des Psychodramas in der Arbeit mit Süchtigen. In: J. Hoffmann (Hrsg.): Zur Therapie Süchtiger. Lambertus, Freiburg 1973

Levitin, L. V.: Epidemiologie und Struktur von Alkoholpsychosen. Zh. Nevropat. Psikhiat. 71 (1971) 583

Levy, R. J.: The psychodynamic functions of alcohol. Quart. J. Stud. Alc. 19 (1958) 649

Levy, M. S., B. L. Livingstone, D. M. Collins: A clinical comparison of disulfiram and calcium carbimide. Amer. J. Psychiat. 123 (1967) 1018

Lieber, C. S.: Metabolic aspects of alcoholism. MTP, Lancaster 1977a

Lieber, C. S.: Metabolism of alcohol. In: C. S. Lieber (ed.): Metabolic Aspects of Alcoholism. MTP, Lancaster 1977b (S. 1–29)

Lieber, C. S.: Alkohol und Intermediärstoffwechsel. In: Alkohol und Organschäden, hrsg. von R. Teschke, C. S. Lieber. Witzstrock, Baden-Baden 1981

Lindenbaum, J.: Metabolic effects of alcohol on the blood and bone marrow. In: C. S. Lieber (ed.): Metabolic Aspects of Alcoholism. MTP, Lancaster 1977 (S. 215–247)

Lindner, H.: Alkoholmißbrauch – eine häufig nicht erkannte Ursache innerer Krankheiten. Arbeitsmed. Sozialmed. Arbeitshyg. 6 (1971) 31

Lint, J. de, W. Schmidt: Consumption averages and alcoholism prevalence: a brief review of epidemological investigations. Brit. J. Addict. 66 (1971) 97

Liskow, B. I., D. W. Goodwin: Pharmacological treatment of alcohol intoxication, withdrawal and dependence. J. Stud. Alcohol 48 (1987) 356–370

Litman, G. K., A. Topham: Outcome studies on techniques in alcoholism treatment. In: M. Galanter (ed.): Recent developments in alcoholism, Vol. I. Plenum, New York 1983 (S. 167–194)

Litman, G. K., K. Eiser, J. R. Rawson, A. N. Oppenheim: Towards a typology of relapse: a preliminary report. Drug Alcohol Depend. 2 (1977) 157–162

Litman, G. K., J. R. Eiser, N. S. B. Rawson, A. N. Oppenheim: Differences in relapse precipitants and coping behaviours between relapsers and survivers. Behav. Res. Ther. 17 (1979) 157–162

Littleton, J.: Alcohol intoxication and physical dependence: a molecular mystery tour. Brit. J. Addict. 84 (1989) 267–276

Löcherbach, P.: Kosten einer ambulanten Behandlung Alkoholabhängiger. Suchtgefahren 32 (1986) 350–359

Lorenz, K.: Die Rückseite des Spiegels. Piper, München 1973

Lorenzen, D.: Zur Problematik der Unterbringung psychisch Kranker in psychiatrischen Krankenhäusern. In: M. Bergener (Hrsg.): Psychiatrie und Rechtsstaat. Luchterhand, Neuwied 1981

Lovibond, S. H., G. Caddy: Discriminated aversive control in the moderation of alcoholics drinking behavior. Behav. Ther. 1 (1970) 437

Lubetkin, B. S., P. C. Rioess, C. M. Rosenberg: Difficulties of disulfiram therapy with alcoholics. Quart. J. Stud. Alc. 32 (1971) 168

Ludes, H., E. Buter-Weisen: Alkohol und Tuberkulose. In: R. Teschke, C. S. Lieber (Hrsg.): Alkohol und Organschäden. Witzstrock, Baden-Baden 1981

Ludwig, A., J. Levine, L. Stark, R. Lazar: A clinical study of LSD-treatment in alcoholism. Amer. J. Psychiat. 126 (1969) 59

Lürssen, E.: Psychoanalytische Theorien über die Suchtstrukturen. Suchtgefahren 20 (1974) 145

Luthman, S. G., M. Kirschenbaum: Familiensysteme. Pfeiffer, München 1977

McAndrew, C.: The differentiation of male alcoholic outpatients from nonalcoholic psychiatric outpatients by means of the MMPI. Quart. J. Stud. Alc. 26 (1965) 238

McBrearty, J. F., M. Dichter, Z. Garfield, G. Heath: A behaviorally oriented treatment program for alcoholism. Psychol. Rep. 22 (1968) 287

McBride, W. J., J. M. Murphy, L. Lumeng, T. K. Li: Serotonin and ethanol preference. Recent. Develop. Alcoholism 7 (1989) 187–209

McClain, C. J., D. H. van Thiel, S. Parker, L. K. Badzin, H. Gilbert: Alterations in zinc, vitamin A, and retinolbinding protein in chronic alcoholics: a possible mechanism for night blindness and hypogonadism. Alcoholism 3 (1979) 135

McClelland, D. C., W. N. Davis, R. Kalin, E. Wanner: The Drinking Man. Free Press, New York 1972

McCord, W., J. McCord: Origins of alcoholism. Stanf. Stud. Soc. I, London 1960

McLaughlin, J. K.: An investigation of the ability of young male and female social drinkers to discriminate between regular, caloric reduced and low alcohol beer. Brit. J. Addict. 83 (1988) 183–187

McMillan, T. M.: Lithium and the treatment of alcoholism: a critical review. Brit. J. Addict. 76 (1981) 245

Mader, R., C. Mittendorfer, L. Pavlis: Österreichische Trinksitten. Konsumation – Einstellung – Gefährdung. Hollinek, Wien 1981

Majchrowicz, E.: Biological properties of ethanol and the biphasic nature of ethanol withdrawal syndrome. In: R. E. Tarter, D. H. van Thiel: Alcohol and the Brain. Plenum Medical Book, New York 1985 (p. 315–338)

Majewski, F.: Alkohol-Embryopathie. In: R. Teschke, C. S. Lieber (Hrsg.): Alkohol und Organschäden. Witzstrock, Baden-Baden 1981

Majewski, F.: Alkohol-Embryopathie. In: K. D. Zang (Hrsg.): Klinische Genetik des Alkoholismus. Kohlhammer, Stuttgart 1984 (S. 104–128)

Majewski, F.: Die Alkoholembryopathie – eine häufige und vermeidbare Schädigung. In: F. Majewski: Die Alkoholembryopathie. Umwelt und Medizin (1987) 109–123

Majumdar, S. K., G. K. Shaw, A. D. Thomson: Thyroid status in chronic alcoholics. Drug Alc. Depend. 7 (1981) 81

Makkonen, M., H. Küfner, F. Dittmar, W. Feuerlein: Ambulante Verhaltenstherapie bei Alkoholikern. Ergebnisse einer katamnestischen Untersuchung. Suchtgefahren 28 (1982) 153

Malamud, N., S. A. Sillicorn: Relationship between the Wernicke- and the Korsakow-syndrome. Arch. Neurol. Psychiat. (Chic.) 76 (1956) 585

Malcolm, M. T., J. S. Madden: The use of disulfiram implantation in alcoholism. Brit. J. Psychiat. 123 (1973) 41

Malka, R., P. Fouquet, G. Vachorfrance: Alcoologie. Masson, Paris 1983

Mallach, H. J., H. Hartmann, V. Schmidt: Alkoholwirkung beim Menschen. Thieme, Stuttgart 1987

Mandel, A., K. H. Mandel, E. Stadter, D. Zimmer: Einübung in Partnerschaft durch Kommunikationstherapie und Verhaltenstherapie. Pfeiffer, München 1971

Mandel, K. H., A. Mandel: Einübung der Liebesfähigkeit – Praxis der Kommunikationstherapie für Paare. Pfeiffer, München 1975

Mantek, M.: Frauen-Alkoholismus. Reinhardt, München 1979

Marchi, S. de, E. Cocchi: Stroke and alcohol consumption. N. Engl. J. Med. 316 (1983) 1214

Marconi, J., K. Fink, L. Moya: Experimental study on alcoholics with an „inability to stop". Brit. J. Psychiat. 113 (1967) 543

Mardones, R. J.: On the relationship between deficiency of B vitamins and alcoholisation in rats. Quart. J. Stud. Alc. 12 (1951) 563

Markley, H. G., E. Mezey: Induction of alcohol withdrawal symptoms by nalorphine in chronic alcoholic patients. Int. J. Addict. 13 (1978) 395

Marmot, M. G., G. Rose, M. J. Shipley, B. J. Thomas: Alcohol and mortality: a U-sphaped curve. Lancet 1981/I, 580

Martensen-Larsen, O.: Erfahrungen bei der Behandlung des Alkoholismus mit Antabus. Therapiewoche 3 (1951) 1

Marx, H. G.: Bericht über die in die Suchtkrankenbehandlung in einer Fachklinik für Suchtkranke integrierte Akupunktur. ICAA-Proceedings, Zürich 1978

Masserman, J. H., K. S. Yum: An analysis of the influence of alcohol on experimental neuroses in cats. Psychosom. Med. 8 (1946) 36

Matakas, F., H. Koester, B. Leidner: Welche Behandlung für welche Alkoholiker? Eine Übersicht. Psychiat. Praxis 5 (1978) 143

Matussek, P.: Süchtige Fehlhaltungen. In: V. E. Frankl, E. v. Gebsattel, J. H. Schulz (Hrsg.): Handbuch der Neurosenlehre und Psychotherapie. Urban & Schwarzenberg, München 1959

Matzkies, F., G. Hartwich, W. Grabner: Das Zieve-Syndrom. Fortschr. Med. 90 (1972) 390

May, S. J., L. H. Kuller: Methodological approaches in the evaluation of alcoholism treatment: a critical review. Prevent. Medicine 4 (1975) 464

Mayer, J., W. J. Filstead: The adolescent alcohol involvement scale: an instrument for measuring adolescent use and misuse of alcohol. Curr. Alc. 7 (1979) 169

Mayfield, D. G., C. C. Coleman: Alcohol use and affective disorder. Dis. nerv. Syst. 29 (1968) 467

Mayfield, D. G., D. Montgomery: Alcoholism, alcohol intoxication and suicide attempts. Arch. gen. Psychiatr. 27 (1972) 349

Meeks, E. E., C. Kelly: Family therapy with the families of recovering alcoholis. Quart. J. Stud. Alc. 31 (1970) 399

Melchior, C. L., R. D. Myers: Preference for alcohol evoked by tetrahydropapaveroline (THIP) chronically infused in the cerebral ventricle of the rat. Pharmacol. Biochem. Behav. 77 (1977) 19

Mello, N. K., J. H. Mendelson: Recent Advances in Studies of Alcoholism. NIMH, Nat.-Inst. on Alcoholabuse and Alcoholism, Rockville/Md 1971a

Mello, N. K., J. H. Mendelson: A. quantitative analysis of drinking patterns in alcoholics. Arch. gen. Psychiat. 25 (1971b) 527

Mello, N. K., J. H. Mendelson: Drinking pattern during workcontingent and noncontingent alcohol acquisition. Psychosom. Med. 34 (1972) 139

Mende, W.: Zur forensischen Bedeutung des Alkoholismus. Vortrag, gehalten auf dem 1. Psychiatrie-Symposium Landeck, 3.5.1974

Mendelson, G.: Acupuncture and cholinergic suppression of withdrawal symptoms: an hypothesis. Brit. J. Addict. 73 (1978) 166

Mendelson, J. H., J. Ladou: Experimental induced chronic intoxication and withdrawal in alcoholics. II. Psychophysiological findings. Quart. Stud. Alc., Suppl. 2 (1964) 14

Mendelson, J. H., N. Mello: Alkohol, Aggression, Androgene. Sexualmedizin 10 (1975) 646

Mendelson, J. H., N. K. Mello, P. Solomon: Small group drinking behavior: an experimental study of chronic alcoholics. Ass. Res. nerv. Dis. Prov. 46 (1968) 399

Menninger, K.: Man Against Himself. Harcourt, New York 1938

Menzel, G.: Die Anonymen Alkoholiker und die Behandlung des chronischen Alkoholikers. Nervenarzt 36 (1965) 257

Merkle, R., D. Wolf: Ich höre auf, ehrlich! Ein praktisches Handbuch zur Selbsthilfe für Alkoholabhängige und ihre Therapeuten. Rationales Leben, Mannheim 1982

Merry, J., C. M. Reynolds, J. Bailey, A. Coppen: Prophylactic treatment of alcoholism by lithium carbonate. A controlled study. Lancet 1976/II, 481

Messert, B., W. W. Orrison, M. J. Hawkins, C. E. Quaglieri: Central pontine myelinolysis. Considerations on etiology, diagnosis and treatment. Neurology (Minneap.) 29 (1979) 147

Meyer, J. G., R. Forst: A psychometric evaluation of the acute tremolous state. J. Neurol. (Brux.) 215 (1977) 127

Meyer, J. G., K. Urban: Electrolyte changes and acid base balance after alcohol withdrawal, with special reference to rum fits and magnesium depletion. J. Neurol. (Brux.) 215 (1977) 135

Meyer, J. G., H. Holzinger, K. Urban: Epileptische Anfälle im alkoholischen Prädelir. Klinische und elektroencephalographische Untersuchungen zur Abgrenzung einer genetisch bedingten Anfallsbereitschaft zur Epilepsie. Nervenarzt 47 (1976) 375

Meyrat, P., T. Abelin, J. Stutz, H. Ehrengruber: Die häufigsten Spitaldiagnosen nach Alter und Geschlecht. Schweiz. Ärzteztg. 58 (1977) 595

Miller, R.: Motivation for treatment: an review with special emphasis on alcoholism. Psychol. Bull. 98 (1985) 84–107

Miller, W. R., N. Heather: Treating addictive behaviour processes of change. Plenum, New York 1986 (S. 464)

Miller, W. R., R. K. Hester: The effectiveness of alcoholism treatment. Plenum, New York 1980a (S. 121–203)

Miller, W. R., R. K. Hester: Treating the problem drinker: Modern approaches. In: W. R. Miller (ed.): Addictive Behaviors. Treatment for Alco holism, Drug Abuse, Smoking and Obesity. Pergamon, Oxford 1980b

Minsel, W. R.: Praxis der Gesprächspsychotherapie. Siegfried Böhlau. Wien 1974

Minuchin, S.: Familie und Familientherapie – Theorie und Praxis struktureller Familientherapie. Lambertus, Freiburg 1977

Mishara, B. L., R. Kastenbaum: Alcohol and Old Age. Grune & Stratton, New York 1980

Möller, H. J., A. Angermund, B. Mühlen: Prävalenzraten von Alkoholismus an einem chirurgischen Allgemeinkrankenhaus: Empirische Untersuchungen mit dem Münchner Alkoholismus-Test. Suchtgefahren 33 (1987) 199–202

Mörl, M., K. H. Hauenstein: Klinische, humorale und histologische Befunde bei hepatischen Porphyrien. Münch. med. Wschr. 119 (1977) 1457

Morel, F.: Une forme anatomoclinique particulière de'l alcoolisme chronique. Sclerose cortical laminaire alcoolique. Rev. neurol. 71 (1939) 280

Mottin, J. L.: Drug-induced attenuation of alcohol consumption; a review and evaluation of claimed, potential or current therapies. Quart. J. Stud. Alc. 34 (1973) 444

Mowrer, O. H.: Learning, Theory and Behaviour. Wiley, New York 1960

Müller-Limmroth, W.: Wirkung von Begleitstoffen in alkoholischen Getränken. In: Alkohol am Arbeitsplatz, hrsg. von d. Bayer. Akademie für Arbeits- und Sozialmedizin, München 1982

Müting, D., R. Ecknauer, E. W. Fünfgeld, H. F. Schiefer: Untersuchungen zur Pathogenese und Biochemie des Alkoholdelirs. Med. Welt 24 (1973) 1441

Mulford, H. A.: Becoming an exproblem drinker. Ref., geh. a. d. 30. Internat. Kongr. über Alkoholismus und Drogenabhängigkeit, Amsterdam 1972

Muster, E.: Zahlen und Fakten zu Alkohol- und Drogenproblemen. Schweiz. Fachstelle f. Alkoholprobleme, Lausanne 1981

Myers, R. D.: Tetrahydroisoquinolines in the brain: the basis of an animal model of alcoholism Alcoholism 2 (1978) 2

Myers, R. D., C. L. Melchior: Alcohol drinking: abnormal intake caused by tetrahydropapaveroline in brain. Science 196 (1977) 554

Myers, J. K., M. M. Weissman, G. L. Tischler, C. E. Holzer, P. J. Leaf, H. Orvaschel, J. C. Anthony, J. H. Boyd, J. D. Burke Jr., M. Kramer, R. Stoltzman: Six-month prevalence of psychiatric disorders in three communities. Arch. gen. Psychiat. 41 (1984) 959–967

Naeije, R., L. Franken, D. Jacobovitz, J. Flament-Durand: Morel's laminar sclerosis. Europ. Neurol. 17 (1978) 155

Naranjo, C. A., E. M. Sellers: Serotonin uptake inhibitors attenuate ethanol intake in problem drinkers. Recent Develop. Alcoholism 7 (1989) 255–266

Nathan, P. E., J. S. O'Brian: An experimental analysis of the behavior of alcoholics and nonalcoholics during prolonged experimental drinking: ancessary precursor of behaviour therapy? Behav. Ther. 2 (1971) 455

Nathan, P. E., G. A. Marlatt, T. Loeberg: Alcoholis. New Directions in Behavioral Research and Treatment. Plenum, New York 1978

Nathan, P. E., N. A. Titler, L. M. Lowenstein, P. Solomon, A. M. Ross: Behavioral analysis of chronic alcoholism (interaction of alcohol and human contact). Arch. gen. Psychiat. 22 (1970) 419

Ness, B., H. Ziegler: Jahrbuch '89 zur Frage der Suchtgefahren 1989. Neuland, Hamburg 1989 (S. 279)

Ness, B., C. Wahl, H. Ziegler: Jahrbuch '88 zur Frage der Suchtgefahren. Neuland, Hamburg 1988 (S. 1–237)

Nestoros, J. N.: Ethanol specifically potentiates GABA-mediated neurotransmission in feline cerebral cortex. Science 209 (1980) 708

Neubürger, K.: Über Hirnveränderungen nach Alkoholmißbrauch (unter Berücksichtigung einiger Fälle von Wernicke'scher Krankheit und anderer

Ätiologie). Z. ges. Neurol. Psychiat. 135 (1931) 159

Neundörfer, B.: Ein Beitrag zur Alkoholpolyneuropathie. Klinisches Bild sowie elektromyographische und elektroneurographische Untersuchungsergebnisse. Fortschr. Neurol. Psychiat. 40 (1972) 270

Neundörfer, B., S. Gössinger: Klinische Diagnose und Verlauf der Wernicke-Encephalopathie. Nervenarzt 48 (1977) 500

Nielsen, J., E. Strömgren: Über die Abhängigkeit des Alkoholkonsums und der Alkoholkrankheiten vom Preis alkoholischer Getränke. Akt. Fragen Psychiat. Neurol. 9 (1969) 165

Nora, A. H.: Limb-reduction anomalies in infants born to disulfiram-treated alcoholic mothers (letter). Lancet 1977/II, 664

Nordstroem, G., N. Berglund: Delirium tremens: a prospective long-term follow-up study. J. Stud. Alcohol 49 (1988) 178–185

Obe, G.: Karzinogene und mutagene Wirkung von Alkohol. In: K. D. Zang (Hrsg.): Klinische Genetik des Alkoholismus. Kohlhammer, Stuttgart 1984 (S. 148–164)

Obe, G., F. Majewski: No elevation of exchange type aberrations in lymphocytes of children with alcohol embryopathy. Hum. Genet. 43 (1978) 31

Obe, G., H. J. Ristow, J. Herha: Chromosomal damage by alcohol in vitro and in vivo. In: M. M. Gross (Hrsg.): Alcohol Intoxication and Withdrawal. Advanc. exp. Med. Biol. 85 A (1977) 47

Obe, G., D. Goebel, H. Engeln, J. Herha, A. T. Natarajan: Chromosomal aberrations in peripheral lymphocytes of alcoholics. Mutation Res. 73 (1980) 377

Obert, G.: Motivation zur Behandlung durch sozialtherapeutische Maßnahmen mit Familie. Vortrag, geh. b. 28. Int. Seminar zur Prävention und Therapie des Alkoholismus, München 1982

Observer, M. A. Maxwell: A study ob absentism, accidents and sickness payments in problem drinkers in one industry. Quart. J. Stud. Alc. 20 (1959) 302

Oehmichen, M., V. Schmidt: Alkoholtransfer über die Brustmilch. Med. Welt 35 (1984) 1543–1546

Olds, J., P. Milner: Positive reinforcement produced by electric stimulation of septal area and other regions of rat brain. J. comp. physiol. Psychol. 47 (1954) 419

Olbrich, R., H. Watzl: Behandlungsergebnisse in der Therapie des Alkoholismus. Eine Übersicht. Suchtgefahren 24 (1978) 1

Ollat, H., H. Parvez, S. Parvez: Alcohol and central neurotransmission. Neurochem. In. 13 (1988) 275–300

Olivetti, L. F.: Neurogenic osteoarthropathies due to chronic alcoholism. Clin. orthop. 26 (1975/76) 263

Olson, R. P., R. Ganley, V. T. Devine, G. C. Dorsey jr.: Long-term effects of behavioral versus insight-oriented therapy with inpatients alcoholics. J. cons. clin. Psychol. 49 (1981) 866

Orford, J.: The future of alcoholism: a commetary on the Rand Report. Psychol. Med. 8 (1978) 5

Orford, J., G. Edwards: Alcoholism. Oxford University Press, Oxford 1977

Orford, J., J. Harwin: Alcohol and the Family. Croom Helm, London 1982

Ostrovsky, Y. M.: Endogenous ethanol – its metabolic, behavioral and biomedical significance. Alcohol 3 (1986) 239–247

Oullette, E. M., H. L. Rosett, N. P. Rosman, L. Weiner: Adverse effects on offspring of maternal alcohol abuse during pregnancy. New Engl. J. Med. 297 (1977) 528

Overton, D. A.: State-dependent learning produced by alcohol. In: B. Kissin, H. Begleiter (Hrsg.): The biology of Alcoholism, Bd. II. Plenum, New York 1972

Palestine, M. L.: Drug treatment of the alcohol withdrawal syndrome and delirium tremens. A comparison of haloperidol with mosoridazine and hydroxyzine. Quart. J. Stud. Alc. 34 (1973) 185

Paolino, T. J., B. S. McCrady: The Alcoholic Marriage: Alternative Perspectives, Grune & Stratton, New York 1977

Paolino, T. J., B. McCrady, S. Diamond, R. Langabough: Psychological disturbances in spouses of alcoholics. J. Stud. Alc. 37 (1976) 1600

Park, P., P. C. Whitehead: Developmental sequence and dimensions of alcoholism. Quart. J. Stud. Alc. 34 (1973) 887

Parsons, T.: The Social System. Free Press, Chicago 1951

Partanen, J., K. Bruun, T. Markanen: Inheritance of Drinking Behavior: A Study on Intelligence, Personality and Use of Alcohol in Adult Twins. The Finnish Foundation for Alcohol Studies, Helsinki 1966

Pattison, E. M., E. Kaufman: Encyclopedic Handbook of Alcoholism. Gardner, New York 1982

Pattison, E. M., E. B. Headley, G. C. Gleser, L. A. Gottschalk: Abstinence and normal drinking. An assessment of changes in drinking patterns in alcoholics after treatment. Quart. J. Stud. Alc. 29 (1968) 610

Pendery, M. L., I. M. Maltzman, L. J. West: Controlled drinking by alcoholics? New findings and a reevaluation of a major affirmative study. Science 217 (1982) 169

Péquignot, G.: Die Rolle des Alkohols bei der Ätiologie von Leberzirrhosen in Frankreich. Münch. med. Wschr. 103 (1961) 1464

Perls, F.: Grundlagen der Gestalt-Therapie. Pfeiffer, München 1975

Peters, G.: Klinische Neuropathologie, 2. Aufl. Thieme, Stuttgart 1970

Petry, J.: Alkoholismustherapie: Vom Einstellungswandel zur kognitiven Therapie. Urban & Schwarzenberg, München 1985 (S. 155)

Pettinati, H. M., A. A. Sugerman, M. DiDonato, H. S. Maurer: The natural history of alcoholism over four years after treatment. J. Stud. Alc. 43 (1982) 201

Petzold, H.: Psychodramatische Techniken in der Therapie mit Alkoholikern. Z. prakt. Psychol. 8 (1970) 387

Pfeiffer, A., A. Herz: Discrimination of free opiate receptor binding sites with the use of a computerized curf-fitting technique. Molec. Pharmacol. 21 (1982) 266

Pfeiffer, W., E. M. Fahrner, W. Feuerlein: Katamnestische Untersuchung von ambulant behandelten Alkohol-Abhängigen. Suchtgefahren 33 (1987) 309–320

Pfeiffer, W., E. M. Fahrner, W. Feuerlein: Soziale Anpassung und Rückfallanalyse bei ambulant behandelten Alkoholabhängigen. Suchtgefahren 34 (1988) 357–368

Philipp, M., N. Seyfeddinipur, A. Marneros: Epileptische Anfälle beim Delirium tremens. Nervenarzt 47 (1976) 192

Pierog, S., O. Chandavasu, I. Wexler: Withdrawal symptoms in infants with the fetal alcohol syndrome. J. Pediat. 90 (1977) 630

Pinel, J. P. J.: „Kindling" und Alkoholentzugsanfälle. Wien. Z. Suchtforsch. 4 (1981) 7

Pittman, D. J.: Gesellschaftliche und kulturelle Faktoren der Struktur des Trinkens, pathologischen und nichtpathologischen Ursprungs. Eine internationale Übersicht. Vortrag 27. Internat. Kongreß über Alkohol und Alkoholismus, Frankfurt/M. 1964, hrsg. v. d. Deutschen Hauptstelle gegen die Suchtgefahren, Hamm 1964

Pittman, D. J., C. R. Snyder: Society, Culture and Drinking Patterns. Wiley, New York 1962

Ploog, D.: Verhaltensforschung und Psychiatrie. In: K. P. Kisker u. Mitarb. (Hrsg.): Psychiatrie und Gegenwart, Bd. I/1. Springer, Berlin 1964

Ploog, D.: Comments on instinctive behavior, neural systems and reinforcement mechanism. In: Bayer-Symposium IV: Psychic Dependence. Springer, Berlin 1973 (S. 51)

Pohorecky, L. A.: Brain catecholamines and ethanol: Involvement in physical dependence and withdrawal. Advanc. exp. Med. Biol. 85 A (1977) 494

Pokorny, A. D., B. A. Miller, S. E. Cleveland: Response to treatment of

alcoholism. A follow-up study. Quart. J. Stud. Alc. 29 (1968) 364
Pokorny, A. D., B. A. Miller, H. B. Kaplan: The brief MAST: a shortened version of the michigan alcoholism screening test. Amer. J. Psychiat. 129 (1972) 342
Polaczek-Kornecki, T., T. Zelazny, Z. Walczak, S. Dendura: Experimentelle Untersuchungen über den Todesmechanismus bei akuter Alkoholvergiftung; die Rolle der Ateminsuffizienz. Anaesthesist 21 (1972) 266
Polich, J. M., D. J. Armor, H. B. Kraiker: The Course of Alcoholism: Four Years after Treatment. Rand, Santa Monica 1980a
Polich, J. M., D. J. Armor, H. B. Braiker: Patterns of alcoholism over four years. J. Stud. Alc. 41 (1980) 397b
Porjesz, B., H. Begleiter: Human evoked brain potentials and alcohol. Alcoholism 5 (1981) 304
Porjesz, B., H. Begleiter: Evoked brain potential differentiation between geriatric subjects and chronic alcoholics with brain dysfunction. Advanc. Neurol. 32 (1982) 117
Price, T. R., P. M. Silberfarb: Disulfiram induced convulsions without challenge by alcohol. J. Stud. Alc. 37 (1976) 980
Propping, P.: Genetic control of ethanol action on the central nervous system. Hum. Genet. 35 (1977) 309
Psychiatrie-Enquete: Bericht über die Lage der Psychiatrie in der Bundesrepublik Deutschland – Zur psychiatrischen und psychotherapeutisch-somatischen Versorgung der Bevölkerung. Deutscher Bundestag, 7. Wahlperiode. Drucksache 7/4200, 25.11.1975
Queckelberghe, R. v.: Kognitive Therapien. In: R. Bastine, P. A. Fiedler, K. Grawe, S. Schmidtchen, G. Sommer (Hrsg.): Grundbegriffe der Psychotherapie. Edition Psychologie, Weinheim 1982 (S. 212)
Radl, I.: Musiktherapeutische Studie bei Alkoholkranken. In: K. Kryspin-Exner (Hrsg.): Die offene Anstalt für Alkoholkranke in Wien-Kalksburg. Hollinek, Wien 1967

Rado, S.: Die psychischen Wirkungen der Rauschgifte. Psyche 29 (1975) 360
Rae, J. B.: The influence of the wives on the treatment outcome of alcoholics. Brit. J. Psychiat. 120 (1972) 601
Rae, J. B., J. Drewery: Interpersonal patterns in alcoholic marriages. Brit. J. Psychiat. 120 (1972) 615
Rae, J. B., A. R. Forbes: Clinical and psychometric characteristics of the wifes of alcoholics. Brit. J. Psychiat. 112 (1966) 197
Ranefeld, J.: Die Sonderanstalt für entziehungsbedürftige Rechtsbrecher. Wien. Z. Suchtforsch. 2 (1979) 27
Ranek, L., P. Buch Andreasen: Disulfiram hepatotoxicity. Brit. J. Med. 2 (1977) 94
Reimer, C., A. Freisfeld: Einstellungen und emotionale Reaktionen von Ärzten gegenüber Alkoholikern. Therapiewoche, 34 (1984) 3514–3520
Reiser, E.: Klinisch-statistische Untersuchungen über die Pathogenese, den Verlauf und die Prognose des Alkoholdelirs an drei verschiedenen bayerischen Nervenkrankenhäusern in den Jahren 1964–72. Inaug. Diss., München 1978
Reisner, H., K. Kryspin-Exner, R. Mader, G. Schnaberth: Zur Frage der Antabuspsychosen. Wien. Z. Nervenheilk. 26 (1968) 331
Remy, D.: Die internistischen Komplikationen des Alkoholismus. Z. Allgemeinmed. 49 (1973) 955
Renn, H.: Organisatorische Fragen der Drogenprävention. Suchtgefahren 3 (1982) 209
Renn, H.: Beiträge aus Epidemiologie und Soziologie zu einer Theorie von Mißbrauch und Abhängigkeit. Springer, Berlin 1986 (S. 103–120)
Renn, H.: Arbeitssituation und Suchtmittelmißbrauch – Stand der empirischen Forschung. Vortrag, gehalten am 8.11.1988, Fachkonferenz DHS, Berlin 1988
Renn, H., H. Feser: Probleme des Alkoholmißbrauchs junger Soldaten im Vergleich zu gleichaltrigen Zivilpersonen. Wehrpsychol. Unters. 18 (1983) 1–180

Reuband, K.-H.: Jugend und Alkoholkonsum – Hamburger Schülerbefragung im Trendvergleich. Neue Praxis, H. 3 (1977) 242

Revenstorf, D., H. Metsch: Lerntheoretische Grundlage der Sucht. In: W. Feuerlein (Hrsg.): Theorie der Sucht. Springer, Berlin 1986 (S. 121–150)

Richter, H. E.: Patient Familie – Entstehung, Struktur und Therapie von Konflikten in Ehe und Familie. rororo Sachbuch 6772. Rowohlt, Reinbek, 1972

Riecker, G.: Organschäden durch Alkohol. Internist 29 (1988) 329–37

Rieth, E.: Gruppentherapie von Alkoholikern in der stationären Behandlung. Suchtgefahren 17 (1971) 12

Rieth, E.: Möglichkeiten und Grenzen analytisch orientierter Psychotherapie von Abhängigen. In: F. Beese (Hrsg.): Stationäre Psychotherapie. Vandenhoeck & Ruprecht, Göttingen 1978

Riley, J. N., D. W. Walker: Morphological alterations in hippocampus after long-term alcohol consumption in mice. Science 201 (1978) 646

Ringer, C., H. Küfner, K. Antons, W. Feuerlein: The N.C.A. criteria for the diagnosis of alcoholism. An empirical evaluation study. J. Stud. Alc. 38 (1977) 1259

Ritchie, J. M.: The aliphatic alcohols. In: L. S. Goodman, A. Gilman (Hrsg.): The Pharmacological Basis of Therapeutica, 4. Aufl. MacMillan, London 1970

Ritson, E. B.: Organisation of services to families of alcoholics. In: J. Orford, J. Harwin (Hrsg.): Alkohol and the Family. Croom Helm, London 1982 (S. 180)

Robertson, I., N. Heather, A. Dzialdowski, J. Crawford, M. Winton: A comparison of minimal versus intensive controlled drinking treatment interventions for problem drinkers. Brit. J. clin. Psych. 25 (1986) 185–194

Robins, E., S. B. Guze: Classification of affective disorders: the primary-secondary, the endogenous-reactive and the neurotic-psychotic concepts. In: T. A. Williams, M. M. Katz, J. A. Shield (eds.): Recent Advances in Psychobiology of the Depressive Illness. Dept. Health, Education and Welfare, 1972

Robins, L. N., W. M. Bates, P. O'Neal: Adult drinking patterns in former problem children. In: D. J. Pittman, C. R. Snyder (Hrsg.): Society, Culture and Drinking Patterns. Wiley, New York 1962

Robinson, D.: The alcohologist's addiction. Some implications of having lost control over the disease concept of alcoholism. Quart. J. Stud. Alc. 33 (1972) 1082

Robson, R. A.: An Evaluation of the Effects of Treatment on the Rehabilitation of Alcoholics. Alcohol Foundation British Columbia, Vancouver 1963

Roe, A.: The adult adjustment of children of alcoholic parents in fosterhomes. Quart. J. Stud. Alc. 5 (1944/45) 378

Roebuck, J. B., R. G. Kessler: The Etiology of Alcoholism. Thomas, Springfield 1972

Rössner, W., R. Nusstein: Alkohol und Blut-Hirn-Schranke. Zbl. Vet.-Med. 19 (1972) 519

Rogers, C. R.: Encountergruppen: das Erlebnis der menschlichen Begegnung. Kindler, München 1974

Rohsenow, D. J., M. R. O'Leary: Locus of control research on alcoholic populations: A review I. Int. J. Addict. 13 (1978a) 55

Rohsenow, D. J., M. R. O'Leary: Locus of control research on alcoholic populations: A review II. Relationship to other measures. Int. J. Addict. 13 (1978b) 213

Roizen, R.: The „Rand Report". Comment. J. Stud. Alc. 38 (1977) 170

Roizen, R., D. Cahalan, P. Shanks: Spontaneous remission among untreated problemdrinkers. In: D. B. Kandel (Hrsg.): Longitudinal Research on Drug Use. Wiley, New York 1978

Rommelspacher, H.: Pathobiochemie der Alkoholkrankheit. Dtsch. Ärztebl. 85 (1988) 25–27

Ron, M. A., W. Acker, W. A. Lishman: Morphological abnormalities in the brain of chronic alcoholics. Clinical, psychological and computerized axial tomographic study. In: C. M. Ideström (Hrsg.): Alcohol and Brain Research. Acta psychiat. scand., Suppl. 286 (1980) 41

Rosenberg, N.: MMPI alcoholism scales. J. clin. Psychol. 28 (1972) 515

Rosenhammer, H. J., B. P. Silfverskioeld: Slow tremor and delayed brainstem auditory evoked responses in alcoholics. Arch. Neurol. (Chic.) 37 (1980) 293

Rost, W. D.: Psychoanalyse des Alkoholismus. Klett-Cotta, Stuttgart 1987 (S. 275)

Rothenbacher, H., L. Truöl: Ein differentielles Behandlungsprogramm für Suchtkranke im stationären Bereich. In: E. Knischewski (Hrsg.): Alkoholismus-Therapie. Vermittlung von Erfahrungsfeldern im stationären Bereich. Nicol, Kassel 1981

Rubes, J.: Einfaches Orientierungsschema der Kurabilität des Alkoholismus. Psychiat. Neurol. med. Psychol. (Lpz.) 19 (1969) 395

Rümmele, W.: Zeitliche Zusammenhänge zwischen Erkrankungen, Operationen oder Unfällen und dem Ausbruch des Delirium tremens. Schweiz. Arch. Neurol. Psychiat. 101 (1968) 192

Ruf, G., F. Andritsch: Die Versorgung psycho-organisch beeinträchtigter und sonstiger sogenannter therapieresistenter Alkoholiker im Psychiatrischen Landeskrankenhaus Weinsberg. Suchtgefahren 32 (1986) 210–214

Rumpf, K. W., T. Henze, H. Kaiser, H. Klein, U. Spaar, U. Soballa, H. Prange, H. V. Henning, F. Scheler: Rhabdomyolyse als Komplikation des chronischen Alkoholismus. Dtsch. med. Wschr. 111 (1986) 379–382

Russell, M.: The impact of alcoholrelated birth defects (ARBD) on New York State. Neurbehav. Toxicol. 2 (1980) 277

Ryback, R. S.: Alcohol amnesia. Observations in seven drinking inpatient alcoholics. Quart. J. Stud. Alc. 31 (1970) 616

Ryback, R. S.: The continuum and specifity of the effects of alcohol on memory. Quart. J. Stud. Alc. 32 (1971) 995

Ryback, R. S., M. J. Eckardt, C. Pautler: Biochemical and hematological correlates of alcoholism. Res. Commun. Chem. Pathol. Pharmacol. 27 (1980) 533

Saage, E., H. Göppinger: Freiheitsentziehung und Unterbringung, 2. Aufl. Beck, München 1975

Salaschek, M.: Alkoholiker an einer Psychiatrischen Poliklinik – krankheitsbezogene Daten. Motivationseinschätzung und Verlauf. Suchtgefahren 28 (1982) 311

Salem, L., W. Werdenich: Resultate der Behandlung Drogenabhängiger im Maßnahmenvollzug. (1975–1978). Wien. Z. Suchtforsch. 4 (1981) 45

Salum, J.: Delirium tremens and certain other acute sequels of alcohol abuse. Acta psychiat. Scand., Suppl. 235 (1972)

Sanchez-Craig, M., H. M. Annis: Gamma-glutamyl transpeptidase and highdensity lipoproteins cholesterol in male problem drinkers: advantages of a composite index for predecting alcohol consumption. Alcoholism 5 (1981) 540

Sands, P. M., P. G. Hanson, R. B. Sheldon: Recurring themes in group psychotherapy with alcoholics. Psychiat. Quart. 41 (1967) 474

Satir. V. M.: Conjoint Family Therapy. Science and Behavior Books, Palo Alto 1970

Satir, V.: Selbstwert und Kommunikation – Familientherapie für Berater zur Selbsthilfe. Pfeiffer, München 1975

Saville, P. D.: Alcohol-related skeletal disorders. Ann. N.Y. Acad. Sci. 252 (1975) 287

Schatzkin, A., D. Y. Jones, R. N. Hoover: Alcohol consumption and breast cancer in the epidemiologic follow-up study of the first national health and nutrition examination survey. New. Engl. J. Med. 316 (1987) 1169–73

Scheller, R., W. Keller, J. Funke, M. Klein: Trierer Alkoholismus-Inventar (TAI). Suchtgefahren 30 (1984) 12–14

Schenk, E., V. Dietz: Alkoholische Polyneuropathie. Elektrophysiologische und klinische Befunde bei 85 Patienten. Arch. Psychiat. Nervenkr. 220 (1975) 159

Schmid, M.: Chronische Hepatitis. In: H. Hornbostel, W. Kaufmann, W. Siegenthaler (Hrsg.): Innere Medizin in Praxis und Klinik, Bd. IV. Thieme, Stuttgart 1973; 2. Aufl. 1978; 3. Aufl. 1986

Schmidt, G.: Rückfälle von als suchtkrank diagnostizierten Patienten aus systemischer Sicht. Springer, Berlin 1988 (S. 173–216)

Schmidt, H. G.: Jahrbuch 1983 zur Frage der Suchtgefahren. Neuland, Hamburg 1983

Schmidt, L.: Therapie Alkoholkranker in der ärztlichen Praxis. Rehabilitation 23 (1970) H. 4

Schmidt, W., J. de Lint: Causes of death of alcoholics. Quart. J. Stud. Alc. 33 (1972) 171

Schmidt, W., R. E. Popham: Alcohol consumption and ischemic heart disease: some evidence from population studies. Brit. J. Addict. 76 (1981) 407

Schmutz, M.: Fahren in angetrunkenem Zustand. Rüegger, Diessenhofen 1978

Schneider, R.: Stationäre Behandlung von Alkoholabhängigen. Röttger, München 1982

Scholz, H.: Das Ausfallsyndrom nach Unterbrechung der Alkoholabhängigkeit. Fortschr. Neurol. Psychiat. 50 (1982) 279

Schrappe, O.: Gewöhnung und Süchte. Nervenarzt 39 (1968) 337

Schrappe, O.: Aktuelle psychiatrische Gesichtspunkte zum Rauschmittelgebrauch. Ärztl. Prax. 13 (1971) 2079

Schreiber, M.: Längsschnittuntersuchungen zum Alkoholkonsum. In: H. Ziegler (Hrsg.): Jahrbuch zur Frage der Suchtgefahren '85. Neuland, Hamburg 1985 (S. 22–31)

Schuckit, M. A.: Drug and Alcohol Abuse. A Clinical Guide to Diagnosis and Treatment. Plenum, New York 1979

Schuckit, M. A.: Biological markers: metabolism and acute reactions to alcohol in sons of alcoholics. Pharmacol. Biochem. Behav. 13, Suppl. 1 (1980) 9

Schuckit, M. A., G. Winokur: A short term follow up of women alcoholics. Dis. nerv. Syst. 33 (1972) 672

Schütz, B.: Benzodiazepine. A Handbook: Basis Data, Analytical Methods, Pharmakokinetics and Comprehensive Literatur. Springer, Berlin 1982

Schulte, D.: Diagnostik in der Verhaltenstherapie. Urban & Schwarzenberg, München 1974

Schulte, W.: Über den Zugang zum Süchtigen. Schweiz. med. Wschr. 97 (1967) 533

Schweizerische Fachstelle für Alkoholprobleme: Zahlen und Fakten zu Alkohol- und Drogenproblemen 1981. Schweiz. Fachst. f. Alkoholprobleme, Lausanne 1981

Schweizerische Fachstelle für Alkoholprobleme: Zahlen und Fakten zu Alkohol- und Drogenproblemen 1985/86. SFA/ISPA. Lausanne 1985

Seiderer Hartig, M.: Beziehung und Interaktion in der Verhaltenstherapie. Theorie-Praxis-Fallbeispiele. Leben lernen 48. Pfeiffer, München 1980

Seitelberger, F.: Zentrale pontine Myelinolyse. Schweiz. Arch. Neurol. Neurochir. Psychiat. 112 (1973) 285

Seitelberger, F., H. Gross: Zur Neuropathologie des Alkoholismus. Bericht über die Arbeitstagung über Alkoholismus der Neurolog. Klinik der Universität Wien, Wien 1962

Seitz, H. K., U. A. Simanowski: Alkohol und Intestinum. Verdauungskrankheiten 4 (1986a) 54–60

Seitz, H. K., U. A. Simanowski: Ethanol and carcinogenesis of the alimentary tract. Alcoholism: clinical and experimental research 10 (1986b) 33–40

Seitz, H. K., U. A. Simanowski: Der Alkoholstoffwechsel. Bedeutung und metabolische Auswirkungen. Internist 29 (1988) 317–322

Seixas, F. A., G. S. Omenn, E. D. Burk, S. Eggleston: Nature and nurture in alcoholism. Ann. N.Y. Acad. Sci. 197 (1972)

Seligmann, M. P.: Helplessness. On Depression, Development and Death. Freeman, San Francisco 1975

Sellers, E. M.: Treatment of ethanol intoxication. New Engl. J. Med. 295 (1976) 109

Selvini-Palazzoli, M.: Paradoxon und Gegenparadoxon – ein neues Therapiemodell für die Familie mit schizophrener Störung. Klett, Stuttgart 1977

Selzer, M. L.: Michigan Alcoholism Screening Test (MAST): Preliminary report. Univ. Mich. med. Cent. J. 33 (1967) 58–63

Semczuk, M.: Investigations on the ultrastructure of spermatozoa in chronic alcoholics. Z. mikr.-anat. Forsch. 90 (1976) 1113

Shaw, J. A., P. Donley, D. W. Morgan, J. A. Robinson: Treatment of depression in alcoholics. Amer. J. Psychiat. 132 (1975) 641

Shaw, S., S. L. Lue, C. S. Lieber: Biochemical tests for the detection of alcoholism: comparison of plasma alpha-amino-n-butyric acid with other available tests. Alcoholism 2 (1978) 3

Shields, J.: Genetics and alcoholism. In: G. Edwards, M. Grant: Alcoholism. Croom Helm, London 1977 (S. 117–135)

Shulsinger, O. Z., P. J. Forni, B. B. Clyman: Magnesium sulfate in the treatment of alcohol withdrawal: A comparison with diazepam. Curr. Alc. 1 (1977) 319

Shuttleworth, E. C., C. E. Morris: The transient global amnesia syndrome: a defect of the second stage of memory in man. Arch. Neurol. (Chic.) 15 (1966) 151

Siggins, G. R.: Cyclic nucleotides in the development of alcohol tolerance and dependence: a commentary. Drug Alc. Depend. 4 (1979) 307

Silverstein, S. J., P. E. Nathan, U. A. Taylor: Blood alcohol level estimation and controlled drinking by chronic alcoholics. Behav. Ther. 5 (1974) 1

Simon, L., H. Michel, F. Blotman: Osteonecrose, ethylisme et steatose hepatique. Rev. Rhum. 42 (1975) 103

Simon, R., B. Schmidtobreick, H. Ziegler, G. Bühringer, I. Helas: Jahresstatistik 1986 der ambulanten Beratungs- und Behandlungsstellen für Suchtkranke in der Bundesrepublik Deutschland. EBIS bei der DHS, Hamm 1987

Sinclair, J. D.: Lithium-induced suppression of alcohol drinking by rats. Med. Biol. 52 (1974) 133

Sinclair, J. D.: Comparison of the factors which influence voluntary drinking in humans and animals. In: K. Eriksson, J. D. Sinclair, K. Kiianma (Hrsg.): Academic Press, London 1980

Singer, M. V.: Pankreas und Alkohol. Schweiz. med. Wschr. 115 (1985) 973

Skinner, B. F.: The Behavior of Organisms. An Experimental Analysis. Appleton-Century-Crafts, New York 1938

Skinner, H. A., B. A. Allen: Alcohol dependence syndrome: measurement and validation. J. abnorm. Psychol. 3 (1982) 199

Skinner, H. A., S. Holt, B. A. Allen, H. Haakonson: Correlation between medical and behavioral data in the assessment of alcoholism. Alcoholism 4 (1980) 371

Skinner, H. A., S. Holt, W. J. Sheu, Y. Israel: Clinical vs laboratory detection of alcohol abuse: the alcohol clinical index. Brit. med. J. 292 (1986) 1703–1708

Skog, O. J.: Is alcohol consumption lognormally distributed? Brit. J. Addict. 75 (1980) 169

Smart, R. G.: Spontaneous recovery in alcoholics: a review and analysis of the available research. Drug Alc. Depend. 1 (1975/76) 277

Smart, R. G., G. Gray: Multiple predictors of dropout from alcoholism treatment. Arch. gen. Psychiat. 35 (1978) 363

Smith, M. A., J. Chick, D. M. Kean et al.: Brain water in chronic alcoholic patterns measured by magnetic resonance imaging. Lancet 1985/I, 1273–1274

Sobell, M. B., L. C. Sobell: Individualized behavior therapy for alcoholics. Behav. Ther. 4 (1973) 49

Sobell, M. B., L. C. Sobell: Behavioral Treatment of Alcohol Problems. Plenum, New York 1978

Solms, H.: Die Ausbreitung des Alkoholkonsums und des Alkoholismus. In: Sucht und Mißbrauch, 2. Aufl., hrsg. von W. Steinbrecher, H. Solms. Thieme, Stuttgart 1975

Solomon, J.: Alcoholism and affective disorders. In: Alcoholism and Clinical Psychiatry, hrsg. von J. Solomon. Plenum, New York 1982

Spector, N. H.: Neuron specifity and ethanol: where does alcohols act in the brain? In: Alcoholism and the Central Nervous System, hrsg. von F. A. Seixas, S. Eggleton. Ann. N.Y. Acad. Sci. 215 (1973) 60

Stamm, D., E. Hansert, W. Feuerlein: Detection and exclusion of alcoholism in men on the basis of clinical chemical findings. J. clin. Chem. clin. Biochem. 22 (1984) 79

Steiner, C. M.: The alcoholic game. Quart. J. Stud. Alc. 30 (1969) 920

Steiner, C. M.: Games Alcoholics Play. Ballantine, New York 1971

Steinglass, P.: Family therapy in alcoholism. In: B. Kissin, H. Begleiter (Hrsg.): The Biology of Alcoholism, Bd. V. Plenum, New York 1977 (S. 259)

Steinglass, P.: The role of alcohol in family systems. In: J. Orford, J. Harwin (Hrsg.): Alcohol and the Family. Croom Helm, London 1982 (S. 127)

Steinglass, P.: Familientherapie mit Alkoholabhängigen: Ein Überblick. In: E. Kaufman, P. N. Kaufman (Hrsg.): Familientherapie bei Alkohol- und Drogenabhängigkeit. Lambertus, Freiburg 1983a (S. 165)

Steinglass, P.: Ein lebensgeschichtliches Modell der Alkoholismusfamilie. Familiendynamik 8 (1983b) 69–91

Stierlin, H.: Von der Psychoanalyse zur Familientherapie. Klett, Stuttgart 1975

Still, C. N.: Nicotinic acid and nicotinamide deficiency: pellagra and related disorders of the nervous system. In: P. J. Vinken, G. W. Bryn (Hrsg.): Handbook of Clinical Neurology, Bd. XXVIII. Elsevier, Amsterdam 1976

Stimmer, F.: Alkoholabhängigkeit. Beiträge aus dem Bereich der Psychiatrischen Soziologie. Soziologenkorrespondenz Bd. 6. Sozialforschungsinst. München e. V., München 1979a

Stimmer, F.: Familiensoziologische Aspekte der Alkoholismusgenese bei Jugendlichen. In: F. Stimmer (Hrsg.): Alkoholabhängigkeit. Soziologenkorrespondenz Bd. 6. Sozialforschungsinst. München e. V., München 1979b

Stockwell, T.: Cracking an old chestnut: ist controlled drinking possible for the person who has been severely alcohol dependent? Brit. J. Addict. 81 (1986) 455–456

Stockwell, T., R. Hodgson, G. Edwards, C. Taylor, H. Rankin: The development of a questionnaire to measure severity of alcohol dependence. Brit. J. Addict. 74 (1979) 79

Stremmel, W., G. Strohmeyer: Alkohol und Mineralstoffwechsel. In: R. Teschke, C. S. Lieber (Hrsg.): Alkohol und Organschäden. Witzstrock, Baden-Baden 1981

Strotzka, H.: Rehabilitation bei Neurosen und Charakterstörungen. In: K. P. Kisker, J. E. Meyer, M. Müller, E. Strömgren (Hrsg.): Psychiatrie der Gegenwart, 2. Aufl., Bd. II/1. Springer, Berlin 1972

Sundby, P.: Alcohol and Mortality. Publication Div. Rutgers Center of Alcoholic Studies. New Brunswick N.Y. 1967

Surawicz, F. G.: Alcohol hallucinosis: a missed diagnosis. Canad. J. Psychiat. 25 (1980) 57–63

Sutherland, E. H., H. O. Schroeder, C. L. Tordella: Personality traits and the alcoholic: a critique of existing studies. Quart. J. Stud. Alc. 11 (1950) 547

Swinson, R. P.: Colour vision defects in alcoholism. Brit. J. physiol. Opt. 27 (1972) 43–50

Szasz, T. S.: Bad habits are not diseases. A refutation of the claim that alcoholism is a disease. Lancet 1972/II, 83

Tabakoff, B.: Current trends in biologic research on alcoholism. Drug Alc. Depend. 11 (1983) 33

Tarter, R. E.: Etiology of alcoholism. Interdisciplinary integration. In: P. E. Nathan, G. A. Marlatt, T. Loeberg (Hrsg.): Alcoholism. New Directions in Behavioral Research and Treatment. Plenum, New York 1978

Tarter, R. E., H. McBride, R. N. Nancy Bounparte, D. U. Schneider: Differentiation of alcoholics. Arch. gen. Psychiat. 34 (1977) 761–768

Tarter, R. E., K. L. Edwards: Vulnerability to alcohol and drug abuse: a behavior-genetic view. J. Drug Issues 17 (1987) 67–81

Tausch, R.: Gesprächspsychotherapie, 5. Aufl. Hogrefe, Göttingen 1973

Taylor, J. R., T. Combs-Orme: Alcohol and stroke in young adults. Amer. J. Psychiat. 142 (1985) 116

Taylor, J. R., J. E. Helzer, L. N. Robins: Moderate drinking in ex-alcoholics: recent studies. J. Stud. Alcohol. 47 (1986) 115–121

Taylor, M., R. Abrams: Early- and late-onset bipolar illness. Arch. gen. Psychiat. 38 (1981) 58

Teschke, R.: Metabolism of alcohol at high concentrations: role and biochemical nature of the hepatic microsomal ethanol oxydizing system. Advanc. exp. Med. Biol. 85 A (1977) 257

Teschke, R.: Alkohol und Leber. In: R. Teschke, C. S. Lieber (Hrsg.): Alkohol und Organschäden. Witzstrock, Baden-Baden 1981

Teschke, R., C. S. Lieber: Biochemie und Pathophysiologie des Alkoholstoffwechsels. Leber/Magen/Darm 8 (1978) 237

Teschke, R., C. S. Lieber: Biochemie und Pathophysiologie des Alkoholmetabolismus. In: R. Teschke, C. S. Lieber (Hrsg.): Alkohol und Organschäden. Witzstrock, Baden-Baden 1981a

Teschke, R., C. S. Lieber: Alkohol und Organschäden. Witzstrock, Baden-Baden 1981b

Thadani, P. V., C. Lau, T. A. Slotkin: Effects of maternal ethanol ingestion on amine uptake into synaptosomes of fetal and neonatal rat brain. J. Pharmacol. exp. Ther. 200 (1977) 292

Thaler, H.: Voraussetzungen für den alkoholischen Leberschaden. Therapiewoche 27 (1977) 6580

van Thiel, D. H., J. S. Gavaler, J. M. Little, R. Lester: Alcohol: Its effect on the kidney. In: Advances in Experimental Medicine and Biology, Bd. IIIa, hrsg. von M. M. Gross. Plenum, New York 1977 (S. 449–458)

Thompson, G. N.: Correlation of behavior with electroencephalographic studies in alcoholism. Paper, given at the 7th World Congress of Psychiatry, Vienna, 11–16 July 1983

Thorndike, E. L.: Educational Psychology, Bd. II: The Psychology of Learning. Teachers College, New York 1913

Thune, C. E.: Alcoholism and the archetypal past: a phenomenological perspective on Alcoholics Anonymous. J. Stud. Alc. 38 (1977) 75

Tress, W.: Ein neuartiges Therapieverfahren des alkoholischen Entzugssyndroms. Therapiewoche 27 (1977) 9304

Trice, H. M., J. R. Wahl: A rank order analysis of the symptoms of alcoholism. Quart. J. Stud. Alc. 16 (1958) 636

Trojan, A.: Epidemiologie des Alkoholkonsums und der Alkoholkrankheit in der Bundesrepublik Deutschland. Suchtgefahren 26 (1980) 1

Trotter, C.: De ebrietate ejusque effectibus in corpore humano. Diss. Edinburgh 1780

Tschersich, A.: Klinik, Verlauf und Prognose des alkoholischen Korsakow-Syndroms, dargestellt anhand von 55 eigenen Beobachtungen. Inaug. Diss., Bonn 1977

Tuchfeld, B. S.: Spontaneous remission in alcoholics. Empirical observations and theoretical implications. J. Stud. Alc. 42 (1981) 626

Uhl, A., A. Springer: Probleme bei der Untersuchung von Spontanremission und therapeutischer Effizienz bei suchtkranken Patienten. Wien. Z. Suchtforsch. 2 (1979) 3

Ulbricht, B.: Über die klinische Anwendung von Piracetam bei chronischem Alkoholismus und dessen Komplikationen Prädelirium und Delirium. Med. Welt 27 (1976) 1912

Urwyler, S.: Gibt es biochemische Verknüpfungen zwischen der Wirkung von Alkohol und Opiaten? Tetrahydroisochinoline und alternative Möglichkeiten. In: W. Keup: Biologie der Sucht. Springer, Berlin 1985 151–167

Vaillant, G. E.: The Natural History of Alcoholism. Harvard University Press, Cambridge/Mass. 1983

Vestal, R. E., E. A. McGuire, J. D. Tobin, R. Andres, A. H. Norris, E. Mezey: Aging and ethanol metabolism. Clin. Pharmacol. Ther. 21 (1977) 343

Victor, M., R. D. Adams: The effect of alcohol on the nervous system. Res. Publ. Ass. nerv. ment. Dis. 32 (1953) 526

Victor, M., S. M. Wolfe: Causation and treatment of the alcohol withdrawal syndrome. In: P. G. Bourne (Hrsg.): Alcoholism. Academic Press, New York 1973

Victor, M., R. D. Adams, G. H. Collins: The Wernicke-Korsakoff-Syndrome. A Clinical and Pathological Study of 245 Patients with Postmortem Examination. Davis, Philadelphia 1971

Villiez, T. v.: Sucht und Familie. Springer, Berlin 1986

Vogel-Sprott, M. D., R. K. Banks: The effect of delayed punishment of an immediately rewarded response in alcoholics and nonalcoholics. Behav. Res. Ther. 3 (1965) 69

Vogler, R. E., D. Revenstorf: Alkoholmißbrauch. In: J. B. Bergold u. Mitarb. (Hrsg.): Fortschritte der klinischen Psychologie, Bd. XII. Urban & Schwarzenberg, München 1978

Vogler, R. E., S. E. Lunde, P. L. Martin: Electrical aversion conditioning with chronic alcoholics: following-up and suggestion for research. J. Consult. Clin. Psychol. 36 (1971) 450

Vogler, R. E., S. E. Lunde, G. R. Johnson, P. L. Martin: Electrical aversion conditioning with chronic alcoholics. J. Consult. clin. Psychol. 34 (1970) 302

Volicer, L., T. M. Biagoni, E. N. Rogers: Changes of the GABA-benzodiazepine receptor complex induced by chronic ethanol administration and withdrawal. Alcoholism 6 (1982) 156

Volk, B.: Verzögerte Kleinhirnentwicklung im Rahmen des „embryofetalen Alkoholsyndroms". Lichtoptische Untersuchungen am Kleinhirn der Ratte. Acta neuropath. (Berl.) 39 (1977) 157

Volk, B.: Klinisch-neuropathologische Befunde und experimentelle Untersuchungen zur Alkoholembryopathie. In: F. Majewski: Die Alkoholembryopathie. Umwelt & Medizin, Frankfurt/M 1987 89–101

Vollmer, H., S. Kraemer: Ambulante Behandlung junger Alkoholabhängiger. IFT-Texte 5. Röttger, München 1982

Vollmer, H., S. Kraemer, R. Schneider, F. J. Feldhege, B. Schulze, G. Krauthahn: Ein verhaltenstherapeutisches Programm zur Behandlung junger Alkoholabhängiger. In: H. Vollmer, S. Kraemer (Hrsg.): Ambulante Behandlung junger Alkoholabhängiger. Röttger, München 1982

Wagner, K., H. J. Wagner: Mißbrauch und Sucht im Hinblick auf den Verkehr. In: F. Laubenthal (Hrsg.): Sucht und Mißbrauch. Thieme, Stuttgart 1964; 2. Aufl., hrsg. von W. Steinbrecher, H. Solms, 1975

Wallerstein, R. S., J. W. Chotlos, M. B. Friend, D. W. Hemmersley, E. A. Perlsvig, G. M. Winship: Hospital Treatment of Alcoholism. A Comparative Experimental Study. Basic Books, New York 1957

Wallgren, H., H. Barry: Actions of Alcohol, Bd. I: Biochemical, Physiological and Psychological Aspects. Elsevier, Amsterdam 1970a

Wallgren, H., H. Barry: Actions of Alcohol, Bd. II: Chronic and Clinical Aspects. Elsevier, Amsterdam 1970b

Wanberg, K. W., J. L. Horn, F. M. Foster: A differential assessment model for alcoholism. The scales of the alcohol use inventory. J. Stud. Alc. 38 (1977) 512

Wanke, K.: Aktuelle Erfassung der derzeitigen Erscheinungsformen von Sucht und Mißbrauch in stationären Einrichtungen der Bundesrepublik Deutschland. In: Anhang zum Bericht über die Lage der Psychiatrie in der Bundesrepublik Deutschland. Deutscher Bundestag, Drucksache 7/4201 488, 1978

Wartburg, J. P. v.: Biochemie der Alkoholintoxikation und des Alkoholismus. In: W. Steinbrecher, H. Solms (Hrsg.): Sucht und Mißbrauch, 2. Aufl. Thieme, Stuttgart 1975

Wartburg, J. P. v.: Genetische Suchtdisposition: Mögliche biochemische Mechanismen. Vortrag, geh. a. d. 5. Wiss. Symposion der Deutschen Hauptstelle gegen die Suchtgefahren, Tutzing 1983

Wartburg, J. P. v.: Biochemie des Alkoholismus. In: K. P. Kisker, H. Lauter, J. E. Meyer, C. Müller, E. Strömgren (Hrsg.): Psychiatrie der Gegenwart, Bd. III. Springer, Berlin 1987 (S. 181–204)

Watson, R. R.: Ethanol, immunomodulation and cancer. Progr. Food Nutr. Sc. 12 (1988) 189–209

Watzlawick, P.: Wie wirklich ist die Wirklichkeit. Piper, München 1976

Watzlawick, P.: Die Möglichkeit des Andersseins – Zur Technik der therapeutischen Kommunikation. Huber, Bern 1977

Watzlawick, P., J. H. Beavin, D. D. Jackson: Menschliche Kommunikation, 4. Aufl. Huber, Bern 1979

Watzlawick, P., J. Weakland, R. Fisch: Lösungen – Zur Theorie und Praxis menschlichen Wandels. Huber, Bern 1974

Way, E. L., A. Herz: Biochemie des Morphins und morphinähnliche Substanzen. In: W. Steinbrecher, H. Solms (Hrsg.): Sucht und Mißbrauch, 2. Aufl. Thieme, Stuttgart 1975

Wegmann, T., W. Geiser: Die Dupuytrensche Kontraktur der Hand als internistisches Problem. Untersuchung zur Ätiologie. Helv. med. Acta 1 (1964) 66

Weiner, H.: Treating the alcoholic with psychodrama. Group Psychother. 18 (1965) 27

Weingold, H. P., J. M. Lachin, A. H. Bell, R. C. Coxe: Depression as a symptom of alcoholism. J. abnorm. Psychol. 73 (1968) 195

Weiss, R. L.: Strategic behavioral marital therapy: Toward a model for assessment and intervention. In: J. P. Vincent (Hrsg.): Advances in Family Intervention, Assessment and Theory, Bd. I. JAI Press, Greenwich 1980 (S. 229)

Weiss, W.: Beruf, Arbeitssituation und exzessiver Konsum von Alkohol. SFA/ISPA, Lausanne 1980

Welte, J., G. Hynes, L. Sokolow, J. P. Lyons: Effect of length of stay in inpatient alcoholism treatment on outcome. J. Stud. Alc. 42 (1981) 483

Welz, R.: Epidemiologie und Prävention des Alkoholismus. In: G. Rudolf, R. Toelle (Hrsg.): Prävention in der Psychiatrie. Springer, Berlin 1984 (S. 169–176)

Welz, R.: Epidemiologie und Prävention des Alkoholismus in der Bundesrepublik Deutschland. Internist 29 (1988) 323–328

Wernicke, C.: Lehrbuch der Gehirnkrankheiten. Fischer, Kassel 1881

Wessely, P., G. Heber, K. Kryspin-Exner: Analyse der im Rahmen der Alkoholkrankheit auftretenden Anfälle aus dem Formenkreis der cerebral gesteuerten Anfälle. Wien. Z. Nervenheilk. 31 (1973) 63

Whang, R., M. Ryan, J. K. Aikawa: Delirium tremens: a clinical example of cation pump failure? Amer. J. clin. Nutr. 27 (1974) 447

White, T. G., J. P. v. Wartburg: Models, addiction and a model of addiction. Vortrag, gehalten auf dem 30. Internat. Congr. on Alcoholism & Drug Dependence, Amsterdam 1972

Wieser, S.: Zur Theorie und Klinik der Alkoholpsychosen. Vortrag Arbeitstagung über Alkoholismus, Wien 1962a

Wieser, S.: Alkoholismus 1940–1959. Fortschr. Neurol. Psychiat. 30 (1962b) 169

Wieser, S.: Die Persönlichkeit des Alkoholtäters. Kriminalbiologische Gegenwartsfragen. Vortrag XII. Tagung d. Kriminalbiologischen Gesellschaft, Heidelberg 1963

Wieser, S.: Alkoholismus II. Psychiatrische u. neurologische Komplikationen. Fortschr. Neurol. Psychiat. 33 (1965) 349

Wieser, S.: Alkoholismus und Familie. Vortrag, gehalten beim Internat. Symposion über die sozialmedizinische Bedeutung und Klinik des Alkoholismus, Bremen 1970

Wieser, S.: Das Trinkverhalten der Deutschen. Eine medizinsoziologische Untersuchung. Nicolaische Verlagsbuchhandlung, Herford 1972a

Wieser, S.: Familienstruktur und Rollendynamik bei Alkoholikern. In: K. P. Kisker, J. E. Meyer, M. Müller, E. Strömgren (Hrsg.): Psychiatrie der Gegenwart, Bd. II/2. Springer, Berlin 1972b

Wieser, S., W. Feuerlein: Über die Prävalenz des Alkoholismus (Alkoholismus und Alkoholabhängigkeit) im Bundesland Bremen. Fortschr. Neurol. Psychiat. 44 (1976) 447

Wilbur, R., F. A. Kulik: Anticonvulsant drugs in alcohol withdrawal: use of phenytoin, primidone, carbamazepine, valproic acid, and the sedative anticonvulsants. Amer. J. Hosp. Pharm. 38 (1981) 1138

Wilchfort, D.: Behandlung des Alkoholismus durch „conjoint"-Ehetherapie. Unveröffentlichtes Manuskript 1974

Wilkinson, A., P. L. Carlen: Neuropsychological assessment of chronic alcoholism: discrimination between groups of alcoholic subjects. Vortrag, geh. b. d. Intern. Konferenz über „Experimental and Behavioral Approaches to Alcoholism", Bergen/Norwegen 1977

Wilkinson, D. A.: Examination of alcoholics by computed tomography (CT) scans: A critical review. Alcoholism 6 (1982) 31

Willi, J.: Therapie der Zweierbeziehung. Rowohlt, Reinbek 1978

Wilsnack, S. C.: The effects of social drinking on womans fantasy. J. Personality 42 (1974) 43

Wilson, A.: Towards a three-process learning theory of alcoholism. Brit. J. Addict. 72 (1977) 99

Wilson, A., W. J. Davidson, R. Blanchard, J. White: Disulfiram implantation: a placebo-controlled trial with two-year-follow-up. J. Stud. Alc. 39 (1978) 809

Wilson, C., J. Orford: Children of alcoholics; report of a preliminary study and comments on the literature. J. Stud. Alc. 39 (1978) 121

Wilson, J. R., C. T. Nagoshi: Adult children of alcoholics: cognitive and psychomotor characteristics. Brit. J. Addict. 83 (1988) 809–820

Winokur, G., T. Reich, J. Rimmer, F. N. Pitts: Alcoholism III: Diagnosis and familial psychiatric illness in 259 alcoholic probands. Arch. gen. Psychiat. 23 (1970) 104

Winslow, W., K. Hayes, L. Prentice, W. E. Powles, W. Seeman, W. D. Ross: Some economic estimates of job disruption. Arch. environm. Hlth 13 (1966) 213

Winton, M., N. Heather, I. Robertson: Effects of unemployment on drinking behavior: a review of the relevant evidence. Int. J. Addict. 21 (1986) 1261–1283

Wittchen, H. U., H. Saß, M. Zaudig, K. Koehler: Diagnostisches und statistisches Manual psychischer Störungen. DSM-III-R. Beltz, Weinheim 1989

Witter, H.: Die Beurteilung Erwachsener im Strafrecht. In: H. Göppinger, H. Witter (Hrsg.): Handbuch der forensischen Psychiatrie, Bd. II. Springer, Berlin 1972

Wolf, P. A., W. A. Kanel: Controllable risk factors for stroke: preventive implications of trends in stroke mortality. Addison-Wesley, Menlo Park/CA 1982 (S. 25–61)

Wolff, P. H.: Ethnic differences in alcohol sensitivity. Science 175 (1972) 449

Wood, H. P., E. L. Duffy: Psychological factors in alcoholic women. Amer. J. Psychiat. 123 (1966) 341

Wood, J. H., G. D. Winger: A critique of methods for inducing ethanol self-intoxication in animals. In: N. K. Mello, J. H. Mendelson (Hrsg.): Recent Advances in Studies of Alcoholism. National Institute of Mental Health, Rockville/Md. 1970

Woodside, M.: Research on children of alcoholics: past and future. Brit. J. Addict. 83 (1988) 785–792

World Health Organization: WHO-Expert Committee on dependence-producing drugs. WHO techn. Rep. Ser. Nr. 48. WHO, Genf 1952

World Health Organization: WHO-Expert Committee on dependence producing drugs. WHO techn. Rep. Ser. Nr. 312. WHO, Genf 1965

World Health Organization: Techn. Rep. EURO 5428 I. WHO, Copenhagen 1973

Wright, D. G., R. Laureno, M. Victor: Pontine and extrapontine myelinolysis. Brain 102 (1979) 361

Wüthrich, P.: Zur Soziogenese des chronischen Alkoholismus. In: G. Ritzel (Hrsg.): Sozialmedizinische und pädagogische Jugendkunde. Karger, Basel 1974

Wüthrich, P., H. Hausheer: Der schweizerische Alkoholkonsum. Schweiz. Fachstelle für Alkoholprobleme, Lausanne 1977

Wurmser, L.: Drug abuse: nemesis of psychiatry. Int. J. Psychiat. 10 (1972) 94

Yalom, I.: Gruppenpsychotherapie. Kindler, München 1974

Zakusov, V. V., B. I. Liubimov, I. Javorski, I. V. Fokin: Preventive effect of lithium chloride on the development in rats of a preference for ethanol. Bull. exp. Biol. Med. 85 (1978) 33

Zeiner, A. R., A. Paredes, R. A. Musicant, L. Cowden: Racial differences in psychophysiological responses to ethanol and placebo. Curr. Alc. 1 (1977) 271

Zeisel, B.: Die Behandlung hirnorganisch abgebauter krankheitsuneinsichtiger Alkoholiker. Psychiat. Prax. 4 (1977) 108

Zerbin-Rüdin, E.: Alkoholismus, Anlage und Umwelt. In: K. D. Zang: Klinische Genetik des Alkoholismus. Kohlhammer, Stuttgart 1984

Zerbin-Rüdin, E.: Genetik und pränatale Einflüsse. In: W. Feuerlein (Hrsg.): Theorie der Sucht. Springer, Berlin 1986

Ziegler, H.: Jahrbuch 1984 zur Frage der Suchtgefahren. Neuland, Hamburg 1984

Zimberg, S.: Psychotherapy in the treatment of alcoholism. In: E. M. Pattison, E. Kaufman (eds.): Encyclopedic Handbook of Alcoholism. Gardner, New York 1982

Zober, A., H. P. Bost, D. Welte: Zur Problematik des Alkoholkonsums in der Brauindustrie. Zbl. Bakt., I. Abt. Orig. B 168 (1979) 422

Anhang

Anschriften der Organisationen gegen Suchtgefahren (Auswahl)

Internationale und deutsche Dachorganisationen:

Das Internationale Büro gegen Alkoholismus und Suchtgefahren
(International Council on Alcohol and Addictions)
Case postale 189, CH-1001 Lausanne

DHS
Deutsche Hauptstelle gegen die Suchtgefahren e. V.
Westring 2, D-4700 Hamm/Westfalen, Tel. (02381) 25855 oder 25269

Bundeszentrale für gesundheitliche Aufklärung (BZGA)
Ostmerheimer Straße 200, D-5000 Köln 91, Tel. (0221) 89921

Landesstellen gegen die Suchtgefahren:

Badischer Landesverband gegen die Suchtgefahren e. V.
Renchtalstraße 14, D-7592 Renchen, Tel. (07843) 70340

Landesstelle gegen die Suchtgefahren in Baden-Württemberg
der Liga der freien Wohlfahrtspflege
Augustenstraße 63, D-7000 Stuttgart 1, Tel. (0711) 616460

Bayerische Landesstelle gegen die Suchtgefahren
Lessingstraße 1, D-8000 München, Tel. (089) 536515

Landesstelle Berlin gegen die Suchtgefahren e. V.
Gierkezeile 39, D-1000 Berlin, Tel. (030) 3480090

Bremische Landesstelle gegen die Suchtgefahren e. V.
Lessingstraße 19, D-2800 Bremen 1, Tel. (0421) 702511

Hamburgische Landesstelle gegen die Suchtgefahren e. V.
Brennerstraße 81, D-2000 Hamburg 1, Tel. (040) 2803811

Hessische Landesstelle gegen die Suchtgefahren e. V.
Metzlerstraße 34, D-6000 Frankfurt/M., Tel. (0611) 616092

Niedersächsische Landesstelle gegen die Suchtgefahren
Leisewitzstraße 26, D-3000 Hannover 1, Tel. (0511) 852068

Arbeitsausschuß „Drogen und Sucht" der Arbeitsgemeinschaft der
Spitzenverbände der Freien Wohlfahrtspflege in Nordrhein-Westfalen
Friesenring 34, D-4400 Münster, Tel. (0251) 2709 3671

Landesstelle Suchtkrankenhilfe Rheinland/Pfalz
c/o Diözesan-Caritasverband Trier, Sichelstraße 10–12, D-5500 Trier,
Tel. (0651) 719358

Landesstelle gegen die Suchtgefahren für Schleswig-Holstein e. V.
Flämische Straße 6–10, D-2300 Kiel, Tel. (0431) 92494

Saarländische Landesstelle gegen die Suchtgefahren
Feldmannstraße 92, D-6600 Saarbrücken, Tel. (0681) 53089

Evangelische Verbände:

Gesamtverband für Suchtkrankenhilfe im Diakonischen Werk der
Evangelischen Kirche in Deutschland e. V.
Brüder-Grimm-Platz 4, D-3500 Kassel, Tel. (0561) 102638/39

Blaues Kreuz in Deutschland e. V.
Freiligrathstraße 27, D-5600 Wuppertal-Barmen, Tel. (0202) 621098

Blaues Kreuz in der Evangelischen Kirche e. V.
Dieterichstraße 17a, D-3000 Hannover 1, Tel. (0511) 323094

Bundesarbeitsgemeinschaft der Freundeskreise
– Selbsthilfeorganisation für Suchtkrankenhilfe –
Brüder-Grimm-Platz 4, D-3500 Kassel, Tel. (0561) 780413

Katholische Verbände:

Deutscher Caritasverband e. V.
Referat: Gefährdetenhilfe / Suchtkrankenhilfe
Karlstraße 40, D-7800 Freiburg i. Br., Tel. (0761) 200369

Kreuzbund e. V.
Selbsthilfeorganisation und Helfergemeinschaft für Suchtkranke
Jägerallee 5, D-4700 Hamm 1, Tel. (02381) 8797/98

Kath. sozialethische Arbeitsstelle
Jägerallee 5, D-4700 Hamm 1, Tel. (02381) 8768

Sonstige Verbände:

Daytop-Gesellschaft für Planung und Alternativen
Kaiserstraße 1, D-8000 München 40, Tel. (089) 333130

Deutscher Guttempler-Orden e. V. (IOGT)
Adenauerallee 45, D-2000 Hamburg 1, Tel. (040) 245880

Fachverband Drogen und Rauschmittel
Brüderstraße 4 B, D-3000 Hannover 1, Tel. (0511) 325023

Allgemeine Hospitalgesellschaft mbH
Waldstraße 46, D-6600 Saarbrücken, Tel. (0681) 7531-0

Arbeiterwohlfahrt, Bundesverband e. V.
Oppelner Straße 130, D-5300 Bonn 1, Tel. (0228) 668574

Deutsches Rotes Kreuz, Generalsekretariat
Friedrich-Ebert-Allee 71, D-5300 Bonn 1, Tel. (0228) 541206

Deutsche Gesellschaft für Suchtforschung und Suchttherapie e. V.
Westring 2, D-4700 Hamm 1, Tel. (02381) 25855

Verband ambulanter Behandlungsstellen für Suchtkranke/
Drogenabhängige e. V. (VABS)
Postfach 420, D-7800 Freiburg/B., Tel. (0761) 200369

Fachverband Sucht e. V.
Adenauerallee 58, D-5300 Bonn 1, Tel. (0228) 261555

Verband der Fachkrankenhäuser für Suchtkranke
Brüder-Grimm-Platz 4, D-3500 Kassel, Tel. (0561) 779351

Anonyme Alkoholiker
Postfach 422, D-8000 München 1, Tel. (089) 555685

Die genannten Organisationen vermitteln Informationen über die von ihnen getragenen ambulanten und stationären Behandlungseinrichtungen.

Ein ausführliches Verzeichnis aller Einrichtungen der Beratung, Behandlung und Wiedereingliederung für Drogen-, Alkohol- und Medikamentengefährdete und -abhängige enthält die vom Bundesminister für Jugend, Familie und Gesundheit, Postfach 240490, D-5300 Bonn 2, herausgegebene Informationsschrift „Drogenberatung wo?".

Österreich

Anonyme Alkoholiker
im: Bewährungszentrum für psychische und soziale Fragen
Griesplatz 27, A-8010 Graz

Anonyme Alkoholiker
Postfach 91, A-5400 Hallein

Anonyme Alkoholiker Wien
Albert-Schweitzer-Haus, Schwarzspanierstraße 13, A-1090 Wien

Evangelische Stiftung de la tour
A-9521 Treffen

Blaues Kreuz in Österreich
Bahnhofstraße 5, A-4820 Bad Ischl

Eine Zentralstelle für Suchtmittelfragen stellt in Österreich das Anton-Proksch-Institut, Stiftung Genesungsheim Kalksburg, dar. Diese Institution unterhält im ostösterreichischen Raum viele Beratungsstellen. An das Institut können sich Interessierte auch mit den verschiedensten fachlichen Fragen wenden:

Anton-Proksch-Institut – Stiftung Genesungsheim Kalksburg
Behandlungszentrum für Alkohol- und Drogenabhängige
Mackgasse 7–9, A-1237 Wien

Schweiz

Schweizerische Fachstelle für Alkoholprobleme und Dokumentationsstelle über die Drogenabhängigkeit
Postfach 870, CH-1001 Lausanne

Anonyme Alkoholiker (AA)
Schweizerische Kontaktstelle deutschsprachiger AA-Gruppen
Cramerstraße 7, CH-8004 Zürich

Blaues Kreuz der deutschen Schweiz
Postfach 2568, CH-3001 Bern

Schweizer Guttempler (IOGT)
Mattackerstraße 49, CH-8052 Zürich

Schweizerische Katholische Abstinentenliga
Postfach 563, CH-9001 St. Gallen

Italien (Südtirol)

Rehabilitationszentrum für Alkoholiker (CRA-RZA)
Gumergasse 10, I-39100 Bozen

Zentrale Kontaktstelle der Anonymen Alkoholiker (AA)
Paternsteig 3, I-39031 Bruneck

Sachverzeichnis

A

Abbruchrate s. Behandlung, Abbruchrate
Abhängigkeit, allgemeine 57, 81f, 218
- physische 5f, 9, 13f, 155ff, 174
- psychische 7, 9, 72ff, 155ff, 215
Abhängigkeitskonflikt 81f
Abhängigkeitspotential 5, 13, 181
Abhängigkeitsprozeß 74
Abstinenzkultur 62
Abstinenzler 90
Abstinenzquote 222ff
Abstinenzsyndrome (nichtalkoholische) 105
Abstinenzziel 171f
Abwehrmechanismus 81, 175, 189ff
Acne rosacea 145
Acute hallucinatory state 138, 141
Adenosinmonophosphat, zyklisches (cAMP) 14, 104, 122
Adoptionsmethode 47ff
Adoptivkind 48, 68
Adrenaler Regelkreis 38, 124f
Adrenocorticotropes Hormon (ACTH) 38, 125, 183
Affektive Störungen 58f
Affekttäter (s. auch Alkoholtäter, Typologie) 154
Aggression 56, 82
Aktivitätsniveau 55
Akupunktur 183, 188
Al-Afam 194
Al-Anon 194, 219
Al-Ateen 194, 219
Alcohol Use Inventory (AUI) 168
Alcohol-Clinical-Index 167
Alcolyzer-Intoximeter 254

Alcoolite 158
Alcoolose 158
Aldosteron 38, 125
Alkalose, respiratorische 104
Alkohol, Begleitstoffe 14, 18ff
- Chemie 19, 23, 41
- Diffusion 20
- Droge 12f
- - Gemeinsamkeiten 36ff
- - kombinierte Wirkung 42
- - psychische Wirkung 13, 30, 76, 85, 152
- endogene Entstehung 19
- Duftstoffe 19
- Energieträger 2f, 19
- Gärung 15, 19
- Genußmittel 2f
- Getränk 1, 14ff, 63
- Gift 2f, 98, 179f
- Griffnähe 63f, 228f, 231
- Halbwertszeit 180
- Heilmittel 1, 3, 25, 46, 181ff
- Konfliktlöser 85
- Mehrfachpunktion 2f
- Nahrungsmittel 3, 25
- Pharmakokinetik 19ff, 50
- Pharmakologie 19ff
- Rauschmittel 2f
- Resorption 19ff, 118, 170, 254
- Selbstanwendung s. Appetit auf Alkohol
- spezifisches Gewicht 19, 41
- Stoffwechsel 19, 21ff
- technische Herstellung 19
- therapeutische Anwendung s. Alkohol, Heilmittel
- - Breite 25
- Toxizität, akute 95

Alkohol, Untersuchung auf Beeinflussung 250 ff
– technischer 160
– Veresterung 20
Alkoholabbau 10, 21 ff
Alkoholabhängigkeit 1, 3, 5, 7 ff, 51 f, 86 ff, 164 ff, 169, 228 ff
Alkoholabstinenz 115, 120, 126, 128, 159 ff, 161, 171 ff, 215, 219, 222 f, 228 ff, 247, 267
Alkoholabusus 1 ff, 9, 86 ff, 91 ff, 159 f, 165 ff
Alkoholangebot, Reduktion 228 ff
Alkoholbeeinträchtigung, Nachweis 250 f
Alkoholberuf 65, 215, 228 ff, 263
Alkoholdehydrogenase (ADH) 21 ff, 36, 38, 51, 127, 147
Alkoholdelir (Delirium tremens) 103, 114, 136 f, 138 ff, 151, 180 ff
Alkohol-Disulfiram-Reaktion 43, 184, 200
Alkoholdemenz 143 f
Alkoholeigenwirkung 76
Alkoholelimination 21 ff
Alkoholembryopathie (fetales Alkoholsyndrom) 146 f
Alkoholentstehung, endogene 19
Alkoholentzug 29, 122
Alkoholentzugssyndrom 5 ff, 13, 29, 51 f, 102 ff, 132, 136, 180 f
– protrahiertes 106
Alkoholerziehung 218 f
Alkoholfettleber 110
Alkoholfolgekrankheiten s. Alkoholfolgeschäden
Alkoholfolgeschäden 6 f, 43, 51 f, 83, 98 ff, 106 ff, 148 ff, 165, 167
Alkoholgefährdung 94 f
Alkoholhalluzinose 141 f, 184
Alkoholhepatitis 105 f, 108 f, 110
Alkoholika, Alkoholgehalt 14 ff
– Ausschank 63, 228 ff
– destillierte 14, 62
Alkoholiker, alleinlebender 148 f
– Altersunterschiede 93 ff
– Arzt 66 f
– Aufnahmezahlen in Krankenhäusern 92
– Begriff 3, 7 ff
– Behandlung s. Behandlung
– Familie 46, 67, 193 ff
– Geschlechtsunterschiede 51, 64 f, 90, 93, 96
– Jugendliche 63 f, 157
– Krankenrolle 9 f, 192
– Lebenserwartung 95 ff
– Nachkommen 67
– strafrechtliche Beurteilung 240 ff
Alkoholikerehe 68, 148 f
Alkoholikerpartner/innen 68 ff
Alkoholikerfachklinik s. Suchtfachklinik
Alkoholikerpersönlichkeit 54 f
Alkoholikerrolle 177
Alkoholikersöhne 47, 49
Alkoholikerstatus 171 f, 175
Alkoholikertöchter 47, 49
Alkoholikertypologie 57, 155 ff
Alkoholintoxikation 98 f, 149 ff, 164, 179, 240 ff
Alkoholismus, Auswirkung auf Kinder 149
– Begriff 3 ff, 86
– Diagnose 86 f, 164 ff, 171 ff
– Entstehungsbedingungen 12 ff, 84
– Erklärungsmodell 12 ff, 84
– Frauen 64 ff, 93 ff
– Genetik 47 ff, 168
– Häufigkeit 86 ff
– Inzidenz 86
– Konsumverteilungsmodell s. Ledermann-Konsumverteilungsmodell
– Krankheitsmodell 9, 155 ff, 174, 200
– Marker 49 f, 167
– Multikonditionalität 12
– „natürlicher Verlauf" 159 ff, 221
– Phase 146, 159 f, 171 ff
– Prävalenz 86 ff
– Prävention 2, 228 ff
– primärer 57, 158
– Prognose 159 f, 221 ff

- Risikofaktor 95
- sekundärer 57, 158
- soziale Folgen 148 ff
- „Spiel" 84
- Spontanremission 159 ff, 221
- Tabuisierung 10, 86
- Testinstrumente 164 ff
- Theorien 85
- Therapie s. Behandlung
- Tiermodell 51 ff
- Typen 57, 155 ff
- Verlauf 159 ff, 221
- Willensschwächekonzept 174

Alkoholismuskarriere 149, 159
Alkoholkonsum 60 f, 73, 87 ff, 95 f, 108, 165 f, 228 ff, 250 f
- exzessiver 52 ff

Alkoholkonzentration, Ausatemluft 21, 207, 250 ff
- Blut 19 ff, 32, 43, 64, 98 f, 138, 146, 152 f, 184, 207, 245 ff, 250 ff
- Frauenmilch 20
- Gehirn 21
- Harn 21
- Leber 21
- Liquor 21
- Plasma 21
- Serum 254

Alkoholmelancholie 144
Alkoholmißbrauch s. Alkoholabusus
Alkoholmündigkeit 90
Alkoholnaturallieferung (Deputat) 230
Alkoholparanoia 142
Alkoholpolyneuropathie s. Polyneuropathie, alkoholische
Alkoholpräferenz 51 f
Alkoholpsychose 46, 138 ff, 154, 160, 180 f, 213, 229, 236
Alkoholrausch 62, 98 ff, 179, 248 f
- einfacher 99 f, 179, 240 f
- „komplizierter" 101 f, 240 f
Alkoholsteuer 228 ff
Alkoholsucht s. Alkoholabhängigkeit
Alkoholtäter 154
Alkoholtoleranz s. Toleranz
Alkoholunverträglichkeit 101, 240 ff

Alkoholverträglichkeit (Grenzwerte) 50, 108, 165 f
Alkoholwirkung, Atmung 33 f
- Durchblutung 34
- Emotionalität und Kreativität 32 f
- Endokrinium 38 f
- Fettstoffwechsel 36 f
- gastrointestinales System 34 f
- Gedächtnis und Lernen 31 f
- Herz und Kreislauf 33 f
- intellektuelle Leistungen 31
- intraneuraler Kalziumstoffwechsel 28
- karzinogene 39 ff
- Kohlenhydratstoffwechsel 36
- Mineralstoffwechsel 37 f
- Muskulatur 34
- mutagene 39 f
- neurale Membranen 26 f
- Nierensystem 35
- ZNS 25 ff
- Proteinstoffwechsel 36
- sensorische Funktionen 30 f
- teratogene 39
- Vitaminstoffwechsel 37

Alkomat 255
Alkotest 254 f
Allgemeines Bürgerliches Gesetzbuch (ABGB) 234, 237, 240
Allgemeinkrankenhaus 92, 159, 209, 212
Alpha-Alkoholismus (s. auch Alkoholikertypologie) 155 f
Alternativreaktion 202
Altersalkoholismus 93 f
Alterspsychose 242
Ambiguitätstoleranz 69
Ambivalenzkultur 62 f
Amitryptilin 140, 186 f
Amnestische Lücke 99, 240 f
Amnestisches Syndrom 99 ff, 127 f, 142 f, 184
Amphetamin 5 f, 72 f
Amtsarzt 258 f
Amygdala 104
Analeptikum 42 f

Analgetikum, antipyretische Wirkung 42 f
- morphinartige Wirkung 42 f, 180 f
Anämie 115, 122 ff, 135
- hämolytische 115, 122 ff
Anästhetikum 25, 42, 46
Androgene 39, 124
Anfall, „kleiner" 136
Anfallszustände, alkoholbedingte 100, 107, 133, 136, 138, 184
Angehöriger 176, 193 f
Angst-Spannungstheorie 61, 77
Anhaltung 234, 256 f, 258 f
Anonyme Alkoholiker (AA) 159, 194, 209, 214, 218 f, 306
Anorexia nervosa 26
Anspruchshaltung 79
Antidepressivum 42, 187 f
Antidiabetikum 42
- orales 46
Antidiuretisches Hormon 34 f
Antihistaminikum 44, 186
Antikoagulantium 44, 186
Antikonvulsivum 44, 186
Antikörper 122
Anti-Psychiater 9
Anxiolytika 5
Apfelwein 16
Aphasie 133
Apomorphin 188
Apoplexie s. Schlaganfall
„Appetit auf Alkohol" 51 f
Apraxie 133
Arbeitsausfall 149 f
Arbeitstherapeut 173, 205
Arbeitsförderung 268
Arbeitsleistung 149 ff
Arbeitslosenversicherung 268
Arbeitslosigkeit 70, 149 ff
Arbeitsplatz 65 f, 149 ff, 215 f, 268
Arbeitstherapie 205, 213, 266
Arbeitsunfähigkeit 264
Arbeitsunfall 150, 266
Arbeitsvermittlung 268
Armagnac 17
Arzneimittel 41 ff, 93, 109, 264
- alkoholsensibilisierendes 43, 184 ff

Arzneiweine 16
Arzt 66 f, 173 f, 209, 211, 213, 218 f
- niedergelassener 211, 217
Ärztliche Behandlung (GKV) 264
Assoziationsfähigkeit 31
Atemdepression 33
Äthanol s. Alkohol, Chemie
Äthylkarbamat 41
Atmung 33
Atropin 20
Aufenthaltsbestimmung 256 ff
Auffassungsfähigkeit 128, 142, 250
Aufklärung 228 ff
Aufmerksamkeit 31, 55, 128, 250
Aufnahmeabteilung 212
Autofahrer 152 f, 245
Autogenes Training 204
Automat (für alkoholische Getränke) 64
Autonomie 57, 82
Aversionstherapie 171, 200, 207
Azetaldehyd 5, 21 ff, 42 ff, 53, 72 f, 109, 120, 132, 147
Azetaldehyddehydrogenase (ALDH) 22, 43, 51
Azetaldehydsyndrom, chronisches 23
Azetat 22
Azetylcholin 13 f, 27
Azetyl-Coenzym A 22 f
Azidose 106, 127

B

Barbiturate 5, 30 f, 41, 43, 102, 138, 182 ff
Barrett-Syndrom 118
Bedingte Reflexe 171 ff, 198
Behandlung 2, 164, 171 ff, 221 f, 228 f, 230
- Abbruchrate 177
- akute Alkoholintoxikation 179
- Alkoholdelir 180 f
- Alkoholhalluzinose 184
- allgemeine Grundsätze 171 ff
- ambulante 175, 179 f, 210 ff, 222 f, 260

- Anfallszustände 184
- Aversionsbehandlung 200
- Einstellung der Patienten 175
- - der Therapeuten 174
- Entzugserscheinungen 180 f
- Erfolgsbeurteilung 221 ff
- Indikation 221 f, 226
- kurzfristige 175
- langfristige 175
- medikamentöse 179 ff
- milieutherapeutische 198
- mittelfristige 175
- physikalische 206
- Psychotherapie s. Psychotherapie
- somatische 179 ff
Behandlung, stationäre 178, 212 ff, 260
- teilstationäre 214
- Wernicke-Korsakow-Syndrom 184
- Zwischenziele 177
Behandlungsablauf 178 ff
Behandlungsbereitschaft 175 f
Behandlungsdauer 175, 217
Behandlungsergebnis 221 ff
- Langzeitverlauf 224
- Verlaufsprognose 225
Behandlungsfähigkeit 176 f
Behandlungsinstitution 92 ff, 208 ff
Behandlungskette 208 ff
Behandlungskosten 164, 263, 269
Behandlungsmethode 179 ff
Behandlungsmöglichkeit 228 ff
Behandlungsnetz 208
Behandlungsphase 175 ff
- Entgiftungsphase 177 f
- Entwöhnungsphase 178 f, 185
- Kontaktphase 176 ff, 185, 193
- Weiterbehandlungs-, Nachsorge- und Rehabilitationsphase 176, 179, 185, 214 ff
Behandlungsprognose 221 ff
- Kriterien 225
Behandlungsprogramm 179, 213 f
- integratives 193
Behandlungsvertrag 190
Behandlungswiderstände 175

Behandlungszeitpunkt 175
Behandlungsziel 171 ff, 198 f
Beihilfe (Beamter) 268
Belohnung 74 ff
Belohnungssystem 7, 72 f
Benzodiazepine 27, 43, 68, 103, 106, 180 ff
Beratungsstelle 93, 211 f, 223
Beri-Beri-Krankheit 135
Beruf 65 ff, 149 f, 214 ff
- Opportunitätsbudget 66, 215
Berufsfähigkeit 266
Berufskrankheit 266
Beschäftigungstherapeut 173, 206
Beschäftigungstherapie 200
Bestrafung 74 f
Beta-Alkoholismus (s. auch Alkoholiker-Typologie) 155 f
Beta-Carboline 24, 72 f
Beta-Rezeptorenblocker 180 f, 187
Betrieb 176, 215, 230
Betriebsunfall 150
Bewältigungsstrategie 57, 66, 82, 176 f
Bewußtlosigkeit 236 ff, 240 ff
Bewußtsein 98 ff, 114, 250 ff
Bewußtseinsstörung 31 f, 98 ff, 103, 114, 236 ff, 240, 250 ff
Beziehung, zwischenmenschliche 225
Bezugsperson s. Angehörige
Bier 15, 63, 87 ff
Bilderleben, katathymes 193
Bildgebende Verfahren (s. auch Pneumenzephalographie, Echoenzephalographie, CCT, NMR) 128
Bilirubin 111 ff, 115
Bindung, personale 172
Black-out 7, 31 f, 160
Blasenstörung 135
Blaues Kreuz 200 f, 217 f, 307 f
Blutalkoholbestimmung 51, 250 ff
Blutalkoholspiegel (BAS) s. Alkoholkonzentration, Blut
Blutdruck 34, 97, 121, 167
Blutentnahme 250 f
Blutgerinnungsstörung 122
Blutgruppenkonstellation 50, 165

Blut-Hirn-Schranke 21, 25
Bluthochdruck 34, 107, 120, 123, 153
Blutung, gastrointestinale 105
– intrakranielle 100, 137
Blutzucker 36
Borderline-Syndrom 83
Branntwein 17f, 63
Breathalyzer 254
Breitbandtherapie 202
Brennspiritus 160
Broken-home-Situation 67, 94, 149
Bromocriptin 45, 188
Bronchiektasen 122
Bundesanstalt für Arbeit 268
Bundesarbeitsgericht (BAG) 264
Bundessozialgericht (BSG) 11, 263
Bundesversicherungsanstalt für Angestellte 265
Bundeswehr 228f
Bundeszentrale für gesundh. Aufklärung (BZGA) 90, 307
Butyrophenon 180ff, 187

C

CAGE-Test 168
cAMP s. Adenosinmonophosphat, zykl.
Cannabis 5f
Carbamazepin 100, 181ff
Caritas 308
cGMP s. Guanosinmonophosphat
Champagner 16
Charakterstörung 48, 54
Charakterveränderung 55
Cheilosis 118
Chirurgische Störungen 145
Chloralhydrat 42, 99, 102, 181
Chlordiazepoxyd 182f
Chlorid-Stoffwechsel 14, 27
Chlorpromazin 23, 42
Cholesterin 37, 123
Cholesterinesterase 112
Cholesterol, high-density lipoprotein 37, 123, 170
– low-density 37, 123

Cholinergisches System 27
Chromosom 39f
Clomethiazol 181ff
Clonidin 181ff
„Coalcoholic" 193, 216
Cocktailwein 16
Cognac 17
Cortisol 124f
Covered sensitization 200
Craniale Computer-Tomographie (CCT) 26, 128, 131, 134
Craving 6, 9, 51
Criteria for the Diagnosis of Alcoholism 170
Cushing-Syndrom 125

D

Daytop 308
Delirium tremens s. Alkoholdelir
Delta-Alkoholismus (s. auch Alkoholiker-Typologie) 155f
Demenz 133, 143f, 235
Denkstörungen, formale 141
Depression 48, 54f, 58f, 83, 101, 112, 141ff, 149
Dermatologische Störungen 145, 167
Desensibilisierungsbehandlung 201
Desorientierung 128, 138, 142
Desoxyribonukleinsäure (DNS) 39f
Dessertwein 16
Destillation 17
Deutsche Hauptstelle gegen Suchtgefahren (DHS) 307
Diabetes mellitus 106, 116, 145
Diagnoseinstrumente 167ff
Diagnostic and Statistical Manual of Mental Diseases (DSM) III 5ff, 12, 59, 157, 166
Diakonisches Werk 218
Dichromat-Schwefelsäure-Methode 254
Dickdarm, Pseudoobstruktion 120
Diebstahl 154
Dienstvergehen 268

Disposition, genetische 80
- psychische 54 ff
Disulfiram 43 ff, 51, 58, 184 ff, 225 f
Disziplinargericht 268
Dopamin 14, 23, 49, 72
Doryl 19
Drogen 5
- Absorption 13
- alkoholsensibilisierende Wirkung 43
- Eigenwirkung 1
- Griffnähe 12, 229 f
- Mißbrauch 1
- spezifische Wirkung 12
Drogenabhängiger 1, 10, 54, 96
Drogenabusus 54, 94
Drogensucht 240, 255
Dünndarm 34, 118
Duodenalulzera 107, 185
Dupuytrensche Kontraktur 145
Dysarthrie 130
Dysphasien 143
Dyspraxien 143

E

Echoenzephalographie 128
Eheberatung (s. auch Familientherapie) 228 ff
Ehepartner 68, 148, 193 f, 216
Eherecht 239 ff
Ehescheidung 148 f, 216, 239 f
Eifersucht, alkoholische 142, 154, 160, 184, 242
Einflüsse, epochale 64
- von Industriegesellschaft 70
- pränatale und postnatale 51
- soziokulturelle 60
Eingliederungshilfe für Behinderte 267
Einstellungen zum Alkoholkonsum 60 ff
Einzeltherapie 188 f, 191
Eisen 37, 123
Eiweiß s. Protein
Ejakulationsstörungen 125

Elektroenzephalogramm (EEG) 29 f, 50, 101, 103 ff, 106, 114, 127 ff, 134, 137, 139
Elektrokardiogramm (EKG) 34, 121, 126
Elektromyographie (EMG) 126 f, 132
Elektrophorese 111
Elendsalkoholismus 64
Eltern 68, 82, 149
Emanzipation 70, 93
Emetin 200
Emotionalität 32, 55
„Enabler" 193
Endokrines System 35, 123
- - Störungen 124
Endorphine s. Opiate, endogene
Entgiftungsbehandlung 178, 209
Entgiftungsstation 209, 212
Enthemmungsdelikt 153
Entmündigung 233 ff, 255 ff
Entspannungsverfahren 204, 213
Entwöhnung 178, 209 f, 212, 259, 260 f
Entziehung s. Entgiftung
Enzephalopathie 113 f, 136 f, 185
Enzymaktivierung 42
Enzyme, arzneimittelabbauende 42
Enzymhemmung 42
Enzyminduktion 13, 25, 42
Epidemiologie 86 ff, 228 ff
- Methode 87 f
Epilepsie (s. auch Anfallszustände, alkoholbedingte) 107, 133, 136, 138, 183, 185
Epsilon-Alkoholismus (s. auch Alkoholiker-Typologie) 155 f
Erektionsstörungen 125
Erfolgsbeurteilung s. Behandlung, Erfolgsbeurteilung
Erklärungssystem 160
Ermüdung 31
Ernährungsschäden 25, 114, 134 ff, 160
Erregungsdelikt 153
Erregungszustand 99, 179
Erstgespräch 188
Erwachsenenbildung 228
Erwartung 57, 70, 74 ff, 79

Erwartungshaltung 74, 215
Erwerbsfähigkeit 265
Erythropoese 37, 114, 122
Erythrozyten 122 f
Ex-Alkoholiker 173 f, 217 ff
Extrapyramidale Störungen 132 f
Extraversion 55

F

Fachambulanz 212
Fachklinik für Suchtkranke 213
Fahrerlaubnisentzug 245 ff
Fahruntüchtigkeit 245 ff, 250 ff
Fahrverbot 245 ff
Faltentintling (Coprinus atramentarius) 46
Fam-Anon 219
Familie 43, 46, 61, 67 ff, 148 f, 193 ff, 210, 225
Familienbild 46 f
Familientherapie 193 ff, 213
Farbensehen, Störung 30, 49
Fehlernährung s. Ernährungsschäden
Fehlhaltung, süchtige 74, 81
Feminismus 84
Fernsehen 228 ff
Fetales Alkoholsyndrom s. Alkoholembryopathie
Fettsäure 36
Fettstoffwechsel 36, 123
Fettsucht 107
Fingerlinien 50
Flattertremor 114
Flüchtling 70
Fluchtreaktion 90
Fluor 18 f
Flush 43, 50, 184
Foetor alcoholicus 100, 254
Folsäure 120, 122 f
Formaldehyd 17 f
Fragebogentest 54 f, 168 ff
Frauen 55, 64 ff, 84, 93 ff, 165, 228 ff
Freizeit 93 f, 172, 206, 210, 216 f, 228 ff
Freundeskreise 217, 307

Fruktose 179 f
Frustration 78 f
Frustrationstoleranz 81, 172, 190, 203
Führerscheineignungsuntersuchung 250 f
Führerscheinentzug s. Fahrerlaubnisentzug
Fuselöle 14, 18 f
Fußgänger 152, 252

G

GABA 13, 27 f
Gamma-Alkoholismus (s. auch Alkoholiker-Typologie) 155 f
Gamma-Glutamyltranspeptidase (Gamma-GT) 108 ff, 113, 167 ff
Gaschromatographie 254
Gastritis 107, 118
Gastrointestinale Störung 116
Gastrointestinales System s. Magen-Darm-Trakt
Gebrechlichkeitspflegschaft 233 ff
Gedächtnis 31 f, 72 f, 142 f
Gedankenstopp 202
Gefährdung der öffentlichen Sicherheit und Ordnung 255
Gegenabhängigkeit 82
Gegenübertragung 189, 203 f, 250
Gehvermögen 30, 250
Geistlicher s. Seelsorger
Genetik 9, 47 ff
Geruchsempfindlichkeit 31
Gesamtverband für Suchtkrankenhilfe im Diakonischen Werk 308
Geschäftsfähigkeit 236 ff
Geschäftsunfähigkeit 236
Geschwisterreihe 67
Gesellschaft, alkoholfreie 228
Gesellschaftliche Faktoren, Änderung 70
Gesprächs-Psychotherapie (Rogers-Tausch) 189
Gestaltpsychologie 191
Gestalttherapie 191

Gestaltungstherapie s. Beschäftigungstherapie
Gesundheitsamt 209
Getränke, alkoholische 14, 87 ff, 228 f, 260
– – Ausgaben 90 ff
Gewalttätigkeitsdelikt 153
Gewebshypoxie 179
Gewohnheit 4
Gewöhnung 4
Gin 18
Glücksspiele 4, 83, 149
Glucuronsäure 21, 23
Glukoneogenese 25, 36
Glukose 36, 180, 184
Glykogen 36
Gonadaler Regelkreis 38 f, 124
Granulozyten 122
Grid-Test (Le Gô) 167
Griseofulvin 45
Grundpersönlichkeit 54 ff, 142, 148
Gruppendynamik 188, 190, 205
Gruppentherapie 179, 189 ff, 205, 213 f
Guanosinmonophosphat (cGMP) 28
Guttempler-Orden 218, 310
Gynäkomastie 112, 125

H

Halbseitenlähmung 133
Halluzination 103, 114, 129, 138 f, 141 f, 167
Halluzinogene 5 f, 204
Halothan 44
Hämatologische Störungen 115, 122, 182
Hämatom, epidurales 100
– subdurales 100
Hämochromatose 124
Hämolyse 123
Hämsynthese 124
Harnuntersuchung 251 f
Harnstoff-N 168
Harnwegsinfekt 107
Hausarzt 176, 211

Hautstörungen s. dermatologische Störungen
Hautveränderungen s. dermatologische Störungen
Hebeldruck-Dressurmethode 71
Herkunftsfamilie 67
Hermeneutischer Ansatz 83
Herzerkrankungen 33 f, 97, 107, 120 f, 185
Herzinfarkt 121
Herzkranzgefäße 34
Herz- und Kreislaufkrankheit 97
Herz- und Kreislaufsystem 33 f
Herzmuskelstörungen 120 f
Hiatushernie 107
High density lipoprotein cholesterol (HDL) 123
Hilfe in besonderen Lebenslagen 267
– zum Lebensunterhalt 267
Hilflosigkeit, erlernte 80
Hippokampus 26, 30, 137
Hirn, Frontalhirn 26, 128
– Parietalhirn 128
– Selbstreizversuche 53, 71
– weiße Substanz 26
Hirnatrophie 127 f
Hirndurchblutung 34
Hirnpotentiale, evozierte 30, 50, 105, 128, 133
Hirnrinde (Kortex) 25 ff, 103
Hirnschädigung 25 f, 107, 151 f
Hirnschrumpfung 26, 128
Hirnstamm 30
Hirnsyndrom, akutes 107
Hirntrauma 100
Hirnventrikel 25 f, 127, 130, 147
Hirnveränderungen, allgemeine 127
Histamin 19
Hoden 38, 112
Hodenatrophie 111, 112
Holiday-Heart-Syndrom 121
Honeymoon-Phase 106
Hörfunk 228 f
Hörvermögen 30
Hydrocephalus internus 127
Hyperactive child 55
Hyperaktivität 55, 127

Hyperglykämie 36, 100
Hyperhidrosis 102, 114, 132
Hyperparathyreoidismus 146
Hyperthyreose 36, 124, 132, 164
Hypnose, Aktivhypnose 204f
– Fremdhypnose 204f
Hypochondrie 55ff
Hypoglykämie 22, 36, 100, 164, 180
Hypomanie 54
Hypopharynx 118
Hypophyse 38, 123f
Hypothalamus 25, 38, 53f, 104, 124

I

Ich-Funktionen 56, 82, 203
Ich-Psychologie 81ff
Imitationslernen 198
Immunsystem 40, 122
Indikation s. Behandlung, Indikation
Industriegesellschaft, moderne 64f, 70f, 206
Infektion 121, 134
Informationsgruppe 176f
Informationsüberangebot 70
Infrarotstrahlen 254
Insulin 36
Insult, zerebraler s. Schlaganfälle
Integration, berufliche 172
– soziale 172
Intelligenz 31, 142f
Interaktion 69, 77, 84
– Patient-Therapeut 198
Interaktionalistisches Modell 61
Interessenhorizont, Einengung 150
Intergenerationsabstieg 151
Intergenerationsaufstieg 151
International Classification of diseases (ICD) 8, 58f
– Council on Alcohol and Addiction (ICAA) 307
Interne Klinik 212
Internist 212
Intervenierende Variable 221
Introjektion 190

Ischämische Herzkrankheiten s. Herzerkrankungen
Isoniazid 44, 186

J

Jellineksche Formel 87
– Typologie 155ff
Jugendbewegung 64
Jugendfreizeitheim 228ff
Jugendlicher 63f, 67, 87, 228ff
– alkoholgefährdeter 93, 228ff

K

Kachexie 135
Kalium 104, 126, 139
Kalzium 14, 28, 33f, 37, 104, 126
Kalziumzyanamid (= Kalziumkarbamid) 46, 187
Kanzerogenese 39f, 109
Karzinom s. Krebserkrankungen
Kardiomyopathie 105, 120f
Kardiovaskuläre Störungen 120f
Kardiovaskuläres System 33, 120
Katalase 22f
Katamnese 159, 222ff
Katecholamine 13ff, 41, 101
Katheter, intragastrischer 53
Kernspintomographie s. NMR
Khat 5
Kind 67, 149
– hyperaktives s. hyperactive child
Kindling-Prozeß 105
Kleinhirn 26, 130f, 134, 142f
Kleinhirnatrophie, alkoholische 128, 130f
Knochenbruch 107
Knochenmarksveränderung 115, 122
Koffein 180
Kognitive Störungen 31, 143, 149
– Therapie 202f
Kohlendioxid (CO_2) 22
Kohlenhydratstoffwechsel 36
Kokain 5f, 72f

Koma, hepatisches 114, 164
- urämisches 100
Kommunikation 68, 84, 193 ff, 228 f
Konditionieren 4, 60, 74 ff, 198 ff
Konfabulation 129, 138
Konflikttrinker 62, 155 f
Konsumgüter 70
Kontaktperson 176
Kontrollverlust 9, 48, 62, 68, 155 ff, 159 f, 169
Konzentrationsfähigkeit 129, 143, 149 f
Koordination, motorische 143, 149
Koronare Herzerkrankung 34, 97
Koronarmittel 44
Kornschnaps 17
Körpergewicht 21, 250
Körperlänge 250
Körperverletzung 153 f
Korsakow-Syndrom 128 f, 184
Kortex s. Hirnrinde
Kortikoid 38
Kosten, volkswirtschaftliche 151 f
Kotherapeut 174, 221
Kraftfahrer 152 f, 245 ff
Krampfbereitschaft 136 f
Krampfschwelle 183
Krankenanstaltengesetz (KAG) 258 f
Krankengeld 264
Krankenhaus 92, 178, 209
Krankenhilfe 264 f
Krankenversicherung, gesetzliche 263 f
- private 269
Krankheit 10, 165, 263
- alkoholbedingte s. Alkoholfolgeschäden
Krankheitsbegriff 10
Krankmeldung 150
Kreatinin 168
Kreatin-Phosphor-Kinase (CPK) 126 f
Kreativität 32, 202, 206
Krebserkrankungen 39 f, 97, 109, 114, 117 f, 120, 146
Kreislaufkrankheit 97
Kreuzbund 218
Kreuztoleranz 43

Kriminalität 153 ff
Krisenintervention 189, 208, 214
Kurzfragebogen für Alkoholgefährdete (KFA) 168

L

Labeling-Ansatz 77
„Lackzunge" (s. auch Cheilosis) 112, 118
Lagennystagmus (PAN = Positional Alcoholic Nystagmus) 30
Laktat 36, 180
Langeweile 77
Längsschnittuntersuchung 54 f
Langzeitkatamnese 224
Larynx 118
Lebensalter 93, 225
Lebensberatung 228 f
Lebensereignisse 70, 80
Lebenserwartung 96, 159
Lebensgeschichte 70, 161
Leberkrankheiten 107, 108 ff, 145, 166, 185
Leberschädigung 36, 46, 108 f, 125, 134, 144, 185
Leberzellkarzinom 109, 113
Leberzirrhose, alkoholische 22, 37, 40, 49, 67, 87, 96, 107 f, 112 ff, 123, 134
- primäre biliäre 111
Ledermann – Konsumverteilungsmodell 87, 90, 228 f
Leichtsinn 152 f
Leidensdruck 165, 172, 175
Leistung, berufliche 149 f
- kognitive 142 f
Leistungsfähigkeit 54, 152, 228
- psychomotorische 149
Leistungstest, psychologischer 143
Lernen 31 f, 71, 78, 134
- zustandsabhängiges, dissoziiertes 13, 32
Lernprinzip 198 f
Lernprozeß 60
Lernstörung 142 f

Lerntheorie 4, 74f
- soziale 57
Lerntherapie s. Verhaltenstherapie
Libidostörungen 112, 124
Life events s. Lebensereignisse
Likör 16
Limbisches System 71ff, 104f
Lipide 115, 123
Lipogenese 25, 36
Lipoprotein 37, 115
Liquorräume, Erweiterungen 128
Lithiumsalz 187
Locus-of-Control 57
Lohnfortzahlung 264f
LSD 5, 204
Lügen 57
Lungenembolie 121
Lungenentzündung s. Pneumonie
Lungenerkrankung, chronische obstruktive 107
Lungentuberkulose 121
Lustgewinn 72, 74
Lust-Unlust-Mechanismus 74
Lymphozyten 122

M

MacAndrew-Scale 169
Machismo 83f
Machtstreben 58, 83f
Magen-Darm-Geschwür 107, 119
Magen-Darm-Störung 102, 114f, 135
Magen-Darm-Trakt 34f, 118f
Magenresektion 119
Magensaft 34
Magnesium 104, 120, 139, 183
Malabsorption 120
Malignom s. Krebserkrankungen
Mallory-Hyalin-Körperchen 111, 113
Mallory-Weiss-Syndrom 119
Mamillarkörper 130
Mangelernährung 36, 107, 119, 135
Marchiafava-Bignami-Syndrom 133f
Markierung, genetische 49f, 165
Massenmedien 228f
Maßnahmen, psychohygienische 228f

- Rehabilitation 214ff, 265f
Maßregeln zur Besserung und Sicherung 254, 260ff
McClelland-Theorie 83
MCV (Mean corpuscular volume) 123, 167ff
Medikament s. Arzneimittel
Medikamentenabusus 93, 147
Medikamentengebrauch 3, 247
Medikamentenstoffwechsel 42
Megaloblasten 115, 122
Mehrfachabhängiger 213
Mehrgenerationstherapie 193f
Meinungsführer 228f
Melanin 113
Meprobamat 39, 42, 181f
Merkfähigkeit 31f, 128, 143, 250
Met 16
Methanol l4, 18, 46, 53
Methanolvergiftung 46
Metronidazol 187
Michigan-Alcohol-Screening-Test (MAST) 168
Microsomal-ethanoloxydizing-system (MEOS) 13f, 22, 37, 41, 109
Milz 113, 115, 122
Minderwertigkeitsgefühl 78f
Minderwuchs 146
Minimal-brain-damage 158
Minnesota Multiphasic Personality Inventory (MMPI) 54f, 69, 160
Mißbildung 146
Mißbrauchpotential s. Abhängigkeitspotential
Mitochondrien 28, 36f, 105, 108f, 121
Mitpatient 174
Mittleres Zellvolumen (MCV) s. MCV
Modell, lebensgeschichtliches 193ff
Modellverhalten 79
Monoaminooxydase (MAO) 50
Morbus Down 146
Morphin 5, 72, 133, 183
Morphinähnliche Substanzen 5, 24, 72
Morphinrezeptoren 72
Mortalitätsrate 67, 87, 96f

Motivation 80, 176 ff, 188, 211, 219, 225, 228 f
Motorik 101, 143, 149 f
Münchner Alkoholismustest (MALT) 92, 170
– Evaluation der Alkoholismus-Therapie (MEAT) 215, 217, 222, 224
Mundschleimhaut 118
Münz- bzw. Punkte-Belohnerverfahren 201
Musiktherapie 207
Muskelatrophie, spinale 131
Muskelsystem, alkoholbedingte Störungen 125 ff
Muskulatur 34
Mutter 67, 82
Myelinolyse, zentrale pontine 134
Myelopathie, alkoholische 135
Myelose, funikuläre 135
Myoglobin 125 f
Myokard 33, 38, 120, 123, 125 f, 164
Myopathie, akute 125
– alkoholische 125 f, 164
– subakute und chronische 127 f, 164

N

Nachbehandlung 175, 179, 214, 217 ff, 228 ff
Nachsorge 217 ff
Nachtklinik 213
Nachtrunk 251
Nachtsehen, Störungen 30
Naloxon 180
Narkotikum 25, 43 ff, 46
Natrium 37, 139
Nebennieren 38, 104, 124 f
Nebennierenrinde 124 f
Neoplasmen s. Krebserkrankungen
Nerven, periphere 29, 131
Nervenarzt, 93, 209, 212
Nervenkrankenhaus s. psychiatrische Klinik
Neuralrohr 146
Neuritis, periphere s. Alkoholpolyneuropathie

Neuroleptika 42 ff, 58, 183 f, 187
Neurologische Störungen 127
Neuropathie s. Polyneuropathie
Neurose 83
Neurotransmitter 11 f, 27 f, 72 f
Nichtalkoholiker 69
Nichtseßhafter 70, 179
Nierensystem 35
Nierenversagen 113, 126
Nikotinamidadenindinukleotid (NAD/NADH) 22 f, 25, 35 f
Nikotinsäure 135
Nikotinsäuremangel-Enzephalopathie 135
Nitrosamin 17, 40
Noradrenalin 14, 23, 49, 54
Noradrenalinrezeptoren 104
Normalbevölkerung 90
Normalverteilungskurve 87
Normenstruktur 71
Nuclear Magnetic Resonance (NMR) 26, 128
Nucleus accumbens 72
– caudatus 72, 104 f
Nystagmus 30, 128, 250

O

Objektbeziehung, Störung 81 ff
Objektpsychologie 81 ff
Obstbranntwein 17
Öffentlichkeit 2, 228 f
Opiat (s. auch Morphin) 11 f, 42, 72
– endogenes 28 f, 72 f, 105, 183
Opiatabhängiger 102
Opiatrezeptoren 105
Opioide s. morphinähnliche Substanzen
„Opportunitätsbudget" 66, 215
Orale Phase 81 f
Ordnungswidrigkeit 154, 246
Orthopädische Störungen 145
Ösophagitis 118
Ösophagus 35, 40, 113, 118
Ösophaguskarzinom 118
Osteoarthropathie, neurogene 145

Osteopenie 146
Osteoporose 146
Östrogen 39, 108
Oxford-Bewegung 219

P

Pachymeningosis haemorrhagica interna 137
Pädagogik 199
Palimpsest, alkoholischer s. Blackout
Palmarerythem 112, 145, 167
Pankreas 34, 38, 115, 123
Pankreaskarzinom 117
Pankreasstörungen 115 ff
Pankreatitis 107, 115 ff
Paraldehyd 49, 53, 102, 181
Paraparese 135
Parenterale Ernährung 46
„Parere" 258 f
Paresen 131 f, 133 ff, 137
Parotitis 118
Partner 68 f, 148, 216
Partnerbeziehung 64 f, 68 f, 82, 125
Pellagra 135
Pentobarbital 42
Permissiv-(funktionsgestörte) Kulturen 62 f
Perseveration 143
Persönlichkeitsdiagnostik 169
Persönlichkeitsstörung, narzißtische 82
– nichtpsychotische 142 f
Persönlichkeitsstruktur 54 f, 142 f, 225
Persönlichkeitsveränderung, alkoholbedingte 54 ff, 133, 150
Perversion, sexuelle 4
Perzeptionsvermögen 129
Pharynxkarzinom 118
Phencyclidin (PCP) 5
Phenobarbital 42
Phenothiazine s. auch Neuroleptika 184, 187
Phosphat 123, 126
Phosphatase, alkalische 115

Physiotherapeut 173
Physiotherapie 206
Plasmaexpander 180
Plazenta 20, 147
Pneumenzephalogramm 128, 131
Pneumonie 107, 121
Poliklinik 209, 211
Polioencephalitis haemorrhagica superior Wernicke s. Wernicke-Korsakoff-Syndrom
Polizei 228 f, 251, 256
Polyneuropathie, alkoholische 105, 118, 128, 131, 133, 164, 186
Polytoxikomanie 1, 157
Porphyria cutanea tarda 145
Prophyrie, hepatische 124
Prophyrinstoffwechsel 124
Potenzstörungen 112, 125
Prädelir 103, 138
Prädiktor s. Prognose, Prädiktor
Prävention 2, 228 f
– Individualprävention 228 f
– primäre 230
– sekundäre 232
– tertiäre 230
Präventionsziele 228
Primärgruppe 68 ff, 148, 210, 216
Privatversicherung 269
Probierer 157
Problemlösung 76, 79, 143
Problemtrinken 8
Prognose 225 ff
Prognose-Prädiktoren 173, 225 f
Prohibition 64, 228 f
Projektion 175, 190
Pro-Kopf-Verbrauch s. Alkoholkonsum
Propranolol 44
Psychiater 211, 259
Psychiatrie-Enquete-Kommission 212
Psychiatrische Störungen 138 ff
Psychiatrisches Krankenhaus 92, 138, 209, 213 f, 235, 257, 259 f
Psychischkrankengesetz 255 ff
Psychoanalyse 81 ff, 188, 203 f
Psychodrama 188, 192

Psychodynamische Theorien s.
  Psychoanalyse
Psychologe 173 f, 211, 228 ff
Psychomotorik 143, 149 ff
Psychomotorische Anfälle s. Temporallappenepilepsie
Psychopathie 54 f
Psychopharmaka 44, 46, 100, 106
Psychose 141, 185
– affektive, bipolare 58 f
– – monopolare 58 f
– – endogene 1
– exogene 99, 141 f
– schizophrene s. Schizophrenie
Psychosomatische Klinik 212
Psychosyndrom, organisches 132, 137, 143 f, 146
Psychotherapie 54, 83, 188 ff
– analytische 83, 203 f
– Gesprächspsychotherapie 189
– mit Halluzinogenen 204
– pragmatische 204 f
Putamen 133
Pyruvatstoffwechsel 36

Q

QFV-Index 166

R

Radfahrer 153, 246, 252
Rassenunterschiede 21, 50 f
Rationalisierung 175, 190
Rauchen 20, 39, 94, 97
Rausch (s. auch Alkoholrausch) 4, 6, 241, 244
Rauschdelikt 153 f, 240 ff, 260 f
Rauschmittel 3, 94
Rauschmittelabhängigkeit 239 ff, 258
Rauschmittelgebrauch 94, 245
Reaktionsbildung 204
Reaktionsgeschwindigkeit 31, 149 ff
Regionale Unterschiede (Kulturkreise) 62 f

Regression 82, 190, 203
Rehabilitation 2, 192, 205, 215 ff
Reichsversicherungsordnung (RVO) 263
Reizung, intrakranielle, elektrische 71 f
Rektumkarzinom 120
Rentenversicherung, gesetzliche 265 f
Residualheilung 61
Respiratorisches System 123
Retardierung, psychische 147
Retikulum, endoplasmatisches 42, 108 f
Retrobulbärneuritis 135
Rezeptor 14, 27 f, 42, 104
Rhabdomyolyse 126 f
Rhinophym 145
Richardsonsches Gesetz 18
Rigidität 71
Rindensklerose, laminäre 134
Risikogruppe 228 f
Ritus 77
Rolle, ärztliche 174
Rollenidentifikation 81
Rollenkonflikt 69, 174 f
Rollenkonfusion 84
Rollenspiel 204
Rollenüberlastung 71
Rollenunterlastung 64, 66, 71
Rollenverhalten 216
Rollenwandel 148 f, 193
Rollenwechsel 148
Rorschach-Test 32
Rückfall 106, 162 ff, 173, 207, 228 f
Rum 18

S

Sachwalter 234 f
Sake (Reiswein) 16
Salizylate 119
Salsolinol 24
Sangrita 20
Schädel-Hirn-Trauma 100, 136
Schaumwein 16
Scheidungsrate 48, 148 f

Schichtarbeit 66
Schilddrüse 38, 124 f
Schizophrenie 47, 58, 67, 141, 242
Schlaf 29
Schlafmittel 102, 181
Schlafmittelvergiftung 179
Schlafstörung 102, 139, 164
Schlaganfall 132, 137
Schmerz 31, 72
Schnüffelstoffe 5
Schuldfähigkeit 240 ff, 247, 260
Schuldgefühl 160
Schwachsinn 235, 240
Schweiß 21
Schweißneigung 102, 139, 164
Sedativum 13, 44
Seelische Abartigkeit 240
– Störung, krankhafte 240
Seelsorge(r) 213
Sehvermögen 30, 135, 149
Sekt 16
Selbständigkeit, soziale 172
Selbsthilfe 267
Selbsthilfegruppe 58, 210, 214, 217 ff
Selbstkontrolle 202, 263
Selbstmord s. Suizid
Selbstwertgefühl 160, 206, 211
Selektion 221
„Sensation seeking" 50
Sensorik 30, 149 f
Septum (pellucidum) 104
Serotonin 13 f, 27, 71 f
Serum-Alkohol-Konzentration (SAK) 254
Sexualität 125, 142, 148, 160
Sexualdelikte 153 f
Sideroblasten 122 f
Situation, berufliche 7, 65, 149 f, 215
Somalcoolose 158
Sozialarbeiter 88, 173, 178, 210 f, 214, 228 f
Soziale Situation, Beeinträchtigung 7
– Stabilität 225
Sozialer Abstieg 47, 149 f
– Druck 173, 175
Soziales Lernen 78
Sozialfeld 12

Sozialhilfe 267
Sozialhilferecht 267
Sozialprozeß 64 ff
Sozialpsychologische Faktoren 65
Sozialrecht 262 ff
Sozialschicht 64 f, 94, 96
Sozialtraining 201
Soziodrama 192
Soziokulturelle Faktoren 60 ff
Spannung, intrapsychische 68
– zwischenmenschliche 149 f
Spannungsminderung 61, 66, 70 f, 74 f, 81
Speichel 34
Spermiogenese 38, 123
Sphärozyten 123
Spielsucht 149
Spirituosen s. Alkoholika, destillierte
Sponsor (AA) 218
Sport 206, 213, 216, 228 f
Stehvermögen 31
Stimmung 31 f, 250
Stimulus-Organismus-Response-Theorie (SOR) 75 f
Stirnlappen s. Hirn, Frontalhirn
Stoffwechselstörung 35, 123
Störung, psychosoziale 149 f, 165 ff
Strafrecht 240 ff
Straftat 153, 240 ff
Straßenverkehrsrecht 245 ff
Streß 53, 74 f
Streßbelastung 66
Streßreduktion 66
Subarachnoidalräume 127
Subkultur 63
Sucht 3 ff, 71 ff
Suchtfachklinik 95, 213 ff, 228 ff
Süchtigkeit 5, 74
Suchttheorien 71 ff
– anthropologische 74
– biologische 71 f
– Lerntheorien 74 ff
– psychodynamische 81 ff
Suggestibilität 138 f
Suggestivtherapie 204 f
Suizidalität 82, 102
Suizidhandlungen 58 f, 82, 93, 95, 97, 141, 144 f

T

Tabak 40, 94, 118, 121, 137, 147, 153
Tabak-Alkohol-Amblyopathie s.
 Retrobulbärneuritis
Tagklinik 213
Tätigkeitssucht 4
Teilstationäre Einrichtungen 179, 214, 216
Temperamenten-Ansatz 55
Temperenzlerbewegung 64
Temporallappen 128
Temporallappenepilepsie 136
Teratogene Schäden 39, 184f
Test, projektiv 32
Testosteron 38, 125
Tetrahydroisoquinoline (THIQ) 24
Tetrahydropapaverolin (THP) 24
Tetraplegie 134
Tetrazyklin 44
Thalamus 104, 130
Thematischer Apperzeptionstest (TAT) 32
Themenzentrierte, interaktionelle Methode (TZI) 191
Theologe s. Seelsorger
Therapeut 173f, 189, 194f, 217, 219
Therapeutenrolle 174
Therapeuten-Variable 174
Therapeutische Gemeinschaft 192
Therapeutisches Klima 174
Therapie s. Behandlung
Thiamin 37, 130, 183f
Thrombozyten 49, 122
Thymoleptikum 187
Thyreoidaler Regelkreis 38, 124
Tiefenschärfensehen 30
Tiermodelle 51 ff
Todesursachen 96f
Tokopherol 41, 123
Toleranz 6, 13f, 43, 50f, 150
– dispositionelle 13
– funktionelle 13
– Modell 13
– zelluläre 13
Toleranzbruch 14
Toleranzentwicklung 51 ff, 155

Toleranzsteigerung 7, 12, 23
Toleranzverlust 14, 160
Toxikologische Station 179
Tranquilizer 44, 58, 180ff
Transaktionale Analyse (TA) 84, 197
Transaminasen 111, 113, 126f, 139, 168
Transferrin 123
Tremolous state 138
Tremor 114, 130, 132, 138f, 160, 164, 167
Triebpsychologie 81 f
Trierer Alkoholismus-Inventar (TAI) 169
Triglyzerid 36
Trikarbonsäurezyklus 22, 36
Trinken, asymptomatisches 159ff
– episodisches 157f
– gewohnheitsmäßiges 62f, 155ff
– kontrolliertes 172f, 207, 229f
– sozial-konviviales 61f
– normales 90ff
– Rauschtrinken 7, 90ff, 157
– rituelles 60f
– utilitaristisches 61ff
– zwanghaftes 169
Trinker, Delta-Trinker 155ff
– Epsilon-Trinker 106, 157f
– Gamma-Trinker 155f
– Gelegenheitstrinker 155f
– Gewohnheitstrinker 155f, 205
– Konflikttrinker 57, 155f
– Rauschtrinker 157
– sozialer 61f, 90f, 167
– süchtiger 155f
– Verführungstrinker 155
Trinkfrequenz 48, 166
Trinkgewohnheiten 61ff, 228ff
Trinkmenge 48, 166
Trinkmuster, pathologisches 7, 166f, 175
Trinksitten 62, 66, 79, 86ff, 175, 228f
Trinkstil 48, 76, 161
Trinksystem 7, 160, 167
Trinkverhalten 7, 87ff, 159ff, 166ff
– Jugendlicher 93f
– Kinder 67

Trunkenheitsdelikt 153 ff
Trunksucht s. auch Alkoholismus 233, 235 f, 239 f, 259, 268
Tuberkulose 121

U

Überforderung 62
Übergangsheim 179, 214, 216
Über-Ich 56, 82, 204
Übersterblichkeit 96
Übertragung 189, 204
Umfeld, soziales 12, 60 ff, 175, 210
Umschulung 215, 228 f
Unfähigkeit zur Abstinenz 155 f
Unfall 95, 97, 150, 152, 165, 266
Unfallflucht 247 f
Unfallversicherung, gesetzliche 266 f
Universitätsklinik 214 f
Unruhe, psychomotorische 138 f, 181
Unterbringungsrecht 255 ff
Untersuchung, epidemiologische 168
– klinische 250
– neurologische 250

V

Valproinat 181 f
Vasopressin 38, 104
Vegetative Symptome 181
Verdauungstrakt, oberer 34 f, 118
Verdrängung 175
Vererbung 47 f
Verhalten 49
Verhaltensanalyse 199
Verhaltensmodifikation 10, 198 ff, 203
Verhaltensstörung 74 ff
Verhaltenstheorie 74 f, 79
Verhaltenstherapeut 9
Verhaltenstherapie 74 ff, 172 f, 193, 198 ff
Verkehrsstraftat 152 f
Verkehrstüchtigkeit 152
Verkehrsunfall 152

Verleugnung 175, 190
Vermeidung 74
Verstärker 74 ff, 175, 201
Verwirrtheit 134
Verwöhnung 67
Vestibularfunktion 30
Vigilanz 29, 31
Vinylchlorid 41
Vitamin A 37, 41
Vitamin B_1 (s. Thiamin)
Vitamin B_2 37, 120
Vitamin B_6 123, 135
Vitamin B_{12} 37, 45, 118, 131, 135, 143
Vitamin-B-Komplex 129, 132, 135
Vitamin D 146
Vitamin E s. Tokopherol
Vitaminmangel 118, 130 ff, 135, 146
Vitaminstoffwechsel 30, 37
Volkswirtschaft 151 ff
Vormundschaft 233 ff, 255

W

Wahnkrankheiten, alkoholbedingte 142
Wahrnehmungsstörung 138, 142
Weckmittel 180
Wein 15 f, 63, 87 f
Weinbrand 17 f
Weiterbehandlung 214 ff
Weltgesundheitsorganisation (WHO) 5
Werbung 228 ff
Werkskantine 64
Wermutwein 16
Wernicke-Korsakow-Syndrom 128 ff, 135, 139
Werte 67, 71, 74, 213
Wesensänderung, alkoholische 142, 150
Whisky 17 ff
Widerstand 175, 192
Widmarksche Formel 250
Wiedereingliederung 179, 216
Wilsonsche Pseudosklerose 134 f
– Theorie 78

Wirtschaftliche Situation 149 ff
Wodka 18 f
Wohlstand 64, 267
Wohnbereich 216
Wohngemeinschaft, therapeutische 214
Wohnortgröße 63

Z

Zechprellerei 153
Zellmembran 14, 26
Zentralnervensystem (ZNS) 25 ff, 77, 127 ff
Zielgruppe 228 f
Zieve-Syndrom 109, 111, 113, 123
Zink 38, 41
Zivilstand 90
Zunge 112, 118
Zwangsunterbringung 255 ff
Zwillinge, eineiige (EZ) 47 f, 50
– zweieiige (ZZ) 47 f, 50
Zwillingsmethode 47 ff
Zwischenhirnsyndrom 105
Zytochrom P-450 23, 42
Zytostatikum 45